HISTOIRE
DE LA
RÉVOLUTION
DE 1848

PAR M. LÉONARD GALLOIS.

ÉDITION ILLUSTRÉE

DE PORTRAITS DESSINÉS EN PIED ET GRAVÉS SUR ACIER AVEC GRAND SOIN
PAR NOS PLUS HABILES ARTISTES.

TOME 3

PARIS
A. NAUD, Éditeur.
RUE ROUGEMONT, 7.

1851.

HISTOIRE
DE LA
RÉVOLUTION
DE 1848.

Typographie SAINTIN, rue des Maçons, 9.

HISTOIRE

DE LA

RÉVOLUTION

DE 1848

PAR M. LÉONARD GALLOIS.

TOME TROISIÈME.

PARIS
NAUD ET GOURJU, ÉDITEURS.
RUE DE ROUGEMONT, 7.

1850.

HISTOIRE
DE LA
RÉVOLUTION DE 1848.

CHAPITRE Ier.

Reproches adressés aux partisans de l'état de siége et de la dictature — Examen de ces reproches. — Les impitoyables changent de système. — Adresse du président Sénard à la garde nationale. — Mauvais effet de cette adresse. — Adresse du pouvoir exécutif à la garde nationale, à l'armée et aux insurgés. — L'homme du sabre donne une leçon d'humanité aux impitoyables. — Cette leçon porte ses fruits. — Nouvelle et tardive exhortation aux insurgés par le président de l'assemblée. — Seconde journée militante. — On retrouve partout les insurgés maîtres de leurs positions de la veille. — Animation que présentent les quartiers occupés par les insurgés. — Ce sont les chefs qui manquent. — Aspect de la partie de la ville soumise à l'état de siége. — Grandes mesures prises par le général en chef. — Renforts qui lui arrivent de toutes parts. — Le combat recommence du côté de la Cité. — Attaque et prise de la barricade du Petit-Pont. — Barricades de la place Saint-Michel et de la rue des Mathurins. — Droit barbare que s'arrogent les vainqueurs. — Manœuvres du général Damesme autour du Panthéon. — Prise de plusieurs barricades. — Affaire du Panthéon. — Insuccès de la première attaque. — Arrivée des missionnaires de l'assemblée nationale. — Nouvelle attaque du Panthéon. — Effets du canon. — Les insurgés évacuent ce temple. — La lutte continue derrière le Panthéon. — Blessure reçue par le général Damesme. — Plan que l'on a attribué aux insurgés. — Prise de la place des Vosges. — Attaque sur les derrières de l'Hôtel-de-Ville. — Combat long et sanglant de l'église Saint-Gervais. — Le général Duvivier mortellement blessé. — Situation morale des 5e, 6e et 7e arrondissements. — Mauvais effet des barbaries exercées sur les prisonniers. — Résolutions désespérées des insurgés. — Provocations faites par les journalistes réactionnaires. — Faux récits des atrocités commises par les insurgés. — Déplorables bulletins qu'ils publient dans le but de déshonorer les démocrates. — Eternels ennemis du peuple, vous l'avez une fois de plus lâchement calomnié !

On a reproché, avec quelque raison, aux partisans de l'état de siége et de la dictature, aux amis personnels du général Cavaignac, d'avoir combattu les bonnes idées émises par les représentants démocrates, telles que les proclamations aux insurgés, l'envoi vers eux de missionnaires de paix et autres moyens conciliants, tant que la commission exécutive fut debout. On a dit encore que le général-dictateur n'avait lui-même tiré qu'un bien faible parti des forces dont il disposait, pendant qu'il avait eu au-dessus de lui un gouvernement dont l'action supérieure semblait le gêner. Enfin, quelques journaux ont cherché à démontrer qu'il y avait eu un coupable concert entre tous ceux qui voulaient renverser le gouvernement, concert ayant eu pour objet de laisser grandir l'émeute et d'exagérer le danger, afin de faire considérer la dictature comme la planche de salut de la république, et l'on a même accusé le général Cavaignac de s'être prêté à ces indignes manœuvres, dans l'intérêt de son ambition personnelle.

Ces reproches ayant eu du retentissement, il est du devoir de l'historien de les examiner.

Il résulte des discussions haineuses auxquelles l'assemblée nous a fait assister, qu'une majorité formée à la fois et des amis du général, et des ennemis personnels de la commission exécutive, et encore de tous les contre-révolutionnaires que cette assemblée renfermait dans son sein, qu'elle se refusa constamment à l'adoption des moyens qui auraient pu faciliter la tâche difficile et pénible échue au gouvernement, c'est-à-dire à la commission exécutive et aux ministres de son choix. Tous ceux qui voulaient faire tomber la commission, et ils étaient nombreux, ne cessèrent de lui refuser un concours franc et loyal, qui aurait pu la mettre à même de sortir honorablement de la crise.

D'un autre côté, les hommes qui se rattachaient au général Cavaignac avec l'espoir d'en faire le président de la république, et peut-être de gouverner en son nom [1], avaient dû nécessairement lui réserver un rôle brillant, au détriment de celui qu'ils laissaient à la commission. De là ces attaques incessantes

---

[1] On a dit que c'étaient là les vues du parti dit du *National*.

contre elle ; de là les reproches d'inaction qu'on lui jetait à chaque instant à la tête, alors même qu'elle prenait et exécutait seule les mesures les plus énergiques.

S'il y eut donc malveillance évidente chez les premiers, s'il y eut chez ceux-là intention manifeste de contre-carrer toutes les mesures que le gouvernement jugea propres pour dompter la révolte avec la moindre effusion de sang possible, on peut affirmer aussi qu'il y eût chez les autres défaut de concours et diversité de vues.

Cependant la commission exécutive s'était révélée, dès le premier moment, par une grande vigueur de mesures et par une activité qui n'eût laissé rien à désirer à des hommes moins prévenus. Tous les ordres nécessaires avaient été transmis par elle soit aux gardes nationales, soit aux troupes des départements : plusieurs de ses membres avaient aussi payé de leur personne à l'attaque des barricades. On ne pouvait donc équitablement lui reprocher sa conduite dans la lutte, et encore moins l'accuser d'avoir amené ce malheureux conflit, puisque le gouvernement n'avait jamais voulu le brusque licenciement des ateliers nationaux. Encore un jour, et peut-être la commission du gouvernement eût pu mettre fin à l'immense malentendu qui venait d'armer des républicains contre des républicains, des frères contre des frères, à cette déplorable guerre civile si caractérisée.

Cette solution, qui eût donné une grande vitalité à la commission exécutive, ne pouvait donc convenir ni aux contre-révolutionnaires, ni aux amis du général Cavaignac, ni enfin à ceux qui visaient à des portefeuilles : aussi, brusquèrent-ils l'attaque contre le gouvernement ; et tandis que les royalistes demandaient la dictature concentrée dans une seule main, les amis du général appuyaient tout ce qui pouvait déconsidérer la commission. Le vote du matin venait de la punir d'avoir déployé une grande énergie, et récompensait le général d'une inaction qu'on lui a reprochée, avec quelque apparence de raison, comme calculée.

Mais à peine la commission fut-elle tombée sous ce vote rancuneux, que la majorité de l'assemblée nationale, contrairement à sa décision de la veille, résolut d'envoyer sur les lieux où ils pourraient exercer une autorité morale, de nombreux représentants du peuple (¹).

Ce n'était pas là précisément l'adoption de la mesure sollicitée si vivement par Caussidière et d'autres républicains; car la mission officielle des délégués de l'assemblée se bornait à la proclamation des décrets rendus par elle, et à encourager les combattants de *l'ordre*. Mais comme une certaine latitude leur était laissée dans leur mission, ces représentants pouvaient encore prendre le rôle de pacificateurs (²); ce qu'ils firent pour la plupart.

Avant la chute de la commission, une majorité composée des royalistes, des réactionnaires et des républicains de la nuance du *National* s'était opposée, avec la plus aveugle obstination, à toute proclamation ayant pour objet d'éclairer ceux des insurgés qu'on considérait comme trompés sur le compte de l'assemblée

---

(¹) On en fixa le nombre à cinq par arrondissement ou par légion; ce qui fit soixante pour tous les quartiers.

(²) La mesure prise le 24 fut l'objet d'une déclaration que publièrent les représentants siégeant au côté gauche; la voici :

« Vu la résolution prise par l'assemblée nationale de charger quelques-uns de ses membres d'intervenir, au nom de tous, dans les troubles de Paris, nous soussignés, *qui avons voté contre l'état de siège*, faisons d'avance la déclaration suivante : Si nous sommes désignés, nous nous rendrons avec enthousiasme au plus fort de la lutte, mais pour n'y porter que des paroles de paix, bien convaincus que le meilleur moyen de rétablir l'ordre et de sauver la république, c'est de rappeler la devise écrite sur le drapeau républicain, et d'invoquer le sentiment de la fraternité.

« Signé : *Louis Blanc, Caussidière, Lagrange, Proudhon, Félix Piat, Pierre Leroux, Lamennais, Bertrand, Fayolle*, etc., etc. »

nationale et du gouvernement (¹). Mais dès que les *impitoyables* de cette assemblée eurent atteint leur but, ils changèrent aussitôt de système, et les proclamations se succédèrent avec une grande rapidité.

Et d'abord ce fut le président, M. Sénard, qui, en vertu de l'espèce d'omnipotence parlementaire qu'on lui avait concédée, crut devoir annoncer à la garde nationale, par une proclamation émanée de lui, la mission des représentants. Malheureusement cette proclamation ne fut autre chose que la répétition de la malencontreuse circulaire du maire de Paris ; elle ne pouvait avoir d'autre résultat que d'irriter encore davantage et les gardes nationaux et les insurgés.

« Si l'on a pu se demander un moment quelle est la cause de l'émeute qui ensanglante nos rues, y disait le président Sénard, après avoir remercié les gardes nationaux de leur dévouement, la cause de cette émeute qui, tant de fois depuis huit jours a changé de prétexte et de drapeau, aucun doute ne peut plus rester aujourd'hui, quand déjà l'incendie désole la cité, quand les *formules du communisme et les excitations au pillage* se produisent audacieusement sur les barricades......

« Que veulent-ils donc ?

« On le sait maintenant : *ils veulent l'anarchie, l'incendie, le pillage*.

« Gardes nationaux : unissons-nous tous pour défendre et sauver notre admirable capitale !... De nombreux représentants

---

(¹) La commission exécutive avait pris sur elle d'adresser aux insurgés une proclamation dans ce sens ; mais ce ne fut que le second jour, quand le mal était devenu irréparable ; et, encore, à l'heure où l'on afficha cette proclamation dans les quartiers de Paris que les insurgés n'occupaient pas, la commission gouvernementale n'existait plus, elle n'était plus un pouvoir. Au surplus, cette proclamation, ainsi que beaucoup d'autres qui la suivirent, ne purent être connues de l'autre côté des barricades ; la ligne de démarcation avait été tracée avec du sang, et aucune communication n'était plus possible, le 24, avec les insurgés.

revêtent leurs insignes pour aller se mêler dans vos rangs et combattre avec vous.... »

Il y avait bien loin de l'esprit de cette adresse à la pensée généreuse exprimée dans la proclamation que le représentant Considerant et plusieurs autres de ses amis politiques avaient vainement voulu faire adopter la veille ! Que voulaient les républicains ? Faire cesser la lutte fratricide qui désolait la patrie, en ramenant au calme les hommes à qui la faim, le manque de travail, et par-dessus tout le déni de justice et les progrès de la réaction, avaient mis les armes à la main. La proclamation du président de l'assemblée nationale ne disait pas un mot qui pût atteindre le même but. Que dis-je ? son allocution aux gardes nationaux ne pouvait avoir d'autre résultat que celui de les exciter à combattre à outrance, à exterminer les *communistes*, les *fauteurs d'anarchie*, les *incendiaires*, les *pillards*. C'était, ainsi que l'avaient voulu les impitoyables de la majorité, pousser le cri de guerre, ce cri qui venait de retentir si douloureusement sur le cœur de Lagrange et de tous les républicains attristés.

« Que vos consciences vous soient légères ! » s'était écrié le côté gauche par l'organe de ce même représentant Lagrange, après le vote de l'état de siége : « Que votre conscience vous soit légère, citoyen président, vous qui avez assumé, seul, la responsabilité d'une pareille proclamation ! sans le vouloir, vous avez alimenté la guerre civile et mérité les applaudissements des impitoyables ! »

Le nouveau *pouvoir exécutif*, c'est-à-dire le général Cavaignac, fait aussi, ce jour-là et successivement, son adresse à la garde nationale, à l'armée et même aux insurgés; mais il use de la plus grande réserve envers ces hommes, car il tient encore à les rappeler dans les bras de la patrie : il ne les traite pas, lui, de *pillards*, d'*incendiaires*, de *communistes*, d'*anarchistes*, il les traite de *frères égarés*.

« Votre sang n'aura pas été versé en vain, dit-il à la garde nationale ; ce n'est pas seulement le présent, c'est l'avenir de la France et de la république que votre héroïque conduite va assurer. Rien ne se fonde, rien ne s'établit sans douleurs et sans sacrifices... La force, unie à la raison, à la sagesse, au bon sens, à l'amour de la patrie, triomphera des ennemis de la république... ».

— « C'est une lutte terrible, une cruelle guerre que celle que vous faites aujourd'hui, annonce-t-il aux soldats. Rassurez-vous, vous n'êtes point agresseurs : cette fois, du moins, vous n'aurez pas été les tristes instruments de despotisme et de trahison. Soyez fidèles aux lois de l'honneur et de l'humanité; soyez fidèles à la république. Peut-être aujourd'hui il nous sera donné de mourir pour elle. Que ce soit à l'instant même si nous devons survivre à la république ! »

Pourquoi l'homme qui s'annonçait ainsi n'était-il pas au delà des Alpes ou du Rhin, en face des véritables ennemis de la liberté, en face des oppresseurs du peuple ! quelles grandes destinées lui eussent été réservées ! Il sait bien, lui, que les hommes qu'il est appelé à combattre ne sont pas les ennemis de la république, qu'ils ne sont pas des pillards, des incendiaires ! aussi ne les traite-t-il qu'en citoyens trompés par leurs ressentiments :

« Citoyens, leur dit-il, vous croyez vous battre dans l'intérêt des ouvriers, c'est contre eux que vous combattez ; c'est sur eux seuls que retombera tant de sang versé ! Si une pareille lutte pouvait se prolonger, il faudrait désespérer de l'avenir de la république, *dont vous voulez tous assurer le triomphe irrévocable.*

« Au nom de la patrie ensanglantée,

« Au nom de la république que vous allez perdre,

« Au nom du travail que vous demandez et qu'on ne vous a jamais refusé, trompez les espérances de vos ennemis communs, mettez bas vos armes fratricides, et comptez que le gouvernement, s'il n'ignore pas que dans vos rangs il y a des instigateurs criminels, sait aussi qu'il s'y trouve des frères qui ne sont qu'égarés, et qu'il rappelle dans les bras de la patrie.

Paris, 24 juin 1848.

« Général CAVAIGNAC. »

C'était là le langage que les représentants du côté gauche auraient voulu qu'on tînt aux insurgés la veille; c'était là la pensée que Considerant et ses amis avaient vainement voulu que l'assemblée manifestât au premier moment; mais les réactionnaires, les impitoyables ne voulurent pas qu'on portât des paroles de conciliation et de paix aux ouvriers, qui, à leurs yeux, n'étaient que des anarchistes, des communistes, des pillards, des incendiaires, des assassins (¹)! Ils avaient trop peur, les ennemis de la commission exécutive, que le gouvernement issu de l'assemblée nationale survécût à la crise.

Le général dictateur, l'homme du sabre, venait de donner une leçon à l'homme de la tribune. Cette leçon fut comprise; car, dans la soirée, ce même président, Sénard, adressa aux ouvriers, au nom de l'assemblée, une proclamation dans le sens de celle du général dictateur. Mais le mal était fait alors, et rien ne pouvait plus éteindre cet incendie sur lequel les réactionnaires avaient, plusieurs jours durant, répandu l'huile à pleines mains.

Toutefois l'historien des fatales journées de juin doit enregistrer cette seconde proclamation du président de l'assemblée nationale comme une sorte de rétractation de tout ce qui avait été dit à la tribune par les réactionnaires au sujet d'une insur-

---

(¹) Les vingt mille forçats libérés dont parlèrent si longtemps les feuilles de la réaction n'avaient point encore été aperçus ce jour-là parmi les insurgés; la calomnie ne faisait que préluder : on n'avait encore découvert qu'un seul enfant insurgé porteur de *dix mille francs* en or; *dix mille francs*, ni plus ni moins. (Voyez le *Moniteur* du 25 janvier, au nom du représentant *Girard*.)

rection provoquée par toutes les mesures iniques sorties de leurs commissions.

« Ouvriers, on vous trompe, on vous égare, disait-on aux insurgés vers la fin de la seconde de ces malheureuses journées. Regardez quels sont les fauteurs de l'émeute ! Hier, ils promenaient le drapeau des prétendants; aujourd'hui, ils exploitent la question des ateliers nationaux, ils dénaturent les actes et la pensée de l'assemblée nationale.

« Jamais, quelque cruelle que soit la crise sociale, jamais personne dans l'assemblée n'a pensé que cette crise dût se résoudre par le fer ou par la faim.

« Il ne s'agit ni de vous enlever à vos familles, ni de vous priver des faibles ressources que vous trouviez dans une situation que vous étiez les premiers à déplorer.

« Il ne s'agit pas d'empirer votre sort, mais de le rendre meilleur, dans le présent, par des travaux dignes de vous; meilleur, dans l'avenir, par des institutions vraiment démocratiques et fraternelles (¹).

« Le pain est suffisant pour tous, il est assuré pour tous, et la constitution garantira à jamais l'existence de tous.

« Déposez donc vos armes ; ne donnez pas à notre chère France, à l'Europe jalouse et attentive le triste spectacle de ces luttes fratricides. C'est la honte, c'est le désespoir, ce pourrait être la perte de la république.

« Le temps est toujours long pour les souffrances qui attendent, mais il est court quand il s'agit de fonder de grandes choses sur un terrain nouveau.

« Encore une fois, *plus de discussions, plus de haine dans le cœur !* Défiez-vous de ceux qui exploitent ce qu'il y a de plus respectable parmi les hommes : la souffrance et le malheur.

(¹) Le 24 juin, le président Sénard était presque devenu socialiste : il ne parlait que d'institutions démocratiques et fraternelles ; le mot seul y manquait.

Ecoutez la voix de l'assemblée nationale ; comptez sur elle, car elle est le peuple tout entier, elle ne comprend sa mission que dans l'intérêt du peuple. Fermez l'oreille à d'odieuses calomnies !...

« De la paix, de l'ordre, et la république remplira sa noble devise ; elle s'attachera à réparer toutes les injustices du sort et de nos vieilles institutions. »

Combien ne doit-on pas regretter, après avoir lu cette dernière proclamation, qu'elle n'ait pas été faite vingt-quatre heures auparavant ! Qui peut mettre en doute que cette œuvre de mansuétude, d'humanité et de républicanisme, lancée sur les barricades au moment où on les élevait, n'eût arrêté immédiatement les progrès de l'insurrection ? N'était-ce pas là la réponse que les ouvriers attendaient à leur dernière pétition ? Et cette réponse n'était-elle pas de nature à calmer l'irritation du peuple, et à faire tomber les armes des mains à tous ceux qui ne les prenaient que pour défendre la république contre les attaques incessantes de la réaction, et pour assurer le pain quotidien aux ouvriers qui souffraient ?

« Que vos consciences vous soient légères ! » ô vous tous, aveugles et haineux ennemis du peuple qui vous êtes opposés, la veille, à ce que l'assemblée nationale entrât franchement et sincèrement en explication avec ce peuple poussé à bout par vos intrigues contre-révolutionnaires et vos mesures inhumaines ! que vos consciences vous soient légères ! car vous avez fait tout ce qu'il fallait pour porter les travailleurs au désespoir, et vous n'avez rien voulu faire à temps pour leur rendre l'espoir ! Entendez-vous ces canons, ces obus qui lancent la mort sur des Français comme vous, sur de meilleurs républicains que vous ; apercevez-vous ces forêts de baïonnettes destinées à frapper tant d'hommes, vos semblables, qui donnent généreusement leur sang pour une cause dont vous ne comprîtes jamais la noblesse et la sainteté ? Il vous était donné d'empêcher, d'arrêter cette guerre civile, cette lutte fratricide qui désole tous les vrais républicains : vous ne le voulûtes pas, afin d'assouvir vos rancunes et vos haines ; que vos consciences vous soient légères !

Écoutez les rapports individuels que vous feront bientôt les représentants envoyés en mission auprès de la garde nationale et de l'armée ; ils vous diront combien de sang français ils ont vu répandre de chaque côté des barricades.

En effet, en retournant vers ces champs de bataille qui ont déjà été le théâtre de tant de luttes sanglantes, nous retrouvons, presque partout, les choses au point où elles étaient la veille, au commencement de la guerre civile. La pluie torrentielle tombée dans la précédente soirée, la lassitude de la troupe, restée dix heures sur pied, l'ont forcée à prendre quelques instants de repos autour des divers quartiers généraux, et la plupart des barricades prises la veille, sont de nouveau au pouvoir des insurgés, qui les ont relevées et renforcées. Des communications intérieures ont été ouvertes dans les maisons sur lesquelles s'appuient les principales barricades ; des crénelures y ont été pratiquées, et tout semble annoncer que le soleil du 24 juin va éclairer une guerre d'extermination. Les insurgés se montrent nombreux au haut de la rue Rochechouart, du faubourg Poissonnière et du faubourg Saint-Denis. Le faubourg du Temple, à partir de l'Entrepôt et du canal est en leur pouvoir, ainsi que tous les quartiers situés à droite et à gauche du boulevart en se dirigeant du côté de la Bastille. Le faubourg Saint-Antoine jusqu'à la barrière du Trône est aussi à eux. Dans le centre de la ville, au haut de la rue Saint-Martin, à l'église Saint-Méry et jusque dans la rue Rambuteau, de nombreuses barricades sont debout. La rue Saint-Antoine, jusqu'à l'église Saint-Gervais en est couverte ; les derrières de l'Hôtel-de-Ville se trouvent menacés.

Sur la rive gauche, les insurgés sont de nouveau les maîtres de la rue Saint-Jacques et de toutes les rues transversales conduisant à la place Maubert. Ils se sont fortement retranchés au Panthéon et sur les derrières, jusqu'à la barrière de Fontainebleau et au chemin de fer d'Orléans. Les barricades du Petit-Pont et de l'Hôtel-Dieu les protégent contre les forces militaires qui pourraient venir de l'Hôtel-de-Ville. Enfin dans la Cité, d'où on les avait chassés la veille, ils occupent encore plusieurs positions importantes dans les maisons situées aux angles des voies de communication.

Tout le douzième arrondissement semble n'attendre qu'un moment de succès pour se joindre à eux. Il en est de même des quartiers Saint-Antoine et du Marais. L'aspect de tous les arrondissements occupés par l'insurrection présente une animation extraordinaire; tout le monde, vieillards, femmes, enfants, est descendu sur la place publique ; de gré ou de force, chacun concourt à l'érection, au perfectionnement des barricades. Mais tous n'ont pas encore pris le fusil; les trois quarts des curieux, des spectateurs attendent, comme dans toutes les grandes circonstances, que la fortune se prononce. Si seulement l'Hôtel-de-Ville fût tombé, ce jour-là, au pouvoir de l'insurrection, ses forces se seraient quadruplées à l'instant même; car ce ne sont pas les fusils qui manquent dans les faubourgs; ce ne sont pas les hommes intrépides qui font défaut; ce sont les chefs capables ; c'est une bonne et utile direction imprimée aux forces populaires qui ne se trouve nulle part derrière les barricades : aussi ces forces éparpillées ne peuvent manquer d'être réduites, en détail, malgré la bravoure personnelle de tous ceux qui ont tiré l'épée contre l'assemblée nationale.

L'aspect de l'autre partie de la ville soumise à l'état de siége est tout différent. Les rues sont désertes et silencieuses, excepté celles occupées par les divers camps que forment les troupes et les gardes nationaux. Les boulevarts, jusqu'au faubourg du

Temple, sont couverts de régiments de cavalerie et d'une artillerie formidable.

De nombreux gardes nationaux occupent les places, carrefours et angles des rues, afin d'empêcher, comme la veille, toute communication, tout rassemblement, même inoffensif. Enfin, partant de ce principe, que tout citoyen appartient à la garde nationale, le général en chef déclare, par un ordre du jour, que celui qui séjourne sur la voie publique, hors des rangs de cette garde, manque à son devoir, en présence des dangers de la patrie. Il invite tous les citoyens à se réunir aux hommes dévoués qui combattent sous ses ordres.

Ajoutons que toutes les voies de communications extérieures restées libres ne cessent de verser dans la ville de longues files de soldats et de gardes nationaux venant de toutes les banlieues, de toutes les villes à portée des chemins de fer. Neuf cents hommes de la garde nationale de Rouen, cinq cents d'Amiens, etc., etc., sont déjà à la disposition du général en chef, qui leur assigne aussitôt leur poste dans la grande bataille.

Nous dirons plus loin combien fut inconsidérée la mesure qui apprit le chemin de la capitale aux gardes nationaux des départements : un jour, peut-être, on aura à déplorer cet appel aux formes fédératives. Aujourd'hui, nous nous bornerons à constater l'amalgame palpable qui fut alors remarqué au milieu des forces départementales accourues au secours de l'assemblée nationale et de la république selon les vues des modérés. La plupart des villes, telles que Rouen et Amiens, n'envoyèrent que des réactionnaires avoués, des aristocrates, ayant déjà lutté, dans leurs localités, contre les autorités républicaines et contre la démocratie ; ceux-là seuls se présentèrent, parce qu'ils savaient très-bien ce qu'ils allaient faire à Paris. Ils y entrèrent aux cris de : *Vive l'Assemblée nationale!* La plupart des petites localités, partout où l'aristocratie ne dominait pas, acheminèrent, au contraire, les hommes toujours prêts à se dévouer à la cause de la liberté : ceux-là croyaient venir sauver la république des attaques des factions royalistes : leur cri fut toujours celui de : *Vive la République !*

Ainsi les insurgés, dont le drapeau était dès lors incontestablement celui de la république démocratique, allaient avoir contre eux non-seulement l'armée, qui obéit toujours au pouvoir, non-seulement les réactionnaires, contre qui l'insurrection était dirigée, mais encore leurs amis politiques des départements, leurs propres coreligionnaires, démocrates sincères comme eux, combattant aussi pour la république (¹).

Les forces combinées dont le général en chef disposa dès le second jour furent donc immenses. Sans pouvoir les énumérer positivement, nous pourrons en donner une idée assez précise en rappelant ici que le plus faible des corps agissants, celui que le général Duvivier réunissait sous sa main, à l'Hôtel-de-Ville, se composait de *quatorze bataillons*, reconnus insuffisants pour prendre l'offensive sur ce point, le plus compromis dans la matinée, et que *quarante-deux* pièces de canon furent employées à le défendre.

Au moment où l'assemblée vota l'état de siége, la dictature et l'envoi de représentants sur les lieux de la lutte, il y avait longtemps que la canonnade et la fusillade retentissaient dans les quartiers occupés par l'insurrection.

La Cité, d'où les insurgés avaient été chassés la veille, fut réveillée, dès l'aube, par des coups de fusils tirés du côté gauche du fleuve, sur des gardes nationaux occupés à défaire une bar-

---

(¹) Cette triste confusion, qu'on ne voit que dans les guerres civiles caractérisées, fut due, comme nous l'avons déjà fait observer, autant aux fautes que l'insurrection commit dès son début, qu'aux bruits mensongers répandus dans le public et accrédités par les organes du gouvernement, et surtout par les réactionnaires, qui pouvaient craindre qu'en se dessinant franchement dès son début, la révolte n'entraînât tous les républicains, et qu'elle ne trouvât des chefs habiles.

ricade élevée au milieu de la rue de ce nom, mais abandonnée en ce moment-là. Mais les grandes barricades du Petit-Pont et du pont Saint-Michel avaient été relevées dans la nuit plus formidables que la veille, et ces mêmes gardes nationaux, arrivés à l'extrémité de la Cité, furent forcés de se retirer devant le monstrueux retranchement qui barrait l'entrée de la rue Saint-Jacques, rue hérissée d'obstacles. Une compagnie de la ligne étant arrivée avec de l'artillerie, le feu recommença en attendant que les canons fussent mis en batterie. Les insurgés ripostaient vigoureusement, non-seulement de derrière la grande barricade, mais encore des maisons sur lesquelles elle s'appuyait et qui dominent le Petit-Pont, entre autres des fenêtres du magasin de nouveautés des *Deux-Pierrots*, qui fut criblé de boulets et de balles. A chaque moment, on emmenait des blessés. La retraite de l'infanterie fut encore décidée, et le canon seul tira contre la barricade. Au premier coup, un bruit de vitres brisées annonce qu'il ne reste plus aux fenêtres que les châssis. Six volées de deux coups chacune ont fait de grands ravages à la barricade, sur laquelle se jettent ensuite les fantassins. Elle était évacuée, ainsi que les maisons d'où les insurgés avaient fait feu.

« Cependant, porte la relation candide d'un garde national présent à ce combat, pour peu qu'un rideau, soulevé par le vent, remuât derrière une vitre brisée, pour peu qu'un volet s'entr'ouvrît au vent du matin, vingt balles partaient à la fois dans cette direction, et la poussière, soulevée par elles, ressemblant à la fumée qui suit un coup de fusil, l'erreur de nos combattants novices se perpétuait d'une manière bizarre : on tirait toujours.

« Je vous laisse à penser la profonde terreur des personnes qui voyaient arriver, dans leur domicile déserté par les insurgés, des poignées de balles ricochant dans tous les sens! Un des nôtres, qui a fouillé deux ou trois de ces maisons, y a trouvé de pauvres familles, couchées à plat ventre sous les lits et les meubles, presque folles de terreur, et qui se croyaient au moment d'être massacrées. Dans une de ces maisons, on a compté jusqu'à sept cadavres d'insurgés (¹)..... De temps à autre, des maisons fouillées à droite et à gauche, on arrachait quelques insurgés, ajoute un peu plus loin ce même narrateur, témoin oculaire. Il faut le dire, au milieu des menaces et des cris de mort qui retentissaient à leurs oreilles, ces hommes montraient une fermeté, un courage silencieux, qui désarmaient toutes nos légitimes colères. Pas un d'eux n'a été immolé, *bien qu'ils eussent les mains chaudes encore du combat impie* qu'ils venaient de nous livrer. De part et d'autre, on retrouvait encore le caractère de l'honneur français. J'évalue le nombre des prisonniers que nous avons dirigés sur la Préfecture de police, à quinze ou vingt (²). »

Ce n'était pas tout que d'avoir chassé les insurgés de la barricade du Petit-Pont, il fallait pénétrer dans la rue Saint-Jacques, littéralement couverte de barricades. Heureusement les insurgés les avaient aussi évacuées jusqu'à la rue des Noyers, et la garde mobile, mêlée avec la ligne, n'eut aucune peine à parvenir à la rue Saint-Séverin, où l'insurrection s'était fortement établie, communiquant ainsi, à travers plusieurs barricades, avec la rue de La Harpe et le pont Saint-Michel. Une barricade extrêmement forte, élevée près l'église Saint-Séverin, arrêta longtemps la colonne ; plusieurs attaques restèrent infructueuses, et à dix heures cette barricade tenait encore.

Alors arriva sur ce point un bataillon de la banlieue envoyé pour relever ceux qui, depuis vingt-quatre heures, étaient

---

(¹) Combien de citoyens paisibles n'ont-ils pas été tués ainsi dans leurs demeures et considérés ensuite comme étant des insurgés, par cela seul qu'ils portaient le costume des ouvriers?

(²) La barricade ayant été enlevée avant l'assaut, il ne fut fait, au Petit-Pont, d'autres prisonniers que quelques hommes en blouses trouvés dans les maisons.

sous les armes et qui se battaient depuis la pointe du jour, sans avoir gagné d'autre terrain que les quelques cents pas qui séparent le quai de la rue Saint-Séverin.

Non loin du Petit-Pont, sur la place Saint-Michel, les insurgés avaient encore relevé la barricade prise la veille. On a assuré que, le 24, cette même barricade était défendue par une compagnie de la 12e légion. Un peu plus haut, dans la rue des Mathurins-Saint-Jacques, les insurgés avaient aussi profité de la nuit du 23 pour élever une grande barricade en forme de T, obstruant à la fois la rue des Mathurins et la rue des Maçons-Sorbonne. Il fallait donc prendre la barricade du pont Saint-Michel et celle de la rue des Mathurins, si on voulait réunir les deux détachements, pour se porter sur le Panthéon ou à la place Maubert.

Les troupes commencèrent par la rue des Mathurins, afin de pouvoir prendre à revers la barricade Saint-Michel. Dès le matin, deux compagnies de la mobile se présentent devant la barricade ; mais ils sont reçus par une décharge qui fait tomber plusieurs des leurs. Irrités par ces pertes, ces jeunes gens gravissent le monceau de pavés à la baïonnette, et sans laisser aux défenseurs du retranchement le temps de recommencer le feu, les en chassent. Ceux-ci se réfugient à la hâte dans un hôtel, après avoir laissé une dizaine de morts ou blessés sur la barricade, et cherchent à fuir par les toits. Alors commence cette chasse aux hommes qui signala presque toutes les prises de barricades ; plusieurs insurgés sont frappés sur les toits et roulent jusque dans la rue. Trois d'entre eux sont massacrés après avoir opposé une résistance désespérée.

Ainsi, à deux pas de là, les prisonniers sont épargnés quoiqu'ils aient encore les mains chaudes du combat, et ici ils sont massacrés par ces jeunes gens sortis presque tous des rangs du peuple. D'où vient cette différence ? Ou plutôt d'où vient ce droit barbare que s'arrogent des soldats, des citoyens français sur des frères? Ils respecteraient des prisonniers cosaques ou croates qui auraient ravagé nos villes, violé nos femmes, et ils massacrent des prisonniers français lorsqu'ils n'ont aucune représaille à exercer, lorsque les prisonniers faits par les insurgés, à quelque corps qu'ils appartiennent, sont bien traités par eux, et sont même renvoyés après avoir simplement été désarmés? Ne peut-on pas croire qu'il y a derrière les vainqueurs ces hommes qui, en France comme partout ailleurs, rêvent l'anéantissement de tout ce qui porte une âme libre, un cœur républicain! Ce parti royaliste, aussi lâche qu'impitoyable, n'a-t-il pas à venger les défaites que le peuple lui a fait essuyer tant de fois! Ne doit-il pas éprouver un bonheur inexprimable de faire ainsi égorger entre eux ceux qui les ont tant de fois couverts de la plus noble amnistie, ceux qui ont aboli la peine de mort en matière politique! *L'aristocratie est sans entrailles*, disait un homme qui la connaissait bien (Napoléon à Ste-Hélène). Nous ajouterons, nous : elle est la même dans tous les pays du monde, Radetzky, en Italie, Haynau, en Hongrie, n'ont-ils pas eu de dignes émules en Prusse, en Saxe, en Bavière, et à Bade?

Arrêtons-nous : il faudrait des volumes pour retracer tant de crimes contre l'humanité. Bornons-nous à raconter cette lutte sauvage que l'aristocratie a suscitée dans la capitale de la France, considérée jusqu'alors comme le foyer des lumières et la métropole de la civilisation.

Tandis que la garde mobile s'emparait de la barricade des Mathurins et que l'intérieur de l'hôtel de Cluny retentissait des fusillades auxquelles se livraient les vainqueurs, une autre colonne partie de l'Hôtel-de-Ville attaquait, sur le quai aux Fleurs, la maison dite de la Belle-Jardinière où de nombreux insurgés s'étaient retranchés. Le canon, placé sur le pont Notre-Dame, tonna longtemps contre cette espèce de forteresse : les balles avaient criblé les murs, quand enfin la troupe s'en empara à la baïonnette, tua ou mit en fuite tous ceux qui s'y étaient retranchés, et resta ainsi maîtresse du quai aux Fleurs.

Mais il fallait aussi s'établir sur le pont Saint-Michel; et là se trouvait, comme la veille, une grande barricade contre laquelle on dut faire jouer le canon; car ce jour-là le canon et les obus furent amenés partout. Les insurgés avaient, dit-on, parmi eux plusieurs gardes nationaux du douzième arrondissement en uniforme; ils se défendirent quelque temps; puis, désespérant de résister aux forces qui les attaquent et surtout à l'artillerie, ils quittent la barricade et s'éparpillent : les uns vont combattre au Panthéon, les autres s'enfuient du côté de la place Maubert; la fameuse barricade reste au pouvoir de la troupe, qui en avait arrosé les abords de bien du sang. Toutes les autres barricades du bas de la rue de la Harpe et de la rue Saint-Jacques ne présentent plus aucune résistance; et vers midi, on n'entend plus que la fusillade lointaine du Panthéon et de la place Maubert.

Dans la pensée d'attaquer ce même jour le Panthéon, que l'on considérait comme le quartier général de l'insurrection sur la rive gauche, le général Damesme, installé, comme nous l'avons dit, à la place de la Sorbonne, voulut, dès le matin de bonne heure, dégager les alentours. En conséquence, pendant que le général Bedeau agissait du côté des quais, Damesme faisait ouvrir le feu contre les barricades élevées dans la rue des Grès, dans la rue des Mathurins du côté de la rue Saint-Jacques, sur la place Cambrai, dans la rue des Noyers, etc. Tout ce quartier était hérissé de retranchements, mais la plupart ne furent que peu ou point défendus, les insurgés n'étant pas ici en nombre suffisant pour garder toutes ces barricades. Quelques-unes seulement résistèrent avec tenacité; mais toutes tombèrent devant les forces supérieures qu'on lançait successivement contre chacune d'elles. C'est ainsi que restèrent au pouvoir de la troupe et de la garde nationale les barricades de la rue des Grès, de la rue du Foin, de la place Cambrai, à l'angle de la rue des Noyers, etc. ; mais partout les assaillants avaient fait bien des pertes, et les cadavres des soldats étaient mêlés à ceux des insurgés dans une proportion effrayante pour la troupe.

Sur la place du Panthéon, un bataillon de la mobile occupant les fenêtres de l'École de droit, n'avait cessé de tirailler depuis le jour avec les insurgés retranchés au Panthéon. Les mobiles ayant cru un moment que les hommes renfermés dans cet immense monument quittaient la partie, s'étaient hasardés à sortir; mais ils ne tardèrent pas à être repoussés avec de grandes pertes, les insurgés, renforcés d'une foule de gardes nationaux du douzième arrondissement, s'étant aussitôt élancés à leur poursuite. Le commandant de la mobile fut blessé, et un détachement de la garde républicaine composé d'une soixantaine d'hommes fit sur cette place des pertes qui le réduisirent à moins de la moitié.

Ainsi la première attaque contre le Panthéon était devenue déplorable pour les assaillants. C'est afin de réparer ce désastre que le général Damesme se dispose à attaquer avec les forces les plus imposantes. De part et d'autre on attachait une grand prix à la conservation ou à la prise du Panthéon; car s'il fût resté au pouvoir des insurgés, nul doute que tous les hommes en état de porter les armes que le faubourg Saint-Marceau renfermait ne se fussent joints aux ouvriers; et déjà on voyait en grand nombre, parmi ces derniers, des uniformes de la garde nationale et des officiers de tous grades. Ce fut pour prévenir cette défection générale du faubourg Saint-Marceau, qu'aussitôt après avoir été investi de la dictature, le général Cavaignac avait officiellement chargé les représentants Vaulabelle, Froussard et de Ludre d'aller prendre possession de la mairie du douzième arrondissement, qui, disait-on, faisait cause commune avec les insurgés [1].

[1] Le maire de cet arrondissement, le citoyen Pinel-Grandchamp, fut arrêté et jugé par un conseil de guerre, comme complice des insurgés.

En même temps, six autres membres de l'assemblée nationale, les citoyens Turck, Desabes, Valette et Forel, ayant à leur tête le représentant Boulay (de la Meurthe), se dirigeaient vers le quartier général de la place Sorbonne. Fendant les groupes partout où la foule stationnait encore, se mêlant aux discussions irritantes afin de calmer les esprits exaspérés, ces délégués de l'assemblée nationale étaient arrivés sur la place Saint-Michel, en passant par la Croix-Rouge et l'Odéon. Là les nouvelles qu'on y apportait du Panthéon les engagèrent à aller joindre le général Damesme, occupé à réunir l'infanterie et l'artillerie nécessaires pour en chasser les insurgés. Les représentants le rencontrèrent dans la rue de la Harpe, conduisant un nouveau bataillon, qui se réunit aussitôt à la garde mobile de la place Saint-Michel, à un bataillon de la banlieue, aux troupes de la ligne et à l'artillerie destinée à agir contre la citadelle renfermant douze à quinze cents insurgés. Les pièces d'artillerie furent établies dans la nouvelle rue Soufflot, en face du Panthéon, contre les portes duquel elles commencèrent un feu très-nourri.

« C'était un grand et imposant spectacle, dit une narration des journées de juin, que ces longs sillons de feux croisés partant de cent directions différentes avec un épouvantable fracas, colorant les hommes et les chevaux, les maisons, le Panthéon tout entier de sa base à sa coupole, d'une teinte rouge écarlate; c'était un spectacle navrant que ces morts étendus sur le pavé arrosé de leur sang, que ces blessés tombant sans plainte et sans cris. C'était un touchant spectacle que ces représentants immobiles autour des canons, qu'ils ne quittaient pas un instant, offrant leurs poitrines à découvert aux balles, et l'intrépide Damesme, attentif à toutes les péripéties de cette longue et terrible lutte, suivant avec anxiété les effets successifs de ses boulets dans les portes du Panthéon, et couvant d'un regard fixe le moment suprême de leur chute, pour lancer ses braves dans ce temple problématique devenu une citadelle ardente ! »

Plus d'une heure s'écoula avant que les gros projectiles, les obus eussent brisé les portes du temple : ce fut un siècle d'anxiété pour les acteurs de ce drame, témoins de l'intrépidité des troupes et de ces soldats improvisés aimant mieux mourir tout à coup d'une balle que mourir lentement eux et leurs familles d'inanition ! La réoccupation de l'École de droit par les mobiles, qui s'étaient glissés par la rue Saint-Étienne, fit faire un grand pas à l'attaque, car dès lors leurs feux dominaient la place. Le canon ayant fait brèche aux portes, Damesme fit cesser le feu. Mais ne voulant pas exposer ses hommes par une marche en colonne, il les fait filer le long des maisons, les abritant autant que possible derrière tous les angles. C'est ainsi que ses colonnes débouchent sur la place. Mais là, un feu roulant des insurgés accable les soldats au moment où ils débouchent : un régiment d'infanterie légère qui marchait résolument sur la chaussée, suivant le général, hésite et court s'abriter derrière les inégalités que la rue nouvelle offre à droite et à gauche. Un nouveau temps d'arrêt est nécessaire. D'ailleurs, quoique les portes du Panthéon soient enfoncées, la grille qui couvre la façade est à peu près intacte, et sa hauteur de six pieds offre encore un obstacle. Le général se décide aussitôt à faire attaquer la grille. Heureusement les insurgés ne tiraient plus de l'intérieur : mais une décharge effroyable partie d'un grand bâtiment en construction à l'extrémité de la rue d'Ulm, vient attester aux assaillants que les assiégés fuient, comme les Parthes, en lançant la mort sur leurs ennemis. Les jeunes gens qui escaladaient les grilles sont forcés de se jeter à plat ventre. Enfin les grilles sont franchies, et les charpentes qui servaient à barricader les portes sont renversées après de grands efforts. La troupe fait irruption dans le Panthéon. On s'attendait à une nouvelle lutte dans le monument même : mais les insurgés, reconnaissant l'impossibilité de résister à tant de forces réunies contre eux, l'avaient évacué complétement (¹).

La prise du Panthéon était un événement trop important pour qu'on ne se hâtât pas de l'annoncer à l'assemblée et à toute la ville; le représentant Boulay, qui était entré l'un des premiers dans ce temple, s'empressa d'envoyer des messagers successifs; ils furent accueillis par les applaudissements de tous ceux qui déploraient sincèrement la guerre civile.

Cependant les insurgés des quartiers Saint-Jacques et Mouffetard ne se montrèrent point démoralisés. Ils n'avaient pas cru rester toujours dans le Panthéon : aussi, à leur sortie de ce monument, les voit-on occuper en forces la grande terrasse du collége Henri IV, et la barricade de la rue de la Vieille-Estrapade, soutenue par une foule d'autres retranchements : ces deux points paraissent destinés à défendre l'entrée de la rue Mouffetard. Il faut encore dresser le canon contre ces obstacles défendus avec l'intrépidité du désespoir, et les insurgés ne cèdent que devant les charges à la baïonnette commandées par le général Damesme; ils se retirèrent derrière une autre barricade élevée rue de Fourcy. Là, la difficulté du terrain n'ayant pas permis d'employer l'artillerie, la fusillade se prolongea jusqu'à deux heures, époque à laquelle une balle qui frappa mortellement le général à la cuisse, fit suspendre le combat. Le blessé fut porté à l'hôpital militaire du Val-de-Grâce, et le lieutenant colonel Thomas prit, par intérim, le commandement des troupes qui opéraient sur la rive gauche.

(¹) Quoique l'on ait dit qu'on y avait pris quinze cents insurgés, la vérité est qu'on n'y prit que quelques hommes qui s'étaient cachés dans la galerie du couronnement; les autres prisonniers ou prétendus prisonniers qu'on amena au Luxembourg et à la mairie du onzième arrondissement furent pris dans les maisons fouillées par les vainqueurs: la plupart étaient des hommes inoffensifs que la peur avait tenus cachés.

« Il importe qu'un officier général soit envoyé au Panthéon, écrivait le citoyen Boulay (de la Meurthe) à l'assemblée nationale, en rendant compte des événements de ce quartier. Si l'on pouvait y envoyer deux ou trois bataillons de renfort, il est probable qu'on aurait comprimé, avant la nuit, l'insurrection dans le douzième arrondissement, un de ses foyers les plus intenses. Que la journée ne soit pas perdue ! »

Ainsi, dans l'opinion des représentants du peuple envoyés sur les lieux, la prise du Panthéon n'avait rien décidé dans le douzième arrondissement. Ils demandaient des renforts et un chef. On sait que ce chef fut le brave et malheureux général Bréa, qui avait, comme tant d'autres officiers généraux et supérieurs, offert ses services au général en chef.

Arrêtons-nous un moment à la mise hors de combat du général Damesme, et quittons le quartier Saint-Jacques pour faire connaître ce qui se passait sur les autres points où la lutte ne se montrait ni moins vive, ni moins tenace. Jetons les yeux sur la circonscription confiée au général Duvivier et aux troupes de l'Hôtel-de-Ville.

On a dit et répété longtemps qu'il entrait dans le plan des insurgés d'accumuler obstacles sur obstacles, barricades sur barricades, de défendre les plus importantes par des feux qui pussent prendre les assaillants de tous côtés ; de se retirer sur d'autres points, après avoir fait éprouver à la troupe toutes les pertes possibles, et enfin d'émigrer ainsi de poste en poste, de reculer sans cesse afin de transformer tout à coup une défaite apparente en un succès basé sur les pertes des assaillants. « Quand on sera arrivé à la dernière barricade des points donnés, a-t-on dit de leur plan supposé, on aura tiré tant de milliers de coups de fusil qui ne nous auront coûté que des pertes insignifiantes, tandis que la troupe sera considérablement réduite. Alors, nous, vaincus, nous chassés de Paris, dans une minute nous nous relevons de toute la hauteur de notre supériorité matérielle, et, forts par le nombre, forts par l'imprévu de la surprise, nous opérerons par un retour offensif propre à surprendre nos ennemis; nous tomberons en masses compactes sur des bataillons décimés, épuisés; nous reprendrons nos barricades en nous jouant d'une faible résistance; nous irons planter le drapeau de la république démocratique et sociale sur l'Hôtel-de-Ville, sur les Tuileries, et sur le palais de l'assemblée nationale. »

Un pareil plan, s'il eût jamais été celui des insurgés, n'eût pu être regardé que comme une folie propre à accélérer leur perte. Les motifs n'ont pas besoin d'être développés; on les comprend tout d'un coup. Le plan de l'insurrection, si toutefois il peut avoir existé un plan là où chacun ne suivait que l'inspiration du moment, n'a jamais pu être aussi extravagant. Les insurgés avaient déjà commis une faute immense en se tenant sur la défensive durant la première journée; car une insurrection qui reste stationnaire en face d'un ennemi dont les forces augmentent à chaque heure, est une insurrection vaincue.

Les insurgés le comprirent si bien, qu'ils essayèrent, dès le matin du second jour, de réparer cette faute. Tandis que l'insurrection des faubourgs Poissonnière, Saint-Denis et du Temple occupait les troupes du général Lamoricière, et que les barricades des quartiers Saint-Jacques et Saint-Marceau empêchaient le général Damesme et le général Bedeau d'aller secourir Duvivier, les insurgés du faubourg Saint-Antoine et du Marais pensèrent à se rapprocher de l'Hôtel-de-Ville. On crut remarquer alors une sorte d'entente, pour atteindre ce but, entre tous ceux qui combattaient sur les deux bords de la Seine.

Le général Duvivier, établi sur ce point capital, avait, dès le matin, lancé une colonne sur le quai, en amont, chargée d'enlever la barricade établie au pont Marie. Deux pièces, non attelées, qui étaient à l'Hôtel-de-Ville, furent traînées à bras jusqu'en face de la rue de la Réforme (ci-devant Louis-Philippe) afin de détruire une autre barricade, construite la veille au soir, dans cette même rue, mais derrière laquelle il n'y avait alors personne. Rassuré de ce côté, l'officier supérieur chargé du mouvement dirigea aussitôt son feu sur le pont Marie, d'où les insurgés ripostèrent énergiquement. Ce ne fut qu'au bout d'une heure de résistance opiniâtre que les ouvriers, assaillis par un régiment de la ligne, abandonnèrent ce poste, et se retirèrent dans la rue de l'Hôtel-de-Ville, où l'artillerie les força encore d'évacuer la barricade qui s'y trouvait, défendue seulement par quelques décharges.

D'un autre côté, dans le haut des rues Saint-Martin, Saint-Denis et des Lombards, des insurgés, cherchant aussi à se rapprocher de l'Hôtel-de-Ville, élevaient de nombreux retranchements, derrière lesquels ils comptaient gagner du chemin. Mais ces barricades, ainsi que celles qu'on a construites dans la rue Rambuteau, ne sont que bien faiblement défendues; quelques détachements de troupe unis à la garde nationale purent s'en emparer sans être obligés d'employer le canon. Une seule, élevée dans la même rue Rambuteau, à la hauteur de l'Hôtel-de-Ville, résista longtemps, et ne fut détruite que par les obus. Partout, il y eut des morts et des blessés de part et d'autre.

Ce n'était donc pas là qu'était le danger pour l'Hôtel-de-Ville; il existait dans tout le quartier Saint-Antoine, où l'insurrection se montrait formidable. Malgré les efforts combinés faits, la veille, par les troupes et les gardes nationaux, les insurgés de ce quartier, rentrés dans toutes leurs positions, s'y étaient fortifiés. La rue Saint-Antoine était devenue inabordable. Du côté de la place des Vosges et dans les environs de celle de la Bastille, couvertes de retranchements et d'obstacles, on avait vu le colonel de la 8e légion, suivi de quelques centaines de gardes nationaux, les seuls qui eussent répondu au rappel et à la générale, essayer d'enlever quelques barricades. Trois de ces retranchements furent même détruits; mais la légion y avait perdu son major et son adjudant-major, ainsi que plusieurs gardes nationaux. Un instant après, la colonne se trouvait assaillie par une multitude d'insurgés, qui dédaignèrent de la faire prisonnière : elle se sauva par la rue des Tournelles et la place des Vosges.

En ce moment douze à quinze cents insurgés, sortis du faubourg Saint-Antoine, se montraient sur cette place. La mairie était défendue par un bataillon de la ligne et par des gardes nationaux qui se mirent en bataille tant dans la cour que sur la place même. Mais les insurgés arrivent à la fois de tous les côtés et par toutes les issues. S'emparant de la caserne de la garde républicaine, il font un feu plongeant sur la troupe, qui se voit ainsi prise en flanc par ceux venant de l'impasse Guémenée. La position n'étant plus tenable, le commandant cherche à s'abriter sous les arcades. Les insurgés l'enveloppent et désarment son bataillon.

La mairie du 8° arrondissement prise, le bataillon et les gardes nationaux désarmés étaient de grands succès pour l'insurrection, qui marche dès lors sur l'Hôtel-de-Ville, en longeant toute la rue Saint-Antoine, couverte de barricades. C'est ainsi que les insurgés arrivent en force jusqu'à l'église Saint-Gervais.

Ainsi l'Hôtel-de-Ville était serré de près sur ses derrières. Si les insurgés ne se fussent pas arrêtés à se fortifier sur ce point; s'ils eussent osé faire un coup de main, il est très-probable qu'ils auraient pu pénétrer dans l'Hôtel-de-Ville par ce côté; car ils n'eurent d'abord devant eux pour les contenir que 2 à 300 artilleurs de la garde nationale.

Cela eût été d'autant plus praticable, qu'au même instant les ouvriers chassés des rues Saint-Martin et Rambuteau se jetaient aussi du côté de l'Hôtel-de-Ville, par la rue Sainte-Avoye, d'où il fallut les repousser avec le canon placé rue des Coquilles.

Bientôt même cette pièce de canon, n'étant pas soutenue, fut forcée d'évacuer la rue des Coquilles devant les insurgés, qui, de ce côté, vinrent occuper la rue Bar-du-Bec et celle de la Verrerie. Si, en ce moment favorable, il y eût eu la moindre entente entre la colonne qui touchait aux derrières de l'Hôtel-de-Ville et celle arrivant par la rue des Coquilles, nul doute que l'Hôtel-de-Ville n'eût couru de grands dangers, d'autres insurgés pouvant aussi accourir par le pont d'Arcole. Mais chaque troupe d'insurgés, n'obéissant qu'à son seul instinct, ne combattait et ne s'avançait même qu'en tâtonnant. C'est ainsi que la colonne sortie du faubourg Saint-Antoine et de la place des Vosges ne fut pas droit à l'Hôtel-de-Ville, comme cela avait eu lieu en 1830 ; elle crut devoir se retrancher sur la hauteur où se trouve l'église ; position avantageuse pour se défendre, mais que l'on devait négliger dès qu'on prenait l'offensive. Dans cette situation, l'artillerie de la garde nationale put facilement arrêter les insurgés, et donner le temps aux secours d'arriver.

Une demi-heure après, des fenêtres de l'Hôtel-de-Ville du côté de l'église, commençait une fusillade terrible contre les insurgés, et cette même artillerie, dont ils auraient pu probablement s'emparer, les foudroyait. Il fallut soutenir un combat long et sanglant, un de ces combats de défensive, toujours funestes au peuple. Le général Duvivier se place en tête des bataillons de la mobile qu'il a sous la main, et se porte de sa personne, devant l'église, qui, attaquée par tant de forces, est enfin évacuée par les insurgés, après que leurs feux soutenus eurent fait éprouver de grandes pertes aux assaillants. C'est au moment du succès que le général Duvivier, peut-être le seul chef militaire sincèrement dévoué à la république et au système démocratique, fut atteint, au pied, d'une balle qui lui fit une blessure considérée d'abord comme peu grave, mais qui causa sa mort quelques jours après : il ne voulut quitter le champ de bataille que lorsque les abords de l'Hôtel-de-Ville eurent été déblayés. Le général Duvivier venait de faire connaître au général en chef tout ce que sa position à l'Hôtel-de-Ville avait alors de sérieux, et demandait des renforts afin de pouvoir résister à une nouvelle attaque qu'il prévoyait (¹).

En effet, quel parti les insurgés n'eussent pas tiré de la prise de ce centre, de ce siége de tous les gouvernements insurrectionnels et révolutionnaires? Dans l'opinion du peuple, l'Hôtel-de-Ville au pouvoir de l'insurrection eût été considéré comme le triomphe de ceux qui avaient pris les armes contre la réaction. Les cinquième, sixième et septième arrondissements, dont la population démocratique était restée jusque-là en état d'insurrection expectante ; ces trois arrondissements, qui avaient à peine fourni quatre à cinq mille gardes nationaux à la cause dite de l'ordre, auraient pu, tout à coup, se prononcer pour l'insurrection, et lui donner des forces immenses. Faiblement gardés par quelques pelotons de gardes nationaux, contenus à peine par d'insuffisantes patrouilles, ces quartiers, où fermentaient les passions révolutionnaires et où la misère se faisait sentir cruellement, auraient infailliblement, sur la nouvelle de la prise de l'Hôtel-de-Ville, donné une multitude d'auxiliaires à l'insurrection, qui se serait ainsi établie solidement au centre, tandis que les généraux s'efforçaient de la refouler aux extrémités de la ville. Le défaut de combinaison et d'ensemble dans les opérations des diverses troupes d'insurgés, le tâtonnement peut-être lorsqu'il fallait tout risquer (²), et ensuite les

---

(¹) Le général Négrier, sur l'ordre du général en chef, se vit obligé de toucher aux forces qui gardaient l'assemblée nationale : il envoya à son collègue de l'Hôtel-de-Ville deux escadrons de dragons et une colonne d'infanterie : ces troupes contribuèrent à dégager complètement ce quartier général du centre.

(²) « Les chefs de la démocratie, a dit l'auteur du *Prologue d'une Révolution*, en expliquant l'insuccès de l'insurrection, n'étaient pour rien dans cette levée de boucliers ; les plus habiles, les plus énergiques étaient à Vincennes ; les autres manquèrent ou d'audace ou de foi en présence du mélange de bonapar-

mesures énergiques prises par le général Duvivier firent échouer cette audacieuse tentative. Dès lors l'insurrection, chassée du Panthéon, repoussée de l'Hôtel-de-Ville, n'eut plus aucune chance de succès.

Elle ne fut pas domptée pour cela. La plupart de ceux qui se battaient dans le quartier Saint-Marceau, dans les faubourgs Saint-Denis, du Temple et Saint-Antoine, continuèrent la lutte, ne doutant pas que de nouvelles circonstances favorables ne les missent à même de reprendre l'offensive.

Mais les forces militaires dont le général en chef disposait augmentaient d'heure en heure, au moment où celles de l'insurrection s'éparpillaient encore davantage.

D'un autre côté, les proclamations du général dictateur; celle que l'assemblée venait publier en dernier lieu; l'envoi de ses membres sur les lieux et enfin, quelques pourparlers où ces représentants essayèrent de ramener les insurgés à la confiance envers le gouvernement, avaient produit de bons effets partiels : même on peut croire que ces efforts combinés pour mettre un terme à la guerre civile eussent été couronnés de succès, sans l'inhumanité des soldats, de la mobile et de certains gardes nationaux.

« La dixième partie de ces efforts, dit à ce sujet l'auteur des *Journées révolutionnaires*, le citoyen Maurin, aurait suffi, le 22, pour ramener les ateliers nationaux dans la voie de la légalité; mais alors on ne voulait pas pactiser avec l'émeute. Aujourd'hui on en est réduit à entrer en pourparlers avec une révolution.

---

tistes qu'ils aperçurent au début de l'insurrection. De là, dans le parti du peuple, cette absence de plan, d'unité, d'ensemble qui rendit possible, facile même, la victoire de ses adversaires. Les ouvriers, ne sachant où se porter, restaient sur la défensive; ils se contentaient de garder leurs barricades, sans chercher même à profiter des avantages partiels pour s'avancer. L'Hôtel-de-Ville, placé au point de jonction des quartiers insurgés, n'eût pas résisté à leurs forces combinées, s'ils eussent songé à l'attaquer simultanément et sérieusement. »

Lorsque les griefs moraux ou politiques animaient seuls les prolétaires, les travailleurs, les républicains avancés, le raisonnement pouvait suffire à calmer leur impatience, à leur faire comprendre les dures nécessités de leur position. Et n'avait-on pas vu bien souvent, dans les premières semaines de la révolution, les ouvriers ouvrir leur cœur à la parole démocratique de nos gouvernants? mais les combats du 23 avaient complétement enivré ces malheureux, jetés sans boussole, au milieu d'un océan bouleversé, à la recherche d'un monde inconnu. Des frères, des femmes, des enfants étaint tombés à côté d'eux. Plus d'une fois, dans ces courts moments de lassitude qui faisaient cesser de part et d'autre le combat, ils avaient entendu la fusillade des exécutions militaires : la haine, les sombres instincts de la vengeance avaient pris place dans leur cœur, à côté des passions politiques. »

En effet, les ordres barbares, ou la coupable tolérance de bien des chefs dans toutes les hiérarchies (¹); la conduite atroce de plusieurs corps envers les prisonniers pris sur les barricades et même envers des citoyens inoffensifs que la peur avait fait fuir ou se cacher, empêchèrent les insurgés de prêter l'oreille aux bonnes paroles que quelques représentants leur avaient portées ce jour-là; en présence des traitements révoltants exercés sur la plupart des malheureux qui s'étaient laissé prendre ou qui avaient déposé leurs armes, les insurgés refusèrent de croire aux promesses contenues dans les proclamations qu'ils commençaient à connaître, ils aimèrent mieux mourir bravement sur les barricades, que d'être fusillés misérablement par le

---

(¹) Des témoins irrécusables nous ont raconté avoir entendu sortir de la bouche d'officiers généraux, d'officiers supérieurs et d'officiers subalternes, que nous pourrions nommer, les ordres les plus inhumains, les paroles les plus atroces contre les insurgés pris en combattant, et même contre des citoyens inoffensifs *faits prisonniers,* par cela seulement que les insurgés avaient occupé de force leurs maisons d'habitation.

premier caporal ivre ou par quelque farouche garde national.

Ces fusillades arbitraires et illégales, lorsqu'aucun chef, aucun soldat n'ignorait que l'état de siége entraînait les jugements expéditifs des conseils de guerre; ces tueries d'hommes que l'histoire ne saurait assez flétrir, ces boucheries de prisonniers qui ravalèrent des soldats français au rang des sauvages de la Nouvelle-Zélande, furent, sans aucun doute, les causes dominantes qui donnèrent à cette abominable guerre civile ce caractère de férocité propre à déshonorer à tout jamais ceux qui s'y livrèrent et ceux qui les permirent. Certes, les bonnes paroles que le général Cavaignac adressa aux insurgés dans la proclamation qu'il fit jeter en grand nombre derrière les barricades, pouvaient faire tomber les armes des mains à plus d'un insurgé; mais le spectacle qu'ils ont sous les yeux, et ce qu'on leur raconte du sort réservé aux prisonniers est de nature à les impressionner bien davantage. Ce sont ces actes de barbarie qui rendent l'insurrection interminable.

Au faubourg du Temple, on rapportait aux insurgés, qu'un général, questionné sur ce que l'on devait faire de quelques prisonniers pris de l'autre côté du canal, aurait répondu : « *Fusillez sur place tous ceux qui seront pris les armes à la main!* » et qu'aussitôt des gardes mobiles avaient passé par les armes ces prisonniers.

Du côté du Panthéon, ils apprenaient que les prisonniers faits à la barricade des Mathurins avaient été fusillés dans la cour de l'hôtel de Cluny, dans la rue Racine, dans les environs de la Sorbonne.

Un peu plus bas, on leur annonçait que d'autres prisonniers avaient été passés par les armes dans la deuxième cour de la Préfecture de police; on leur disait que les décharges entendues dans les casernes de Tournon, Saint-Martin, Poissonnière, etc., etc., provenaient des fusillades en masse de leurs malheureux amis tombés au pouvoir de la troupe.

Ceux des insurgés qui ont combattu sur les derrières de l'Hôtel-de-Ville, sont informés, dans leur retraite vers la rue Saint-Antoine, que les prisonniers faits à l'église Saint-Gervais ont été massacrés, soit dans les cours de cet hôtel, soit sur les bords de la rivière, soit sur la place Saint-Jean. A tout instant ils apprennent quelque effroyable exécution militaire.

Ces récits les exaspèrent au point qu'il aiment mieux mourir sur les barricades, les armes à la main, que de déposer ces armes devant un vainqueur impitoyable; et le combat continue avec une indicible fureur ; et la guerre civile, que les bonnes paroles de quelques députés (¹), jointes aux mesures humaines de la matinée (²) auraient pu éteindre ce jour-là, se ranime avec rage à la nouvelle de ces cruels excès !

« Défendez-vous, leur crient des voix indignées, défendez-vous, vous seriez massacrés ! — Combattez, lisent-ils sur les billets que leur font parvenir des amis; combattez jusqu'à la

---

(¹) Si le fait rapporté par l'auteur du *Prologue d'une Révolution* est vrai, comme on peut le croire par la nature des renseignements qui lui ont été fournis, tous les députés ne seraient pas allés du côté des barricades pour porter des paroles de conciliation et de fraternité aux hommes qu'ils pouvaient considérer comme égarés. Voici ce que cet auteur rapporte comme s'étant passé sur la place de l'Hôtel-de-Ville.

« A ce moment, dit-il après avoir raconté les effroyables scènes qui venaient de se passer près l'Hôtel-de-Ville, sur les bords du fleuve et sur le pont d'Arcole; à ce moment, deux représentants se trouvaient sur la place de l'Hôtel-de-Ville et causaient avec des officiers. Des soldats de la garde républicaine qui amenaient un convoi de prisonniers leur demandèrent ce qu'il en fallait faire. Ils répondirent : *Fusillez ! fusillez !* »

Un pareil fait n'aurait pas besoin de commentaires. Il prouverait que les impitoyables de l'assemblée nationale n'y avaient point laissé leurs passions, et que leur haine pour la démocratie ne s'était pas éteinte en présence du sang répandu sur le champ de bataille.

(²) Dans le moment critique et lorsque l'on put craindre que l'Hôtel-de-Ville ne tombât entre les mains des insurgés, l'assemblée nationale vota d'urgence, ainsi que nous le dirons plus loin, un décret présenté par son président, portant que *trois millions* de francs seraient distribués aux citoyens dans le besoin.

mort ; ne vous rendez pas, car vos ennemis ne font pas de quartier ! »

Disons-le sans crainte d'être jamais démentis, les démocrates, les républicains sincères, dans quelque rang que la lutte les eût jetés, non-seulement conservèrent leurs mains pures de tous ces horribles excès, mais encore ils les combattirent et les empêchèrent partout où leur influence put prévaloir.

« Ceux auxquels nous faisons allusion, ces hommes aux passions basses et violentes à la fois, dont les excès déshonorèrent le triomphe de la cause de l'ordre, s'écrie un écrivain bien renseigné, n'étaient pas des démocrates ; ils n'avaient pas pris le fusil pour défendre et sauver la république ; la république repousse la solidarité de leurs actes : c'étaient, sans aucun doute, d'anciens royalistes animés par une ignoble vengeance, nourris des traditions de la rue Transnonain et du Cloître-Saint-Méry, dont ils renouvellent les scènes odieuses. »

Que dirons-nous de ceux qui, n'étant ni animés par le combat, ni enivrés par l'odeur de la poudre, ni transportés de fureur à la vue de leurs amis tombés près d'eux sous les balles parties des barricades ; de ceux qui, loin des champs de bataille et renfermés dans leur cabinet, excitent systématiquement la troupe contre les insurgés par les récits de prétendus actes de barbarie commis derrière les barricades, et, provoquant froidement la rage stupide de quelques gardes nationaux, de quelques soldats et des jeunes gens de la mobile, transformant ainsi leur bravoure en férocité ! Combien furent coupables ces journalistes de la réaction qui mirent tant de persistance à placer sous les yeux de la garde nationale et de la garde mobile ces récits mensongers, inventés par les fauteurs de guerre civile, ces récits affreux, propres à troubler l'imagination de ces jeunes enfants du peuple, dont ils se servent pour frapper leurs ennemis politiques !

L'opinion publique a, depuis longtemps, fait une éclatante

justice de toutes les odieuses inventions que les passions les plus détestables, que les imaginations les plus infernales surent si déplorablement exploiter pour assouvir leurs vieilles haines contre les républicains. L'historien des journées de juin pourrait, jusqu'à un certain point, passer l'éponge sur ces redoutables provocations, s'il n'y trouvait, non pas l'excuse, mais l'explication de ces assassinats que bien des gens ont considérés comme de légitimes représailles, comme une conséquence des lois de la guerre, et comme le droit du vainqueur. Malgré notre répugnance à exhumer les bulletins irritants que les factions royalistes jetaient à toute heure dans les bivouacs des soldats de l'ordre, nous en publierons ici quelques-uns, afin de donner une idée des moyens dont se servaient ces factions, moyens d'autant plus infâmes que ceux qui les employaient savaient mieux que personne à quoi s'en tenir sur les faits qu'ils publiaient.

On commença d'abord par accréditer les bruits qui avaient couru quelques jours auparavant, et avec quelque raison alors, d'or répandu à profusion pour renverser le gouvernement : on citait plusieurs prisonniers, et principalement des ouvriers, chez lesquels on avait trouvé, disait-on, tantôt des sommes de deux, trois, et juqu'à dix mille francs en or ([1]), tantôt plusieurs billets de banque.

([1]) Nous avons déjà eu l'occasion de nous expliquer au sujet de l'argent répandu par les factions royalistes pour troubler la marche de la république. Pour nous, nous avons la certitude que ces distributions ont été faites, non pas le 22 et le 23 juin, mais à l'époque du rassemblement de la place de la Concorde. Une circonstance personnelle, circonstance qui pourrait trouver sa place dans des mémoires, ne nous permet point de conserver le moindre doute à ce sujet. Mais, en supposant que quelques-uns des faits cités par les journaux réactionnaires eussent été vrais, nous sommes à même de citer deux faits propres à prouver combien il était naturel, dans certains cas, de trouver de l'or ou de l'argent, et même des billets de banque, sur quelques-unes des personnes tuées ou arrêtées.

Le 25, la mobile, arrivant rue des Écluses-Saint-Martin, crut avoir entendu

« Hier, disaient les journaux honnêtes et modérés, appelés *le Constitutionnel, l'Assemblée nationale, l'Opinion publique, la Patrie, le Corsaire, la Providence, la Voix de la vérité* et autres, on a arrêté, rue de Verneuil, une femme qui distribuait de l'argent à des ouvriers. »

— « On a arrêté un insurgé, très-pauvrement vêtu, que l'on a trouvé nanti d'une somme de *onze mille francs* en billets de banque..... »

— « Un homme a été arrêté et conduit à la chambre. Il avait sur lui 4,000 francs en or, et des bulletins imprimés portant ces mots : *Demandez Henri V.* »

— « Sur le boulevart Poissonnière, deux jeunes gens, également accusés de distribuer de l'argent aux émeutiers, ont été arrêtés. »

un coup de fusil parti de la maison n° 11, où se fabriquaient des ressorts pour les locomotives. Aussitôt la maison est fouillée de fond en comble, et tous les habitants sont *faits prisonniers*. On en trouve un que la peur avait fait se cacher, et on crut apercevoir qu'il avait les mains noires de poudre : c'était l'homme de peine de l'établissement, être inoffensif s'il en fut jamais. Les mobiles, à qui il demandait grâce, le tuèrent à bout portant. On trouva sur cet homme de peine environ 500 francs en or ; c'est que la caisse d'épargne de cet ouvrier, très-rangé d'ailleurs, était son gousset ; dès qu'il avait économisé 20 francs, il les échangeait contre une pièce d'or, qui, avec les précédentes amassées péniblement, ne le quittait jamais. Combien d'autres, *insurgés* ou non, n'avaient-ils pas la même manie de thésauriser ! et combien d'autres, au moment de quitter, pour toujours peut-être, leur domicile, n'ont-ils pas dû être portés à se munir de l'argent qu'ils pouvaient posséder !

— Après la déplorable affaire de la place du Carrousel, on trouva aussi sur l'un des prisonniers qui venaient d'être tués, *huit mille francs en or ;* le fait, m'a-t-on assuré, était vrai. Mais ce qu'on n'a pas dit, c'est que ce prisonnier était un Italien qui venait de toucher le premier à-compte d'un héritage qu'on liquidait depuis plusieurs mois ; le second à-compte ou le solde arriva chez son banquier quelques jours après sa mort.

Comme on le voit, l'or trouvé chez l'homme de peine et celui que portait l'étranger fusillé dans la nuit du 27 juin n'avaient rien de commun avec l'or répandu pour soulever le peuple.

— « Un très-grand nombre d'individus saisis les armes à la main ou porteurs de cartouches ont été incarcérés. Tous ont été fouillés ; sur plusieurs d'entre eux, on a trouvé des sommes importantes dont l'origine n'a pu être justifiée d'une manière satisfaisante..... »

Puis, comme nouvelles preuves de cette distribution d'argent aux insurgés, et afin d'amener la fable des *dix mille* forçats libérés vus sur les barricades, les mêmes journaux annonçaient les faits suivants :

« Parmi les insurgés tués sur ces barricades ou faits prisonniers dans les engagements, on trouve, comme on devait s'y attendre, la lèpre des forçats libérés et des repris de justice. Sur l'épaule de plusieurs cadavres transportés à la caserne du faubourg Poissonnière, on voit les lettres de la marque, signes indélébiles de la flétrissure morale et de la dégradation civique..... »

— « Sur huit morts ramassés à la barricade du faubourg Poissonnière, cinq ont été reconnus pour des forçats. Un d'entre eux s'est écrié en mourant : « *Quel malheur de se faire tuer pour dix francs!*.....

— « Plusieurs insurgés à qui le juge d'instruction demandait pourquoi ils ne s'étaient pas rendus plus tôt, ont répondu : *Il fallait bien que nous gagnassions l'argent qu'on nous avait donné !*

Enfin la *Liberté*, journal d'Arras, qui puisait ses renseignements aux mêmes sources, s'exprimait ainsi au sujet de cet or français et étranger trouvé sur les prisonniers :

« La quantité d'or qui a été trouvée sur des insurgés est considérable. Ce matin, on a trouvé sur un individu qui avait été arrêté sur les barricades *une caisse remplie de pièces d'or*. Il pouvait y en avoir pour 7 à 8,000 francs, et on dit qu'un homme arrêté sur les barricades a fait quelques révélations : il aurait avoué que tous les ouvriers des ateliers nationaux recevaient *vingt-cinq* francs et les brigadiers *cinquante francs* par jour pour se battre. »

— « Il faudra bien que l'on sache un jour ou l'autre, s'écriait le *Corsaire*, royaliste, d'où provient l'or que l'on trouve en si grande quantité entre les mains des insurgés ? Dans un seul hôpital, à la Pitié, sur 589 individus arrêtés, on compte jusqu'à cent cinquante-neuf mille francs en numéraire, tant français qu'étranger ([1])... »

Et comme conséquence de ces coupables embauchements, de cette prime payée aux fauteurs de la guerre civile, on ne tarda pas à montrer ces soldats mercenaires de la révolte, ces insurgés sans drapeau, ces forçats libérés ou évadés, se livrant contre les prisonniers, et principalement contre les enfants du peuple de la mobile, à des actes atroces, que les feuilles de la réaction racontaient avec toutes les circonstances les plus propres à exciter l'indignation :

Dès le 23, ces journaux assuraient que deux officiers de la garde nationale, passant rue Bergère pour se rendre à leur poste, avaient été tués par deux coups de pistolet tirés à bout portant.

— « Les renseignements les plus certains, ajoutaient d'autres feuilles, toujours *honnêtes et modérées*, ne nous permettent pas de douter des atrocités commises par les insurgés, atrocités

---

([1]) Deux jours après la publication de cette note si positive, un autre journal y répondait par la dénégation suivante, devant laquelle les royaliste auraient dû se taire :

« D'après les informations qui ont été prises auprès de M. Vincent, directeur de l'hôpital de la Pitié, il résulte que sur soixante-dix individus qui se trouvent l'hospice, et soupçonnés d'avoir pris part à l'insurrection, il n'a été trouvé, *sur eux tous*, qu'une somme de DEUX FRANCS VINGT-CINQ CENTIMES ! »

Le journal *le Peuple constituant* disait encore en réponse aux bruits accrédités par les royalistes :

« Sur cinquante à soixante prisonniers amenés à la prison de l'Abbaye, on a trouvé à peine de quoi compléter DIX FRANCS ! »

qu'on croirait empruntées aux annales des tribus sauvages de l'Amérique. Cinq officiers de la garde mobile ont été décapités par un homme vêtu en femme !

« D'autres faits semblables sont attestés. M. Payer assure que les insurgés ont tranché la tête sur un billot à quatre officiers de la garde mobile qu'ils ont pris entre deux feux, derrière le Panthéon. »

« Un garde mobile rapporte *qu'il a tué* une abominable femme qui, coiffée d'un bonnet rouge, portait sur la pointe d'un sabre, et comme un drapeau, la tête d'un officier.

« Déjà, la veille, ajoute ce journaliste, une autre femme habillée en homme avait coupé la tête d'un capitaine. Cette dernière a été épargnée et conduite à l'Abbaye. »

Écoutez encore les mêmes feuilles royalistes ; remarquez que ce sont toujours les gardes mobiles qu'elles cherchent à exciter, parce que ce sont eux que les réactionnaires comptent pouvoir lancer sans réflexion :

« Dans le faubourg du Temple, racontent ces mêmes journaux, une femme placée derrière la grande barricade coupait elle-même la tête aux prisonniers.

« Un garde mobile a eu les jambes sciées avec une scie de charpentier.

« On en a trouvé un à qui l'on avait coupé les jambes, les mains et le nez ; enfin quelques-uns de ces bandits ont enduit de résine de malheureux prisonniers et se disposaient à les brûler ; heureusement on est arrivé à temps pour les délivrer. »

— « D'autres faits semblables sont attestés, impriment toutes les feuilles honnêtes et modérées. Sur la principale barricade du faubourg Saint-Antoine, on voyait empalé sur un pieu le cadavre mutilé et éventré d'un garde républicain, revêtu de son uniforme. Dans le Panthéon, on a trouvé le corps de plusieurs gardes mobiles pendus par les poignets, et percés de coups de sabre et de baïonnette. Dans le clos Saint-Lazare, un officier d'infanterie fait prisonnier par les insurgés, avait eu les deux poignets coupés; il était mort lentement par terre de ces affreuses mutilations. On avait aussi tranché les pieds d'un dragon et on l'avait placé mourant sur son cheval!

— « On explique l'exaspération des troupes, disait le journal royaliste l'*Assemblée nationale*, quand on saura qu'elles ont trouvé dans le Panthéon *plusieurs de leurs officiers pendus*. »

L'*Opinion publique* ajoutait encore, en parlant des insurgés du Panthéon : « Ils ont fait poser la tête des quatre officiers prisonniers sur un billot, et un homme déguisé en femme la leur a coupée avec une hache. Ils ont porté ces têtes au haut de la balustrade et les ont jetées, avec les épaulettes, dans la place. Dix-huit gardes mobiles faits prisonniers ont été enduits d'essence, et ces atroces cannibales voulaient y mettre le feu. Les femmes leur ont évité un supplice si féroce. »

— « Des actes d'une atrocité révoltante, répètent les autres feuilles modérées, nous sont signalés comme ayant été commis par les rebelles.... Une femme arrêtée hier avouait avec une horrible franchise qu'elle avait tranché la tête à trois gardes mobiles. »

— « Hier, au port de la Galiotte, les troupes qui s'en étaient emparées ont trouvé la tête et les bras d'un garde mobile que les insurgés avaient mutilé. Un officier de dragons ayant été fait prisonnier, les insurgés lui ont coupé le poignet comme à un *fratricide!* »

— « La femme Leblanc, cette horrible créature qui est accusée d'avoir tranché la tête à quatre gardes mobiles avec un couperet de boucher, avouait hier, avec un cynisme effroyable, avoir accompli cette infâme boucherie... Deux autres femmes sont enfermées avec elle... Elles sont prévenues de s'être portées sur des cadavres à d'horribles mutilations. »

— « Sur plusieurs barricades, disait encore le journal *le Constitutionnel*, des têtes coupées et coiffées de képis, avaient été placées comme des épouvantails. Enfin une tête dans la bouche de laquelle on avait coulé de la poix et mis une mèche, a été plantée sur une pique. Cet horrible fanal a été allumé, et, les misérables qui avaient commis cette effroyable barbarie chantaient autour de ce hideux trophée : *Des lampions ! des lampions !*..... »

Arrêtons-nous. Nous avons assez cité de ces bulletins atroces auxquels les royalistes ont mis leur cachet, de ces bulletins odieux, semant partout l'irritation, l'exaspération et la rage; de ces nouvelles mensongères et absurdes que les mouvements fébriles de la peur et de la haine accréditaient partout avec une déplorable rapidité ! N'est-ce pas assez de meurtres et de haines, de sang et de cadavres, sans que l'on s'efforce encore d'envenimer par des récits que l'on sait sciemment faux cette malheureuse guerre civile, désespoir de toutes les âmes honnêtes ! C'est malgré nous que nous avons relaté quelques-uns de ces bruits par lesquels les écrivains royalistes sans pudeur ont voulu calomnier une partie de la population de Paris : nous avons dû dévoiler leur but. Ils ont voulu déshonorer la démocratie, porter l'effroi dans les départements et la joie dans le cœur des despotes, alors attristés par ce qui se passait chez eux; les royalistes ont *cherché à faire croire* que les républicains de Paris n'étaient qu'un ramassis de pillards, d'incendiaires, de cannibales; et leurs journaux les ont appelés des *barbares!*

C'eût été déjà un acte de mauvais citoyen que de révéler au monde des faits aussi odieux, lors même que ces barbaries eussent été réellement commises. Mais de quelle indignation ne doit-on pas être transporté lorsqu'on sait qu'aucun de ces récits, rapportés avec tant de circonstances propres à les accréditer, n'a pu soutenir le jour, et que tous, *tous sans exception*, se sont par conséquent évanouis comme de mauvais rêves, dès qu'on a voulu se donner la peine de les vérifier (¹)! Eternels ennemis du peuple, vous l'avez, une fois de plus, lâchement calomnié !

(¹) Deux bons citoyens, Berjeau et Borie, ont publié une brochure de près de 60 pages intitulée : CALOMNIES DE LA PRESSE RÉACTIONNAIRE SUR L'INSURRECTION DE JUIN, *relevé exact des mensonges, dénonciations ou insinuations de ces journaux, avec le démenti authentique ou officiel au-dessous de chaque fait.* Ce petit livre restera comme un monument accablant pour le parti qui s'est ainsi déshonoré lui-même en cherchant à flétrir les républicains.

CHAPITRE II.

Impossibilité de décrire tous les combats partiels de juin. — Barricades du Marais. — Combat de la rue Boucherat. — Autres barricades du 6ᵉ arrondissement. — Abords du canal Saint-Martin. — Les troupes de Lamoricière sérieusement engagées dans le haut des faubourgs du nord. — Position que les insurgés y occupent. — Combat de la barrière Rochechouart. — Attaque de la barrière Poissonnière. — Le clos Saint-Lazare pendant la journée du 24. — La garde nationale de Rouen au chemin de fer du Nord. — Combats de la rue Lafayette et autres. — Le faubourg Saint-Denis et la barricade Cavé. — Résistance que les troupes y éprouvent. — Elle est enlevée après de grandes pertes. — L'attaque de la barrière de La Chapelle est remise au lendemain. — Les faubourgs Saint-Martin, du Temple et Saint-Antoine pendant cette seconde journée. — Le général Bréa succède au général Damesme. — Barricades qu'il enlève. — Combat de la place Maubert. — Retraite des insurgés sur divers points. — Fautes qu'ils commettent de ce côté. — Coup d'œil sur les allégations calomnieuses des journaux réactionnaires. — Démentis tardifs enregistrés par quelques-unes de ces feuilles. — Comment ces odieuses calomnies se sont propagées et accréditées. — Journaux et écrits qui y ont contribué. — Faits incontestés qui témoignent en faveur des insurgés. — Les représentants faits prisonniers. — Réflexions au sujet de ces récits atroces. — Les réactionnaires ont voulu déshonorer les chefs de la démocratie et le peuple.

Reprenons le fil de notre terrible et douloureuse narration. Aussi bien trouverons-nous encore plus d'une occasion de parler des déplorables effets produits sur la troupe par les récits odieux que ne cessent de publier les journaux malfaisants de la réaction.

Nous avons laissé les troupes opérant dans le quartier Saint-Jacques arrêtées au pied de la barricade où le général Damesme vient d'être blessé.

Plus bas, nous avons fait assister le lecteur à la lutte engagée autour de l'Hôtel-de-Ville, délivré au prix de grandes pertes, au milieu desquelles le corps d'opération du centre compte son géné

Nous allons jeter les yeux sur les quartiers où combattent les troupes placées sous les ordres du général Lamoricière ; c'est-à-dire parcourir de nouveau les divers théâtres où la lutte avait commencé la veille.

Nous avons déjà prévenu le lecteur de l'impossibilité où nous étions de parler dans ce livre de tous les combats partiels qui eurent lieu pendant les néfastes journées de juin. Nous répéterons encore que nous avons dû ne raconter, qu'imparfaitement même, les principaux de ces combats ; car il nous eût été impossible de mentionner tous les lieux où l'on se battait, quand la moitié de Paris était littéralement en feu, et que l'on pouvait apercevoir des hauteurs la fumée de la poudre couvrant à la fois cinquante endroits divers, d'un point à l'autre de cette ligne immense qui commençait au pied de Montmartre et allait finir sur les hauteurs du Panthéon.

Ainsi, par exemple, au moment où la lutte s'était engagée avec tant d'acharnement sur les derrières de l'Hôtel-de-Ville, à deux pas de là, un autre combat sanglant avait lieu, au bout de la rue des Rosiers, entre les gardes nationaux de Vaugirard et les insurgés qui défendaient la barricade élevée près du marché des Blancs-Manteaux. Les gardes nationaux, avant d'enlever cette barricade, avaient vu tomber quatorze des leurs, dont deux étaient morts sur le coup.

Dans le sixième arrondissement, on trouvait des barricades formidables à chaque point où la troupe pouvait être arrêtée. Près du boulevart des Filles-du-Calvaire, dans la large rue Boucherat, trois barricades, très-rapprochées l'une de l'autre, reliaient ces retranchements à ceux élevés dans la rue des Filles-du-Calvaire. Plus bas, toutes les rues qui aboutissent au canal, depuis la rue du Faubourg-du-Temple jusqu'à la Bastille, étaient toutes barricadées et chaque pont se trouvait défendu par des travaux propres à couper les communications entre les deux bords. La garde nationale seule, ou renforcée des mobiles, agissait dans ces quartiers, le général Lamoricière gardant les troupes et l'artillerie pour les grandes luttes de la journée.

Depuis le matin de bonne heure, une compagnie de gardes nationaux de la 6ᵉ légion, à laquelle s'étaient joints des mobiles de deux différents bataillons, tiraillaient au coin de la rue Boucherat avec les insurgés, sans aucun succès pour les assaillants, qui, désolés de perdre du monde dans cette guerre désastreuse, demandèrent à grands cris un canon pour foudroyer la position défendue par les ouvriers. Mais quand cette pièce leur arriva, la difficulté fut de la placer dans un lieu convenable et abrité. On la mit en batterie à côté de la fontaine qui fait le coin de la rue Charlot; les balles des insurgés eurent bientôt mis hors de combat les artilleurs. Il fallut recourir aux grands moyens, à l'attaque avec la baïonnette, moyen qui réussissait presque toujours, les insurgés n'étant jamais assez en forces derrière les barricades pour résister aux assauts donnés par des troupes beaucoup plus nombreuses qu'eux. Les mobiles et les gardes nationaux s'élancent au pas de course. La première barricade est franchie en quelques minutes, et les autres tombent successivement sans combat, les insurgés s'étant mis en fuite au moment de l'escalade; quelques-uns seulement furent pris et conduits à la mairie du 6ᵉ arrondissement; car là se trouvait le représentant du peuple, Victor Hugo; il n'eût pas souffert qu'on passât ces prisonniers par les armes, comme cela était devenu malheureusement si ordinaire.

Non loin de la rue Boucherat, dans les rues d'Angoulême et des Filles-du-Calvaire, d'autres gardes nationaux de la même légion et de la 5ᵉ, ayant aussi avec eux des mobiles, attaquaient et prenaient, après des luttes toujours longues et meurtrières, les barricades élevées sur ces points.

Partout la garde nationale rencontrait des obstacles qu'il était indispensable de franchir, et dont il fallait rester maître si l'on ne voulait s'exposer à voir l'insurrection s'établir fortement dans des quartiers qui inspiraient de vives inquiétudes au pouvoir. C'est ainsi que l'on fut obligé d'attaquer successivement les barricades des rues Vendôme, Notre-Dame-de-Nazareth, et jusqu'à la rue de la Corderie.

Mais il était beaucoup plus difficile de passer le canal, surtout à de simples détachements. Toute la rive gauche de cette grande ligne de démarcation se trouvait de nouveau au pouvoir des insurgés, retranchés dans les maisons de la rive opposée et principalement dans un grand local voisin de l'entrepôt des sels ; de ces positions, ils font, sur la garde nationale placée de ce côté, un feu redoutable qui se prolonge presque sans interruption jusqu'au lundi matin.

Un peu plus haut et non loin de la fameuse barricade Saint-Maur, les insurgés avaient dressé un autre grand retranchement à l'embranchement des rues Alibert et Bichat ; ils le gardèrent jusqu'au 26, non sans avoir fait éprouver des pertes aux mobiles et aux gardes nationaux qui, à diverses reprises, essayèrent de s'en rendre maîtres. Il n'y avait pourtant pour défendre cette barricade qu'une cinquantaine d'hommes, quelquefois même beaucoup moins.

En ce moment là, c'est-à-dire dans la matinée du 24, le général Lamoricière était sérieusement engagé dans les faubourgs compris entre Montmartre et La Villette, les insurgés s'étant établis de nouveau et plus fortement sur tous les points importants d'où ils avaient été chassés la veille.

Ainsi, pour commencer notre coup d'œil par l'ouest, et sans compter quelques barricades isolées qu'on avait élevées pendant la nuit dans le deuxième arrondissement, jusqu'aux environs de la barrière de Monceaux, nous rencontrons d'abord la barricade de la rue Rochechouart, immense et solide retranchement, relevé et fortifié à la faveur de la nuit.

En suivant cette hauteur du côté de l'est, on trouvait encore au haut de la rue du faubourg Poissonnière une autre barricade, sorte d'avancé du formidable retranchement formé d'une montagne de pavés, adossée à la barrière.

Un peu plus loin, toujours en tirant à l'est, on voyait une nouvelle barricade, construite sur la place Lafayette et appuyée sur une maison à cinq étages, dont les soixante croisées sont autant de meurtrières. Plusieurs autres barricades fermaient les rues adjacentes.

Au point d'intersection des rues Lafayette et de Dunkerque, les insurgés ont encore élevé une barricade de dix pieds de hauteur. Sur les derrières, le clos Saint-Lazare se trouvait transformé en une immense citadelle, dont on ne pouvait approcher qu'après en avoir déblayé les abords.

Au moyen de ces grands retranchements et de cinquante autres barricades ou obstacles élevés sur la voie publique, tout à l'entour de ces principaux points, les insurgés communiquaient avec les abords du chemin de fer du Nord, le faubourg Saint-Denis et La Chapelle, où d'autres forteresses barraient le passage aux troupes, et enfin avec le clos Saint-Lazare et La Chapelle, devenue en quelque sorte leur place d'armes du nord. Tous les gros arbres des boulevarts extérieurs étaient tombés en travers et formaient des centaines d'obstacles.

Arrêtons-nous dans ces quartiers; c'est-là que vont se livrer les combats les plus importants de la journée, sur la rive droite.

Plusieurs généraux, placés sous les ordres de Lamoricière, sont à la tête des troupes nombreuses qui vont combattre vers ces lieux. Chaque brigade est disposée de manière à agir simultanément contre les principaux retranchements des insurgés, qui, maîtres des boulevarts extérieurs, de La Chapelle, de La Villette, et même de Montmartre, ne pensent seulement pas à se secourir mutuellement, et encore moins à opérer quelque diversion utile à leur cause (¹).

(¹) Nous ne cesserons de répéter que, nulle part, les insurgés de juin ne combat-

Dès le matin, la fusillade s'était engagée sur presque toute cette longue ligne.

Dans la rue Rochechouart, c'est la garde nationale des deux premières légions, successivement renforcée de troupes de ligne, de gardes mobiles et de gardes nationaux des départements, qui attaque la barricade élevée au haut de cette rue. Les insurgés s'y défendent avec vigueur, et font éprouver de grandes pertes aux assaillants. Vainement le général envoie-t-il du canon pour soutenir l'infanterie. Il fallut douze heures de combat avec des forces bien supérieures en nombre, pour chasser les insurgés de leurs retranchements : ce ne fut que vers les six heures du soir que la barricade, ayant été prise en flanc par la troupe, fut évacuée. Mais le lendemain au matin, elle se trouvait encore au pouvoir de l'insurrection ; et il fallut un troisième combat acharné pour en chasser définitivement le peuple.

La garde nationale et la troupe ayant bivouaqué dans la nuit du 23 au milieu du faubourg Poissonnière, près la caserne, elles occupaient, dès le matin, toute cette rue jusqu'à la place Lafayette. La première opération de cette colonne, forte de plusieurs bataillons des 1re et 3e légions, de gardes mobiles, de troupes de ligne, de gardes républicains et d'artillerie, fut de s'emparer de la barricade élevée sur cette place. On la força de bonne heure, ainsi qu'une autre plus étroite dressée au-dessus de la place.

Le général Lebreton, qui avait pris le commandement de

tirent sous un commandement quelconque; que, d'aucun côté, ils n'eurent d'autre plan arrêté que celui de harceler les troupes. Si une direction suprême eût été imprimée à leurs mouvements, nul doute qu'ils n'eussent pu obtenir des succès au moins partiels. Ainsi, par exemple, une batterie complète, avec son approvisionnement resta tout attelée pendant 48 heures à la barrière de Clichy, faiblement gardée. Les insurgés des barrières Rochechouart et Poissonnière et du clos Saint-Lazare ont dû le savoir : ils étaient là en force, et ils ne pensèrent pas, par un coup de main facile, à enlever la batterie.

cette colonne, se prépara dès lors à attaquer la grande barricade de la barrière, défendue non-seulement par ses pavés amoncelés et par la grille, mais encore par une nuée de tirailleurs placés dans les bâtiments de l'octroi, dans les dernières maisons de la rue et derrière le mur d'enceinte, que les insurgés avaient crénelé. Un feu plongeant et nourri partit donc de ce retranchement, dès que la colonne d'attaque se fit apercevoir. Force fut de s'arrêter et de tirailler aussi. Les gardes nationaux et la troupe de ligne formant la tête de la colonne reçurent l'ordre de se loger dans les maisons à droite et à gauche ; les gardes républicains et d'autres gardes nationaux de la 3ᵉ légion s'établirent dans une maison à balcon, en face de la rue projetée du Delta, et l'on braqua une pièce de canon contre la barricade. Alors s'engagea de part et d'autre un combat des plus vifs, au milieu duquel le canon se faisait entendre.

Mais les artilleurs, placés au poste le plus périlleux dans toute cette seconde journée, souffrirent beaucoup à la barrière Rochechouart : dès le deuxième coup, trois servants de la pièce se trouvaient déjà hors de combat, et l'on raconte que le représentant Antoine (de Metz) fut obligé de prendre l'écouvillon pour charger ce canon. Au troisième coup, il ne restait plus debout autour de la pièce que le représentant, le lieutenant d'artillerie et un seul artilleur. Il était impossible de tenir davantage dans cette position : aussi le général Lebreton lança-t-il enfin sa colonne sur la barricade au pas de course. Les insurgés furent délogés des maisons ; mais ils se retirèrent derrière la grille, en passant par les fenêtres de l'octroi, et recommencèrent à tirer sur les assaillants. Le combat continua sur ce point tout le reste de la journée, sans que la barricade pût être prise. Il fut impossible à la colonne du général Lebreton de forcer cette position. Le bataillon de la 1ʳᵉ légion conserva jusqu'à dix heures du soir le terrain qu'il avait si chè-

TOME III.

rement acheté ; mais il fallut se résoudre à aller stationner du côté de la caserne, afin d'attendre le jour pour recommencer le combat sur ce point.

Dans le vaste clos Saint-Lazare, les insurgés s'étaient fortement retranchés derrière d'énormes barricades en pierre de taille, auxquelles les boulets et les obus ne pouvaient faire aucune brèche. Ils occupaient, en outre, le grand bâtiment en construction destiné à un hôpital, et communiquaient à la fois avec les barrières Poissonnière et Rochechouart d'un côté, et la barrière Saint-Denis de l'autre côté. Le mur d'enceinte donnant sur ce clos était en grande partie crénelé. Leur position, dans ce clos, eût donc été inexpugnable s'ils eussent été assez nombreux pour en défendre la vaste enceinte, et si, éloignés de toute habitation, ils n'eussent manqué à la fois et de munitions de guerre et de munitions de bouche.

Les insurgés du clos, qui n'avaient point été attaqués le 23, ne le furent que faiblement le 24 ; les chefs des troupes ayant cru qu'il fallait commencer par se rendre maîtres des barrières fortifiées sur lesquelles les insurgés du clos s'appuyaient, et déblayer les autres positions retranchées qu'ils occupaient aux alentours.

Comme la veille, après avoir chassé les ouvriers de la place Lafayette, une colonne s'engagea dans la longue rue de ce nom; et tandis qu'un bataillon de mobiles, placé derrière l'église Saint-Vincent-de-Paul et même sur la tour de gauche, observait, en tiraillant, les insurgés du clos Saint-Lazare, cette colonne se dirigea vers le faubourg Saint-Denis, afin d'aller soutenir et de relever la garde nationale de Rouen, engagée avec les barricades construites aux abords du chemin de fer du Nord, à l'attaque desquelles les Rouennais avait perdu beaucoup de monde. La colonne ne trouva d'obstacle sérieux qu'aux environs des rues projetées de Dunkerque et de Saint-Quentin.

Là, deux barricades se trouvaient déjà attaquées par quelques compagnies de la 1re légion, ayant avec elles un demi-bataillon de la mobile. Ces barricades furent enlevées, les insurgés s'étant retirés derrière des palissades. On marcha alors sur la barricade élevée au débouché de la rue Lafayette, dans le faubourg Saint-Denis. Ici les insurgés sont en forces : ils occupent non-seulement cette large barricade, mais encore une grande maison inachevée, et d'autres maisons dominant le terrain. Dès que la colonne se montre marchant au pas de course, une grêle de balles partant de tous les côtés, et surtout des fenêtres et jusque des toits, la met en désordre : beaucoup de gardes nationaux sont frappés. Ceux qui restent se forment en bataillon carré. Le feu ayant cessé alors du côté des insurgés, les gardes nationaux profitent de ce calme apparent pour fouiller les maisons d'où l'on avait tiré. Mais ils n'osent se présenter de nouveau à la barricade, craignant un piége.

Une pièce de canon leur arriva alors sous l'escorte de deux compagnies de soldats. Aussitôt on la dirigea contre le retranchement des insurgés ; mais ce fut sans aucun résultat. Toutes les fois que la colonne s'approchait, le feu de la barricade et des maisons sur lesquelles elle s'appuyait, l'arrêtait encore. Le combat dura ainsi alterné plus de deux heures, au bout desquelles la garde nationale, la mobile et la ligne, ayant épuisé leurs munitions, se retirèrent, emportant leurs morts et leurs nombreux blessés.

Non loin du chemin de fer et du clos Saint-Lazare, la rue du faubourg Saint-Denis était, dans la même journée du 24, le théâtre d'une lutte non moins opiniâtre que celle dont nous venons d'esquisser à grands traits les principales péripéties.

Au point du jour, la position des troupes, dans ce faubourg, était bien reculée : c'était à peine si l'on avait pu se maintenir jusqu'à la prison de Saint-Lazare. Un bataillon de la mobile occupait la rue de Chabrol ; il était appuyé par un bataillon du

7ᵉ léger qui stationnait dans le faubourg, à l'abri d'une barricade élevée un peu plus bas. Derrière se trouvait encore un autre bataillon de la mobile, puis une pièce de canon et un escadron de cuirassiers, et enfin divers détachements de la garde nationale, lesquels communiquaient avec le quartier général de la porte Saint-Denis.

De leur côté, les insurgés, après avoir repris toute la partie élevée du faubourg, s'y sont fortifiés par une suite de barricades, dont l'une, située en face de la grande usine Cavé, présente les proportions d'une forteresse ; on y voit flotter un grand drapeau tricolore sur lequel est écrit : *Vive la République démocratique et sociale*. La barrière de La Chapelle est encore plus redoutable. Maîtres des boulevarts extérieurs, les insurgés, ainsi que nous l'avons déjà dit, communiquent avec les barrières de La Villette, Poissonnière et Rochechouart, avec le clos Saint-Lazare et le chemin de fer. Toute la population de La Chapelle se montre disposée à faire cause commune avec eux, et celle de Montmartre donne des craintes au pouvoir. Ici l'insurrection se présente sur une échelle formidable ; et il ne faudra rien moins que les forces immenses dont dispose déjà le général en chef, forces qui augmentent à toute heure, pour déloger les insurgés de leurs positions.

Le général Lamoricière, qui sent le besoin de procéder avec ordre et avec une extrême prudence, s'est occupé, toute la matinée, à détruire les barricades du Marais et des abords du canal. Il a laissé, au faubourg Saint-Denis, le général Lafontaine, et successivement, les généraux Bourgon et Korte, avec l'ordre de refouler les insurgés jusqu'au boulevart extérieur. Les barricades qui précèdent celle de l'usine Cavé, sont donc attaquées, d'abord par les mobiles et par un bataillon de la 3ᵉ légion. Mais les assaillants se défendent avec une extrême vigueur. Le feu qu'ils dirigent sur la colonne d'attaque, tant de la grande barricade que des fenêtres de toutes les maisons à droite et à gauche sur la hauteur, est tel que les troupes sont forcées de retourner sur leurs pas, non sans éprouver de grandes pertes : le général Lafontaine est atteint d'une balle au mollet.

Quelque temps après, une seconde attaque de la grande barricade fut faite par un autre bataillon de la mobile, le 7ᵉ léger et la garde nationale. Cette nouvelle attaque, quoique secondée par le canon, ne fut pas plus heureuse que la première. Accueillie par une fusillade terrible, la colonne est forcée de revenir sur ses pas, après avoir eu bien des hommes mis hors de combat. La garde nationale et la troupe avaient beaucoup souffert.

Vers les trois heures, le général Lamoricière se porta de sa personne au milieu du faubourg Saint-Denis, et y donna au général Korte l'ordre de marcher en avant : il lui amenait un renfort composé des gardes nationales de Pontoise, Montmorency, Deuil, Saint-Leu, etc.

Aussitôt la troupe, la mobile, la garde nationale, l'artillerie et la cavalerie s'ébranlent : tout marche résolûment contre la barricade qui a déjà coûté tant de sang. Les insurgés, qui s'attendent à cette nouvelle attaque, sont prêts à se défendre. Dès que la colonne se montre sur la hauteur, une grêle de balles part de toutes les maisons qu'ils occupent et de derrière le fameux retranchement. Les gardes nationaux de Seine-et-Oise s'arrêtent et mettent un instant le désordre dans la colonne : un grand nombre de leurs hommes étaient tombés avant d'avoir atteint la première barricade. Le commandant rallia promptement ses gardes nationaux derrière le 7ᵉ léger et la garde mobile, et les ramena sur la barricade attaquée.

Comprenant que s'il y avait le moindre temps d'arrêt, l'attaque échouerait encore, le général Bourgon fait battre la charge ; soldats, mobiles, gardes nationaux de Paris et des départements, courent à l'envi sur la barricade et mettent en fuite ceux qui la défendent depuis le matin.

La prise de cette barricade coûta aux assaillants plus de soixante hommes mis hors de combat. Le général Bourgon y fut grièvement blessé au moment où il ordonnait la charge; on le transporta à une ambulance voisine. Le général Korte fut aussi gravement atteint par une balle qui le frappa à la jambe, et un colonel de la garde nationale fut encore blessé au bras.

Du point où s'élevait le retranchement qui venait d'être pris jusqu'à la barrière de La Chapelle, la colonne n'éprouva plus de résistance sérieuse, mais il lui fut impossible de s'emparer de la grille et des bâtiments de la barrière. Pour enlever cette position, beaucoup plus forte que la première, il eût fallu un renfort d'artillerie, et, dans ce moment-là, le général Lamoricière ne pouvait envoyer ce renfort. Il fit donc donner l'ordre à la troupe et à la garde nationale de se retirer; ce qui eut lieu, mais après que toutes les maisons eurent été fouillées de fond en comble. C'est ainsi que la colonne ramena prisonniers une cinquantaine de malheureux qui s'étaient trouvés dans les maisons, et dont aucun n'avait probablement touché de fusil; leur crime consistait à être habillés comme les ouvriers! La guerre aux blouses était commencée; la garde nationale et les mobiles n'en épargnaient aucune!

Au faubourg Saint-Martin, les choses restèrent, pendant la journée du 24, au point où elles se trouvaient la veille au soir : les insurgés continuèrent à fortifier le retranchement formidable qui s'appuyait sur la barrière de La Villette.

Quant au faubourg du Temple, sa position derrière le canal ne permit pas au général Lamoricière de l'attaquer sérieusement ce jour-là. Il voulait préalablement isoler ceux qui le défendaient de toute communication avec les autres faubourgs.

Aucune entreprise n'eut lieu non plus contre le faubourg

Saint-Antoine, et les nombreux insurgés qui s'y étaient retranchés eurent le temps de le couvrir de barricades, dont l'une, celle qui fermait l'accès de ce quartier, du côté de la Bastille, pouvait être considérée comme un rempart inexpugnable. Ce jour-là, 24, les troupes et les gardes nationaux ne poussèrent pas plus loin que le boulevart du Temple et le Marais; ils se bornèrent à tirailler toute la journée sur les points occupés par les insurgés.

La sanglante journée du 24 se compléta, sur la rive gauche, par la prise de la place Maubert et des barricades qui l'entouraient.

Dès que les abords de l'Hôtel-de-Ville et la Cité eurent été au pouvoir des troupes, les insurgés venus de ces côtés ou de la rue des Noyers s'étaient mis à défendre les barricades élevées sur la place Maubert, vainement attaquées la veille.

Nous avons laissé les vainqueurs du Panthéon devant les barricades qui défendaient l'entrée de la rue Mouffetard. La blessure reçue par le général Damesme l'ayant forcé à quitter le champ de bataille, un officier supérieur l'avait provisoirement remplacé. Bientôt le général en chef envoya sur les lieux un autre officier général.

Ce fut Bréa, qui avait servi avec distinction sous l'empire et qui bien jeune encore portait sur sa poitrine l'étoile d'officier de la Légion-d'Honneur. Il s'était retiré à Nantes, dans les dernières années du règne de Louis-Philippe. La révolution de février l'avait ramené à Paris, et lors de l'insurrection de juin, il s'était, l'un des premiers, présenté au général en chef pour lui offrir ses services. Le 23 on l'avait vu accompagner le général Cavaignac au faubourg du Temple, où une balle morte l'avait douloureusement frappé à la main. Le lendemain, il se trouvait à l'état-major du dictateur, lorsqu'on y reçut la nouvelle de la blessure du général Damesme, et la demande que les représentants en mission du côté du Panthéon faisaient d'un général actif. Le dictateur désigna Bréa, qui partit aussitôt avec le capitaine d'état-major Mangin.

Arrivé sur les lieux, le nouveau commandant de la rive gauche poussa sa colonne dans la rue Saint-Jacques jusqu'à la mairie du douzième arrondissement, qu'il fit occuper militairement, et dans la rue Mouffetard, jusqu'à la caserne de l'Ourcine, d'où les insurgés avaient vainement voulu chasser le dépôt d'un bataillon de la mobile. Tout cela ne s'était fait qu'en enlevant successivement des barricades mal défendues, et en faisant désarmer les maisons suspectes.

Ces opérations terminées, le général Bréa se mit à la tête de deux bataillons de la ligne, de deux pièces d'artillerie et d'un détachement de la mobile, descendit la rue Saint-Jacques jusqu'aux rues des Noyers et Galande, et de là, il se disposa à attaquer la place Maubert.

Ici le combat recommença plus opiniâtre encore qu'aux abords du Panthéon. Mais le nombre des soldats que le général Bréa opposait aux défenseurs des barricades était bien supérieur à celui des insurgés rassemblés sur ce point. Ils en furent donc chassés, après avoir fait éprouver aux troupes des pertes sensibles : la place Maubert resta jonchée de morts et de blessés.

Sans perdre de temps, le général Bréa fit attaquer la barricade qui fermait la rue de la Montagne-Sainte-Geneviève, barricade dominant encore une partie de la place et le marché. L'artillerie qui avait contribué à la prise de la place, servit aussi puissamment à celle de la Montagne. Mais déjà une partie des insurgés chassés des barricades fermant la place, s'étaient retirés, par la rue Saint-Victor et les traverses, du côté de l'Entrepôt aux vins, qu'ils croyaient pouvoir défendre ; d'autres s'étaient enfuis jusqu'au Jardin des Plantes. En même temps ceux des insurgés qui avaient défendu le Panthéon et les barricades de l'Estrapade et de Fourcy, se portaient par la rue Mouffetard jusqu'à la barrière Fontainebleau, où les habitants de ce quartier s'étaient fortement retranchés.

Ainsi, partout le défaut de plan, d'ensemble, de commandement, contribuait, autant que les habiles combinaisons des généraux, à isoler, à éparpiller les éléments dont se composait l'insurrection. Les insurgés qu'on avait trouvés le matin agglomérés autour du Panthéon et au bas des rues de la Harpe et Saint-Jacques; ces insurgés, dont les pertes avaient été beaucoup moins considérables que celles éprouvées par les troupes et la garde nationale, et qui étaient encore très-nombreux dans le douzième arrondissement, ne savaient plus que se défendre en désespérés, et presque isolément, derrière les trop nombreuses barricades dont ils avaient couvert ces quartiers. Ceux de la rue Mouffetard et de la barrière Fontainebleau, qu'on portait encore au nombre de plus de deux mille combattants, sobstinaient à se défendre sur ce point isolé, où devaient nécessairement les cerner et les prendre les troupes réunies sous les ordres du général Bréa. De tous ces prétendus chefs auxquels ils obéissaient, d'après les assertions des journaux réactionnaires, il ne s'en est trouvé aucun qui, dans une pareille position, leur ait donné quelques idées de la grande guerre, qui leur ait fait comprendre qu'il ne suffisait pas de se battre intrépidement sur tous ces points isolés, dont la conservation ne pouvait être d'aucune utilité à la cause pour laquelle ils se dévouaient; il ne s'est trouvé personne, ayant les instincts sinon le génie de la guerre, personne pour leur dire qu'il fallait opposer aux manœuvres des généraux tendant à les isoler, les manœuvres du bon sens, qui leur indiquait de se masser, non pas sur les points où les généraux voulaient les accabler en détail, mais sur les lieux d'où ils pussent donner la main aux autres détachements d'insurgés, et agir avec ensemble.

Certes, s'il y eût eu un véritable chef sur la rive gauche insurgée, et s'il eût été possible de commander à ces hommes comme on commande à des soldats, ce chef n'eût pas manqué de faire comprendre aux vaincus du Panthéon et de la place Maubert qu'il ne leur restait qu'une seule chance de salut ; en montrant à ces hommes désorientés, mais non encore découragés, le boulevart de l'Hôpital et le pont d'Austerlitz, il fallait, après les avoir réunis à ceux de l'Entrepôt et du Jardin des Plantes, les conduire pendant la nuit, sur la rive droite : le pont était encore en leur pouvoir ; en peu de temps, ils arrivaient tous au faubourg Saint-Antoine ; et là, forts de leur nombre et de leur position, ils eussent pu obtenir les conditions que l'on accorde à la force lorsqu'elle veut négocier. Qui sait l'influence qu'une pareille manœuvre eût pu avoir sur l'issue de cette malheureuse guerre !

Répétons donc ici ce que nous avons déjà dit : que les assertions propagées par toutes les feuilles réactionnaires dans le but de démontrer que l'insurrection de juin fut non-seulement méditée par un parti, mais encore conduite par des chefs habiles, sont autant de mensonges inventés pour faire retomber sur le parti qui a tout fait pour prévenir ce déplorable conflit, la responsabilité de cette lutte fratricide.

Peut-on raisonnablement admettre que l'insurrection fût dirigée par des chefs habiles, comme on a voulu le faire croire, lorsqu'on voit les insurgés du faubourg Saint-Antoine, qu'on portait à huit ou dix mille, rester les bras croisés pendant toute cette journée décisive, quand la moindre diversion de leur part eût pu avoir pour résultat ou de prendre l'Hôtel-de-Ville, ou bien de tomber sur les derrières des troupes de Lamoricière, lorsqu'elles étaient éparpillées aux diverses attaques de Rochechouart, Poissonnière et Saint-Denis, etc. ? Si ce jour-là les insurgés agglomérés au faubourg Saint-Antoine eussent obéi à un chef capable, nul doute qu'au lieu d'attendre l'attaque, ils n'eussent accouru là où la fusillade se faisait entendre. Et de quel poids n'auraient pas été, dans ces combats partiels soutenus par quelques centaines d'hommes intrépides, plusieurs milliers d'hommes bien dirigés, arrivant à l'improviste sur les derrières des troupes.

Répondons, pour la dernière fois, à ces écrivains qui, dans un but facile à comprendre, ont longtemps affirmé que l'insurrection des ouvriers contre les mesures proposées par les réactionnaires de l'assemblée nationale était conduite par les chefs du parti démocratique ; répondons-leur :

« Non, l'insurrection de juin ne fut pas l'œuvre des républicains en évidence ; elle n'eut pas de chefs : aussi ne fit-elle que des fautes graves, dont la moindre fut de ne pas porter bien haut son drapeau, afin que tout le monde sût ce qu'elle voulait, et de ne pas dire pourquoi elle recourait au fusil. »

Mais il entrait dans les vues des contre-révolutionnaires de calomnier les chefs de la démocratie comme ils calomnièrent les insurgés : le récit éhonté de tant de prétendus crimes plus odieux les uns que les autres qu'on leur imputa, alors qu'aucune voix équitable ne pouvait s'élever pour rectifier ces tristes pages de notre histoire, fut un moyen indigne.

Malgré nous, nous nous sommes trouvés dans la nécessité de donner une idée de ces horribles allégations ; nous eussions pu en citer dix fois plus encore, et toutes accompagnées de circonstances tellement détaillées que personne n'osa d'abord les contester, du moins hautement. Mais quand le jour de la vérité vint à luire sur ces infernales inventions, non-seulement aucune de ces atroces allégations ne put être prouvée, mais encore elles furent toutes successivement démenties de la manière la plus formelle, soit par quelques-unes des feuilles qui les avaient inconsidérément répétées comme vraies, soit par ceux des écrivains réactionnaires en qui les passions n'avaient pas étouffé toute pudeur.

Nous avons déjà donné des explications sur ce que l'on

disait, même dans les régions officielles, de l'or trouvé chez des insurgés. Il nous sera beaucoup plus facile de prendre en flagrant délit de mensonge les feuilles contre-révolutionnaires qui avaient affirmé avec tant d'assurance la fable des *dix mille forçats libérés, pillards et assassins*, reconnus dans les rangs de l'insurrection. Nous n'avons besoin pour cela que de mettre sous les yeux des lecteurs les démentis tardifs, mais semi-officiels, que durent enregistrer les feuilles mêmes qui avaient contribué à accréditer ces odieuses assertions.

« Un de nos plus habiles praticiens, affirmait le journal la *Patrie* du 1ᵉʳ juillet, a constaté que, dans un seul hôpital, sur huit cents insurgés transportés après avoir été blessés, *quatre cents ont été reconnus pour des forçats libérés.* »

— « Dans le douzième arrondissement, au contraire le pillage et la férocité semblaient être à l'ordre du jour, ajoutait un journal ayant pour titre la *Providence*. C'est principalement de ce côté que paraît s'être portée de préférence cette *population de forçats libérés*, digne avant-garde des ennemis de l'ordre et de la propriété. C'est sans doute à cette classe d'insurgés qu'il faut attribuer les actes de cynisme et de cruauté que la presse a déjà fait connaître.... Triste cause que celle qui a besoin de soudoyer de pareils auxiliaires (¹)!... »

A côté de ces affirmations si positives et de tant d'autres qu'il serait fastidieux de répéter aujourd'hui, plaçons les démentis que l'évidence arracha plus tard à certaines feuilles fort peu démocratiques et encore moins révolutionnaires.

C'est d'abord le *Journal de Rouen*, qui rectifie les bruits répandus avec tant de persévérance sur les forçats mêlés aux combattants de juin.

« Le bruit s'était répandu, dimanche dernier, dit cette

(¹) Nous dirons, nous : « Triste cause que celle qui a besoin de s'appuyer sur tant et de si ignobles calomnies ! »

feuille, que *douze cents* forçats libérés, en résidence à Rouen, avaient disparu de leur domicile. On en avait tiré naturellement la conséquence qu'ils étaient allés renforcer l'insurrection, et chacun de se demander comment un si grand nombre d'individus surveillés avaient pu partir sans qu'on l'eût remarqué.

« Le lendemain, le nombre s'était réduit à *huit cents*, et l'étonnement était grand encore.

« Aujourd'hui, vérification faite, il se trouve que le nombre total des condamnés en surveillance temporaire ou perpétuelle à Rouen, est de *cinq cents* environ, sur lesquels *cent cinquante* forçats libérés seulement.

« Dimanche dernier, une visite faite à leur domicile avait constaté l'absence de *trente* de ces individus, et l'autorité a pris des mesures pour qu'une enquête sévère fût faite sur les causes de cette absence (¹).

« Nous ne saurions trop recommander à nos lecteurs, ajoutait la même feuille, de se tenir en garde contre une foule de bruits qui se répandent à chaque instant depuis plusieurs jours et s'enveniment à mesure qu'ils se propagent…… »

Voilà donc les *douze cents* forçats libérés que Rouen était censé avoir fourni à l'insurrection, réduits à une *trentaine* d'absents au jour de l'inspection imprévue faite par l'autorité. De cette trentaine d'absents, il est probable que pas un seul ne s'était rendu là où l'on se battait avec tant de bravoure de part et d'autre ; car, à coup sûr, les forçats libérés ont d'autres habitudes que celles de prendre un fusil pour faire triompher leurs opinions politiques.

Mais voici une déclaration bien plus explicite à ce sujet, et

(¹) Le journal de Rouen oublie de dire que, lors des revues d'inspection faites dans les circonstances les plus ordinaires, le nombre des absents fut bien souvent plus considérable que pendant les journées de juin, et que ces absences ne furent jamais attribuées qu'au besoin de vivre.

c'est la *Gazette des Tribunaux*, journal antidémocratique s'il en fut jamais, qui l'a publiée, trois mois après, et lorsque la calomnie avait eu le temps de produire ses détestables effets sur la population de la France entière.

» Il y eut *quelque exagération* sur ce qui a été imprimé relativement au nombre des forçats et des réclusionnaires libérés qui se seraient trouvés dans les rangs des insurgés, disait alors, de si mauvaise grâce, le même rédacteur de cette feuille qui enregistrait si complaisamment les actes des conseils de guerre : il n'est pas douteux qu'en ces déplorables circonstances, comme dans toutes celles où l'ordre et la sécurité publique sont compromis, des repris de justice n'aient tenté de commettre quelques méfaits ; mais jusqu'à ce moment, on n'a pu constater d'une manière positive la présence parmi les prisonniers, que d'une vingtaine de condamnés correctionnels, et l'on n'y a reconnu *qu'un seul* forçat en rupture de ban, nommé Boulard, et un réclusionnaire libéré, Clément, dit Longue-Épée. »

Cet aveu, de la part de la *Gazette des Tribunaux*, est déjà beaucoup ; mais ce n'est pas tout encore.

Un écrivain consciencieux qui s'est occupé de confondre les calomniateurs des insurgés, termine ses remarques sur les moyens odieux employés par les royalistes, en affirmant ce qui suit :

« Nous avons parcouru avec soin les listes de déportation ; nous avons suivi attentivement les débats des conseils de guerre ; nous n'y avons pas vu figurer parmi les insurgés UN SEUL forçat libéré [1]. »

Que si de ces odieuses inventions de la presse réactionnaire

---

[1] C'est que probablement l'*unique* forçat libéré et le *seul* réclusionnaire dont parle la *Gazette des Tribunaux* avaient été arrêtés, comme tant d'autres citoyens, sur un simple soupçon, ou parce qu'ils s'étaient trouvés dans les maisons fouillées.

relatives aux forçats, nous passons à la longue série de faits horribles imaginés dans ces journées néfastes par les rédacteurs de tous les journaux antirépublicains ; si nous abordons ces atroces calomnies, répandues avec tant d'ensemble et de persévérance par toutes les feuilles contre-révolutionnaires de Paris et des provinces, calomnies répétées longtemps après par les plumes royalistes qui ont écrit l'histoire des journées de juin (¹), nous nous demanderons si c'étaient bien des hommes civilisés, des Français, ceux qui pouvaient, au gré de leurs passions, accuser ainsi leurs compatriotes, leurs concitoyens, d'actes tellement odieux, qu'ils eussent soulevé l'indignation des sauvages des mers du Sud. Dans le chapitre qui précède, nous avons donné une idée des faits atroces dont la presse réactionnaire accusait les insurgés au moment même de la lutte, afin de la rendre plus sanglante et plus déplorable encore. Eh bien ! tous ces faits, reconnus faux, calomnieux, déshonorants pour les écrivains qui les inventèrent, nous les avons trouvés reproduits avec toutes les circonstances aggravantes, ou résumés dans cette foule de brochures sorties de la plume

---

(¹) Nous avons compté, d'après le *Journal de la Librairie*, jusqu'à quarante-trois brochures publiées sur les journées de juin. Une vingtaine nous sont passées sous les yeux, et parmi celles-ci nous pouvons citer : *Journées de Juin 1848, écrites devant et derrière les barricades* ; *Récit fidèle et complet des Journées de Juin 1848, dédié aux gardes nationales* ; *Récit complet des événements des 23, 24, 25 et 26 Juin et jours suivants* ; *Sanglante insurrection des 23, 24, 25 et 26 Juin 1848*, etc. ; *Derniers événements de Paris, par un officier d'état-major* ; *Journées révolutionnaires des 23, 24, 25 et 26 Juin 1848* ; *Evénements contemporains*, etc., etc., etc. Eh bien ! tous ces écrivains, à l'exception des citoyens Albert Maurin, Louis Ménard, ce dernier auteur d'un *Prologue d'une Révolution*, publié dans le journal *le Peuple*, et de l'auteur des *Journées de Juin, écrites devant et derrière les barricades*, tous ces hommes, qui racontèrent après les événements et lorsque la vérité avait lui pour tout le monde, n'ont pas manqué de répéter toutes les atroces calomnies lancées par les journaux réactionnaires contre les insurgés. Que leurs consciences leur soient légères ! En lisant les écrits de ces prétendus historiens, Voltaire se serait écrié : *Et c'est ainsi qu'on écrit l'histoire !*

des royalistes à une époque où l'indignation publique, après avoir remonté à la source de toutes ces abominables allégations, en avait fait justice pour l'honneur de l'humanité et du peuple français, à une époque où il n'était plus permis d'y croire.

C'est ainsi que nous trouvons répétés les faits suivants dans la brochure intitulée : *Récit* FIDÈLE *et complet des journées de juin* 1848 :

« A la place de l'Estrapade, les insurgés avaient fait des prisonniers : forcés d'abandonner la barricade, les factieux se sont livrés à un acte atroce de barbarie. Plutôt que de lâcher leurs prisonniers, ils les ont lâchement assassinés en leur tranchant la tête. Cinq gardes mobiles ont été victimes de cet acte de cannibalisme. Un représentant a été, pour ainsi dire, témoin d'une de ces exécutions. C'était un homme habillé en femme qui, avec un couteau fraîchement aiguisé, remplissait l'office de bourreau. »

— « Les infirmiers de la Charité ont été obligés de mettre la camisole de force à quatre insurgés blessés, qui, en proie à un délire furieux, voulaient se jeter sur les blessés de la garde mobile et de la troupe. Il a fallu les faire garder à vue dans un appartement séparé. »

Nous retrouvons encore dans la *Narration exacte et* AUTHENTIQUE *de tous les événements des sanglantes journées de juin,* les détails suivants, au milieu d'une foule d'autres de la même nature :

« A l'Abbaye se trouvaient le tambour-major de la 12ᵉ légion, appelé le *professeur de barricades*, un lieutenant et un sous-lieutenant de la même légion. Il y avait là cette femme habillée en homme [1] qui mutilait d'une manière affreuse les

---

[1] Voyez, dans le journal le *Droit* et dans la *Démocratie pacifique* du milieu décembre 1848, l'issue du procès de la femme Hébert, dite *Rigolette*, à laquelle le fait ci-dessus se rapporte. On sait que cette femme fut acquittée à l'*unanimité* par le conseil de guerre.

gardes mobiles. Puis on avait amené un homme qui se vantait d'avoir tué vingt-deux personnes dans le faubourg Saint-Jacques.... »

— « C'est une sorte de consolation quand on songe aux atrocités commises dans les rangs des insurgés, lit-on dans le *Récit des événements de Paris* attribué à un officier d'état-major, que de pouvoir les rejeter sur ces hommes familiarisés avec tous les genres de crimes et qui n'ont plus d'autre patrie que les bagnes. Les derniers seuls qui, disait-on, étaient au nombre de trois mille, ont pu se livrer à d'horribles mutilations sur de jeunes gardes mobiles, couper la tête aux uns, les mains à d'autres, planter un cadavre en guise de drapeau sur le sommet d'une barricade, en scier un entre deux planches, se faire un jouet atroce d'une tête éclairée par un lampion et se livrer à mille autres barbaries semblables que la plume se refuse de retracer, et dont on ne trouverait d'exemples analogues que dans les supplices dont les bourreaux idolâtres torturaient les premiers martyrs de la foi, ou bien encore dans l'histoire de la conquête des Deux-Indes par les Espagnols..... »

Ainsi qu'on le croira facilement, les calomnies atroces et très-souvent absurdes des journaux réactionnaires de la capitale, tous ces récits propres à aviver les haines qui divisaient la population de la France, étaient accueillis avec joie et répétés avec amplification par les feuilles royalistes qui se publient dans les départements; et cela à une époque où la vérité devait y être connue.

On lisait dans le *Mémorial d'Aix*, sous la date du 2 juillet, un long résumé des atrocités prêtées aux insurgés; puis le rédacteur de cette feuille royaliste ajoutait les réflexions suivantes :

« C'est à ne pas y croire; le récit de tant de monstruosités semble emprunté à quelques relations de voyage au milieu d'une horde de cannibales, ou aux combats de ces barbares qui nous sont racontés par les voyageurs.

« Au milieu des insurgés, de malheureux prisonniers ont été mutilés de la manière la plus affreuse ; non contents de leur donner la mort, ils leur ont souvent fait subir les mutilations les plus horribles.

« Des femmes se sont surtout fait remarquer par leur épouvantable cruauté : les horribles *tricoteuses* de la première révolution se trouvaient encore là avec leur barbarie révoltante. Des prisonniers ont eu les poings, les bras, les jambes coupés ; quelques-uns ont été sciés par le milieu du corps ; d'autres ont eu les yeux crevés, les oreilles arrachées. De malheureux jeunes gardes mobiles faits prisonniers avaient été mis, au nombre de plus de vingt, dans un four de poterie ; le feu avait été allumé lorsqu'ils ont été délivrés. De l'huile bouillante, de la térébenthine enflammée étaient jetées sur la troupe et la garde nationale (¹). »

L'obstination à reproduire, à amplifier et certifier les faits odieux qu'inventaient les journaux contre-révolutionnaires de Paris, est démontrée de la manière la moins récusable par l'article suivant, qu'on lit dans le *Courrier de la Gironde*, l'organe le plus violent de la réaction du côté du midi. Le *Moniteur* ayant été forcé de démentir certains faits de la nature de ceux qui nous occupent, le journal royaliste de Bordeaux y répondit ainsi :

« Nous ne voudrions pas ajouter aux barbaries de toutes natures exercées dans les tristes journées de juin ; mais, *au nom de la vérité*, nous devons protester contre les rectifications du *Moniteur*. Les faits d'empoisonnement sont vrais, et nous tenons de la bouche d'un de nos compatriotes (²), qui a coura-

---

(¹) « Toute cette déclamation, dit le compilateur des *Calomnies de la presse réactionnaire*, a pour objet le fait du Panthéon, qui était entièrement controuvé et qui fut démenti le lendemain même ; mais le mensonge courait la province, et la calomnie avait porté ses fruits. »

(²) En reproduisant cette déclaration si formelle du *compatriote* du journal de la Garonne, *le Charivari* faisait observer que le compatriote devait être aussi menteur que le journal de la Garonne lui-même.

geusement combattu dans les rangs de la garde nationale de Paris pendant ces quatre jours de lutte, qu'il n'y a rien d'exagéré dans les bruits qui ont circulé à cet égard. Il affirme avoir été témoin d'un crime de cette nature.

« Notre compatriote, poursuit la même feuille et se gardant bien de le désigner, nous a également déclaré qu'il ignore si quelques prisonniers étaient porteurs de fortes sommes en monnaies étrangères; mais il affirme de la manière la plus formelle que *tous les insurgés* qui ont été pris et fouillés sous ses yeux étaient nantis de monnaies françaises, consistant surtout en pièces d'or de vingt francs, entièrement neuves, à l'effigie de la République. »

En présence de ces affirmations si positives, de ces détails si circonstanciés, quel est l'homme candide qui n'eût été obligé de tenir comme vrais les faits odieux racontés par les journaux de la réaction? Quel est l'homme éloigné du lieu de la scène qui ne se fût voilé la figure en se voyant ainsi forcé de considérer les ouvriers de Paris, les démocrates parisiens, comme un peuple de cannibales?

Et pourtant, pas un des crimes atroces dénoncés par ces journaux n'était vrai; tous les faits odieux imputés aux insurgés, à l'exception de l'assassinat du brave général Bréa, furent reconnus faux, lorsqu'on put les vérifier. Quand il fut permis de remonter à la source de tous ces récits propres à rendre la guerre civile encore plus déplorable, on ne trouva que les rêves des écrivains les plus malveillants pour ce peuple magnanime qui avait fait la révolution de février et pour les hommes qui en défendaient les principes ou qui en réclamaient les conséquences. Aussi les rectifications, les démentis les plus formels et souvent officiels, ne tardèrent-ils pas à remplir les colonnes de la plupart des feuilles ayant reproduit ou répété de bonne foi les assertions empoisonnées des journaux qui spéculaient et sur la calomnie et sur les mauvaises passions pour arriver à leur but. La vérité se faisait jour partout; et les âmes oppressées par le récit de tant de crimes révoltants se trouvaient soulagées d'un poids énorme en lisant ces rectifications et ces démentis.

« On a répandu beaucoup de bruits sur les atrocités qui se seraient commises dans le Panthéon et ses caveaux par les insurgés, sur les soldats devenus leurs prisonniers, lisait-on dans la *Patrie*, l'*Univers*, et autres feuilles réactionnaires en date du 28 juin. Il n'y a point eu dans le Panthéon de prisonniers d'aucune sorte pendant le combat; il n'a donc pu y avoir de cruautés commises en ce lieu, qui n'a pas même été souillé d'une goutte de sang; les insurgés ayant pu sortir par la porte de derrière, lorsque le canon est venu enfoncer la porte principale. »

Quelques heures avant l'attaque du Panthéon, il se passa, dans le quartier Saint-Jacques, un fait que nous trouvons consigné dans plusieurs des écrits réactionnaires publiés sur les journées de juin. Ce fait, qui n'a pas besoin de commentaires, est probablement l'un de ceux que les journaux royalistes ont envenimés au point de les transformer en une boucherie d'officiers faits prisonniers par les insurgés! Le voici tel que nous le copions dans les *Fastes de la Garde nationale!*

« Le général Damesme, que nous avons vu la veille entamer le quartier Latin, avait recommencé l'attaque dès le matin, du côté de la place Sorbonne. Il avait envoyé son aide de camp, le capitaine Loverdo, reconnaître une barricade rue des Mathurins-Saint-Jacques. Cet officier fut pris par les insurgés. Quelques-uns parlaient de le fusiller, mais un des chefs s'y opposa énergiquement, et prit le capitaine sous sa protection. — « Je suis ancien militaire, dit-il; je ne souffrirai pas qu'on maltraite et encore moins qu'on assassine un officier désarmé. » Après avoir sauvé le capitaine Loverdo, cet homme voulut le reconduire lui-même au milieu des troupes. Quand il arriva avec son prisonnier au quartier général, M. François Arago se trouvait près du général Damesme. Le général et le membre de la commission exécutive félicitèrent l'ancien militaire sur sa conduite ; mais ce dernier se hâta de leur répondre : « *Je n'ai fait que mon devoir.* Je vous laisse, Messieurs, à votre ouvrage, et je retourne au mien. » Et il s'éloigna.

« Un capitaine de la garde nationale fait prisonnier à la place Maubert, raconte le citoyen Menard, fut également renvoyé à son bataillon..... »

« Des dragons s'étaient engagés sur le pont de l'écluse qui coupe en deux le canal Saint-Martin au bout de la rue d'Angoulême, les ouvriers firent aussitôt tourner la mécanique, et deux dragons tombèrent dans le canal. On vit alors les ouvriers se jeter à l'eau pour sauver ces deux soldats. Ce ne fut pas sans peine qu'on parvint à les remonter sur le quai, où tous les soins nécessaires leur furent prodigués [1].

« Partout les prisonniers faits par le peuple étaient traités avec humanité, et rendus à la liberté au bout de peu de temps..... »

— « A la prise de la place des Vosges par le peuple, lit-on dans le *Prologue d'une Révolution*, les soldats furent traités en frères plutôt qu'en prisonniers ; tous ceux qui demandèrent à être mis en liberté furent relâchés sur-le-champ..... »

« Rue Neuve-Sainte-Geneviève, les ouvriers s'étant emparés de la caserne, partagèrent avec les mobiles le peu de vivres qu'ils s'étaient procurés en mettant leurs habits en gage..... »

— « Au coin des rues du Perche, des Coutures-Saint-Gervais et de celle du Temple, écrivait un témoin oculaire, s'élevaient de terribles barricades défendues par une poignée d'hommes. Obligé de rester chez moi toute la journée du samedi 24, j'ai

---

[1] Qui pourrait croire que ce fut là l'origine de cette fable de dragons mutilés que les journaux royalistes colportèrent le lendemain !

été à même d'entendre chacune des paroles des insurgés : j'avoue que je les ai jugés franchement et loyalement démocrates, différents en tout point des brigands qui, dit-on, ont commis des actes d'une atrocité révoltante. Ces braves gens égarés ont reçu parmi eux une quinzaine de mobiles venus là je ne sais dans quelle intention. Ils les ont bien traités ; et comme ces jeunes gens élevaient des difficultés, il leur fut dit : « Allez-vous-en si vous voulez ; personne par force. »

« Un peu plus tard, un lieutenant de la mobile arriva soi-disant pour chercher ses hommes. On le prie de rester, il refuse ; même réponse, et il se retire. Le soir, on laisse partir tous ces militaires, sans conditions, avec armes et bagages, après les avoir restaurés chez les marchands de vin..... »

« Le lendemain, dimanche au matin, un garde national débouchait de la rue d'Orléans par la rue du Perche ; les insurgés l'arrêtent en lui disant qu'il ne pourrait passer nulle part sans danger dans le quartier, et qu'il eût à ôter son uniforme. Une blouse lui est donnée, et ainsi il peut rejoindre les siens. Il faut avouer, ajoute ce témoin, que les bruits de lâches fusillades répandus dans les deux camps expliquent la rage qui s'est produite dans les derniers jours du combat. »

— « Lorsque les insurgés faisaient des prisonniers, lit-on encore dans le *Prologue d'une Révolution*, ils ne se contentaient pas de leur rendre la liberté ; ils leur faisaient souvent revêtir des blouses par-dessus l'uniforme, afin de leur éviter tout danger en traversant les autres barricades. Ils rendirent ce service notamment à un mobile pris au faubourg du Temple, à six autres mobiles, dont l'un était officier, pris au pont d'Austerlitz, etc., etc. Ils les reconduisaient souvent eux-mêmes. »

Nous tenons nous-même d'un citoyen en état de nous fournir bien des renseignements sur ce qui se passa dans le faubourg du Temple, que tous les prisonniers, mobiles ou autres, qui furent faits pendant les deux premiers jours dans ce faubourg et à la barrière de Belleville, furent traités par les insurgés comme des prisonniers ordinaires. Ne sachant qu'en faire, les hommes qui défendaient les barricades Bichat, Saint-Maur et autres, après s'être emparés de la caserne du faubourg du Temple, firent conduire ces prisonniers, à deux reprises et par détachements, au delà de Belleville, et les laissèrent hors des murs d'enceinte, après leur avoir fait promettre de ne plus prendre part à la lutte contre le peuple.

L'auteur de la brochure intitulée : *Sanglante insurrection de juin*, après avoir dit que, d'un côté, se trouvaient les amis de l'ordre, de la liberté, de la civilisation, de la *république honnête*, et de l'autre des *barbares*, des forcenés sortis de leurs repaires pour le massacre, le pillage, l'incendie et le vol, est cependant forcé d'avouer plus loin que la conduite des insurgés fut plus humaine que celle de leurs vainqueurs. Voici comment il s'exprime en parlant des combats du clos Saint-Lazare : »

« Au clos Saint-Lazare, il a été commis peu de ces actes atroces qui révoltent l'humanité. Il faut avouer qu'ils ont été commis dans les deux camps et dire (car pourquoi n'être pas juste envers les vaincus?) que les insurgés ont désarmé beaucoup de mobiles, de gardes nationaux et de soldats du 23° léger, qu'ils ont renvoyés sains et saufs, tandis que quelques-uns des vainqueurs *fusillaient au fur et à mesure* beaucoup d'insurgés pris dans les maisons situées à gauche du faubourg Saint-Denis, entre la barricade Cavé et la barrière. »

— Nous lisons dans la brochure intitulée JOURNÉES DE JUIN, *écrites devant et derrière les barricades*, le trait suivant, qui disculpe les insurgés :

« M. Garchon de Molesne, aujourd'hui lieutenant dans la garde mobile, s'était avancé seul dans une attaque qui eut lieu au faubourg Saint-Antoine le samedi au matin. Il fut blessé et resta au pouvoir des insurgés. Ils l'ont gardé quelque temps au milieu d'eux. « Nous ne vous tuerons pas comme le font les

vôtres, lui auraient-ils dit : vous pouvez vous en aller. —
Mais dans un quart d'heure, leur répondit-il, je tirerai sur
vous. — N'importe, nous ne voulons pas que l'histoire puisse
nous reprocher d'avoir passé par les armes un brave prisonnier. » M. Garchon fut rendu à la liberté et put rejoindre sa
compagnie. Vers le soir, en attaquant la barricade Saint-
Martin, M. de Molesne s'élance et saisit le drapeau ; mais il
est atteint d'une balle qui lui casse la clavicule et sort par
l'épaule... »

— « Nous avons cité une foule de traits semblables, disait
l'*Estafette* du 1ᵉʳ juillet après avoir reproduit une partie des
attestations favorables aux insurgés ; nous avons été heureux,
pour l'honneur de cinquante mille ouvriers, de les voir confirmer tous les jours. L'ensemble de ces faits répond assez victorieusement, ce nous semble, aux lâches accusations de certains
journaux qui, encore aujourd'hui, parlant de quelques faits
isolés, de quelques actes de brutale démence ou de vengeance
particulière, calomnient sans pudeur une partie de la population de Paris, portent l'effroi dans les provinces et la joie dans
les cœurs des despotes ; qui tuent toute confiance et tout commerce, assombrissent l'avenir, et divisant les citoyens, enfantant
des haines implacables, osent se proclamer les sauveurs de la
patrie ! »

Ainsi qu'on vient de le voir, nous n'avons puisé les démentis,
les rétractations et les rectifications, arrachés par l'évidence,
qu'aux journaux et écrits réputés réactionnaires. Ici même
nous nous appuyons de préférence sur la protestation de l'*Estatafette*, feuille qui ne fut jamais considérée comme républicaine
avancée. Nous aurions pu reproduire les nombreuses et vigoureuses protestations de celles des feuilles démocratiques que le
dictateur ne suspendit pas, mais elles eussent pu paraître suspectes. Nous sommes heureux, pour en finir enfin avec tous
ces infâmes bruits d'assassinats atroces qu'on annonçait avoir

été commis par les insurgés, de pouvoir ajouter que le *Constitutionnel* lui-même, si empressé de dénoncer au monde ces prétendues atrocités, se vit forcé de revenir sur les horreurs qu'il avait mises en circulation. Dans son numéro du 1er juillet, ce journal déclara lui-même : « qu'il ne fallait pas ajouter foi à ces faits de barbarie, heureusement *fort exceptionnels* et *souvent controuvés*, disait-il, et dont la publicité ne pouvait faire que du mal. »

Nous terminerons ce chapitre par quelques détails relatifs aux traitements exercés envers les représentants tombés au pouvoir des insurgés. Ces détails, que nous puiserons encore dans les journaux et écrits des ennemis du peuple, compléteront sa défense au sujet des atrocités que ces journalistes ont fait peser sur les insurgés de juin. Il ne nous restera plus qu'à les laver de l'accusation, non moins grave et répandue avec encore plus d'acharnement, tendant à les présenter comme les ennemis de la société, comme des voleurs ne combattant que pour le pillage. Pour défendre les ouvriers parisiens de cette dernière imputation, nous n'aurons besoin que de rappeler leurs proclamations, les devises placées sur leurs drapeaux, et les inscriptions qu'on a pu lire sur toutes les portes des maisons et des boutiques à portée de leurs barricades ; il nous sera facile de prouver que leurs actes furent partout conformes à leurs devises.

On a déjà vu que plusieurs représentants du peuple s'étaient répandus dans les quartiers de l'insurrection, les uns comme messagers de l'état de siége, pour exciter le zèle des troupes, les autres dans un but de pacification. Quelques-uns de ces représentants se trouvèrent accidentellement entre les mains des insurgés ; et pourtant, ces hommes que l'on peignait comme des brigands ne faisant grâce à aucun prisonnier, n'eurent pas seulement la pensée de faire du mal à ceux qu'ils regardaient comme leurs plus grands ennemis.

Les citoyens Pierre Lefranc et Gambon se lancèrent au milieu des insurgés qui occupaient la rue Saint-Antoine; ils s'y trouvaient, a-t-on assuré, au moment où deux parlementaires envoyés par ceux-ci pendant un moment de trêve, furent tués par la garde mobile, l'un, d'un coup de fusil tiré à bout portant, l'autre, d'un coup de baïonnette. Les insurgés de la rue Saint-Antoine devaient être exaspérés de ce traitement exercé envers leurs parlementaires. Et, néanmoins, ils permirent aux deux représentants, sur lesquels ils auraient pu exercer de sanglantes représailles, de se retirer : ils les firent même accompagner.

Au faubourg Saint-Marceau, le représentant Labrousse se trouva longtemps au milieu de l'insurrection; il put même faire écouter avec déférence tout ce que ses inspirations lui fournirent de paroles propres à leur faire tomber des mains ces armes fratricides dont le désespoir leur faisait faire un si cruel usage. Le citoyen Labrousse se retira sans que personne lui fît la moindre menace. De retour à l'Hôtel-de-Ville, il fut assez heureux pour sauver quelques prisonniers que les mobiles voulaient fusiller.

Après la prise de la barricade élevée rue de Nazareth, où l'on avait voulu fusiller vingt prisonniers, le représentant Jamet, du département de la Mayenne, s'étant approché d'un groupe d'insurgés, pour le haranguer, fut, dit-on, accueilli par les cris : *à bas le représentant! à bas l'assemblée nationale!* Il fut même question de le retenir prisonnier. Mais malgré l'irritation du peuple, il ne lui fut fait aucun mauvais traitement. « Sans doute, c'est un gueux de représentant réactionnaire, « dit un homme des barricades; mais il a eu le courage de se fier à nous : qu'il se retire ! » Le citoyen Jamet put s'éloigner, les rangs des insurgés s'ouvrirent devant lui.

Quoique tout le monde connaisse la conduite des insurgés du faubourg Saint-Antoine envers les représentants qui suivirent l'archevêque de Paris sur les barricades, et envers l'archevêque lui-même, nous croyons digne de l'histoire de la retracer ici, quoique ce soit une anticipation sur le chapitre qui suivra.

Les trois représentants du peuple, Larabit, Druet-Desvaux et Galy-Cazalat s'étaient rendus, dans l'après-midi du dimanche, sur la place de la Bastille pour certifier aux insurgés l'exactitude et l'authenticité des proclamations signées du général Cavaignac. Afin que leur déclaration eût plus d'effet sur les ouvriers, il fut décidé qu'elle serait renouvelée au pied de la grande barricade qui fermait le faubourg tout entier. Les hésitations que cette résolution soulevait dans l'esprit de ces représentants furent levées par la démarche de l'archevêque, qui s'acheminait en ce moment, accompagné d'un vicaire, vers les insurgés. Les représentants crurent devoir ne pas laisser seuls les deux ecclésiastiques, et ils marchèrent ensemble à la barricade. L'archevêque étant descendu de l'autre côté de la barricade, les représentants se trouvèrent encore entraînés à le suivre.

On sait par quel déplorable malentendu le feu recommença en ce moment. Les insurgés, se croyant trahis, s'emparèrent des trois représentants et les déposèrent dans la cour d'un menuisier, où, sauf quelques légers accidents individuels, ils devinrent, dit une relation qui ne peut être suspecte, l'objet de traitements convenables.

Quand on sut dans le faubourg que des représentants s'y trouvaient, la foule se porta naturellement vers eux; mais quelle que fût la chaleur des débats qui s'engagèrent alors, aucun des représentants n'eut à subir la moindre insulte, le moindre mauvais traitement. Et pourtant, on n'ignorait pas, au faubourg, la boucherie que les vainqueurs des divers quartiers ne cessaient de faire de leurs prisonniers. Après avoir tenu une sorte de conseil de guerre, quelques chefs de l'insurrection chargèrent l'un de ces représentants d'accompagner une députation qu'ils envoyaient auprès du président de l'assemblée nationale et du général Cavaignac, députation qui portait une déclaration propre à mettre fin à la guerre civile. Le citoyen Larabit fut désigné pour appuyer les députés du faubourg, et il partit, vers le milieu de la nuit, laissant ses deux collègues en ôtage au poste de Montreuil.

Il était à craindre que si la soumission conditionnelle adressée au pouvoir n'était pas acceptée, il n'y eût un moment très-critique à passer pour les représentants prisonniers. Ils le savaient tous. Quand l'attaque recommença, les prisonniers purent craindre pour leur vie. Cependant les insurgés ne touchèrent pas à un seul de leurs cheveux.

Ajoutons encore que, la veille au soir, le représentant Beslay, apprenant la position dans laquelle se trouvait son ami Larabit, crut qu'en se rendant au milieu du faubourg, où il connaissait beaucoup de monde, il pourrait être utile aux prisonniers. Il monta donc sur la barricade et parlementa avec les ouvriers, dans le but de voir le citoyen Larabit. Le représentant Beslay étant descendu des barricades du côté de l'intérieur, quelques combattants parlaient de le retenir prisonnier, lui aussi; mais le courage dont il avait fait preuve aux yeux de ces hommes si impressionnables, plaida pour lui. « Vous êtes un brave, lui dit l'un des chefs, retirez-vous; vous êtes libre ! Ils l'aidèrent même à remonter la muraille de pavés qui fermait le faubourg.

Enfin, un autre représentant, le citoyen Payer, après avoir parcouru, dans la journée du 23, le quartier Saint-Jacques à la tête d'une compagnie de la garde nationale, avait vu sa demeure envahie par les insurgés, au milieu desquels il resta plusieurs heures comme leur prisonnier. Après sa délivrance, il raconta à quelques-uns de ses collègues des détails curieux sur les insurgés, dont il n'avait eu personnellement qu'à se ouer. « Les révoltés, aurait dit le citoyen Payer, suivant le rédacteur des *Fastes de la Garde nationale*, repoussaient énergiquement les liqueurs enivrantes ; ils ne voulaieut pas même boire le vin sans eau. *Le vin pur nous griserait*, disaient-ils, *et il nous faut du sang-froid pour nous battre.* »

Éternels ennemis du peuple, vous qui vous êtes toujours efforcés de le calomnier ; vous qui avez si impunément essayé de le déshonorer, en juin, par les récits épouvantables dont vous avez saturé la France, la postérité vous attend pour vous flétrir comme vous l'avez mérité !

CHAPITRE III.

Nuit du 24 juin. — Aspect de la capitale devant et derrière les barricades. — Suppression d'un grand nombre de journaux. — Droits que le pouvoir exécutif puise dans l'état de siége. — Paris transformé en un vaste camp. — Conséquence de l'état de siége. — Les dénonciations commencent leur effroyable cours. — Tristes chapitres des prisons. — Reprise de la séance permanente. — Nouvelles lues par le président des différents points de l'insurrection. — Vote de trois millions destinés à donner du pain aux citoyens qui en manquaient. — Prorogation des effets de commerce. — Traits caractéristiques de la majorité. — Proposition de Larochejaquelin pour que l'Assemblée fasse connaître ses sentiments à l'égard des prisonniers. — La majorité repousse cette proposition. — Lettre du maire de Paris. — Elle prouve l'acharnement du combat. — Le président reprend la proposition du citoyen Larochejaquelin. — Bonne proclamation adressée aux insurgés. — L'assemblée devait faire plus encore. — Réflexions à ce sujet. — Coup d'œil sur la rive gauche. — Préparatifs du général Bréa pour attaquer la barricade Fontainebleau. — État de la lutte sur la rive droite. — Nouveaux combats aux barrières Rochechouart et Poissonnière. — Prise de ces deux barrières. — Nouvelle attaque du clos Saint-Lazare. — Il est occupé par la troupe. — Prise de la barrière de La Villette. — Le théâtre de la guerre se porte vers l'Est.

« La nuit s'était ressentie de la lutte terrible de la journée du 24, disent les auteurs des *Fastes de la Garde nationale*. Elle fut par conséquent beaucoup plus triste, beaucoup plus déchirante que celle de la veille. Les ambulances étaient bien plus nombreuses; la quantité des morts et des blessés s'élevait à un chiffre effrayant. Il est difficile de se faire une idée de la douloureuse consternation répandue dans les familles, dont les unes connaissaient les pertes qu'elles avaient faites, les autres, sans nouvelles de ceux qui leur étaient chers, se livraient aux conjectures les plus désespérantes. On voyait des mères, des épouses, des filles errant de poste en poste, au milieu de la nuit, et demandant, la crainte et l'effroi sur les traits, qui un fils, qui un époux, qui un frère. Les unes finissaient par les retrouver avec joie, les autres les cherchaient en vain et ne les retrouvaient que dans les ambulances morts ou couchés avec les morts. Et quand le jour se leva, quand le signal du combat fut donné encore, bien des veuves et des orphelins s'asseyaient en pleurant au foyer désert... »

Hélas ! les auteurs des *Fastes de la Garde nationale* ne peignaient ici que l'un des côtés de ce déchirant tableau. Derrière les barricades, bien des pères de famille, bien des fils, seuls soutiens de la veuve, bien des ouvriers dont le bras infatigable faisait vivre des femmes et des enfants, étaient aussi tombés, obscurément, sans aucune prétention aux récompenses, sans s'enquérir si un jour on parlerait d'eux. Ces prolétaires, qui se battaient pour vivre en travaillant, qui se dévouaient au triomphe d'un principe, d'une idée, étaient aussi des Français; eux aussi laissaient des mères sans appui, des femmes, des sœurs, des filles dans la misère et la douleur ; et ces femmes éplorées couraient, elles aussi, toute la nuit, de barricade en barricade, guidées par l'espoir d'y rencontrer encore debout ces hommes en blouses que les balles et la mitraille n'avaient pas plus épargnés que les citoyens en uniforme. De l'autre côté des barricades, on ne voyait pas ces nombreuses ambulances organisées par l'autorité, et fournies de tout ce qui pouvait être nécessaire aux hommes de l'art empressés d'y exercer leur zèle philanthropique : les morts n'avaient pour toute sépulture que quelques pavés, ou quelques pelletées de terre dans le clos voisin : les blessés ne recevaient d'autres soins que ceux que leur prodiguaient au milieu du danger même, ces femmes du peuple, dont la destinée fut toujours de souffrir ou de se trouver en présence de souffrances qu'elles ne pouvaient soulager que bien imparfaitement. Que de scènes touchantes ou terribles, que d'épisodes héroïques ce côté du champ de bataille n'eût pas également offerts au pinceau de l'historien qui aurait pu transporter ses lecteurs au milieu des insurgés ! Les voiles de la nuit du 24 et les tristes murs des casemates en ont dérobé le secret à tout le monde : les pontons seuls les ont entendu raconter. Ils nous les diront peut-être un jour ; et nos annales pourront encore recueillir quelques traits honorables pour le caractère français......! Continuons.

L'aspect de la ville dans ce jour de dimanche est encore plus sombre que les journées précédentes.

Dès le matin, treize parmi les organes divers de l'opinion publique avaient cessé de paraître, les scellés ayant été mis sur les presses qui servaient à les imprimer, par suite des pouvoirs que le dictateur croyait avoir puisés dans la mise en état de siège de la ville de Paris. Ces journaux étaient d'un côté : l'*Assemblée nationale*, le *Lampion*, le *Journal de la canaille*, le *Pilori*, feuilles royalistes qu'on supposait appartenir à des agents de la légitimité ; la *Presse*, la *Liberté*, journaux de la réaction ; la *Vraie République*, le *Père Duchesne*, la *Révolution de 1848*, l'*Organisation du travail*, journaux de la démocratie, et enfin le *Napoléon républicain*. Le rédacteur d'une de ces feuilles si brutalement suspendues, M. Émile de Girardin, avait même été arrêté et conduit à la conciergerie ; et comme les arrestations commençaient à être laissées à l'arbitraire des chefs de la troupe et même des simples gardes nationaux, la plupart des rédacteurs des journaux démocratiques avaient cru devoir prendre des précautions pour ne pas aller rejoindre celui de la *Presse*.

Nous n'essaierons d'expliquer ici cette mesure contre la liberté de la pensée que par les habitudes des chefs militaires ; car supposer, comme l'avait fait la veille le citoyen Degousée, que les journalistes pourraient jeter de l'huile sur l'incendie, c'eût été donner cours à une calomnie de plus, à une méchanceté gratuite, repoussées victorieusement par la tenue décente et contristée des journaux républicains qui survécurent à l'état de siége.

Au surplus, cette grave infraction aux droits reconquis par le peuple en février passa presque inaperçue en ce moment terrible où les lois protectrices des libertés publiques étaient considérées par bien des gens comme ayant disparu devant la dictature. Cependant, telle n'avait point été l'intention des députés ayant provoqué l'état de siége et la concentration du pouvoir exécutif entre les mains d'un chef. L'état de siége, suivant les lois qui l'ont déterminé, n'aurait dû jamais être appliqué qu'aux villes de guerre qui se trouvent en présence de l'ennemi; dans tous les cas, ses effets ne pouvaient être autres que la transmission du pouvoir et de l'administration entre les mains de l'autorité militaire. Mais aux yeux des impitoyables, les droits conférés par l'état de siége de la ville de Paris devaient être illimités; et il se trouva des hommes qui attribuèrent à la nouvelle autorité jusqu'au droit de vie et de mort sur les citoyens.

Malheureusement, les journaux destinés à éclairer le public sur toutes les grandes questions politiques se trouvaient dans une position si critique, qu'ils n'osèrent protester contre de pareilles prétentions. C'est ainsi que le champ de l'arbitraire resta libre. Il fallait, disaient les sophistes de l'état de siége, violer toutes les lois, afin de ne consulter que la loi suprême du salut public, puisqu'il s'agissait de sauver la société des barbares, des pillards, des incendiaires, des ennemis du bon ordre. Hélas! bien des gens ne voyaient dans ces affreux déchirements de la patrie, qu'une victoire à remporter sur leurs adversaires politiques, qu'une bataille à gagner!

Paris, la ville des sciences, des arts, de l'industrie; Paris, le rendez-vous de tous les hommes instruits, le foyer de la civilisation du monde, ne fut plus qu'un immense corps de garde soumis à la discipline la plus arbitraire. Toutes les rues furent littéralement couvertes de postes, de sentinelles, de patrouilles, de tentes, de bivouacs, de faisceaux de baïonnettes, de canons, de fourgons, de chevaux au piquet ; on eût dit, à voir tant d'hommes d'armes, tant d'uniformes différents à côté de tant de costumes excentriques portés par les gardes nationaux accourus au secours de l'ordre, qu'une immense métamorphose avait changé, tout à coup, la capitale de la France en un vaste camp. Ceux des citoyens qui tenaient le fusil à la main, et qui n'étaient pas dirigés sur les lieux du combat, occupaient toutes les rues, les places, les carrefours : leur consigne était de s'opposer à la circulation des autres habitants, d'empêcher toute communication d'une rue à l'autre, et surtout avec les quartiers insurgés, et enfin de fouiller minutieusement hommes et femmes. Nul ne pouvait paraître aux fenêtres de son logement, sans recevoir l'injonction de les fermer, et souvent cette injonction était faite à coups de fusil. Nul ne pouvait sortir de sa maison sans un *laissez passer* d'un chef quelconque, ou bien sans se faire accompagner par quelque officier, sous peine d'être arrêté ; et une arrestation, quelque futile qu'en fût le motif devenait toujours une chose fort dangereuse.

Et pourtant, on arrêtait partout : les dénonciations commençaient leur terrible cours. Les citoyens se qualifiant d'*honnêtes et modérés* dénonçaient par excès de zèle, par inimitié, par jalousie d'état, par vengeance ; ils dénonçaient en masse pour divergence d'opinions politiques : celui-ci avait parlé en faveur de la république démocratique ; celui-là était un *communiste*, un ennemi de la propriété ; cet autre était considéré comme socialiste, c'est-à-dire comme l'ami des ouvriers : tel avait été aperçu près des barricades. Le voisin dénonçait son voisin parce qu'il n'avait pas pris le fusil ; le propriétaire dénonçait son locataire, par cela seulement qu'il recevait chez lui des jeunes gens à longues barbes ; la portière dénonçait ceux chez qui elle voyait monter des hommes de *mauvaise mine*, des hommes en blouses qui n'essuyaient pas leurs pieds. On dénonçait dans les bureaux d'administration, dans les maisons; on se dénonçait mutuellement par peur ou simplement par besoin de dénoncer. L'occasion paraissant bonne pour se débarrasser sans danger de ses ennemis, la gent honnête et modérée l'avait saisie avec un grand empressement.

L'effet du déchaînement de toutes les mauvaises passions, fut tel qu'on arrêtait ceux des citoyens qui sortaient, parce qu'ils pouvaient avoir l'intention d'aller se mêler à l'insurrection, et qu'on arrêtait de même ceux qui restaient chez eux, parce qu'on pouvait présumer qu'il se cachaient. La moitié de Paris aurait fait arrêter l'autre moitié (¹), si Paris eût renfermé assez de prisons.

Dès le troisième jour, toutes les maisons d'arrêt, toutes les maisons de détention se trouvaient encombrées. Bientôt on remplit les caves de l'Hôtel-de-Ville, celles du Luxembourg, les caveaux des Tuileries, ceux du Palais-Royal; les casernes regorgèrent de citoyens *faits prisonniers* ou arrêtés parce qu'ils portaient une blouse ou qu'ils étaient signalés comme démocrates. Le chapitre des prisons du mois de juin n'est pas le moins déplorable de tous ceux que l'histoire sera forcée d'enregistrer sur cette triste époque de nos annales; quant à nous, nous préférons parler combats que prisons et exécutions.

Mais avant d'essayer de décrire la lutte du troisième jour, nous croyons nécessaire de faire assister le lecteur à la suite de la séance permanente que l'assemblée nationale tenait depuis deux fois vingt-quatre heures, c'est-à-dire aux débats et délibérations de la journée du dimanche 26.

Dès huit heures du matin, l'empressement si naturel de con-

(¹) Expression vraie dont s'est servi un ancien préfet de police pour flétrir cette rage de dénoncer et d'arrêter.

naître les bulletins officiels de la nuit avait réuni au palais législatif la plupart des membres de l'assemblée. Le président Sénard répondit à cette impatience en annonçant que les communications reçues pendant la nuit étaient des plus rassurantes.

« Les rapports venus jusqu'à ce matin, dit-il, annoncent que la nuit a été complétement calme. Au point du jour et dans les premières heures, ajouta-t-il, il y a eu mieux que du calme, il y a eu des certitudes d'ordre sur le plus grand nombre de points où hier le trouble et la lutte étaient le plus considérables. »

Puis le président entra dans les détails contenus dans ces rapports : il dit que le faubourg Saint-Jacques et le faubourg Saint-Marceau étaient entièrement dégagés; que les barrières Fontainebleau, d'Italie et d'Arcueil se trouvaient au pouvoir de la troupe; ce qui n'était pas tout à fait exact, puisque la barrière Fontainebleau était encore barricadée; et il assura que toute la rive gauche était rentrée dans l'ordre. Il en donna pour preuve l'occupation par la troupe de ligne et la garde nationale de tous les points importants, et la réorganisation de l'administration municipale du douzième arrondissement.

Quant à la garde nationale de cet arrondissement, le citoyen Sénard donna l'assurance que le général Cavaignac s'en occupait.

Parlant ensuite de la situation de la rive droite, le président dit que les nouvelles de ce côté étaient généralement bonnes; que le général Duvivier, ayant cessé d'être resserré aux abords de l'Hôtel-de-Ville, agissait dans des conditions telles qu'avant la nuit toutes les traces de l'insurrection auraient disparu de ce côté. Enfin, le président annonçait que le général Lamoricière avait pris les mesures les plus énergiques pour en finir avec l'insurrection de la rive droite; qu'il attaquait le clos Saint-Lazare, le faubourg du Temple et le faubourg Saint-Antoine avec des forces propres à réduire ces trois derniers foyers de la guerre civile.

Le président de l'assemblée terminait ses communications en affirmant que l'état moral de la population devenait satisfaisant; qu'un profond découragement se manifestait dans les quartiers où l'*émeute* avait dominé. Il attribua ces résultats aux décrets rendus par l'assemblée et aux proclamations de la veille, qui, assura-t-il, avaient été acceptés avec confiance partout où ils avaient pu être connus (1).

Le président Sénard annonça que, de concert avec le général Cavaignac, il allait proposer à l'assemblée une mesure dont l'idée leur avait été fournie par plusieurs des représentants à portée de connaître combien étaient grandes les souffrances d'une partie de la population. Cette mesure fut un projet de décret portant un crédit de *trois millions*, destiné à assurer, sans délai, à la partie de la population qui vit de son travail journalier, les moyens de subsistance qui lui manquaient. Le projet de décret, mis immédiatement aux voix, fut voté à l'unanimité.

C'était un acte politique d'une grande portée en ce moment-là ; car il avait pour objet, comme l'expliqua le président, de donner du pain à ceux qui n'en avaient pas, et beaucoup parmi ces insurgés que les feuilles royalistes affirmaient être gorgés d'or, étaient malheureusement dans ce cas eux et leurs familles.

Vers le milieu de cette séance, et lorsque d'autres nouvelles

---

(1) Nous avons assez déploré l'insistance du côté droit à repousser toute conciliation, toute proclamation qui aurait eu pour objet de ramener par de bonnes paroles les hommes exaspérés qui avaient pris les armes le 23. Nous répéterons donc ici ce que nous avons déjà dit à ce sujet, à savoir : que si l'assemblée nationale eût fait, le premier jour, la moitié seulement des pas qu'elle fit le lendemain pour aller au-devant d'une pacification, la lutte n'eût pas duré si longtemps, et bien du sang eût été épargné. Mais on aurait dit que certains membres de cette assemblée avaient intérêt à ce que les choses fussent poussées à l'extrême.

vinrent confirmer les prévisions de la journée, l'assemblée s occupa encore, sur la proposition du ministre Flocon, de proroger les échéances des effets de commerce qui seraient échus du 23 au 27 juin. Cette prorogation fut décrétée, mais avec un mauvais vouloir évident. On n'accorda d'abord cette faveur qu'à la seule ville de Paris, et encore ne donna-t-on que *cinq* jours de répit. « La banque de France, dit le ministre, juge ce délai suffisant. » Mais sur l'observation que bien des villes avaient envoyé leurs gardes nationaux à Paris, on étendit cette mesure aux départements, malgré l'opposition de M. Odilon Barrot, qui prétendit apercevoir dans cette suspension de paiement une perturbation générale parmi toutes les relations commerciales et industrielles.

A la seconde reprise de la séance, vers trois de l'après-midi, la discussion offrit plus d'un trait propre à caractériser cette partie de l'assemblée que nous avons qualifiée d'impitoyable. Ces membres que la vérité blessait, et qui ne voulaient point permettre qu'on la dît à la tribune, firent une longue querelle au représentant Ducoux, parce que, dans le compte personnel qu'il rendit de sa mission vers le clos Saint-Lazare et le faubourg du Temple, il lui échappa de dire que la garde nationale, *la veille, frappée d'une sorte de stupeur*, montrait ce jour-là le plus grand enthousiasme. « La garde nationale, lui crièrent les membres qui ne voulaient pas permettre qu'on dît que cette milice avait éprouvé un moment d'hésitation si naturelle à des hommes qui ne font pas métier de se battre; la garde nationale n'a cessé d'être admirable! » En vain Ducoux voulut-il expliquer sa pensée, en disant que la garde nationale lui avait paru, le premier jour, hésiter à s'agglomérer, comme d'habitude, autour de ses chefs; les réactionnaires ne voulurent pas qu'il fût dit que les bourgeois avaient hésité [1]. Peu s'en fallut que le futur préfet de police ne fût rappelé à l'ordre.

[1] Il est pourtant incontestable que, dans la première journée, et même

Mais il arriva que le ministre des finances, Duclerc, voulant atténuer l'effet produit par l'expression de son collègue, se montra plus véridique encore, c'est-à-dire plus maladroit, car il lui échappa de faire l'éloge du courage des insurgés après avoir fait celui de la garde nationale. « Permettez-moi de vous le dire, s'écria-t-il, soit du côté de l'insurrection, soit du côté de la garde nationale, on a combattu avec trop d'acharnement, avec trop de courage. »

A ce dernier mot, les membres qui avaient laissé passer celui d'*acharnement* sans protester, interrompirent l'orateur par les plus bruyantes exclamations : les cris à l'ordre! à l'ordre! furent poussés par la totalité du côté droit. — « C'est un blasphème! » — « La garde nationale, c'est la bravoure contre de lâches assassins! lui crièrent plusieurs députés. » — « Votre mot est encore plus malheureux que celui du citoyen Ducoux, ajouta le représentant A. Avond. » Et une longue agitation empêcha le ministre d'expliquer sa pensée comme il indiquait vouloir le faire.

« Il est évident, dit-il enfin, que je me suis mal expliqué : j'ai ajouté un mot qui exprimait ceci : c'est que je déplore profondément le sang versé.... Je n'oublie pas, ajouta courageusement le citoyen Duclerc, que les insurgés que j'ai combattus sont des Français. »

Peu s'en fallut que les réactionnaires ne donnassent, à ce sujet, un nouveau démenti au ministre. Ils continuèrent à crier : « Ce sont des brigands! »

---

pendant la seconde, les compagnies qui se présentèrent furent loin d'être au complet ; plus des deux tiers et souvent les trois quarts des hommes manquèrent au rappel et à la générale. Un capitaine de la 3ᵉ légion m'a assuré que, jusqu'au dimanche au soir, il n'eut jamais avec lui plus de soixante à soixante-dix sous-officiers et fusiliers, sur quatre cent quatre-vingts hommes inscrits; « et encore, me disait-il, je ne conduisais au feu que des républicains connus! »

L'agitation fut loin de se calmer quand le citoyen Larochejaquelin parla des bruits détestables que l'on répandait en présentant l'assemblée nationale comme nourrissant les arrière-pensées les plus haineuses contre la partie de la population égarée.

« Je demanderais, ajouta celui qui voulait réhabiliter l'assemblée aux yeux de ces hommes, je demanderais que, pour faire taire toutes les mauvaises passions, et pour ne laisser aucun prétexte aux détestables intentions qui se manifestent par des douleurs inexprimables pour le pays ; je demanderais que le mot que l'on va répétant partout, dans les faubourgs insurgés, comme conséquence de l'état de siége, que ce mot ne fût pas, et il ne l'est certes pas, celui de l'assemblée nationale, aux yeux des hommes égarés ; j'hésite à le dire, tant il est injuste et douloureux. On dit que la mise en état de siége peut se traduire par ce mot : *Malheur aux vaincus !* »

Des réclamations énergiques interrompent ici l'orateur, et bien des voix lui demandent qui a pu dire un mot si funeste. — « On le dit partout pour tromper les insurgés, répond Larochejaquelin. » — « Ne le répétez pas, lui crie un membre. » — « Lisez donc la proclamation du général Cavaignac ! ajoute-t-on du même côté. »

« Eh ! Messieurs, reprend l'orateur, ne sais-je pas que le mot n'a pas été dit, qu'il a été inventé par les ennemis de la patrie ? Je demande que nous fassions connaître par ceux qu'égarent les misérables qui déchirent le sein de la patrie, que ce n'est pas nous qui permettrons jamais qu'on nous prête une pareille interprétation de nos actes. »

Certes, il n'y avait rien que d'honorable dans cette proposition ; et pourtant le côté droit se mit en colère ; et, sous prétexte que l'assemblée n'avait pas besoin de faire une semblable déclaration, bien des membres de ce côté ne cessèrent d'interrompre l'orateur, lorsque, dans l'étonnement que lui causaient ces exclamations, il s'écriait : « Il me semble cependant que ce serait un beau rôle, un rôle paternel ! Je ne demande autre chose à l'assemblée, que de combattre, par quelques mots qui émanent d'elle, les hommes qui trompent le peuple ! »

— « L'assemblée n'a pas besoin de faire de déclaration à cet égard, lui répondait-on ; elle n'a jamais dit un pareil mot ! De pareils sentiments ne sont pas français ! »

— « C'est précisément parce qu'ils ne sont pas français, reprenait l'auteur de la proposition, qu'il serait convenable que l'assemblée nationale repoussât avec indignation ces moyens infâmes dont on se sert pour égarer tant de malheureux..... »

Larochejaquelin ayant encore été interrompu par des exclamations diverses, dont quelques-unes indiquaient les passions les plus détestables, le représentant Raynal ne put s'empêcher de s'écrier : « Ceux qui vous interrompent n'ont pas le sentiment de la patrie et de l'honneur. » Puis le citoyen Didier étant monté à la tribune pour appuyer la proposition, le côté droit lui imposa silence par les cris, assez ! assez ! la clôture ! et le président leva la séance.

Il était évident que le citoyen Larochejaquelin avait entendu parler des traitements barbares exercés contre les prisonniers par la troupe, la garde nationale et surtout la mobile, et qu'il voulait empêcher ces fusillades arbitraires que les insurgés devaient connaître aussi. Quelques mots de réprobation prononcés par l'assemblée eussent pu mettre un terme à ces actes sauvages : la majorité ne voulut pas tenir le langage explicite que réclamait Larochejaquelin ; et les fusillades continuèrent ! et une foule de malheureux furent passés par les armes, par cela seul qu'ils s'étaient trouvés soit avec les insurgés, soit de leur côté !....

Deux heures après, le président lisait à l'assemblée les nouvelles d'une partie de la journée, et faisait précéder ces détails, partout favorables, d'une lettre que le maire de Paris lui écrivait sur les événements de la rue Saint-Antoine.

« Je m'empresse de vous annoncer que le mouvement offensif, commencé hier, poursuivi ce matin avec une grande vigueur, est partout couronné de succès.

« Nos colonnes viennent de s'emparer du point le plus redoutable. La mairie du neuvième arrondissement et les rues qui l'avoisinent ont été reconquises pied à pied; des barricades formidables ont été enlevées après de rudes combats et des pertes douloureuses ; mais l'acharnement incroyable des insurgés a dû céder devant l'héroïque intrépidité de nos troupes.

« Je ne puis vous donner de longs détails; mais pour que vous puissiez juger des difficultés de la tâche, je vous dirai que dans la plupart des rues longues, étroites et couvertes de barricades, qui vont de l'Hôtel-de-Ville à la rue Saint-Antoine, les insurgés s'étaient emparés de presque toutes les maisons : ils avaient matelassé les croisées, par lesquelles ils tiraient presque à coup sûr : aussi nos pertes sont-elles considérables..... hélas! nos hôpitaux, les ambulances sont encombrés, et jamais encore le pavé de Paris n'avait été rougi de tant de sang! »

Cette lettre ne prouvait que trop l'acharnement du combat. Les insurgés ne cédaient le terrain qu'à la dernière extrémité, et alors ils avisaient aux moyens de se transporter derrière d'autres barricades pour vendre chèrement une vie qu'ils n'espéraient plus sauver, s'ils déposaient les armes entre les mains de leurs ennemis. Il était évident que le mot auquel le représentant Larochejaquelin venait de faire allusion non-seulement circulait partout, mais encore qu'il était suivi à la lettre par une soldatesque qui s'était arrogé le droit de vie et de mort sur ses propres prisonniers, sur ceux qu'on lui confiait, et sur les citoyens arrêtés dans les maisons que le hasard avait placées à côté des barricades. Les détails affreux qui parvinrent au président de l'assemblée de tous les points où la lutte avait été vive, et principalement de tous les lieux où des prisonniers avaient été conduits, ne permirent plus au pouvoir de douter que la guerre civile, déjà si horrible par elle-même, ne fût dégénérée en guerre à mort, entre Français, en guerre de sauvages. On comprit alors, au quartier général, tout ce qu'il y avait d'urgent dans la proposition du citoyen Larochejaquelin; et il fut convenu qu'à la reprise de la séance, on aviserait aux moyens de laver convenablement l'assemblée des horribles intentions qu'on lui prêtait au dehors.

En effet le président, dont l'autorité sur l'assemblée fut immense dans ces malheureuses journées, s'empressa alors de reprendre lui-même la proposition du citoyen Larochejaquelin, repoussée naguère avec tant de rage. Il convint que des bruits affreux étaient semés derrière les barricades; qu'on disait aux insurgés : « Défendez-vous jusqu'à la dernière minute, car, si vous vous rendez, vous seriez massacrés ! » Le président annonça que le général et lui venaient de recevoir des lettres des représentants en mission qui leur faisaient connaître ces faits, leur demandant s'il ne serait pas possible que l'assemblée combattît cette calomnie contre le sentiment français ([1]). Pour l'honneur de l'humanité, ces représentants n'avaient point osé

([1]) Il était permis au président de l'assemblée nationale et aux représentants en mission d'affirmer qu'on calomniait la représentation du peuple en lui attribuant une pensée qu'elle n'avait jamais formulée ni jamais eue. Mais le fait de la mise à mort d'une foule de prisonniers n'en était pas moins constant. Le citoyen Louis Ménard, tout en assurant que l'adjoint Flottard et le général Duvivier s'opposèrent de toutes leurs forces à ce qu'on fusillât les prisonniers conduits à l'Hôtel-de-Ville, s'exprime ainsi : « On s'explique difficilement com-
« ment le quartier de l'Hôtel-de-Ville, où commandait le général Duvivier,
« fut un de ceux où l'on massacra le plus de prisonniers. On ne saurait non
« plus accuser M. Marrast, qui, assure-t-on, aimait mieux laisser les prisonniers
« entassés que de les confier à la garde mobile..... Mais que pouvaient
« quelques efforts individuels contre un massacre organisé avec tant d'en-
« semble !... »

parler des exécutions venues à leur connaissance; aussi n'en fut-il pas question.

« Nous avons le bonheur de vous dire, ajoutait le président, qu'à l'heure qu'il est, une proclamation est lancée derrière les barricades pour détruire cette calomnie : voici ce que j'ai signé, moi, votre président, et le chef du pouvoir exécutif, ne craignant pas de nous engager tous deux dans une pensée qui est la vôtre.

La proclamation dont le citoyen Sénard donna alors lecture, était ainsi conçue :

« Ouvriers, et vous tous qui tenez encore les armes levées
« contre la république, une dernière fois, au nom de ce qu'il
« y a de plus respectable, de saint, de sacré pour les hommes,
« déposez vos armes! l'assemblée nationale, la nation tout
« entière, vous le demandent.

« On vous dit que de cruelles vengeances vous attendent! ce
« sont vos ennemis, les nôtres, qui parlent ainsi.

« On vous dit que vous serez sacrifiés de sang-froid! venez
« à nous, venez comme des frères repentants soumis à la loi,
« et les bras de la république sont tout prêts à vous recevoir.

« Signés : Le *président de l'assemblée nationale* : SÉNARD.
« Le *chef du pouvoir exécutif* : CAVAIGNAC. »

Cette fois, tout le côté gauche et une partie du centre firent entendre les plus vifs applaudissements. Louis Blanc, dont l'âme, comme celle de ses collègues les républicains, devait être navrée de douleur, laissa échapper cette exclamation :

« Ah! c'est bien! c'est très-bien! c'est excellent! »

Assuré désormais du bon accueil fait à cette proclamation, le président ajouta que depuis quelques heures, de concert avec le pouvoir exécutif, il la faisait répandre derrière les barricades.

Certes en repoussant, comme elle le faisait à la fin de la journée, les bruits qu'elle considérait comme injurieux à son honneur, à ses sentiments, et en tendant la main aux ouvriers menacés de cruelles vengeances, l'assemblée nationale se relevait aux yeux mêmes de ses ennemis. Mais n'eût-il pas été plus opportun, et plus digne de la représentation d'un peuple civilisé d'aborder franchement ce qu'il y avait de pénible au fond de cette explication? Suffisait-il de dire, puisqu'on savait à ne plus pouvoir le mettre en doute que des exécutions militaires avaient eu lieu dans plusieurs endroits, sans jugement, et sans qu'aucun décret eût prononcé la mise hors la loi des prisonniers pris les armes à la main; suffisait-il de déclarer qu'on n'avait pas autorisé ces cruelles vengeances? Si ces vengeances aussi sauvages qu'illégales étaient constatées; si les représentants envoyés en mission les avaient connues, l'assemblée ne devait-elle pas les frapper d'un blâme sévère? Ne devait-elle pas mettre les prisonniers sous la protection des lois humaines, des lois militaires même? L'humanité pouvait-elle être satisfaite en voyant l'assemblée d'un peuple civilisé déclarer, comme Pilate, qu'elle se lavait les mains des meurtres commis après le combat? L'assemblée nationale pouvait-elle oublier que, la veille, elle avait dit : « *Plus de haines dans les cœurs!* Ne devait-elle pas se rappeler que le chef militaire lui-même avait dit aux soldats : *Soyez fidèles aux lois de l'honneur et de l'humanité!* Comment lui eût-il été possible de concilier les promesses d'oubli qu'elle n'avait cessé de faire dans ses proclamations aux insurgés qui déposeraient les armes! Et le général en chef ne lui avait-il pas dit : « Déposez vos armes fratricides; le gouvernement rappelle dans les bras de la patrie des frères égarés! »

Et lorsque ces bonnes proclamations circulent de barricade en barricade, lorsque les insurgés, qui déplorent peut-être plus que les ennemis du peuple la guerre civile, née du plus funeste malentendu, attendent avec anxiété que l'assemblée nationale leur adresse enfin la parole ; lorsque plus d'un de ces ouvriers désespérés renonce à la lutte fratricide qui s'est engagée par la faute de tout le monde, et se rend volontairement au milieu des soldats, vous laissez à ceux-ci le droit barbare de les jeter dans les caveaux de l'Hôtel-de-Ville ou du Luxembourg, d'où ils ne sortiront, s'ils y arrivent vivants, que pour être arbitrairement et inhumainement passés par les armes (1) !

Disons-le hautement, l'assemblée nationale ne fit pas, dans cette cruelle circonstance, tout ce qu'elle eût pu faire, tout ce qu'elle eût dû faire pour mettre un terme à ces actes de férocité sauvage qui furent commis presque sous ses yeux.

Après avoir formulé ce reproche, que la postérité sanctionnera, détournons nous aussi nos regards affligés. Il nous reste encore assez de malheurs et de désastres à raconter en parcourant le champ de bataille de la troisième journée.

L'insurrection, battue complétement sur la rive gauche, n'offre plus, de ce côté, aucun danger pour le parti dit de

---

(1) Combien de citoyens inoffensifs payèrent ainsi de leur vie le malheur d'avoir été trouvés dans les maisons d'où les insurgés avaient tiré sur la troupe, ou simplement dénoncés comme suspects ! Nous ne citerons ici qu'une seule de ces erreurs déplorables qui furent si nombreuses en ces jours néfastes. Notre célèbre voyageur Tamisier fut pris dans la maison qu'il habite au faubourg Saint-Martin, et conduit, avec plusieurs autres citoyens inoffensifs, à la caserne de l'ancienne garde municipale, par cela seulement que des barricades avaient été construites au-devant de cette maison. Dans ce court trajet, il fut plusieurs fois question de les fusiller sur place. Un officier de la ligne ne cessait de solliciter *la faveur* de passer son épée à travers le corps de celui que l'on considérait comme le *chef de la bande*. Heureusement l'escorte se trouvait sous les ordres d'un officier supérieur de la garde nationale, qui s'opposa constamment à ce qu'on passât par les armes ses *prisonniers*. Tamisier fut ainsi sauvé par cet officier ; mais plusieurs de ses malheureux compagnons de *razzia* furent fusillés dans la cour de la caserne, et cela *en vertu de l'état de siége*, disaient des hommes aussi stupides que féroces.

l'ordre. Ceux des insurgés qui ont encore les armes à la main n'ont pas su prendre le seul parti salutaire pour eux qui leur restait à la fin de la journée du 24 et dans la nuit. Au lieu d'aller se réunir à ceux du faubourg Saint-Antoine, comme ils l'auraient pu très-facilement, ils se sont laissé acculer du côté opposé. Le 25 au matin, on les trouva se fortifiant à la barrière de Fontainebleau, c'est-à-dire aussi loin que possible des lieux où la lutte va recommencer. Là sont encore réunis deux mille à deux mille cinq cents insurgés ; mais on ne dirait plus les mêmes hommes du Panthéon et de la place Maubert. Il s'est mêlé parmi eux de ces coureurs habituels de barrière, et la funeste influence de ceux-ci se fait déjà sentir dans les rangs des ouvriers : une sorte d'anarchie règne au milieu de ce dernier camp de l'insurrection sur la rive gauche. Les uns semblent découragés ; chez les autres on remarque le dernier paroxisme de la fureur.

Au faubourg Saint-Jacques, les insurgés n'occupent plus que quelques points extrêmes. Dès cinq heures, la garde nationale et la troupe de ligne s'engagent avec précaution dans les petites rues où existent encore quelques barricades. Ces troupes sont assaillies par des coups de fusil tirés de ces barricades ou des maisons au-dessus. Mais bientôt ce dernier combat au faubourg Saint-Jacques cesse, les insurgés s'étant retirés en hâte du côté des barrières. Le faubourg se trouve donc entièrement évacué dans la matinée du 25.

Il en est à peu près de même du faubourg Saint-Marceau.

De ce côté, quelques faibles troupes d'insurgés essaient d'élever de nouvelles barricades ; mais ces tentatives isolées échouent partout, à l'exception de la barrière Fontainebleau. Le général Bréa déploie la plus grande activité ; il se multiplie et paie partout de sa personne, afin de déblayer tout le terrain compris depuis le Jardin des Plantes à la rue Mouffetard. Il veut réunir toutes les forces actives dont il dispose contre le seul point où il prévoit encore une lutte sérieuse. Il espère compléter ses succès de la veille et de la nuit par la prise prochaine du dernier retranchement que les insurgés ont élevé sur la rive gauche.

Laissons ce général faisant désarmer toutes les maisons suspectes de la rue Mouffetard, réoccupant la caserne de l'Ourcine et la mairie du 12e arrondissement, et faisant ses dispositions pour attaquer la barrière qui sera témoin de sa mort tragique. C'est du côté du nord que vont recommencer les combats du désespoir ; c'est vers ce côté que nous devons porter en ce moment toute notre attention.

Il est évident pour tout observateur de sang-froid que la lutte fratricide touche à son terme. Les forces dont le général Cavaignac disposait la veille se sont doublées par l'arrivée successive de nombreux détachements de gardes nationaux envoyés par toutes les villes à portée des chemins de fer. Des troupes de ligne, de la cavalerie sont aussi entrées à Paris dans la nuit ; enfin des batteries d'artillerie, des fourgons chargés de munitions qui, depuis deux jours, étaient sortis de Vincennes sans pouvoir franchir les barrières de l'est et du nord, sont venus renforcer et ravitailler l'armée déjà formidable que ce général a sous sa main.

L'insurrection, au contraire, a épuisé ses ressources et son énergie dans ces deux jours de combats sans fin. Les quartiers qu'elle occupe encore sont dévastés ; ceux du Marais et du centre ne bouillonnent plus comme la veille. Saint-Méry, la rue Rambuteau et cette foule de barricades qui s'élevaient dans l'intérieur, menaçant les généraux d'une campagne terrible dans les 5e et 6e arrondissements, sont occupées par la troupe ou par la garde nationale. Le triomphe complet de la cause que les généraux et l'assemblée soutiennent paraît donc assuré ; on peut même présumer que cette troisième journée sera la dernière de ce malheureux conflit; car il est impossible que quelques détachements d'insurgés, sans communication entre eux, puissent résister plus longtemps contre un si grand nombre de baïonnettes et de canons.

Quoique la situation des généraux se soit bien améliorée sur toute leur ligne d'opération, même du côté du nord, nous retrouvons encore, le troisième jour, les insurgés maîtres des barrières Rochechouart et Poissonnière, qui ont déjà coûté tant de sang; ils le sont encore du clos Saint-Lazare, de la barrière de La Chapelle, de celles de La Villette, du faubourg du Temple et du faubourg Saint-Antoine. Mais ils paraissent moins nombreux sur tous ces points du nord, et l'on peut penser qu'il sera moins difficile que les jours précédents de les en déloger.

Pendant la nuit, la garde nationale d'Amiens, établie dans une cour voisine de la barrière Poissonnière, avait échangé quelques coups de feu avec les insurgés qui gardaient cette barricade. Au jour, cette fusillade devint plus vive, et les Amiennois éprouvèrent quelques pertes.

Le général Lebreton, qui était occupé à examiner les positions des insurgés aux barrières Rochechouart et Poissonnière, reconnut facilement que ces barricades avaient été mises en état de soutenir de nouvelles attaques, qui nécessiteraient la présence de l'artillerie. Il fit donc cesser le feu sans résultat des gardes nationaux d'Amiens, et leur donna l'ordre de se retirer à la caserne où se trouvaient trois cents hommes de celle de Rouen.

Vers les neuf heures du matin, les Rouennais furent dirigés entre les deux barrières, et prirent position au coin de la rue du Delta, afin de pouvoir attaquer par le flanc les insurgés, dont le feu à travers le mur d'enceinte devenait très-vif. Un peu plus tard, le général dirigea un autre détachement de la 3ᵉ légion et une compagnie du 21ᵉ de ligne sur les abattoirs

Montmartre, dont la position permettait à ceux qui en occupaient les fenêtres du nord, de battre en plein les barricades de la barrière Rochechouart. Le plan du général consistait à faire attaquer cette barricade simultanément par les flancs et par les derrières : les craintes que la commune de Montmartre avait inspirées les jours précédents s'étant dissipées, on pouvait dès lors utiliser cette garde nationale.

A un signal donné, les onze fenêtres de l'abattoir s'enflamment, lancent une grêle de balles sur la barricade de la barrière et font de grands ravages parmi les insurgés. Ceux-ci, déconcertés, se placent à couvert dans le bâtiment de l'octroi et dans la maison qui fait le coin de la chaussée de Clignancourt, devant laquelle existait un autre retranchement, destiné à couvrir les derrières de la grande barricade. Une fusillade des plus vives recommença alors entre les insurgés, d'un côté, la troupe, les gardes nationaux placés aux abattoirs, l'artillerie qui faisait feu du clos Saint-Lazare, et les soldats qui attaquaient par la rue Rochechouart même de l'autre côté. Bientôt, à tous ces assaillants se joignirent des détachements de la garde nationale de Montmartre qui, après avoir été comprimée pendant deux jours par le nombre des insurgés, venait de prendre position dans les rues de cette commune, débouchant sur les boulevarts extérieurs. Malgré toutes ces attaques simultanées, et malgré les boulets qui ne cessaient de faire de grands ravages contre les retranchements, les insurgés de la barrière Rochechouart, réduits à une *soixantaine* d'hommes déterminés à vendre chèrement leur vie, tinrent tête aux assaillants jusqu'à quatre heures. Ils auraient probablement tenu en échec jusqu'à la nuit les forces qui les attaquaient de tous côtés, mais l'arrivée, sur le flanc de la barricade, d'un nouveau bataillon de gardes nationaux sous les ordres du colonel Rapatel, enleva aux défenseurs des retranchements tout espoir de soutenir plus longtemps cette lutte si inégale. Attaqués alors par les deux flancs, par leurs derrières, et aussi par la rue Rochechouart, d'où la troupe accourait au bruit de la charge, les insurgés abandonnèrent enfin leurs barricades très-maltraitées par le canon, et se jetèrent dans les rues latérales de la chaussée de Clignancourt, d'où quelques-uns des plus intrépides recommencèrent le feu.

Au moment où les assaillants s'aperçurent de la fuite des insurgés, la troupe de ligne, la garde mobile et la garde nationale poussèrent de grands cris de joie et se jetèrent sur les barricades, les uns en passant par-dessus la grille, les autres en pénétrant par les fenêtres de l'octroi, d'autres enfin en longeant les boulevarts extérieurs. Plusieurs détachements ne tardèrent pas à se mettre à la poursuite des insurgés : la fusillade recommença dès lors, soit dans la rue de Clignancourt, soit sur les boulevarts extérieurs.

En même temps le général Lebreton faisait attaquer la barrière Poissonnière, peu distante de celle Rochechouart. Plusieurs compagnies des 2e et 3e légion et la garde nationale de Rouen, appuyées sur le 21e de ligne et le 23e léger, soutenaient le feu de ce côté, tandis qu'une batterie placée sur la hauteur des abattoirs tirait en brèche de l'autre côté. Les insurgés se défendirent vigoureusement jusqu'à l'heure où la prise de la barrière Rochechouart permit aux vainqueurs de cette barricade, de se porter en forces sur le flanc de la barrière Poissonnière. Alors seulement cette poignée d'ouvriers qui, depuis trois jours, tenait en échec tant de soldats et de canons, abandonna la barricade et se dispersa.

Les deux barrières Rochechouart et Poissonnière prises, la position des insurgés qui occupaient le clos Saint-Lazare devenait bien critique. Ce vaste clos, immense terrain entouré de murs du côté du faubourg Saint-Denis, de palissades et de maisons du côté de la rue Lafayette, et appuyé à la fois sur la barrière Poissonnière, sur le mur d'enceinte du nord et sur la barrière de La Chapelle, était dominé par un grand bâtiment en construction, destiné à un hospice; l'insurrection y avait planté son drapeau dès sa première levée de boucliers.

Harcelés sans cesse pendant les deux premiers jours par la garde nationale, la troupe de ligne et principalement par la garde mobile, les insurgés, éparpillés dans le clos, s'étaient joués de ces attaques partielles, et, de leurs retranchements, ils n'avaient point cessé de faire éprouver de grandes pertes aux assaillants; les mobiles, surtout, qu'on avait placés autour des palissades et à l'église Saint-Vincent-de-Paul eurent beaucoup à souffrir du feu continu auquel ils étaient exposés. Vainement avait-on fait jouer le canon contre cette position, les boulets s'étaient bornés à frapper d'énormes blocs de pierre et étaient allés se perdre du côté du mur d'enceinte. Les artilleurs envoyés contre le clos avaient aussi éprouvé des pertes sensibles.

Dans la troisième journée, les insurgés du clos, comme ceux de tous les autres points encore occupés par eux, s'étaient montrés moins nombreux; ce qui fit espérer qu'on s'en rendrait maître entièrement sans de grandes pertes. Dès le matin, la mobile et la garde nationale s'emparèrent sans peine de la partie de ces terrains qui avoisine la barrière Poissonnière. Les hauteurs de l'église Saint-Vincent-de-Paul furent aussi occupées, et un obus y fut placé afin de balayer cette partie du clos. Un peu plus tard on dirigea l'attaque contre les bâtiments de l'entrepôt des douanes, dont les portes furent enfoncées à coups de canon. A une heure, le général Lamoricière y pénétra à la tête des troupes et des gardes nationaux et mobiles qu'il avait sous sa main. Une fois maître de ces ouvrages avancés, le général fit attaquer les divers postes des insurgés, soit à coups d'obus, soit en lançant contre les retranchements des bataillons de soldats et de la mobile.

Cette attaque du clos était simultanée avec l'attaque des

deux barrières Poissonnière et Rochechouart. Dès que ces deux points importants eurent été enlevés par le général Lebreton, il fut facile de prévoir que le clos ne tarderait pas à être évacué, car il allait être pris à revers par les boulevarts extérieurs.

Effectivement, les insurgés qui s'y trouvaient encore s'empressèrent d'en sortir lorsqu'ils entendirent la fusillade derrière le mur d'enceinte. Ceux qui occupaient le grand bâtiment continuèrent seuls leur feu, et dirigèrent même quelques décharges sur les gardes nationaux travaillant à franchir les mille obstacles qu'offraient les abattis d'arbres faits sur les boulevarts. Ces décharges et ces obstacles donnèrent le temps aux défenseurs du clos de se retirer. Mais tous ne purent pas traverser le boulevart : la troupe fit des prisonniers, qui furent passés par les armes ou conduits à la caserne Poissonnière (¹).

Ce qui démontre de la manière la plus évidente que les insurgés des barrières du nord et du clos agissaient sans chefs, sans ordres, sans plan, et que chaque troupe n'avait d'autre but que de défendre isolément les barricades derrière lesquelles elle s'était retranchée, c'est le désordre qui se mit dans leurs rangs dès qu'ils furent chassés de leurs retranchements. Des troupes, battues aux barrières Rochechouart et Poissonnière, chassées du clos, se seraient naturellement retirées d'abord sur la barrière de La Chapelle, ensuite sur celle de La Villette, puis au faubourg du Temple, et enfin au faubourg Saint-Antoine. Ce mouvement de retraite concentrée était le plus simple, le plus facile, le seul qui pût leur faire espérer des conditions, sinon avantageuses, du moins telles qu'ils eussent pu se soustraire au terrible *Væ victis!*

(¹) L'auteur des *Fastes de la Garde nationale* nous apprend que la colonne de gardes nationaux d'Amiens, après avoir concouru à l'attaque du matin contre la barrière Poissonnière, passa le reste de la journée à conduire des prisonniers de la caserne dite Nouvelle-France aux Tuileries.

Eh bien, ces hommes qui venaient de faire preuve de tant de persévérance ; ces hommes qui avaient devant eux les boulevarts extérieurs libres du côté de l'est, n'essayèrent point de profiter de ce que leur position avait encore de salutaire. Au lieu de se réunir en détachements et en masses pour aller rejoindre leurs camarades des faubourgs de l'est, la plupart se dirigèrent vers la campagne : les uns furent se cacher derrière Montmartre, les autres derrière les buttes Saint-Chaumont ; beaucoup, après avoir enfoui leur armes, se retirèrent dans les maisons disséminées sur la plaine Saint-Denis ou chez des amis. Tous ces insurgés abandonnèrent le champ de bataille, espérant qu'après le premier moment de terreur, ils seraient considérés comme des frères réconciliés avec leurs frères vainqueurs dans une lutte politique, ou tout au plus traités comme des prisonniers. Mais presque tous ne tardèrent pas à être dénoncés ou découverts ; ils furent traînés dans les casemates, antichambres des pontons.

Dès que les derniers coups de fusil eurent retenti au clos Saint-Lazare et dans cette partie de Montmartre qui se trouve derrière les barrières Rochechouart et Poissonnière, les troupes qui s'étaient emparées de ces points importants, firent ce que les insurgés auraient dû faire. Elles se rabattirent immédiatement sur les barrières Saint-Denis et sur La Chapelle, dont la population avait soutenu les insurgés. Maîtres d'une partie des boulevarts extérieurs, les divers corps qui marchent sous les ordres du général Lebreton peuvent dès lors pénétrer au centre de la commune de La Chapelle et prendre à revers la barricade Saint-Denis.

Mais au moment d'y arriver, la troupe reconnut que les insurgés avaient aussi abandonné cette barrière, contre laquelle s'était épuisé, toute la journée, un régiment de ligne. Ce régiment y avait fait de grandes pertes ; mais enfin il s'était emparé de ce poste retranché en passant par la brèche qu'y avaient faite les boulets de canon. La prise de la barrière Saint-Denis et l'occupation de La Villette mirent fin aux nombreux combats acharnés qui avaient ensanglanté tous ces points des faubourgs du nord, se reliant entre eux par tous les retranchements qui les couvraient. Il ne restait plus à l'insurrection de ce côté que le haut du faubourg Saint-Martin et La Villette. Les généraux crurent qu'il fallait attendre au lendemain pour les attaquer ; ils pouvaient même espérer de les trouver évacués. Le moment leur paraissait venu, d'ailleurs, de se montrer en face du faubourg Saint-Antoine. Le général Lamoricière se disposa donc à marcher vers la Bastille.

Il avait passé une partie de sa matinée à combattre ceux des insurgés qui ayant pris, dès le premier moment, le canal et le faubourg du Temple pour lignes de défense, avaient, à diverses reprises, empêché les troupes d'y pénétrer ou de s'y établir. Dans cette journée du dimanche, qui fut encore si terrible et si sanglante sur cette ligne, les corps aux ordres directs du général Lamoricière n'avaient cessé, depuis la pointe du jour, de se battre contre les insurgés. De la barrière de Pantin à la rue d'Angoulême, on s'était fusillé sans relâche. Le but des troupes était de chasser les insurgés des positions qu'ils occupaient sur le canal, et de les rejeter bien loin. Des combats très-vifs avaient donc eu lieu au pont de la rue Grange-aux-Belles, du côté de la rue des Écluses-Saint-Martin, où des barricades furent enlevées de vive force, mais non sans pertes. Quelques heures après, la garde nationale et la mobile ayant épuisé leurs munitions, se virent dans la nécessité d'abandonner ces ponts, et les troupes, réunies aux soldats de la ligne, finirent par recevoir l'ordre de passer la nuit dans des positions moins dangereuses.

Plus bas, et toujours sur le canal, des tirailleurs de la garde nationale et de la mobile, établis dans les bâtiments de la douane, tiraillaient, depuis le matin, avec les insurgés placés dans les maisons qui bordent la rive gauche du canal. Insensiblement ce feu devint très-vif, et les balles des insurgés arrivaient jusqu'au Château d'Eau, où se trouvait un régiment de la ligne, dont quelques hommes furent ainsi blessés. Vers les dix heures, le général Lamoricière, suivi de son état-major, arrivait près du Château d'Eau. Il put croire, à la vivacité du feu engagé du côté de la douane, que les insurgés venaient de passer le canal. Il donnait l'ordre au régiment de ligne de reprendre ce poste, lorsqu'on lui fit observer qu'il était occupé par la garde nationale et les mobiles. Le général s'avançait pour s'en assurer, quand une balle partie de l'autre côté du canal vint frapper et renverser le cheval qu'il montait. On crut que le général était blessé; mais il se releva aussitôt, monta sur un autre cheval, et après s'être assuré que les insurgés n'avaient point passé le canal, il se dirigea vers le boulevart des Filles-du-Calvaire.

CHAPITRE IV.

La colonne de l'Hôtel-de-Ville prend l'offensive. — Elle place le 9e arrondissement entre deux feux. — Position des insurgés dans ce quartier. — La lutte s'engage dans la rue Saint-Antoine. — Elle est impossible à décrire. — Spectacle qu'offre ce quartier. — Efforts du général Perrot pour franchir la rue Saint-Antoine. — Il ne débouche sur la place de la Bastille qu'à la nuit. — Marche du général Négrier par les quais. — Résistance qu'il éprouve à la caserne des Célestins. — Il atteint le boulevart Bourdon. — Moment critique. — Lamoricière s'avance sur le faubourg Saint-Antoine par les boulevarts. — Lutte dans le Marais et à la place des Vosges. — Situation des insurgés qui occupent le faubourg Saint-Antoine. — Attaques partielles de ce faubourg. — Proclamations diverses des insurgés de ce quartier. — Drapeaux et devises du faubourg. — Calomnies des journaux royalistes. — Le combat devient général sur la place. — Mort du général Négrier. — Le combat continue; la place est en feu. — L'arrivée de l'archevêque de Paris produit un moment de trêve. — But de sa détermination. — L'archevêque pénètre au milieu des insurgés. — Ses prescriptions ne sont pas observées par la troupe. — Altercations et coups de fusil. — L'archevêque est blessé mortellement. — Trois insurgés tombent à ses côtés. — Indignation des insurgés. — Soins respectueux qu'ils rendent au blessé. — Le combat recommence sur la place et ne cesse qu'à la nuit. — Retour du général Lamoricière au boulevart du Temple. — Sa réponse à un parlementaire. — Confusion et fausse interprétation des actes officiels. — Anarchie qui règne au-dessous du pouvoir. — Vues diverses des chefs militaires. — C'est une victoire complète que veut la réaction et non une pacification. — Le général Bréa au faubourg Saint-Marceau. — Il y porte des paroles de conciliation. — Barricades de la barrière Fontainebleau. — Le général Bréa parlemente avec les insurgés. — Il traverse la barricade. — Exigences des insurgés. — Le général est retenu en otage, ainsi que les officiers qui l'accompagnent. — On croit que c'est Cavaignac. — Cris de mort contre lui. — On essaie de le sauver par le jardin. — La population l'arrête. — Mauvais traitement qu'on lui fait subir. — Ordres que l'on exige de lui. — Il est conduit au poste de la garde nationale. — Triste situation des Prisonniers. — Le général Cavaignac en est informé. — Sa réponse. — Dernière tentative pour sauver le général. — Approche des troupes. — Le général et son aide de camp sont immolés. — Attaque et prise de la barricade. — Terribles représailles.

Laissons le général Lamoricière rassemblant ceux de ses bataillons décimés qui ne lui paraissent plus nécessaires aux faubourgs Saint-Martin et du Temple, pour marcher vers la Bastille, point de jonction de tous les corps opérant, ce jour-là, sur la rive droite de la Seine ; et essayons maintenant de raconter ce qui s'est passé, le 26, du côté de la rue Saint-Antoine et autres lieux occupés par les insurgés dans le neuvième arrondissement.

On sait que, dès la veille, les troupes sous les ordres du général Duvivier avaient pu prendre l'offensive, et qu'après avoir chassé les insurgés de l'église Saint-Gervais, elles les avaient tenus en échec toute la nuit.

Au jour, la colonne de l'Hôtel-de-Ville, composée principalement de bataillons de la ligne et de la mobile, se dispose à marcher vers la Bastille. Le général Perrot, qui a succédé au général Duvivier, suivra la ligne directe; le général Négrier, qui va amener une partie de la réserve établie à l'assemblée nationale, obliquera à droite, et passera par les quais. Tout le neuvième arrondissement sera donc pris entre deux feux, qui l'attaqueront simultanément par la rue Saint-Antoine et par la rive droite du fleuve.

Mais, dans ce quartier, les insurgés occupent non-seulement toutes les rues grandes et petites, mais presque toutes les maisons ; de nombreuses barricades sont élevées à chaque pas, les fenêtres de tous les coins sont garnis de planches, de matelas, et des communications intérieures, pratiquées d'une maison à l'autre, permettent à ceux qui défendent cet arrondissement (¹) de se retirer d'un point à l'autre sans rester à découvert. C'est par ce dédale de petites rues étroites, où l'insurrection se montre en force, que les troupes du général Perrot vont être obli-

(¹) Dans le neuvième arrondissement, comme dans le douzième, beaucoup de gardes nationaux, gradés ou non, s'étaient mêlés avec les hommes en blouse, les ouvriers, les insurgés. Des habitants de ce quartier, voisins des principales barricades de la rue Saint-Antoine, m'ont assuré avoir vu autant de citoyens en uniforme que d'insurgés en blouse travaillant à ces retranchements et les défendant. Mais il reste avéré que le nombre des combattants derrière ces barricades n'a jamais été aussi considérable qu'on a pu le croire : cinquante à soixante hommes défendaient seuls celle élevée devant Saint-Paul, là où la rue commence à avoir une très-grande largeur.

gées de passer avant d'atteindre la large rue Saint-Antoine, où de nouvelles barricades exigeront bien des siéges. Ces troupes n'emmènent avec elles qu'une seule pièce d'artillerie, un obus; la difficulté de traîner des canons étant extrême; on ne pouvait d'ailleurs en mettre qu'un seul en batterie dans ces rues.

Vers sept heures l'attaque des barricades commence dans la rue Baudoyer; et aussitôt des coups de fusil partent de toutes les rues adjacentes; depuis celle des Barres d'un côté, et la rue Lefèvre de l'autre côté, jusqu'aux rues Cloche-Perche et Geoffroy-Lasnier, tout est en feu, chaque fenêtre s'enflamme tour à tour; les défenseurs des barricades mêlent leur feu horizontal au feu vertical qui part de tous les étages des maisons occupées. De leur côté, les assaillants dirigent leurs obus sur celles de ces maisons où les insurgés paraissent plus nombreux; les balles pleuvent dans toute la rue, qui offre bientôt l'aspect de la désolation : il ne reste déjà plus de vitres aux fenêtres; les habitants ont fui; on ne voit sur le pavé que quelques cadavres.

Malgré les pertes que font à chaque pas les troupes, elles gagnent insensiblement du terrain : plus d'une barricade est déjà tombée en leur pouvoir; mais à chacun de ces retranchements, il faut faire un temps d'arrêt pour ouvrir passage à l'obus, dont la plupart des servants sont déjà hors de combat, et ce temps d'arrêt est toujours le plus critique.

Il faut renoncer à décrire cette lutte de plusieurs heures, cette guerre que le maire de Paris caractérisait en disant que les insurgés avaient fait de ce quartier une immense forteresse qu'il fallait démolir pierre à pierre, et que la garde mobile, la troupe de ligne et la garde nationale avaient dû faire le siége de chaque maison.

En effet, bien des rues de ce quartier, et principalement les maisons formant les angles de ces rues, présentaient après le combat le spectacle de masures ruinées par les projectiles. L'une de ces maisons, celle située au coin de la rue Cloche-

Perche, était percée à jour comme un crible par l'effet des obus, et des milliers de traces de balles attestaient, à chaque pas, combien la lutte sur ce point avait dû être opiniâtre. La mairie du neuvième arrondissement et les rues qui l'avoisinent ne furent conquises que pied à pied.

Au bout de quatre heures de combats faits pour exaspérer la troupe, et après avoir employé plus de deux heures contre la barricade de la rue des Juifs, la colonne du centre avait enfin atteint la hauteur de l'église Saint-Paul, en face de laquelle se trouvait la barricade de la rue Culture-Sainte-Catherine, que les pompiers se mirent à défaire [1]. Mais il restait encore cinq barricades à enlever pour déboucher sur la place de la Bastille. Deux de ces énormes barrages sont évacués, mais il est impossible de faire passer l'artillerie sur ces monceaux de pavés. Les artilleurs de la garde nationale qui ont remplacé les canonniers de la ligne, tombés presque tous en route, sont obligés, pour traîner la pièce, de briser la grille de Saint-Paul. Ici la rue étant incomparablement plus large qu'à son entrée, les troupes peuvent se développer et lancer sur l'autre extrémité des feux de peloton et des feux de file, auxquels il est impossible que les défenseurs des dernières barricades résistent. Aussi abandonnent-ils ces derniers retranchements de la rue Saint-Antoine, pour se jeter dans les rues du Petit-Musc, Castex, Lesdiguières, etc. Chacune de ces rues a sa barricade de flanc, devant laquelle il est difficile de passer sans éprouver des pertes considérables. La barricade de la rue du Petit-Musc est défendue longtemps et coûte plus d'un homme à la troupe. Celle de la rue Castex ne fut enlevée qu'à la nuit, et alors seulement la colonne du général Perrot put déboucher sur la place. « Hélas ! écrivait le citoyen Marrast à l'assemblée nationale, jamais encore le pavé de Paris n'avait été rougi de tant de sang ! »

[1] La caserne des pompiers se trouve sur ce point.

Du côté des quais, la résistance éprouvée par les troupes sous les ordres du général Négrier n'avait été guère moins vive, et sur quelques points elle fut aussi sanglante. Partie de l'Hôtel-de-Ville avec un bataillon de troupes de ligne, un bataillon de la mobile et plusieurs détachements de diverses légions de la garde nationale, cette seconde colonne, qui avait aussi avec elle de l'artillerie, se dirigea, par les quais, vers le pont Marie et la caserne des Célestins. La barricade du pont fut trouvée sans défenseurs; mais les insurgés s'étaient fortement retranchés dans la caserne. Après avoir balayé les quais, le général fit attaquer ce bâtiment : la résistance fut vive ; mais cette position se trouva trop isolée, du moment où la colonne du centre occupa la rue Saint-Paul ; les ouvriers et les autres citoyens qui défendaient la caserne l'évacuèrent, afin de ne pas être complétement cernés. En quittant cette position, les insurgés se répandirent, par les rues latérales à celle Saint-Antoine, dans les petites rues perpendiculaires aux quais, et de là on les vit occuper successivement l'Arsenal, le grenier d'Abondance et le grand bâtiment qui couronne la rue de la Cérisaie. Le général Négrier parvint à les chasser encore des deux premières positions, et put atteindre le boulevart Bourdon. Là, une barricade, placée au bout de la rue de la Cérisaie, l'arrêta quelque temps entre deux feux : celui qui partait de la rue Contrescarpe et de l'entrée du faubourg, et celui qui partait de la rue de la Cérisaie. La position de ses troupes se trouva un moment fort critique ; le général se vit dans la nécessité de s'abriter du côté de la rue Neuve-de-l'Orme. De là, il fit recommencer, avec le canon placé au bout de cette même rue Neuve-de-l'Orme, l'attaque de la barricade qui lui fermait l'accès de la place ; il finit par forcer les insurgés à l'évacuer.

Mais à l'heure où le général Négrier était arrivé à l'entrée du boulevart Bourdon, sur la place, la colonne du centre luttait encore avec les barricades de la rue du Petit-Musc et de la rue Castex ; de sorte que la jonction ne put s'opérer qu'à la nuit, alors que la cinquième barricade de la rue Saint-Antoine, celle élevée à la hauteur de la rue Castex, fut enfin emportée.

Cependant, le général Lamoricière, que nous avons laissé sur le boulevart du Temple, marchant aussi vers la Bastille avec un détachement de ses troupes, était parvenu à déloger ceux des insurgés qui occupaient les maisons en construction sur toute la longueur du boulevart, depuis les Filles-du-Calvaire jusqu'à la rue de Laval, et, les ayant rejetés derrière le canal, il était enfin arrivé à l'extrémité du boulevart Beaumarchais. Il se trouvait donc en face du redoutable faubourg. Ne voulant point exposer ses soldats, il les fit abriter derrière la rue des Tournelles, et plaça une pièce d'artillerie à celle des extrémités de cette rue qui aboutit sur la place, d'où il fit canonner les grandes barricades fermant l'entrée du faubourg.

En ce moment, une quatrième colonne, composée en grande partie de gardes nationaux, allait aussi entrer en ligne. Cette colonne, à la tête de laquelle marchait le représentant Galy-Cazalat, s'était détachée du général Lamoricière au boulevart du Temple, et marchant droit, par les rues Boucherat et Saint-Louis, elle avait fini par chasser devant elle ceux des insurgés qui occupaient cette partie du septième arrondissement. Arrivée au bout de la rue Saint-Louis, la colonne du Marais s'y réunit avec un des corps de troupes parti de l'Hôtel-de-Ville qui cherchait à s'emparer de la place des Vosges, occupée encore par de nombreux insurgés, dont une partie était en uniforme de la garde nationale. L'attaque de la place commença aussitôt. Les ouvriers placés aux fenêtres de la mairie du huitième arrondissement et à celles de la caserne attenante reçurent les assaillants avec un feu terrible, et ce feu ne discontinua point de part et d'autre pendant près de trois heures. Les insurgés, apprenant alors que la rue Saint-Antoine était occupée, que la rue des Tournelles allait l'être, abandonnèrent la mairie et la caserne et prirent la fuite par les derrières. Mais cette fuite n'étant pas facile, un grand nombre de ces malheureux furent pris en même temps qu'on délivra les soldats du bataillon de la ligne qui leur avait rendu les armes la veille (1).

Les forces qui se dirigeaient contre le faubourg Saint-Antoine arrivaient donc de toutes parts, et leur nombre s'augmentait à chaque instant.

Mais, par sa position et par les soins qu'on avait mis à le retrancher, ce faubourg, l'un des plus vastes, des plus peuplés et des plus patriotiques de Paris, pouvait tenir longtemps et n'être réduit que par un bombardement en règle.

Appuyé d'un côté sur la ligne avancée du canal, de l'autre côté à la Seine, et ayant derrière lui les murs d'enceinte depuis La Villette jusqu'à Bercy, ce champ de bataille, tout tracé, devenait formidable, pour peu qu'il y eût du monde pour le défendre. Par le canal, les insurgés des faubourgs du Temple et Saint-Antoine menaçaient constamment les flancs des assaillants, et ils auraient pu prendre les troupes à revers, s'ils n'eussent eu contre eux toute une armée de cent mille baïonnettes. Maîtres du pont d'Austerlitz, et ayant un pied sur la rive gauche par leurs barricades de la place Walhubert, les

---

(1) « A la prise de la place des Vosges par le peuple, dit l'auteur du *Prologue d'une Révolution*, les troupes rendirent leur armes : les soldats furent traités comme des frères plutôt qu'en prisonniers. Tous ceux qui demandèrent à être mis en liberté furent relâchés sur-le-champ. Lorsque la place fut reprise, les soldats qui s'étaient rendus au peuple furent les uns fusillés, les autres dégradés et traduit devant un conseil de guerre..... »

Nous pouvons ajouter, sans crainte d'être démentis, que lors de la reprise de la mairie du huitième arrondissement, bien des insurgés faits prisonniers furent passés par les armes, soit dans la cour de la caserne, soit sur la place même.

insurgés étaient encore en position de menacer l'Hôtel-de-Ville par ce côté.

On ne pouvait guère l'attaquer que de front, par la place de la Bastille, le seul point d'intersection du canal qui permît le développement des forces assaillantes, tant que ce canal ne serait pas franchi ailleurs et que le pont d'Austerlitz tiendrait. Mais l'entrée si resserrée du faubourg du côté de la place était tellement retranchée, qu'il eût fallu perdre beaucoup de monde pour la forcer de front ; car des premières maisons, on pouvait balayer toute la place à une grande distance ; et si les insurgés eussent eu seulement deux ou trois canons, ils devenaient inattaquables autrement que par un siége. L'intérieur du faubourg était aussi fortement retranché que l'entrée : on comptait soixante-trois barricades seulement dans la grande rue, depuis la barrière du Trône jusqu'à la place de la Bastille.

On n'a jamais su au juste combien d'hommes en armes renfermait ce faubourg ; on a supposé qu'il devait s'y trouver ce jour-là douze ou quinze mille combattants. Nous croyons ce chiffre très-exagéré. Quelles qu'aient été les fautes nombreuses et graves commises par l'insurrection, on ne peut guère admettre que huit à dix mille hommes soient restés pendant près de trois jours, l'arme au bras, sans chercher à aller secourir quelqu'un des points isolés que les troupes attaquaient, ou sans tenter quelque diversion. Cela ne pourrait se comprendre surtout lorsqu'il s'agit d'hommes qu'aucun ordre n'enchaînait là où ils étaient. Quoi qu'il en soit, et n'eussent-ils été que quatre à cinq mille pour défendre leurs retranchements de l'entrée du faubourg, ils auraient été assez nombreux pour que l'attaque de front pût coûter fort cher aux troupes.

Mais on comptait imposer aux insurgés par un grand développement de forces, et prendre le faubourg par un coup de main. Peut-être aurait-on réussi à faire déposer les armes aux défenseurs du faubourg, en leur faisant connaître la défaite de l'insurrection dans les autres quartiers, et surtout en leur offrant des conditions acceptables pour des hommes de cœur. Mais il fut facile de s'apercevoir, à l'émulation qui avait gagné les divers généraux, qu'il s'agissait beaucoup plus d'un succès militaire, d'un triomphe glorieux, que d'une pacification. Aucune proposition ne fut faite aux insurgés, aucun temps d'arrêt ne fut donné à la lutte pour laisser les moyens de réfléchir. Dès qu'une colonne arrivait en vue du faubourg, les boulets annonçaient à ses habitants la présence des forces de l'assemblée nationale.

On a reproché avec raison aux insurgés du 23 juin et du lendemain d'avoir caché, pour ainsi dire, leur drapeau, de ne pas avoir dit hautement pour quelle cause, pour quels principes ils prenaient les armes; en un mot, de ne pas avoir fait connaître au monde, attentif à ce grand drame, leurs griefs contre l'assemblée nationale et le gouvernement, par un manifeste propre à éclairer l'opinion publique sur leur détermination extrême. Ce fut là une grande, une immense faute, car elle permit aux royalistes et aux réactionnaires de toutes les sortes de peindre l'insurrection du peuple sous les couleurs les plus défavorables.

Les insurgés du faubourg Saint-Antoine avaient essayé de réparer cette faute, autant que cela dépendait d'eux. S'ils ne publièrent pas un manifeste complet, ils crurent y suppléer par diverses proclamations, qui ne produisirent aucun effet en dehors du faubourg parce qu'elles n'en dépassèrent pas les limites. Ces proclamations ont dû être nombreuses, car là où il n'y avait pas unité de commandement, chaque fraction de peuple a dû chercher à exprimer sa pensée. Beaucoup de ces proclamations manuscrites sont aujourd'hui perdues pour l'histoire. Toutefois il nous en reste assez pour faire connaître les sentiments qui animaient les insurgés de ce quartier. Voici celles dont l'authenticité n'a point été contestée; nous les plaçons dans l'ordre qui nous paraît le plus naturel.

Une première proclamation manuscrite, qu'on lisait à plusieurs endroits du faubourg, et notamment à la porte d'un marchand de vin établi au n° 174, était ainsi conçue :

Au nom de la République.

Liberté,   Égalité,   Fraternité.

« Citoyens, organisons la défense ; ayons autant de force
« que nous avons de courage. Plus d'hésitation ; que tout le
« monde fasse son devoir ; que les femmes et les enfants nous
« encouragent ; que Paris soit une seconde Varsovie ! C'est
« la cause du monde entier que nous défendons. Si Paris est
« dans les fers, l'Europe est esclave.
« Aux armes ! aux armes !
« Vaincre ou mourir pour la République démocratique et
« sociale ; frères, voilà notre devise.

« Salut et fraternité. »

La seconde affiche, qui a été placardée dans le faubourg, le 24 au soir, s'exprimait ainsi :

Liberté, Égalité, Fraternité.

« Nous voulons la République démocratique et sociale ; les
« vrais républicains ne peuvent vouloir autre chose. Les ci-
« toyens qui, depuis deux jours, sont descendus dans la rue,
« l'ont compris. Notre sainte cause compte déjà bien des mar-
« tyrs ; il faut qu'elle triomphe ou que nous nous ensevelis-
« sions sous les débris enfumés de nos maisons. »

En voici une troisième qui, au premier coup d'œil, paraît n'être qu'une variante de la seconde, mais qui en diffère par bien des phrases ou ajoutées ou modifiées ; celle-ci porte en tête :

PROCLAMATION DU FAUBOURG SAINT-ANTOINE.

« Aux armes, citoyens, aux armes !

« Nous voulons la République démocratique et sociale !

« Nous voulons la souveraineté du peuple !

« Tous les citoyens d'une république ne doivent et ne peu-
« vent vouloir autre chose.

« Pour défendre cette république, il faut le concours de
« tous. Les nombreux démocrates qui ont compris cette néces-
« sité sont déjà descendus dans la rue depuis deux jours.

« Cette sainte cause compte déjà beaucoup de victimes ;
« nous sommes tous résolus à venger ces nobles martyrs ou à
« mourir.

« Alerte, citoyens ! que pas un seul de nous ne manque à
« cet appel.

« En défendant la République, nous défendons la propriété !

« Si une obstination aveugle vous trouvait indifférents de-
« vant tant de sang répandu, nous mourrons tous sous les
« décombres incendiés du faubourg Saint-Antoine.

« Pensez à vos femmes, à vos enfants, et vous viendrez à
« nous !

Une autre proclamation trouvée manuscrite à l'imprimerie du faubourg Saint-Antoine, devait être publiée le lundi ; mais la marche des événements s'opposa à l'impression de cette pièce, l'une des plus caractéristiques de toutes celles placardées dans ce quartier :

« Eh quoi ! y lisait-on ; le canon gronde, la liberté meurt,
« et les ennemis, comptant sur la victoire qu'ils n'auront
« pas, osent appeler *pillards !... pillards !* les hommes qui ont
« supporté patiemment la faim, alors que les *satisfaits* insul-

« taient à leur misère. Sachons vaincre, et respectons la pro-
« priété de nos frères qui se sont trompés à notre égard, et qui
« nous calomnient.

« Aux armes, citoyens, aux armes !
« Vive la République démocratique !
« Protestons tous contre les tyrans qui nous font massacrer
« pour leur ambition.
« Rallions-nous, nous les vaincrons ! »

A toutes ces manifestations de l'esprit qui animait les insurgés du faubourg Saint-Antoine, à ces émanations de la pensée politique qui les dirigeait, nous ajouterons encore les inscriptions qui furent trouvées sur la plupart des murailles et des portes. Partout on lisait encore, après la reddition, ces mots écrits à la craie, au charbon, ou affichés sur des carrés de papier : *Mort aux voleurs ! Mort aux pillards ! Respect à la propriété ! — Armes données !*

Les drapeaux qui flottaient sur les barricades et ceux pris aux insurgés des divers quartiers où il y eut lutte, étaient tous tricolores (¹); la bande bleue de la plupart de ceux apportés à l'assemblée nationale était faite le plus souvent avec des lambeaux de blouses à demi usées. Les autres drapeaux, ceux

---

(¹) Les journaux réactionnaires n'ont cessé de dire, tant qu'à duré la lutte et encore après, que les insurgés avaient planté sur leurs barricades des drapeaux rouges : ils ont même affirmé qu'on en avait apporté un à la commission d'enquête sur lequel se trouvaient écrits ces mots en lettres rouges : *Vainqueurs le pillage! vaincus l'incendie!* Enfin le *Constitutionnel* annonça qu'on avait saisi sur plusieurs prisonniers des cartes imprimées portant cette variante : *Vainqueurs, nous partagerons; vaincus, nous incendierons!*

Toutes ces assertions se sont trouvées complétement fausses. Les drapeaux pris sur les barricades et déposés à la présidence furent reconnus, tous sans exception, pour des drapeaux *tricolores* plus ou moins bien confectionnés. Aucun n'indiquait la pensée du pillage ou de l'incendie. Quant aux cartes imprimées, personne n'en a vu, à moins que les calomniateurs du peuple n'aient poussé l'infamie jusqu'à les faire imprimer eux-mêmes, pour le besoin de leur cause.

appartenant aux diverses brigades des ateliers nationaux étaient plus élégants. Sur tous ces derniers drapeaux on lisait écrit en grosses lettres : *Vive la République démocratique et sociale !* et au-dessous : *Ateliers nationaux. Première, — seconde, — troisième division.* Presque tous ces drapeaux ou bannières portaient en outre la devise suivante : *Organisation du travail par l'association. — Plus d'exploitation de l'homme par l'homme.* Quelques-uns des guidons des barricades offraient encore les mots : *Mort aux pillards ! Respect aux propriétés !*

Enfin le mot d'ordre et de ralliement des ouvriers du faubourg et de tous ces quartiers fut celui-ci : *Mourir en combattant ou vivre en travaillant !* devise que l'on trouva également écrite sur plusieurs drapeaux des autres barricades.

Tel se présentait sous tous ses aspects le faubourg Saint-Antoine lorsqu'il fut attaqué par l'artillerie et les diverses colonnes de troupes qui venaient de faire leur jonction à l'entrée de la place de la Bastille.

Vers les six heures, le combat devint à peu près général. Le canon de la rue de l'Orme, l'obus de la rue Saint-Antoine, la pièce de campagne mise en batterie au bout de la rue des Tournelles, tiraient à la fois sur les barricades et sur les maisons de l'entrée du faubourg. Les vitres tombaient avec fracas à chaque détonation, et la fusillade partie de tous les points occupés par la troupe allait cribler de balles les alentours des fenêtres de ces maisons. De leur côté, les insurgés, quoique privés d'artillerie, n'en faisaient pas moins un feu plongeant de toutes les habitations dont ils s'étaient emparés ; chaque fenêtre était devenue une embrasure d'où l'on voyait sortir la foudre, tandis que les défenseurs des barricades dirigeaient leurs feux horizontaux sur toutes les pièces pointées contre eux. Bientôt le champ de bataille se trouva enveloppé d'une fumée épaisse qui empêchait de bien voir l'effet des boulets et des obus.

En ce moment, le général Négrier s'avança sur la place et

fut se placer au-dessous de la grille qui entoure la colonne, afin de mieux observer par lui-même les barricades de l'entrée du faubourg. Quelques personnes l'y suivirent, entre autres le représentant Charbonnel et le général Régnault, naguère colonel d'un régiment de ligne. A la vue de ce groupe, au milieu duquel se faisaient remarquer des chapeaux bordés d'or (¹), les insurgés les plus rapprochés dirigèrent leurs feux de ce côté. A la première décharge, deux ou trois des hommes qui se trouvaient avec le général tombèrent près de lui. Le général fit un mouvement pour tourner la colonne ; une seconde décharge ne lui donna pas le temps de s'éloigner ; une balle le frappa mortellement : il tomba en même temps que le général Régnault et le représentant Charbonnel. Négrier mourut instantanément sans pouvoir prononcer une seule parole. Régnault ne survécut que quelques minutes à sa blessure. Quant au représentant Charbonnel, on le transporta chez un marchand de vin dont la boutique se trouvait au-dessous même des fenêtres d'où étaient parties les décharges meurtrières. Il y reçut les premiers soins d'un de ses collègues, et vers les huit heures, on le rapporta chez lui, en suivant le boulevart ; il y mourut bientôt.

Malheureusement, là ne se bornèrent point les seules pertes

(¹) Sous la première république française, il fut décidé que le *chapeau monté* des généraux serait bordé d'un large galon doré. L'expérience démontra que cette idée était désastreuse, l'ennemi tirant toujours de préférence sur les groupes où il appercevait des chapeaux galonnés, qui étaient alors énormes et par conséquent très-apparents. Au commencement de l'empire, cette ordonnance fut changée, et les généraux n'eurent plus que le chapeau doublé en plumes blanches intérieurement. La nouvelle république adopta, sans examen, l'ordonnance de la fin du xviiie siècle. Ce fut une faute qui devait être funeste à ceux des militaires destinés à porter le chapeau galonné. Les causes qui contribuèrent à la mort où à la mise hors de combat de tant de généraux, dans les journées de juin, furent, d'un côté, la nécessité où ils se trouvèrent de s'exposer beaucoup plus que dans les combats en rase campagne, et, d'un autre côté, la facilité qu'eurent les insurgés à tirer sur les chapeaux dorés.

regrettables de cette soirée; une autre victime de la guerre civile devait aussi tomber près de ces barricades, non pas avec l'épée à la main, mais avec l'image du Christ sur sa poitrine; non pas en lançant des obus contre le faubourg insurgé, mais en portant des paroles de paix et de réconciliation à des frères qu'on considérait comme égarés. C'est de la mission et de la mort de l'archevêque de Paris que nous avons à parler ici.

Quand le général Négrier et le général Régnault tombèrent près de la colonne, il était six heures et demie. Un colonel ayant pris le commandement de la colonne de droite, le combat ne se ralentit pas un instant ; la place de la Bastille continua d'être littéralement en feu. Depuis les maisons qui dominent la dernière écluse du canal jusqu'au milieu de la rue Contrescarpe, la plupart des fenêtres lançaient des éclairs, et les balles pleuvaient aussi bien sur les abords de la place, où se trouvaient les pièces d'artillerie, que sur les barricades et les maisons du faubourg. Mais les troupes avaient l'avantage du canon, dont chaque coup portait en plein sur ces maisons, et les endommageait successivement. De six à sept heures, ce feu terrible semblait avoir pris une plus grande intensité de part et d'autre.

Tout à coup le canon et la fusillade de la colonne Négrier cessent. Un instant après, le général Perrot fait aussi taire ses obus. Insensiblement le feu des insurgés cesse aussi. Tous les regards se dirigent vers le milieu de la place. Un homme portant une soutane violette la traverse courageusement, précédé d'un autre messager de paix, portant au bout d'une perche un rameau vert. C'est l'archevêque de Paris, Denis Affre, qui a pris la résolution de se jeter entre des frères irrités, dans l'espoir de mettre un terme, par la conciliation, à cette guerre désolante.

Dès l'instant où cette détermination avait été prise par ce prélat, il s'était rendu au siége du pouvoir exécutif pour la communiquer au général Cavaignac, et lui demander s'il lui serait donné la faculté de se rendre auprès des insurgés du faubourg. Le général accueillit avec empressement la requête de ce pacifique auxiliaire, et ne lui fit d'autres observations que celles relatives à sa propre sûreté, dont le prêtre du Christ ne se préoccupait point. « Mon devoir, disait-il, est de donner ma vie pour sauver des brebis égarées. » *Bonus autem pastor dat vitam suam pro ovibus suis.*

Ce ne fut pas sans peine que le prélat, qu'accompagnaient ses deux grands-vicaires, MM. Jacquemet et Ravinet, put parvenir jusqu'à la place de la Bastille, tant étaient grandes les difficultés amoncelées sur sa route. Il visita les ambulances qui se trouvaient sur son passage, apportant les consolations de la religion aux blessés et bénissant les morts. Quelque fatigue qu'il dût éprouver à franchir tant de barricades encore debout, il en fut amplement dédommagé par l'accueil que lui fit la population de tous les quartiers qu'il eut à traverser. Tout le monde croyait voir dans cette pacifique intervention d'un ministre du Dieu de paix la fin de cette lutte sanglante qui couvrait de deuil la cité tout entière.

Arrivé enfin à l'entrée du boulevart Bourdon, du côté de la place, il se fit conduire à l'officier supérieur qui commandait sur ce point, et lui demanda s'il ne serait pas possible de faire cesser le feu pendant quelques instants, ne doutant pas qu'une pareille suspension n'eût lieu de l'autre côté. A l'aide de cette trêve mutuelle, le prélat espérait se faire reconnaître et entrer en pourparlers. Le reste lui paraissait plus facile.

Le feu cessa donc, à sa demande, du côté des assaillants; il s'arrêta aussi du côté des insurgés : on les vit même descendre de leurs barricades et mettre la crosse en l'air en signe de pacification. Ceux des fenêtres examinaient avec une curiosité attentive ce qui se passait sous leurs yeux. L'archevêque, précédé de l'homme porteur du rameau vert, s'approchait des barricades, suivi seulement de ses deux vicaires et d'un domestique, la prudence ayant prescrit de refuser toute escorte. Néanmoins les représentants du peuple Larabit, Galy-Cazalat et Druet-Desvaux, qui étaient aussi arrivés sur la place dans l'intention, ainsi que nous l'avons déjà dit, de certifier l'exactitude des proclamations du général Cavaignac et du président de l'assemblée nationale, ne purent se résoudre à laisser l'archevêque pénétrer seul dans le faubourg ; ils le suivirent espérant mieux remplir leur mission de près que de loin. La porte du marchand de vin qui fait l'angle de la rue de Charenton et de la rue Contrescarpe s'ouvrit alors, et les insurgés laissèrent passer le prélat et les représentants du peuple par cette sorte de guichet, mais ils en refusèrent l'entrée aux autres ecclésiastiques, qui restèrent au pied de la première barricade.

Malheureusement, du côté des assaillants, on n'observa point les prescriptions du messager de paix : des gardes nationaux et des soldats traversèrent la place par curiosité ; bientôt, le même sentiment leur fit franchir, en nombre, les abords des barricades : ils se trouvèrent ainsi mêlés aux insurgés descendus de leurs retranchements. Pendant que le prélat s'avançait entre les deux premières barricades, mais lentement, à cause de l'état du pavé, et qu'il adressait des paroles paternelles à ceux des insurgés qui le suivaient avec déférence, des gardes nationaux se prirent de querelle avec des habitants du faubourg ; des menaces furent échangées ; il y eut même des prises de corps, dit une relation non suspecte de partialité pour les insurgés (¹) ; cela fut au point que les ecclésiastiques, restés en dehors du retranchement, durent, au nom du pontife, conjurer les assaillants de se retirer.

(¹) JOURNÉES DE JUIN, par *Pagès-Duport,* avocat à la cour d'appel de Paris. Cette brochure, quoique écrite avec la plume d'un réactionnaire, n'en est pas moins la plus complète de toutes celles publiées sur les événements de ces journées néfastes.

Pendant ces déplorables altercations, qui retardaient l'accomplissement de la sainte mission, ajoute le même narrateur, le prélat chercha vainement à calmer l'irritation des partis ; ses paroles se perdirent au milieu du bruit qui régnait entre les deux barricades, théâtre de plus d'une collision individuelle. Tout à coup, on entendit la détonation d'un fusil, suivi presque immédiatement d'une décharge (¹). Les insurgés, supposant une trahison, crièrent : *Aux barricades !* Voyant que la place se remplissait de troupes, ils se mirent à tirer sur les assaillants ; ce fut ainsi que le combat recommença plus vif que jamais : l'archevêque et les représentants se trouvèrent exposés aux coups des troupes.

Toutefois, le sifflement des balles n'arrêta pas le missionnaire ; il continuait à pénétrer lentement dans le faubourg, lorsque, arrivé devant la porte du n° 24, il s'arrêta tout à coup, chancela et ne put terminer la phrase qu'il venait de commencer. Le citoyen qui l'avait précédé, s'élance auprès du prélat, qui lui dit, en se laissant tomber dans ses bras : Je suis blessé ! En effet, une balle venait d'atteindre l'archevêque, dans les reins, et la blessure était mortelle !

« Rendons justice à tout le monde, dit un journal religieux qui a publié aussi une relation de cette triste catastrophe, les insurgés se précipitent à son secours, ils l'environnent de soins, le transportent respectueusement à l'hospice des Quinze-Vingts, et lui constituent une garde (²). Ils font plus, ils re-

---

(¹) Pendant que les trois représentants pénétraient dans le faubourg avec le prélat, un autre représentant, le citoyen Beslay s'était aussi approché des barricades et cherchait à parlementer avec les insurgés. Il a raconté lui-même, que, ne pouvant se faire entendre, il eût la malheureuse idée d'ordonner aux tambours placés près de lui de faire le roulement, ce qui fut cause que le feu recommença du côté des troupes.

(²) L'archevêque, après avoir obtenu que son vicaire général, M. Jacquemet, se rendît auprès de lui, apprit avec une résignation toute chrétienne que sa blessure était mortelle. « Que Dieu, dit-il, accepte le sacrifice que je lui offre

cueillent les signatures de tous les témoins oculaires, pour attester que *ceux à qui s'est adressé le prélat* n'ont point tiré sur lui : ils tiennent infiniment à ce que ce fait soit bien constaté. »

Mais ce que cette relation ne dit pas, c'est que, parmi les insurgés accourus pour soutenir le prélat, trois furent frappés par des balles venant du même côté, et qu'ils tombèrent morts à ses pieds ; une autre balle perça le vêtement de son introducteur (¹), le porteur du rameau, qui était un caporal de la 3ᵉ légion, du nom d'Albert, déguisé sous une blouse, afin de pouvoir remplir sa mission.

« Si l'archevêque eût pénétré seul et immédiatement dans le faubourg, a dit un écrivain qui s'est fait en cela l'interprète de la pensée de tout le monde, il eût sans doute accompli fructueusement sa mission, sans le moindre danger pour sa per-

pour le salut de ce peuple égaré ! » On le transporta le lendemain, à l'archevêché : le faubourg qu'il fallut traverser était tout entier sur pied ; le peuple l'accompagna avec les démonstrations les plus touchantes de vénération et de respect. Le digne prélat mourut le surlendemain de sa blessure.

(¹) Cette circonstance des trois insurgés frappés à côté de l'archevêque, circonstance que nous trouvons consignée dans le livre le plus grave et le mieux renseigné (les *Fastes de la Garde nationale*), nous paraît concluante sur la question de savoir d'où est parti le coup qui a mortellement blessé l'archevêque de Paris. Quelques personnes, de bonne foi sans doute, ont prétendu que la balle était partie des premières fenêtres du faubourg ; ils se fondent sur ce que cette balle a porté de haut en bas. Mais outre qu'il est difficile d'admettre que les tirailleurs des fenêtres aient pu assez obliquer à gauche ou à droite pour tirer à revers, et qu'il est absurde de supposer qu'ils aient tiré sur leurs propres frères, l'empressement des insurgés à faire constater, non pas, comme le dit le journal religieux, que le coup *n'a pas été tiré par ceux à qui l'archevêque s'est adressé*, mais bien *que le coup n'a pas été tiré du côté des insurgés* ; cet empressement et ce certificat sont péremptoires à nos yeux. D'autres écrivains se sont encore fondés sur ce que la première barricade ne permettait pas aux balles venant du dehors de porter sur la rue du faubourg. Mais, outre que le terrain va en s'inclinant à partir de la hauteur de la colonne, il ne faut pas perdre de vue que le premier soin des généraux fut de faire occuper les maisons opposées à l'entrée du faubourg, et que les soldats tiraient de tous les étages.

sonne. Un excès de zèle, une curiosité déplacée de la part des assaillants ont amené l'un des plus tristes épisodes de cette déplorable guerre civile. »

En effet, l'empressement des insurgés à accueillir le prélat, était de bon augure pour le succès de sa noble mission : l'archevêque blessé, il devait nécessairement résulter de cet événement déplorable une irritation plus grande encore de part et d'autre. Cette irritation se manifesta dans le combat de la soirée, et ce combat acharné ne cessa qu'à la nuit.

Vers les huit heures, le général Lamoricière était retourné, de sa personne, sur le boulevart du Temple. La fusillade avait continué sur tous les points attaqués de ce faubourg, et, à la nuit, les troupes n'étaient encore parvenues qu'aux abords du canal.

« A huit heures et demie, lit-on dans les *Fastes de la Garde nationale*, le général Lamoricière se trouvait, avec un grand nombre d'officiers, au café Armand, qui fait face à l'entrée du faubourg du Temple, quand on lui amena un parlementaire des insurgés. C'était un jeune homme en blouse et en casquette. — « Citoyen général, dit-il avec assurance, mes camarades et moi, nous sommes disposés à abandonner nos barricades, à la condition que nous pourrons rester chez nous sans être faits prisonniers. » — Le général, après avoir lu au jeune homme la proclamation du général Cavaignac, répondit que les insurgés devaient *se rendre à discrétion*. — « A discrétion ! s'écria l'ouvrier ; quant à moi, ça ne me va guère. Enfin, j'en parlerai aux camarades. — « Dites-leur aussi que la garde nationale et les troupes sont fortes et bien pourvues de poudre et de plomb. — « Si vous avez de la poudre et des balles, nous n'en manquons pas non plus, » répliqua tranquillement le jeune parlementaire, qui retourna vers ses camarades et ne reparut plus.

« Peu de temps après, ajoute le même narrateur, le feu re-

commença de part et d'autre : les insurgés ne voulaient pas se rendre à discrétion. »

Ce récit, dont la véracité ne nous paraît guère contestable, renferme, selon nous, un grave reproche contre les chefs militaires, et particulièrement contre le général Lamoricière ; il confirme ce que bien des écrivains ont dit, à savoir, que les généraux ne voyaient, dans cette guerre civile, que l'occasion d'acquérir de la gloire, et que, pour bien des gens, il ne s'agissait que d'une victoire à remporter sur leurs ennemis politiques, victoire qu'ils voulaient la plus complète possible, n'importe à quel prix. Dans ces vues coupables, toute transaction devait nécessairement être considérée comme une faiblesse, et toute suspension des hostilités, toute trève qui aurait arrêté l'effusion du sang, devait être rejetée comme *pouvant nuire aux opérations militaires*. Les généraux, habitués à combattre des Arabes, des Bédouins, se gardèrent bien d'agir différemment avec les démocrates parisiens. Même alors que le chef du pouvoir exécutif et le président de l'assemblée nationale adressaient aux insurgés des paroles propres à leur faire déposer les armes, alors qu'ils leur disaient :

« *Venez à nous comme des frères repentants, et les bras de la République sont tout prêts à vous recevoir!* » et lorsque le général en chef ne les considérait que comme des frères égarés qu'il rappelait dans les bras de la patrie, le général Lamoricière, interprétant ces proclamations selon ses propres vues, repoussait ces frères égarés qui ne demandaient qu'à déposer les armes, qu'à rentrer dans les bras de la république ; et, par un refus accompagné de menaces, il forçait ces frères égarés à persister jusqu'à la dernière extrémité, jusqu'à la mort même, dans les voies d'où le messager du Dieu de paix voulait les tirer, quand il donnait sa vie pour obtenir une pacification.

Il y eut, dans ces fatales journées, une confusion de choses, une interprétation des mots, une sorte d'anarchie au-dessous de la dictature, propres à faire perdre la tête à tous ceux qui voudront essayer de mettre d'accord les divers actes émanés du pouvoir exécutif et de l'assemblée nationale, avec la conduite des chefs militaires. Malheureusement, cette confusion et ces interprétations finirent par exprimer la redoutable sentence : *Malheur aux vaincus!* que l'assemblée nationale et le pouvoir exécutif venaient, dans la même journée, de repousser de toutes leurs forces, comme anti-française, inhumaine et barbare !

Cette confusion, cette anarchie se révèlent à chaque instant: la ligne politique que doivent suivre les chefs militaires, paraît ne dépendre que de leur propre volonté. Le même jour où le général Lamoricière refusait les soumissions des insurgés qui allaient à lui, dans un autre quartier, un autre général allait au-devant de ces soumissions ; il les provoquait de toutes ses forces, et parlementait pour atteindre ce résultat. Nous lisons dans plusieurs relations ce passage, qu'un procès fameux a consacré. « Avant d'employer la force pour les réduire, le général Bréa s'avance avec son aide de camp, tout près de la barricade, et fait entendre aux insurgés *des paroles de conciliation*. » Partout où il avait encore trouvé des insurgés réunis, dans la matinée du 25, le général Bréa était parvenu à les renvoyer des barricades sans effusion de sang, après avoir payé de sa personne pour les haranguer. C'est que Bréa n'avait point appris à faire la guerre en Algérie. Uni d'intention avec le représentant de Ludre, qui marchait à ses côtés, le commandant du douzième arrondissement ne voyait plus de nécessité de recommencer cet atroce combat, alors que la victoire était assurée (1).

(1) L'auteur du *Prologue d'une Révolution* a raconté que, dans la matinée du 25, il y avait eu *de nombreux massacres de prisonniers* dans le faubourg

En effet, dans sa course de la place Maubert à la barrière Saint-Jacques, et de cette barrière à celle d'Italie, la colonne à la tête de laquelle ce général parcourait le faubourg Saint-Marceau (¹), n'avait rencontré d'autres obstacles que les troncs

Saint-Marceau. Il a dit aussi que la mort de Raguinard et des autres insurgés, fusillés sur la place du Panthéon, avait exaspéré les ouvriers contre le général Bréa. Personne ne peut mettre en doute aujourd'hui que de nombreux ouvriers n'aient en effet été fusillés tant au Panthéon qu'en plusieurs autres endroits des faubourgs Saint-Jacques et Saint-Marceau. Mais nous, qui avons personnellement connu le général Bréa; nous qui avons pu apprécier le caractère chevaleresque de ce brave militaire; nous qui avons été à même de connaître tout ce qu'il y avait de douceur, de générosité, d'humanité chez tous les membres de son honorable famille, et en particulier dans le cœur de *Baty* de Bréa (c'était le nom que ses parents lui donnaient dans son enfance), nous ne pourrons jamais croire que ces massacres aient été exécutés par ses ordres. Qui ne sait en effet qu'en ces journées néfastes, les moindres officiers et même les soldats se croyaient maîtres de la vie des prisonniers qu'ils avaient faits ou qu'on leur remettait pour les conduire aux divers dépôts? M. Marrast n'a-t-il pas déclaré authentiquement, avoir laissé les prisonniers entassés dans les caveaux mortifères de l'Hôtel-de-Ville, plutôt que d'en confier la conduite aux mobiles? Et n'est-il pas avéré que plus d'un détachement de ces mobiles, de la ligne et de la garde nationale, chargés de conduire des prisonniers dans les caves de nos palais, dans les prisons ou dans les casernes, ont cru faire preuve de zèle et abréger *leur corvée*, en se débarrassant, en route, de ces prisonniers? Notre conviction intime est donc que, ni le général Bréa, ni le représentant de Ludre n'ont jamais autorisé ces actes sauvages. La responsabilité n'en peut retomber que sur ceux qui poursuivaient les républicains de toute la haine mortelle que leur âme renferme; nous ajouterons même que le général et le représentant du peuple n'eussent pas toléré ces assassinats, s'ils les eussent connus, et s'il eût été en leur pouvoir d'empêcher ces odieuses vengeances provoquées par certains organes du parti honnête et modéré.

(¹) Cette colonne se composait d'environ deux mille hommes, troupe de ligne, mobile et garde nationale; d'une compagnie du génie, et d'un détachement d'artillerie, avec deux pièces de campagne. Le reste des forces placées sous les ordres de ce général était disséminé dans le onzième et le douzième arrondissement; elles gardaient non-seulement les points enlevés aux insurgés, mais encore le Luxembourg, la mairie de ces deux arrondissements, l'Odéon, la place Saint-Sulpice, les ponts, etc., etc.; on a calculé que les troupes de toutes sortes mises à la disposition du général Damesme ou de son successeur, formaient un total de plus de quarante mille baïonnettes.

des arbres abattus en travers du boulevart. Il pouvait donc concevoir l'espérance de ne pas tirer l'épée. Malheureusement, il fut arrêté à la barrière d'Italie par deux fortes barricades, construites, l'une à l'entrée de la rue Mouffetard, l'autre en face, contre la grille de la barrière, sur laquelle cette dernière barricade s'appuyait, jusqu'aux bâtiments latéraux de l'octroi. Là s'étaient retirés quelques-uns des combattants du Panthéon. Ils y avaient trouvé, ainsi que nous l'avons dit, les habitants de cette partie de la banlieue fortement barricadés, par l'effroi que leur inspiraient les mobiles [1]. Ajoutons que, depuis près de trois jours, ce quartier éloigné était resté sans communication avec l'intérieur de la ville, et que les bruits les plus exagérés y avaient pris assez de consistance pour leur faire croire que l'insurrection était loin d'être comprimée ailleurs.

En présence de ces retranchements considérables, le général fit mettre ses deux canons en batterie. Mais, comme on ne voyait au-dessus de ces montagnes de pavés que des drapeaux, et par fois quelques têtes d'hommes, le feu ne fut pas engagé immédiatement. De leur côté, les insurgés ne tirèrent pas un seul coup de fusil. Voulant savoir à quoi s'en tenir sur l'attitude des hommes qui occupent la barricade et le faubourg de la Maison-Blanche, le général Bréa fit avancer, en parlementaire, le commandant Gobert, et le colonel Laugier de la 12e légion, qui lui avaient été d'une grande utilité aux autres barrières. Mais les insurgés de la barrière Fontainebleau se montrèrent moins faciles. Les deux parlementaires furent obligés de se replier sur la colonne, en présence des menaces que leur adressèrent les défenseurs de la barricade. Le général,

---

[1] Une relation assez détaillée des journées de juin porte à sept le nombre des barricades qui entouraient la place extérieure et intérieure de la barrière d'Italie ou de Fontainebleau ; mais l'acte d'accusation dressé contre les assassins du général Bréa n'en mentionne que quatre.

croyant qu'il réussirait s'il se présentait lui-même (¹), s'avança vers la barrière, suivi du représentant de Ludre, du chef de bataillon Gobert, d'un autre chef de bataillon de la ligne, Desmarets, d'un lieutenant et de son aide de camp : le colonel Thomas, du 21ᵉ léger, le suivit aussi.

A l'approche de ces officiers, le sommet de la barricade se couronna d'hommes en armes. Le général essaya de parler ; mais comme il ne pouvait être entendu assez distinctement, les défenseurs de la barrière lui firent signe de s'approcher davantage : il leur fit alors parvenir un papier sur lequel étaient écrites ces lignes :

« Nous, soussignés, général Bréa et de Ludre, représentant du peuple, déclarons être venus aux barrières pour annoncer, au bon peuple de Paris et de la banlieue, que l'assemblée nationale vient d'accorder *trois millions* aux travailleurs... »

Un instant après, la petite grille latérale s'ouvrait, et quatre hommes en sortaient pour engager le général à se rendre au milieu des insurgés, afin de mieux expliquer sa mission, leur certifiant qu'il ne lui serait fait aucun mal. Le général met pied à terre, et traverse le guichet, suivi seulement de son aide de camp, des commandants Gobert et Desmarets et du lieutenant Sainjeoit : le représentant de Ludre ainsi que le colonel Thomas restent au pied de la barricade. Le général et son escorte sont aussitôt entourés d'une foule d'hommes et de femmes empressés de connaître la mission de ces parlementaires. Bréa leur donne connaissance des proclamations émanées du dictateur et du président de l'assemblée nationale ; il engage les habitants du quartier à défaire leurs barricades, toute résis-

---

(¹) Les insurgés qui avaient élevé des barricades aux barrières Saint-Jacques, d'Enfer, de la Santé et de la Glacière, ne firent aucune résistance, et mirent bas les armes, sur les instances du commandant du premier bataillon de la 12ᵉ légion, Gobert, qui accompagnait le général Bréa, et lui servit de parlementaire auprès des gens dont il était connu.

tance devenant impossible en présence des succès obtenus sur tous les autres points.

Cette sommation est fort mal accueillie par les insurgés. « Défaire nos barricades ! s'écrièrent-ils. La mobile viendrait, la troupe viendrait, nous serions massacrés ! » Un grand tumulte s'élève derrière le retranchement ; les hommes et les femmes se montrent résolus à combattre jusqu'à la dernière extrémité, plutôt que de se livrer aux mobiles. Au milieu de ce tumulte, des insurgés se précipitent vers la petite grille, la ferment, et déclarent au général que lui et ses officiers vont leur servir d'ôtages contre les attaques de la troupe. Vainement le général se récrie-t-il et invoque-t-il son caractère de parlementaire ; vainement encore veut-il employer la menace ; il ne peut rien obtenir de cette population exaspérée [1].

Pour comble de malheur, le bruit s'accrédita derrière la barricade et ne tarda pas à se répandre aux environs, que le chef prisonnier n'était autre que le général Cavaignac lui-même. Des cris de vengeance se firent entendre contre l'homme que l'on considérait comme l'ordonnateur des fusillades exécutées par les troupes du côté du Panthéon, et le général Bréa se trouva en butte à de mauvais traitements et à des menaces de mort. Néanmoins, plusieurs citoyens qui ne voulaient pas qu'un meurtre fût commis par quelques furieux, proposèrent de conduire le général et ses officiers chez le maire, espérant par ce moyen les sauver de l'exaspération populaire. On les plaça entre deux haies d'insurgés, et on les conduisit ainsi;

[1] L'insurrection dominait tellement, depuis deux jours, dans les communes de la Maison-Blanche, de Gentilly et même d'Ivry, que la garde nationale de cette banlieue avait été dans la nécessité de faire son service à côté des insurgés, et qu'il avait été prescrit aux gardes nationaux de ne point se mettre en uniforme ; de sorte qu'il était difficile de reconnaître, dans ce pêle-mêle de blouses, de vestes et d'habits bourgeois, quels étaient les véritables insurgés. Au surplus personne ne commandaient à la barrière d'Italie, ou plutôt, comme l'a déclaré le curé, tout le monde commandait.

non pas chez le maire, mais dans la maison voisine, dite du *Grand-Salon*, occupée par un marchand de vin. Une vingtaine de personnes entrèrent, et la porte fut aussitôt fermée sur la foule. Immédiatement, les prisonniers furent poussés dans la cour, et de là vers le jardin, dont les murs peu élevés permettaient facilement une évasion.

En effet, le lieutenant Sainjeoit monta sur un bosquet formant échelle, et s'évada sur les derrières, en franchissant le mur. Le général perdit du temps à se défendre d'une fuite clandestine, et lorsqu'il se décida à imiter l'officier, la foule mugissante venait d'envahir le jardin ; quelques hommes coururent aussitôt sur le général et l'arrêtèrent (1). Les compagnons d'infortune de Bréa eussent pu se sauver, mais, voyant leur chef en danger, ils se rapprochèrent de lui.

Disons ici, sans crainte de nous tromper, que cette déplorable tentative d'évasion, fut la principale cause de la mort du général : si on l'eût laissé au Grand-Salon, ou bien qu'on l'eût conduit chez le maire, nul doute que sa vie n'y eût été en sûreté ; il était là, comme il l'a dit lui-même, au milieu d'amis qui n'eussent jamais permis un meurtre. Mais cette imprudente détermination changea aussitôt les dispositions d'une partie du peuple en faveur du général ; et, du moment où il fut repris, tous les insurgés firent entendre des cris sinistres. On ôta aux prisonniers leurs épées, on leur arracha leurs insignes, et on les conduisit, en les maltraitant, dans une chambre située au second étage de la maison du *Grand-Salon*, où on les garda à vue. « Nous le tenons, crièrent alors quelques-uns des

---

(1) Une triste fatalité a pesé sur les derniers moments du général Bréa. Si on eût poussé les prisonniers vers la partie gauche du jardin, au lieu de les conduire du côté droit, ils eussent pu s'évader avec la plus grande facilité, car ils n'auraient eu qu'une simple haie à franchir, et la population qui fit irruption dans le jardin par un autre jardin latéral placé à droite, ne fût pas arrivée à temps.

principaux insurgés, en montrant, par la fenêtre, à la foule qui entourait l'établissement, le sabre et les épaulettes du général ; nous le tenons ; soyez tranquilles, il ne nous échappera pas ! » Et le bruit répandu que Bréa n'était autre que Cavaignac, prit alors une grande consistance dans tout le quartier ; et les femmes se mirent à crier : «A mort, l'assassin de nos frères ! »

Toutefois, ceux qui avaient déjà défendu le général, ne désespéraient pas de le sauver, malgré l'extrême irritation qui régnait dans la rue et dans la cour. Quelques-uns des hommes considérés comme chefs des insurgés étaient loin aussi de vouloir la mort des prisonniers ; l'un d'entre eux, Bussières, lieutenant de la garde nationale, ayant un grand ascendant sur la population du quartier, pressait même le général de faire quelque chose pour aider ses amis à le sauver. On exigeait de lui qu'il ordonnât à sa troupe de se retirer. Bréa prend la plume qu'on lui présente, et écrit un rapport où on lit : « Je suis venu proclamer la décision de l'assemblée ; elle a voté trois millions pour soulager les infortunes des ouvriers de la capitale et de la banlieue.... »

Mais ce rapport ne remplit pas les intentions de ceux qui sont auprès du général. On lui demande quelques mots pour rassurer, sur son propre compte, ses subordonnés du dehors. Il écrit encore un billet conçu en ces termes : « Je suis à la barrière de Fontainebleau, entouré de braves gens, de républicains démocrates et socialistes ; soyez sans inquiétude. » La foule qui mugit sous les fenêtres, cette foule irritée, du milieu de laquellle ne cessent de sortir des cris de mort, exige alors le renvoi des troupes. Le général se refuse longtemps à donner un pareil ordre. Il cède enfin aux prières des hommes qui veulent le sauver, et écrit ces mots sur un morceau de papier que lui remet l'un des insurgés :

« J'ordonne à la troupe de se *retirer* par le même chemin qu'elle a suivi pour venir. » Bréa sait bien qu'on considérera cet ordre comme lui étant arraché par les circonstances au milieu desquelles il se trouve, et par les menaces. Néanmoins, les hommes influents parmi les insurgés font considérer cet ordre comme une victoire remportée sur la troupe, et tout change d'aspect autour du général. On rend aux prisonniers leurs épées et leurs insignes ; c'est à qui leur fera les plus grandes protestations de dévouement. Les uns lui criaient : « Général, nous répondons de vous ; nous vous défendrons jusqu'à la mort. » D'autres ne cessaient de lui dire : « Ne craignez rien, général, les premières balles seront pour nous. »

Mais au dehors, on continue à demander la *mort de Cavaignac*, la mort du *bourreau du peuple*. Vainement quelques voix se font entendre pour détromper les femmes surtout. « Ce n'est pas Cavaignac, proclame-t-on du haut de la fenêtre ; c'est un vieux brave ! » La population est persuadée qu'on veut la tromper, et persiste à croire que le prisonnier est Cavaignac.

Cependant l'ordre de retraite pour la troupe est porté, avec les autres écrits du général, par le maire Dardelin et le lieutenant Bussières au représentant de Ludre, resté au pied de la barricade. Suivant la déposition du maire, le citoyen de Ludre lui aurait répondu : « Dites au général que ses ordres vont être exécutés. » Le colonel Mouton, qui était présent à la remise de cet ordre, s'adressa à Bussières et lui demanda ce qu'ils voulaient faire du général. Ce chef des insurgés l'assura qu'on ne lui ferait aucun mal, et qu'il s'y opposerait de toutes ses forces. « Hâtez-vous de nous le rendre, reprit le colonel ; il n'est pas votre prisonnier ; il est allé vous porter des paroles de conciliation. » — « Il ne faut rien brusquer, si nous voulons vous le rendre, réplique Bussières ; le peuple est très-exaspéré, et personne n'a assez d'influence pour le diriger à son gré. »

Après avoir obtenu du général Bréa l'ordre qui devait calmer la population, les citoyens influents qui étaient autour des prisonniers pensèrent qu'il fallait les conduire au poste de la garde nationale (¹). Un double motif leur fit adopter cette malheureuse idée : ils crurent que la garde nationale pourrait protéger suffisamment les prisonniers jusqu'à l'heure de leur délivrance, et, d'un autre côté, ils pensaient qu'étant plus près de la barrière, il leur serait plus facile de la franchir au premier moment favorable. Mais il arriva tout le contraire ; et cette nouvelle translation devint une autre idée funeste pour le général. A peine le cortége fut-il dans la rue, que la population se mit à crier de nouveau contre Cavaignac ; les citoyens bienveillants qui escortaient Bréa, furent traités *d'aristos*, et à peu près dispersés ; de sorte que les prisonniers se trouvèrent au milieu de leurs ennemis les plus furieux. Quand on arriva au poste, les quelques gardes nationaux qui l'occupaient en furent chassés ou se retirèrent d'eux-mêmes. Aux cris que poussaient les femmes et les plus furieux, bien des citoyens continuaient à répondre : *Pas de sang ! ce sont des prisonniers ! n'imitons pas les mobiles !* un petit garde mobile qui avait été pris la veille, et que les insurgés avaient épargné jusqu'alors par ces considérations, profita du moment où les gardes nationaux évacuaient le poste pour s'évader. On le montra au commandant Desmarets au moment où ce jeune soldat fuyait : « Ce misérable, lui dit-on, *a tué son père pour cinq francs !* » Et pourtant on ne l'avait pas tué !

Il était deux heures lorsque les quatre militaires retenus en ôtages par les insurgés de la barrière Fontainebleau, entrèrent au poste occupé ordinairement par la garde nationale : quelques-uns des insurgés qui s'opposaient à ce qu'on leur fît du mal ne tardèrent pas à les y joindre, et redoublèrent d'efforts pour qu'ils fussent respectés. Mais au milieu des citoyens qui

---

(¹) Le curé de la Maison-Blanche a assuré que d'autres citoyens voulaient conduire les prisonniers à Gentilly, d'où il leur eût été beaucoup plus facile de s'évader.

se dévouaient pour sauver le général et ses compagnons d'infortune, se trouvaient aussi ceux qui ne cessaient de crier : « Ils ont fait fusiller nos frères! » D'autres insurgés et des femmes, restés en dehors, faisaient aussi entendre des cris de vengeance et de mort. « Nous sommes bien restés deux heures dans cette position affreuse, a raconté le commandant Gobert. Ce furent deux siècles d'angoisses morales, dont il est difficile de se faire une idée. Nous avions bien encore quelques défenseurs autour de nous ; mais l'ennemi était à la porte. »

— « Assis avec le capitaine Mangin et près de la table du poste, porte l'acte d'accusation, le malheureux général disait à ceux qui l'entouraient : « Où sont donc mes bons amis de tout à l'heure? Puis levant les yeux au ciel : « Prisonnier ! s'écria-t-il, et fusillé le jour de ma fête !... Epuisés par cette lutte affreuse, les prisonniers demandaient la fin de leurs souffrances. « Que veut-on faire de nous? disait le capitaine Mangin en croisant les bras ; veut-on nous fusiller? voilà nos poitrines ; dépêchez-vous. » Quelques citoyens essaient encore de faire évacuer la salle : l'un d'eux dit au général : « Ecrivez à vos amis du dehors ; donnez-moi l'un de vos insignes, j'irai le montrer aux troupes ; je leur dirai votre position, et vous serez sauvé. » Le général remet sa dernière épaulette à ce jeune insurgé, ne voulant donner ni son épée, ni sa croix, et le messager officieux court franchir la barricade.

Cependant le colonel Thomas et le représentant de Ludre avaient fait au dehors tout ce qu'ils avaient cru nécessaire pour sauver le général et pour amener les insurgés à déposer les armes. Bien des pourparlers avaient eu lieu avec les insurgés qui gardaient la barrière. Ceux-ci, après avoir déclaré qu'ils retenaient les officiers comme ôtages, et qu'ils les passeraient par les armes comme on avait fait de leurs propres parlementaires, avaient fini par demander une heure pour réfléchir. Ce temps leur ayant été accordé, le chef militaire et le représentant de Ludre en avaient profité pour faire connaître au général en chef la cruelle position de Bréa et de ses compagnons.

« Le salut du pays, avant celui des individus », répondit le chef du pouvoir exécutif; et il donna l'ordre d'attaquer immédiatement la barricade.

Au moment où la troupe allait exécuter les ordres du général en chef, une dernière tentative était faite pour sauver les prisonniers : quelques citoyens cherchaient à percer le mur du violon qui se trouve au fond du poste ; déjà une ouverture était pratiquée, lorsqu'un enfant dénonça aux insurgés l'entreprise qu'on essayait sur les derrières de la chaussée. La foule se précipite de ce côté, et les généreux citoyens qui cherchaient à faire une bonne action sont obligés de fuir. Ceux des insurgés qui jusqu'alors avaient protégé les prisonniers, se dispersent, et laissent ainsi le général et ses compagnons au pouvoir d'une poignée de furieux. Le moment fatal était arrivé : les femmes du dehors poussent un cri : *voilà la mobile ! — feu! feu !* entend-on crier. Un homme armé d'un fusil se montre à la fenêtre et met en joue le général. Un ouvrier maçon, qui était resté au poste, se place devant le brave Bréa, et empêche ainsi l'homme de la fenêtre de tirer. Mais on continue d'entendre crier « *feu! feu!* Il n'y a plus d'espoir : le général embrasse le maçon, en lui disant : « Vous ne pourrez pas nous sauver, retirez-vous ! » A l'instant même un coup de feu se fait entendre : l'aide de camp Mangin tombe frappé d'une balle. Plusieurs autres coups de fusil sont tirés alors sur le général, qui tombe aussi. Le commandant Gobert et le maçon se laissent choir en même temps et se cachent sous le lit de camp. On entend quelques voix crier : « il y en a un caché sous le lit de camp ; il faut le fusiller. » Mais comme ceux qui avaient tiré sur les prisonniers étaient en très-petit nombre ([1]) et que

([1]) Quelque nombreux qu'aient été les insurgés accusés du meurtre du général Bréa et de son aide de camp, les débats sur cette déplorable affaire ont dé-

leurs fusils se trouvaient déchargés, on ne tira pas sur le prisonnier caché. L'autre témoin de ces assassinats put voir ce qui se passa alors dans le poste : un jeune homme enleva au général son épée et la lui plongea dans le corps ; un autre insurgé acheva à coups de baïonnette l'aide de camp. Puis les meurtriers sortirent. D'autres hommes en armes entrèrent dans le corps de garde : ils aidèrent le commandant Gobert à se lever, et le poussèrent vers une ruelle, où il disparut. L'autre chef de bataillon avait aussi été sauvé par quelques bons citoyens.

Ainsi fut accompli le drame à jamais déplorable de la barrière Fontainebleau, drame dont les principaux auteurs, heureusement peu nombreux, fournirent des armes terribles contre les insurgés à ceux qui avaient vu de sang-froid fusiller tant d'ouvriers pris par les mobiles, et à ceux-là même qui avaient provoqué, par tous les moyens possibles, ces actes dignes des sauvages.

Quelques minutes s'étaient écoulées depuis le meurtre du général Bréa et de son aide de camp, lorsque le maire de la Maison-Blanche, de retour des barricades, entendit parler de ce qui venait de se passer au poste. Il s'y rendit aussitôt, « N'entrez pas, M. le maire lui dit un homme en blouse qui était de faction à la porte ; c'est trop pénible ! » Le maire accourut à la barricade et annonça au représentant de Ludre la mort du général. Puis s'adressant au lieutenant colonel Mouton : « Colonel, lui cria-t-il, ce sont des scélérats ! ils l'ont assassiné. Tuez-moi. »

montré que six à sept furieux avaient seuls participé à cet assassinat. Cinq furent condamnés à mort ; savoir : Daix, Vappreaux jeune, Lahr, Nourry et Choppart. Ceux d'entre ces derniers qui ne purent se défendre d'avoir tiré sur le général, considérèrent ce meurtre comme une juste représaille de tous les actes sauvages commis par la troupe. « J'ai voulu me venger du mal que m'avait fait la mobile, dit en plein tribunal l'accusé Nourry, et j'ai tiré : je n'en voulais pas personnellement au général Bréa..... »

Au lieu de le tuer, les chefs de la troupe, lui donnèrent la mission de faire détruire les barricades : une demi-heure lui fut accordée, à cet effet. Mais n'ayant pu réussir, il retourna se mettre à la disposition de la troupe. La barricade fut alors attaquée : quatre coups de canon à mitraille furent d'abord tirés sur les insurgés ; et comme les assaillants avaient profité des pourparlers pour pratiquer une large brèche au mur d'enceinte, le commandant de la colonne fit passer la troupe de ligne par la brèche afin de prendre la barricade à revers pendant que la mobile et la garde nationale l'attaqueraient de front. L'assaut du retranchement des insurgés eut donc lieu simultanément par les deux côtés : la mobile s'élança sur la barricade et l'enleva sans beaucoup de pertes ; car ce qui venait de se passer avant l'action avait divisé les forces de l'insurrection ; la plupart des hommes en armes se sentaient démoralisés; aussi cherchèrent-ils à fuir plutôt qu'à combattre. Ceux qui ne périssent pas s'échappent par le chemin de ronde, du côté de l'embarcadère du chemin de fer du Centre, où on les vit encore le reste de la soirée et toute la nuit. Au jour, ils avaient disparu.

Lorsque la troupe et la garde nationale eurent franchi la barricade, il ne restait plus du général Bréa et du capitaine Mangin que les cadavres défigurés ([1]). « Rien ne saurait peindre,

---

([1]) Il résulte de la déposition du médecin qui a procédé à l'autopsie des deux cadavres, que la figure du général Bréa n'était point altérée, et que son corps ne portait d'autres traces de blessures ou de violences, que celles d'un coup de feu et d'un coup de sabre qui aurait pénétré bien avant dans son sein. Quant à l'aide de camp Mangin, on pouvait se convaincre qu'après avoir été mortellement frappé d'une balle de petit calibre, il aurait été achevé par un coup de crosse de fusil. Malgré cette déclaration positive et authentique, les journaux contre-révolutionnaires n'en exploitèrent pas moins cette catastrophe, en ajoutant aux faits déplorables irrécusablement constatés, toutes les exagérations auxquelles ils s'étaient livrés dans tous leurs récits. Comme si l'assassinat de deux officiers désarmés n'eût pas été en lui-même assez odieux, ces jour-

dit à ce sujet une narration des événements de juin 1848 dont l'auteur n'a fait que copier les journaux réactionnaires ; rien ne saurait peindre la fureur des soldats et de la garde mobile en voyant le corps du général Bréa, et celui du capitaine Mangin surtout, qu'ils connaissaient depuis longtemps. Les représailles ont été terribles. La plume hésite à retracer les sanglants épisodes de cette lutte fratricide, qui fait reculer la civilisation de plusieurs siècles ; car il faut remonter à la bataille de Saint-Denis, au temps de la Ligue, pour retrouver une pareille fureur exercée sur des prisonniers vaincus et désarmés [1]. »

nalistes publièrent que les insurgés s'étaient livrés sur les cadavres de leurs victimes à toutes sortes de mutilations révoltantes, après lesquelles ils avaient jeté leurs cadavres par-dessus les barricades. A une époque postérieure et lorsque, ces exagérations ne pouvaient plus être considérées que comme d'atroces calomnies, on lisait encore dans une relation prétendue exacte cette assertion : « Nous avons entendu raconter par un garde mobile que le malheureux général était affreusement mutilé : ses jambes et ses bras auraient été coupés avec une scie ! » Et tout cela était pourtant faux ! et ceux qui rapportaient ces détails atroces, savaient qu'ils mentaient !

[1] Ces représailles furent en effet terribles sur ce point. Presque tous les prisonniers pris sur les lieux périrent par les armes. On en cite principalement neuf qui furent fusillés dans le jardin d'un marchand de vin, tué lui-même d'un coup de sabre pour leur avoir donné asile. La véracité de cette exécution nous a personnellement été affirmée par un habitant de la barrière de Fontainebleau. Quoi qu'il en soit du plus ou moins d'exactitude de ce fait, toujours est-il vrai que l'assassinat du général Bréa ne fut lui-même considéré par les insurgés que comme une juste représaille de tant de précédentes exécutions militaires auxquelles s'étaient livrés les mobiles et les autres troupes de l'ordre. « J'ai voulu me venger des mobiles, a dit l'accusé Nourry, et j'ai fait feu à mon tour ! »

CHAPITRE V.

Projet de décret présenté par M. Sénard pour déporter les insurgés. — Considérations dont il l'appuie. — Les vainqueurs de juin veulent déporter les vainqueurs de février. — Intrigues à ce sujet. — Calomnies dont on se sert pour appuyer ces mesures extrêmes. — Stupeur de la montagne. — Moyens d'action préparés pendant la nuit par les généraux. — Positions qu'occupent les insurgés. — Les représentants Galy-Cazalat, Druet-Desvaux et Larabit. — Leurs efforts pour amener une capitulation. — Soumission que les parlementaires du faubourg apportent au président de l'assemblée. — Espérances du citoyen Larabit. — Son appostille. — Le président rend compte de cette démarche. — Il annonce avoir exigé une soumission pur et simple. — Le langage des proclamations mis en regard de ce refus. — Motifs de ces nouvelles exigences. — Les royalistes veulent frapper la démocratie. — Pendant les négociations, Lamoricière attaque le canal. — Résistance qu'il éprouve encore de ce côté. — Versions diverses sur les négociations du faubourg Saint-Antoine. — Intervention des citoyens Recurt, Beslay et Guinard. — Allocution de ce dernier. — Les insurgés se croient trahis. — Convention acceptée et signée. — Le général Lamoricière ne veut pas faire cesser le feu. — Heure de rigueur fixée pour la soumission absolue du faubourg. — Les négociateurs ne reparaissent plus. — L'horloge sonne dix heures, et l'attaque commence. — Effets de l'artillerie. — Marche de la colonne de droite. — Le général Perrot fait une dernière sommation. — La réponse se trouve dans l'inaction des insurgés. — Reprise des hostilités. — Incendie d'une maison à l'entrée du faubourg. Les insurgés rentrent chez eux ou fuient. — La troupe franchit les barricades sans obstacles. — Délivrance des représentants Galy et Druet. — Le général Perrot arrive à la barrière du Trône. — Démolition des barricades du faubourg. — Dernière lutte du général Lamoricière dans les quartiers Ménilmontant et Popincourt. — Prise des barrières Ménilmontant et de Belleville. — Le général Lebreton chargé d'enlever aux insurgés La Villette. — Négociations sans résultat. — Attaque et prise de la première barricade. — Fuite des insurgés. — Fin de la guerre civile. — Proclamation du chef du pouvoir exécutif. — *Dans Paris je vois des vainqueurs et des vaincus; que mon nom soit maudit si je consentais à y voir des victimes.*

La journée du 25 avait été bonne pour ceux qui combattaient l'insurrection au nom de l'ordre. Aussi, lorsque vers les neuf heures le président Sénard reprit la séance, il put annoncer que ses prévisions du matin s'étaient réalisées.

« L'insurrection, dit-il, n'existe plus maintenant que dans

le faubourg Saint-Antoine (¹). Là, elle existe ; elle devra être combattue. Sur tous les autres points, elle est vaincue. Elle s'en va hors de Paris ; elle se relève à une barrière ; elle a le dessous à une autre ; elle tente des efforts désesperés à Montmartre ; elle en a tenté à la barrière de Fontainebleau, sur des points enfin où les colonnes ne portent point leur action immédiate. Elle revient ; elle renaît un instant ; mais bientôt Paris, qui déjà est délivré, dans sa plus grande étendue, en sera complétement affranchi.

« Mais en même temps, citoyens, en même temps que j'ai à vous dire les résultats obtenus, je me refuse presque à vous dire à quel prix nous les avons achetés !

« Maintenant, Messieurs, les opérations se continuent, et aux impressions que j'ai éprouvées au récit de ces morts affreuses, j'ai jugé vos impressions ; et quand des détails horribles sont venus nous montrer que les hommes qui ont égaré contre nous les masses, en viennent, maintenant que toute espérance est perdue, à des actes de férocité dégradante pour l'humanité (²), j'en suis à demander à Dieu, pour moi d'abord qui en ai plus besoin que d'autres plus forts, et ensuite pour l'assemblée nationale tout entière, le calme, la dignité, l'absence d'entraînement ; car si nous obéissions aux sentiments qui s'agitent dans nos cœurs, si nous pouvions un instant perdre de vue que nous sommes des législateurs, les fondateurs d'une république, des hommes qui ne doivent jamais oublier que toutes leurs mesures doivent avoir un cachet d'autant plus grand, d'autant plus sérieux, que ces mesures se prennent dans des

(¹) Cela n'était pas tout à fait exact, puisque le faubourg du Temple tenait encore, et qu'il fallut y combattre l'insurrection non-seulement toute la nuit, mais encore une partie de la journée du lendemain.

(²) On était alors sous l'impression des récits effrayants que les journaux royalistes propageaient avec une persévérance des plus coupables. Malheureusement, ce jour-là même, on venait d'apprendre la déplorable affaire de la barrière de Fontainebleau.

circonstances plus graves, plus douloureuses, j'aurais peur, en descendant dans mon cœur, d'arriver à vous demander à vous-mêmes des résolutions au delà peut-être de celles que nous prendrions après quelque temps écoulé !... »

Qui ne s'attend, à la suite d'une allocution si pathétique, à des résolutions pleines de mansuétude et de miséricorde pour les vaincus? Ne leur disait-on pas, quelques heures auparavant, que les bras de la République étaient prêts à les recevoir ? Ne leur a-t-on pas affirmé qu'aucune *cruelle vengeance* ne les attendait? l'assemblée n'a-t-elle pas repoussé comme une injure la pensée qu'on lui attribuait de vouloir prononcer contre les vaincus la terrible sentence *Væ victis !*

Mais elle nous a habitués aux inconséquences, aux tergiversations ? et, même dans ces douloureuses circonstances, ses résolutions du matin furent toujours modifiées et quelquefois complétement changées par celles prises le soir.

En effet, quelques heures s'étaient à peine écoulées depuis l'instant où ce même président Sénard avait paru heureux de pouvoir communiquer à l'assemblée cette bonne proclamation qu'accueillirent avec tant de reconnaissance tous les représentants doués d'une âme généreuse, et il venait proposer contre ces mêmes insurgés les mesures les plus cruelles !

« Les prisons sont pleines, ajoutait-il ; les hommes qu'on prend les armes à la main ont besoin, il faut le dire, d'être défendus par tout ce qu'il y a de raison et d'humanité dans le cœur de ceux qui les saisissent et dans la pensée du pouvoir sous les yeux duquel les prisonniers se font.

« Cependant il faut que le sort de ces prisonniers apparaisse; et de toutes parts, on nous demande ce qui adviendra. On nous dit, de tous côtés, que l'assemblée réunie ici ne peut pas laisser cette incertitude, qui étonne ceux-là mêmes qui font les prisonniers... »

Pour mettre un terme à cette incertitude, le président Sénard soumettait à l'assemblée une résolution qui lui paraissait également en harmonie avec la nature de la guerre faite à l'assemblée, et avec les pensées d'*humanité* qui devaient encore dominer dans l'enceinte de la représentation nationale.

Cette résolution, que l'on faisait précéder de tant de circonlocutions à défaut d'un exposé de motifs; cette résolution, que l'on présentait comme dictée par une sollicitude paternelle, que l'on accompagnait de tant de protestations d'humanité, n'était cependant autre chose que l'application, à tous les insurgés pris par les troupes ou arrêtés comme suspects, de la peine la plus forte qui fût restée dans notre code pénal après l'abolition de la peine capitale pour les crimes politiques; il ne s'agissait de rien moins que d'une déportation en masse, outre mer, non-seulement de tous les démocrates qui avaient été pris les armes à la main durant l'insurrection, mais encore de tous ceux qui auraient été vus travaillant, de gré ou de force, à élever une barricade; car un arrêté du chef du pouvoir exécutif, rendu dans la journée du 25, assimilait, aux insurgés pris les armes à la main, tout individu qui aurait travaillé aux barricades (1).

Ainsi, la mesure *humaine* proposée à la sanction de l'assemblée par son président et par le général Cavaignac, ne comprenait pas moins que la presque totalité des ouvriers de Paris et des autres démocrates qui avaient fait cause commune, à tous les titres, avec les ouvriers : elle pouvait s'appliquer à la moitié

---

(1) Voici cet arrêté. En deux lignes, le chef du pouvoir exécutif dépeuplait plusieurs arrondissements :

« *Liberté, égalité, fraternité.*

« Le chef du pouvoir exécutif arrête ce qui suit :

« Tout individu travaillant à élever une barricade, sera considéré comme
« s'il était pris les armes à la main.

« Paris, 25 juin 1848.

« *Le chef du pouvoir exécutif,* Cavaignac. »

de la population virile ; en un mot, elle allait permettre à tous les réactionnaires enrôlés sous la bannière de l'ordre, de faire déporter en masse tous les révolutionnaires marchant sous les drapeaux de la liberté. Il n'y avait pas à se méprendre sur la portée de la résolution prise par le chef du pouvoir exécutif et par le président de l'assemblée nationale ; le projet de décret, qu'ils considéraient comme une mesure en *harmonie avec l'humanité* de l'assemblée, comme un moyen *convenable* et *utile* qu'il était urgent de proposer à la sanction du pouvoir législatif, ne tendait à rien moins qu'à frapper, d'un seul coup, tous les citoyens de Paris qui avaient contribué à la révolution de février ou qui y avaient applaudi. Lors des événements de mai, on avait dit que la moitié de Paris voulait emprisonner l'autre moitié : après ceux de juin, on aurait pu dire, avec plus de fondement encore, que les vainqueurs de juin voulaient déporter, d'un seul coup, tous les vainqueurs de février.

Que s'était-il donc passé dans les quelques heures qui séparèrent la publication des bonnes paroles applaudies par toute la montagne, de la résolution extrême que la montagne n'entendit proposer qu'avec stupeur?

La présidence, où était aussi le quartier général du chef suprême que l'assemblée venait de donner à la France, avait, assure-t-on, retenti toute la journée des calomnies lancées par les royalistes et leurs organes contre les insurgés, calomnies que l'on répétait partout comme autant de faits incontestables, toute contradiction étant devenue dangereuse. On avait montré au chef du pouvoir exécutif les hommes qu'il combattait depuis trois jours, sous l'aspect d'assassins, de pillards, d'incendiaires, d'anthropophages, se conduisant, envers les prisonniers qu'ils avaient faits, comme de féroces brigands, et envers les habitants, comme d'effrontés voleurs. Malheureusement, on venait d'apprendre la triste fin du général Bréa et de son aide de camp, crimes que l'imagination des royalistes avait rendus plus hideux encore par des détails horribles, mais complétement faux. Cette mort, seule représaille que les insurgés eussent exercée pour venger, comme ils le disaient eux-mêmes, ceux de leurs frères fusillés en si grand nombre par la mobile ; cette mort déplorable à tous égards, servit merveilleusement à corroborer tous les bruits répandus dans l'intention de rendre odieux les hommes qui combattaient sous les drapeaux de l'insurrection ; les imaginations furent effrayées par le récit de tant de crimes divers, répétés par cinq cent mille bouches ; et l'on crut rendre service à la société en la délivrant de ceux de ses membres qu'on jugeait ainsi indignes de vivre au milieu d'une nation civilisée. Nous n'avons pas besoin d'affirmer que tous les réactionnaires qui siégeaient à l'assemblée appuyaient de toutes leurs forces ces mesures extrêmes, et ce, en haine de la démocratie, en haine de ceux qui avaient renversé la royauté, à l'ombre de laquelle toutes les nuances de l'aristocratie avaient pu impunément ruiner, opprimer et abrutir le peuple.

Le conciliabule tenu à cet effet eut pour résultat ce projet de loi inqualifiable, dont la discussion fut remise au lendemain, la séance ayant été de nouveau suspendue au moment où quelques membres se disposaient à le combattre. « L'assemblée, dit le *Moniteur*, se sépara au milieu de la plus profonde émotion. » Ce n'était pas sans cause, et nous ne tarderons pas à voir compléter le système qui s'annonçait par cette première mesure, en suivant pas à pas la marche de la contre-révolution.

Aucun moment de repos ne fut remarqué dans la nuit qui suivit la lecture de ce projet de décret ; la plus grande activité fut déployée par les chefs militaires.

Du côté du faubourg du Temple et le long du canal, Lamoricière prépara ses moyens d'action pour le lendemain ; il voulait en finir sur ce point où la lutte durait depuis si longtemps, afin de pouvoir marcher sur le flanc du faubourg Saint-Antoine.

Sur la place de la Bastille, le général **Perrot**, qui devait attaquer le faubourg de front et par les quais, ne resta pas inactif. Les artilleurs de la garde nationale et de la ligne ne cessèrent de travailler à construire des plates-formes, à ouvrir des embrasures propres à protéger les canonniers. Avant le jour, neuf pièces, dont quelques obus, étaient prêtes à faire feu sur l'entrée du faubourg ; on avait fait jouer la sape, afin de faire sauter la première maison de la rue de la Roquette : au jour, chaque corps de troupe occupait sa position de combat.

Nous avons déjà dit comment les insurgés de ce faubourg s'y étaient retranchés. Le combat de la veille, quelque vif et meurtrier qu'il eût été, n'avait que faiblement entamé leurs retranchements de l'entrée, qui se trouvait toujours complétement obstruée par trois montagnes de pavés : l'une élevée à l'entrée de la rue de la Roquette ; la seconde barrant toute la largeur de la grande rue du faubourg ; la troisième fermant l'accès de la rue de Charenton. Ces trois barricades ne formaient, pour ainsi dire, qu'un seul et immense retranchement appuyé sur les premières maisons du faubourg et sur celles qui aboutissent au canal. L'intérieur du faubourg était entièrement fermé par de nombreuses barricades établies à chaque portée de pistolet, et à l'entrée de chacune des rues qui aboutissent au quartier Popincourt. Pour amortir l'effet des bombes, tout le faubourg était dépavé, et ces blocs de grès avaient servi à couvrir ces rues de retranchements faits avec beaucoup de solidité. Entre les mains d'un chef habile, le faubourg Saint-Antoine, ainsi fortifié, eût pu faire revivre les souvenirs contemporains de Saragosse. Qui sait s'il n'eût prolongé longtemps encore la malheureuse lutte qui ensanglantait Paris !

Tel se présenta le faubourg Saint-Antoine aux yeux des trois représentants du peuple qui venaient d'y pénétrer à la suite de l'archevêque. Les habitants ne tardèrent pas à savoir partout que ces représentants étaient dans le faubourg ; on les conduisit dans l'atelier d'un menuisier pour les mettre à l'abri des balles qui venaient de frapper le prélat. Là, ils furent entourés par une foule d'insurgés, dont quelques-uns firent entendre des menaces. Cependant, les allocutions que les députés adressèrent à la population de ce quartier, firent quelque effet. La dernière proclamation du général Cavaignac, que ces députés répandirent dans le faubourg, en produisit beaucoup plus. Bien des insurgés parlaient de déposer les armes ; mais d'autres, plus circonspects et plus défiants, ne voulaient pas considérer cette proclamation comme authentique, malgré l'assurance que leur en donnaient les représentants. Ils demandaient à voir l'original de cette proclamation avec la signature du général, dûment légalisée, avant de prendre une détermination aussi importante. Le récit qu'on leur faisait, à tout instant, du sort réservé par la troupe aux prisonniers, était de nature à leur faire suspecter la véracité de l'imprimé qu'on leur montrait. Néanmoins, après plusieurs heures de débats, souvent très-animés, quelques-uns des chefs improvisés tinrent une sorte de conseil de guerre, à la suite duquel fut décidée une soumission ainsi conçue :

« Nous ne désirons pas l'effusion du sang de nos frères ;
« nous avons toujours combattu pour la république démocra-
« tique ; si nous adhérons à ne pas poursuivre les progrès de
« la sanglante révolution qui s'opère, nous désirons aussi con-
« server le titre de citoyens, en consacrant tous nos droits et
« tous nos devoirs de citoyens français. »

Lorsque cet acte de soumission eut reçu un certain nombre de signatures propres à lui donner toute l'authenticité possible, on le remit aux représentants, et, après leur en avoir donné communication, les insurgés leur demandèrent si l'un d'eux consentirait à accompagner des parlementaires, qui se rendraient au quartier général pour faire agréer, par le pouvoir exécutif, cette capitulation volontaire.

Les représentants, qui se considéraient encore comme des missionnaires de paix, accueillirent avec empressement la proposition qui leur était faite, heureux de pouvoir contribuer, par une convention qui leur parut acceptable, à la fin d'une lutte dont ils étaient à même d'apprécier encore la durée. Ils firent plus, ils apostillèrent favorablement la déclaration des insurgés du faubourg, et le citoyen Larabit écrivit, au bas, ces mots qui étaient une recommandation :

« Les vœux ci-dessus sont si justes et si conformes à nos
« vœux à tous, que nous y adhérons complétement, et les re-
« commandons à l'assemblée, persuadés que personne n'y
« verra percer un acte de faiblesse. »

Les quatre parlementaires et les représentants du peuple se mirent aussitôt en route pour le Palais Législatif; le citoyen Larabit se félicitait d'avoir été pour quelque chose dans cette résolution aussi sage qu'inespérée. Tous ces messagers de paix ne doutaient pas d'être accueillis favorablement; aussi franchirent-ils avec ardeur les obstacles amoncelés encore sur leurs pas pour atteindre la région que la guerre civile avait épargnée. Ils furent admis, entre deux et trois heures du matin, près du président Sénard et du chef du pouvoir exécutif.

Ce qui se passa alors à la présidence est si délicat à raconter que nous allons laisser parler M. Sénard lui-même.

« Entre deux heures et trois heures du matin, dit ce président en rendant compte à l'assemblée des événements de la nuit, j'ai reçu la visite d'un de nos honorables collègues, le citoyen Larabit, venant avec quatre individus qui prenaient le titre de délégués du faubourg Saint-Antoine…. Le citoyen Larabit m'a fait connaître les circonstances dans lesquelles, pour accomplir cette mission de paix qu'il avait tenté de remplir avec M. l'archevêque de Paris, il s'était trouvé en contact avec les insurgés, et entraîné même dans l'intérieur des barricades…

« Les quatre délégués du faubourg Saint-Antoine (leurs discours ne pouvaient pas nous tromper) étaient des hommes sincères. J'ai eu par eux des détails qui ne conviennent pas au résumé que je veux vous soumettre... Ils apportaient une déclaration, une adresse au président de l'assemblée, signée de plusieurs d'entre eux. Ils demandaient un armistice ; ils se faisaient fort d'amener le faubourg à renoncer à cette lutte acharnée, résolue, en quelque sorte, jusqu'à l'extermination, dans la pensée de ceux qui ont organisé cela, et devant arriver là, si j'en juge par les détails que le citoyen Larabit m'a donnés sur la manière dont, à l'intérieur, il avait vu la résistance organisée.

« Là, Messieurs, ajouta le citoyen Sénard, a pesé, pendant un moment sur la tête de votre président, une responsabilité lourde.....

« Le citoyen Larabit insistait pour vous rendre compte, comme il l'avait promis, et pour rapporter une résolution de l'assemblée. Le général Cavaignac et moi, nous avons reconnu, *par les nécessités de la situation militaire*, et surtout par la position dans laquelle se trouvait le général Lamoricière, nous avons reconnu l'impossibilité de jeter, par le travers d'une action déjà commencée, le moindre obstacle.

« Vu la forme dans laquelle l'adresse était faite, au nom des délégués, j'ai résolu de répondre, et j'ai fait comprendre à ceux qui étaient là, à tous, qu'il n'était pas possible de renvoyer à huit heures du matin, pour une résolution de l'assemblée que je n'aurais pas pu convoquer à domicile; qu'après tout, la demande étant adressée au président de l'assemblée, il appartenait au président d'y répondre, et d'y répondre immédiatement. Voici cette réponse :

— « Citoyens, si vous voulez vraiment conserver le titre et les
« droits de remplir les devoirs de citoyens français, détruisez à
« l'instant les barricades, en présence desquelles nous ne pour-

« rions voir en vous que des insurgés. Faites donc cesser toute
« résistance ; soumettez-vous et rentrez, en enfants un mo-
« ment égarés, dans le sein de cette république démocratique
« que l'assemblée nationale a la mission de fonder, et qu'à
« tout prix elle saura faire respecter. » —

« Cette lettre, poursuivit le président Sénard, a été remise en plusieurs copies aux délégués.

« Entre cinq et six heures, le citoyen Larabit les a ramenés un moment chez lui, et ils sont partis à six heures et demie.

« Depuis ce moment, de nouvelles tentatives ont été faites. Cette fois elles n'avaient pas été revêtues de la forme à laquelle, sans doute, nos honorables collègues avaient contribué ; ce n'étaient plus des gens qui demandaient à conserver le titre de citoyens et tous leurs droits en remplissant leurs devoirs, ces tentatives avaient pris une forme qui ne pouvait pas même permettre la réponse que je viens de faire. On est revenu dans diverses directions, et par toutes sortes d'intermédiaires, on a fait parvenir, au général Cavaignac et à moi, je ne sais quelle demande qui se formulait en une condition d'amnistie pleine et entière.

« Nous avons répondu que cette condition était une insulte. Le général Cavaignac a ajouté qu'il ne pouvait en entendre qu'un mot, celui que le président avait demandé, soumission absolue ; et, pour en finir, il a déclaré positivement et énergiquement qu'il n'entendait rien de pareil, et qu'il était inutile qu'on se dérangeât...

« En conséquence, une heure a été fixée pour l'attaque simultanée des deux points, par deux colonnes qui prennent, en ce moment même, leurs dispositions. Cette heure satisfait à toutes les nécessités de l'opération militaire ; et elle satisfait, en même temps, à toutes les possibilités de la soumission absolue que j'espère encore. Cette heure a été fixée à dix heures du matin. »

Voilà en quels termes le président Sénard rendit compte à l'assemblée nationale des négociations qui avaient eu lieu pendant la nuit.

Ici l'historien est obligé de confesser son insuffisance à faire concorder le langage des proclamations adressées aux insurgés avec celui tenu aux parlementaires ; il lui est impossible de mettre d'accord avec eux-mêmes et le président de l'assemblée et le chef du pouvoir exécutif : leurs actes de la journée sont évidemment effacés par leurs résolutions de la nuit ; ce n'est partout et en tout que contradictions dans leurs paroles, inconséquence dans la conduite qu'ils tiennent à l'égard de ceux qui offrent de se soumettre.

Le matin, vous les adjurez de déposer les armes, de se jeter dans les bras de la république, prêts à les recevoir, de ne pas être retenus par la crainte des vengeances dont on les effraie ; et lorsque ces *hommes sincères*, que vous considérez comme égarés par les lectures pernicieuses, connaissent enfin vos généreuses dispositions à leur égard ; lorsqu'ils viennent vous dire : nous allons déposer les armes, sans autre condition que celle de conserver nos droits de citoyens français ; vous, vous les repoussez parce que, dites-vous, les *nécessités de la situation militaire et la position où se trouve l'un de vos généraux* vous empêchent de jeter par le travers d'une action déjà commencée le moindre obstacle ! Vous considérez donc comme un obstacle à vos projets, à vos vues, la fin d'une guerre civile des plus déplorables ? De quelle nature sont-elles ces nécessités de la situation militaire, que vous invoquez, pour qu'on ne puisse pas les sacrifier au bonheur de voir la lutte terminée ? La postérité vous jugera sévèrement, vous qui avez assumé la responsabilité de ce refus inattendu, vous qui avez repoussé si durement une soumission sincère, vous qui n'avez pas voulu accéder à des proportions que vos collègues reconnaissaient *si justes et si conformes aux vœux de tous les bons citoyens* : elle dira que des hommes qui se disaient républicains, manquèrent à leurs promesses solennelles, repoussèrent les vœux de leurs collègues et les prescriptions de l'humanité, pour ne pas laisser perdre l'occasion de frapper cette démocratie française que vous détestiez au fond de vos cœurs! Quel est le chef militaire qui ne se fût estimé heureux d'apprendre que toutes ses savantes dispositions de guerre contre ses concitoyens étaient devenues inutiles par la pacification, et de pouvoir remettre dans le fourreau une épée teinte, à regret sans doute, du sang de ses frères (¹)? Mais le général Lamoricière ne s'était-il pas plaint, dès la veille, des démarches conciliatrices que faisaient alors quelques représentants? N'avait-il pas dit que la présence de ces représentants près des barricades, leurs paroles, les allées et les venues, contrariaient, entravaient l'action militaire?

Ah! si nous pouvions dévoiler, comme le fera la postérité, les mystérieuses et coupables menées dont l'hôtel de la présidence fut témoin, dans cette nuit, contre les hommes qui voulaient vivre en travaillant, nous connaîtrions probablement toutes les calomnies que les contre-révolutionnaires mirent en jeu pour ne pas laisser échapper leur proie!

En effet, il ne suffisait pas aux royalistes, aux réactionnaires de toutes les nuances que le plus pur sang de la démocratie eût coulé à grands flots dans cette malheureuse lutte qu'ils avaient provoquée; il ne leur suffisait plus que de part et d'autre le peuple et les enfants du peuple se fussent mutuellement égorgés, au nom de cette république que les contre-

---

(¹) Lors du traité de Campo-Formio, les généraux français qui étaient restés si longtemps dans une inaction forcée sur le Rhin, venaient enfin de passer ce fleuve avec des forces considérables; ils étaient certains d'obtenir, à leur tour, de glorieux succès. Néanmoins, à la nouvelle de ces préliminaires de paix, ces chefs, qui marchaient cependant contre les Croates, se trouvèrent heureux de déposer le sabre. C'est que les défenseurs de la grande république française étaient des militaires humains, des hommes vertueux. Voyez leurs adresses à cette occasion.

révolutionnaires voulaient détruire ; il fallait encore pour satisfaire leurs rancunes, que cette population virile, déjà décimée, disparût de la ville qui fait les révolutions : ils ne pouvaient être satisfaits et dormir tranquilles qu'à ce prix.

Or, si la soumission des insurgés, aux conditions jugées si justes et si conformes au vœu de tous les bons citoyens, était acceptée, le projet de loi de déportation n'eût plus été soutenable ; et dans tous les cas, il n'eût pu être appliqué qu'à un petit nombre d'insurgés. Voilà pourquoi ceux qui avaient suggéré cette mesure extrême firent renvoyer les délégués du faubourg Saint-Antoine avec cette réponse si dure, si irritante que M. Sénard leur remit.

Ce refus navra de douleur le représentant Larabit, qui se promettait une issue plus heureuse des négociations faites par son entremise : il aigrit et démoralisa à la fois les quatre délégués. Ces *hommes sincères* étaient du nombre de ceux qui avaient opiné pour cette soumission, ne doutant pas, d'après les proclamations du général Cavaignac et du président de l'assemblée nationale, que les *frères égarés* ne fussent reçus à bras ouverts. Comment oseraient-ils rapporter aux habitants du faubourg cette réponse humiliante, et si propre à donner raison à ceux qui voulaient s'ensevelir sous les décombres de leurs maisons !

A l'heure à laquelle les parlementaires furent de retour, il y avait bien longtemps que les insurgés du faubourg Saint-Antoine entendaient les détonations du canon et les feux de peloton venant du côté du faubourg du Temple. La reprise du combat de ce côté leur parut de mauvais augure. Cependant ils se gardèrent bien de faire le moindre acte d'hostilité contre les troupes occupant l'autre côté de la place ; ils laissèrent même achever paisiblement toutes les dispositions d'attaque contre eux ; aimant à se persuader encore que leur soumission serait acceptée avec empressement, sur le rapport de ceux qui avaient pu voir ce qu'il en coûterait pour prendre de vive force un quartier aussi formidablement retranché. Vers les huit heures, le canon et la fusillade se rapprochaient sensiblement sur le flanc du faubourg Saint-Antoine. Il n'y avait plus de doute que le combat ne fût sérieusement engagé vers les faubourgs du Temple et Ménilmontant.

En effet, le général Lamoricière, pressé qu'il était d'arriver en ligne contre le faubourg Saint-Antoine, avait fait attaquer, dès l'aube du jour, toute la ligne du canal, depuis le pont de la rue Grange-aux-Belles jusqu'aux rues d'Angoulême et Saint-Sébastien. Les insurgés du faubourg du Temple occupaient encore tous les ponts ainsi que les barricades qui les dominaient ; se considérant comme en état de trêve, en vertu de la soumission résolue la nuit par leurs camarades du faubourg Saint-Antoine, l'attaque les prit à l'improviste. Néanmoins, ils se décidèrent à répondre au feu des troupes ; mais ils ne le firent plus avec cette tenacité qui avait marqué la lutte des trois journées. Ils avaient d'ailleurs affaire à des assaillants toujours plus nombreux, munis d'une artillerie formidable et de toutes sortes de munitions, tandis que la poudre et les balles manquaient derrière les barricades. Bientôt les retranchements de la rue Grange-aux-Belles furent enlevés ; la barricade de la rue Bichat ne tint guère plus longtemps. D'un autre côté, le pont du faubourg et celui de la rue d'Angoulême furent franchis, et la lutte s'engagea dans les faubourgs du Temple, Ménilmontant et Popincourt, où les insurgés venaient d'être rejetés, après avoir défendu le canal.

Tandis que de nombreux détachements de troupes de ligne et de gardes nationaux s'occupaient à chasser les insurgés des positions qu'ils occupaient encore dans ces quartiers, le général Lamoricière, négligeant momentanément ces points devenus secondaires, cherchait à franchir le canal, au bout de la rue Saint-Sébastien. Quoiqu'il eût avec lui, sur ce point, les bataillons qu'il allait conduire contre le flanc droit du faubourg Saint-Antoine, il n'en éprouva pas moins une résistance des plus vives. Ce ne fut guère que vers les onze heures, que la troupe de ligne, la mobile et la garde nationale purent franchir le canal sur le pont de la rue Saint-Sébastien. Une partie de ces troupes parcourut alors les quartiers Ménilmontant et Popincourt, tandis que les autres corps marchèrent, par le flanc, contre le faubourg Saint-Antoine.

Tant de versions diverses ont circulé sur ce qui se passa à l'entrée et au centre de ce faubourg pendant la matinée du 26; il règne une si grande confusion dans les diverses narrations que nous avons sous les yeux, que, même en présence des détails recueillis par nous de la bouche de citoyens qui se trouvaient sur les lieux, la plus grande circonspection nous est prescrite dans le récit des faits graves que nous avons à raconter.

Disons d'abord que, dès le moment où les chefs des insurgés du faubourg avaient décidé de se soumettre, sans autre condition que celle de conserver leurs droits de citoyens, leur cause avait perdu cette unité d'opinion qui, seule, pouvait rendre la défense terrible : la division s'était mise parmi les combattants du faubourg. Beaucoup d'entre eux s'étaient déjà débarrassés de leurs armes, et les plus énergiques ne savaient plus quel usage ils devaient en faire.

Néanmoins les barricades avaient continué à être gardées ; mais ceux-là mêmes qui étaient prêts à les défendre négociaient et accueillaient favorablement les citoyens éminents qui s'approchaient d'eux pour parlementer.

C'est ainsi qu'avant le retour des délégués envoyés au président de l'assemblée, les citoyens Recurt, ministre de l'intérieur, le représentant Beslay, le colonel Guinard et quelques autres citoyens influents, n'avaient cessé d'engager par tous les moyens les défenseurs des barricades à déposer les armes.

Ceux-ci consentaient à mettre un terme à la lutte sanglante qu'ils soutenaient au nom de la république démocratique et sociale ; mais avant de défaire leurs retranchements, ils voulaient connaître le résultat de la démarche de la nuit.

Lorsqu'ils apprirent qu'on n'accepterait qu'une soumission absolue, ils se recrièrent contre les exigences du pouvoir. Ils ne concevaient pas, disaient-ils, le but des proclamations de la veille ; et plusieurs, les considérant comme un piége qui aurait été tendu à leur bonne foi, crièrent à la trahison, en présence des divisions semées ainsi parmi les citoyens qui avaient pris les armes. Les négociations sur place furent rompues, les combattants du faubourg ne voulant point accepter les dures conditions qu'on leur imposait avant d'avoir été vaincus. C'était, en effet, une injonction humiliante que celle apportée par les délégués : déposer le fusil sans avoir aucune idée du sort qu'on leur réservait, se livrer ainsi à la merci de ceux qui avaient passé par les armes tant de prisonniers, leur paraissait la dernière de toutes les extrémités auxquelles ils pussent être réduits par la force ; et les chances de la guerre n'avaient pas encore été tentées !

Quand on leur parla du projet de décret présenté, la veille au soir, par le président de l'assemblée nationale, projet tendant à déporter tous ceux qui auraient été pris les armes à la main ou qui auraient travaillé à la construction d'une barricade, ils refusèrent d'abord d'y croire ; mais des citoyens en qui ils avaient confiance leur ayant affirmé que rien n'était plus positif que la proposition de cette mesure extrême, et que, probablement, elle serait votée dans la journée même, ces hommes qui avaient bravé mille morts sentirent leur énergie faiblir à l'idée d'être jetés loin de leur patrie. Le colonel Guinard, dont le zèle ne s'était pas ralenti un seul instant pour soustraire les ouvriers du faubourg au sort affreux que les réactionnaires leur préparaient, eut alors une heureuse inspiration : « Puisque

« votre répugnance à déposer les armes entre les mains de
« ceux dont vous redoutez les vengeances est insurmontable,
« leur dit-il, eh bien ! je vous propose de les déposer là, au pied
« de la Colonne, sur la tombe de vos frères, les héros de juil-
« let ; c'est à cette tombe seule que vous les rendrez. Ensuite
« vous vous en irez par le boulevart Contrescarpe, qui sera
« libre, et aucune recherche ne sera faite contre vous. »

« Ces propositions et la manière dont elles avaient été faites, ajoute l'auteur du livre qui nous fournit ces détails, si précieux pour l'histoire de ce dénoûment, *avaient été acceptées;* une convention avait été écrite, et un échange de signatures donné ; les insurgés étaient rentrés au sein des barricades ; le colonel Guinard et les représentants avaient couru, l'un auprès du général Lamoricière pour faire cesser le feu dans le faubourg du Temple, les autres à l'assemblée nationale. »

Ces faits, que l'on peut regarder comme incontestables, nous sont fournis par les auteurs des *Fastes de la Garde nationale,* livre écrit longtemps après les journées de juin, alors qu'il avait été permis à ses auteurs, MM. Alboize et Élie, de puiser leurs renseignements dans les pièces officielles existant aux archives de l'état-major général des gardes nationales. Nous citons ces auteurs parce que les opinions qu'ils ont émises dans leur œuvre ne peuvent les faire suspecter de partialité en faveur de l'insurrection. Il est donc irrécusablement établi que de nouvelles négociations, verbales d'abord, ont eu lieu, avant la reprise des hostilités, entre des chefs placés sous les ordres du général et les insurgés du faubourg Saint-Antoine ; qu'une soumission fut acceptée, que des signatures furent même données. Or, cette convention a dû être faite sous les yeux du général Perrot, commandant le corps d'opération qui agissait contre le faubourg Saint-Antoine, et ce général avait sans contredit les pouvoirs nécessaires ; les signatures dont il est ici question furent données avant l'heure fixée pour la soumission; et, cependant, le faubourg a été attaqué, au moment où les négociateurs étaient accourus pour annoncer cette nouvelle à qui de droit!

Nous avions donc bien raison de dire que la conduite du pouvoir et des chefs pendant ces dernières heures de l'insurrection fut marquée au coin de l'inconséquence la mieux caractérisée; qu'il y eut dans leurs paroles, comme dans leurs actes, une déplorable fluctuation et des revirements inattendus qui indiquent ou le désordre dans les idées, ou des mystères que la nuit a couverts de son ombre.

Comment expliquer ce qui se passa sur la place de la Bastille dans cette matinée décisive? Si l'on a pas la clef de ces inintelligibles arcanes, il demeurera impossible de faire jaillir la lumière de ce chaos.

Le président de l'assemblée nationale, organe en cela du général, chef du pouvoir exécutif, annonce aux représentants, dès l'ouverture de la séance, qu'à la suite du rejet de la soumission conditionnelle du faubourg Saint-Antoine, l'heure de dix heures du matin a été fixée pour l'attaque simultanée des retranchements de ce faubourg; il ajoute que cette heure satisfait à toutes les nécessités des opérations militaires en même temps qu'à toutes les possibilités d'une soumission absolue qu'il espère encore.

Or, avant cette heure de rigueur, de nouvelles négociations entamées sur les lieux mêmes et sous les yeux du général chargé de commander l'attaque, aboutissent enfin à un dénoûment pacifique. Des propositions sont faites aux insurgés par des hommes éminents, qui ont du traiter avec l'assentiment de ce général. Ces propositions sont acceptées; une convention est écrite; des signatures sont données; et, pendant que les insurgés, dans la croyance que tout est fini, rentrent chez eux, les négociateurs courent, les uns à l'assemblée nationale, les autres auprès du général Lamoricière pour annoncer cette bonne nouvelle et faire cesser le feu dans le faubourg du Temple.

Qui ne croirait que la guerre civile est enfin terminée par cet accord fait en vue d'arrêter l'effusion d'un sang précieux pour la patrie commune!

Cependant le général commandant l'attaque de front ne change rien à ses dispositions; ses canons restent braqués contre le faubourg, ses mèches continuent d'être allumées, et le moment fixé avant la convention pour l'attaque est toujours considéré par lui comme l'heure de rigueur.

D'un autre côté, le général Lamoricière, que l'on trouve en voie de succès, ne veut pas s'arrêter, ne fait point cesser le feu, et persiste à s'avancer sur le flanc droit du faubourg. Il ne regarde pas la soumission négociée à la place de la Bastille comme sérieuse, parce que, dit-il, les insurgés qui défendent la rue de Charonne viennent d'opposer une vive résistance à ses attaques de ce côté ([1]). Aussi ceux qui gardent l'entrée du faubourg en attendant le retour des derniers négociateurs, ceux qui sont prêts à déposer les armes au pied de la colonne et à ouvrir leurs barricades aux troupes, sont-ils démoralisés par le retard de ces négociateurs; ils ne cessent d'entendre gronder le canon sur leur flanc droit, sans pouvoir se rendre compte de ce qui se passe vers le canal. Cependant au milieu de cette démoralisation qui les atteint, ils espèrent toujours :

([1]) N'était-ce pas là un prétexte plutôt qu'un motif sérieux? Le général Lamoricière n'ignorait pas que les insurgés n'ayant aucune organisation militaire, ne pouvaient pas recevoir instantanément des ordres généraux auxquels ceux qui combattaient sur des points éloignés, n'auraient d'ailleurs obéi qu'après une vérification confirmative. Ces ordres ne leur étaient probablement pas encore arrivés. Il n'y avait donc rien d'étrange que les attaques des troupes du général Lamoricière fussent repoussées par les hommes chargés de défendre les barricades élevées de ce côté. Disons ici la vérité : Le général Lamoricière, sûr dès lors de forcer l'entrée du faubourg, ne voulut pas s'arrêter au milieu de ses succès, et le combat continua là où étaient ses troupes.

on les voit sur la crête des barricades guettant impatiemment le retour du colonel Guinard.

Tout à coup, au milieu d'un silence plein d'anxiété, l'horloge de Saint-Paul sonne dix heures.

Au dixième coup, un roulement de mauvais augure fait rentrer les soldats à leurs rangs ; le général donne le signal de l'attaque, et neuf pièces de canon font entendre à la fois leurs effroyables détonations. En même temps le général Perrot dirige vers la Seine un fort détachement de gardes nationaux et de troupes de ligne, sous les ordres d'un colonel, qui a reçu l'ordre de franchir le canal sur le dernier pont, de remonter, par la rue Contrescarpe, vers la place de la Bastille, et de s'approcher ainsi des retranchements qui fermaient l'accès du faubourg. Non-seulement ce colonel peut faire sans obstacle le trajet qui lui est prescrit, mais encore il s'empare, sans coup férir, de deux barricades élevées sur le boulevart Contrescarpe, à l'entrée de la rue de Charenton : il lui est même loisible de pénétrer dans la grande maison située près de l'entrée de cette même rue et de placer ses grenadiers à toutes les fenêtres des étages les plus élevés. « De ces fenêtres, dit une relation bien informée des mouvements de la troupe, on apercevait d'enfilade tous les défenseurs de la tête du faubourg, et les soldats n'attendaient que le signal pour leur envoyer une grêle de balles.

Mais ce que cette relation semi-officielle ne dit pas, c'est que ni les barricades, ni les maisons de l'entrée du faubourg n'étaient plus défendues, que pas un coup de fusil ne fut tiré de la part des insurgés. Ils se considéraient comme soumis ; personne ne savait ce que pouvait signifier cette décharge de coups de canons et d'obus ; aussi n'y répondit-on pas. Le faubourg présentait en ce moment l'aspect du désordre ; une grande agitation s'y manifestait sans qu'on sût ce que l'on devait faire : la défense s'y montrait complètement paralysée, en présence de ce que l'on considérait comme une trahison patente.

L'irrésolution fut encore plus grande quand on vit que le feu des assaillants avait cessé après cette décharge unique. En effet, le général Perrot, assuré par cet essai, des ravages que pouvait faire son artillerie, avait fait suspendre l'attaque pour adresser une dernière sommation aux insurgés. Ceux-ci, généralement prêts à déposer les armes, ne comprirent pas ce qu'on leur demandait; et d'ailleurs, au milieu de l'anarchie et de la confusion qui dès lors régnait de leur côté, nul ne crut avoir les pouvoirs nécessaires pour parler au nom de tous. La sommation du général Perrot resta quelque temps sans réponse catégorique. Mais cette réponse, les insurgés croyaient l'avoir déjà faite; elle se lisait d'ailleurs dans l'inaction complète des défenseurs du faubourg.

Comme les barricades ne s'ouvrirent point, l'attaque ne tarda pas à devenir générale : le canon continua d'être employé contre l'entrée du faubourg. Bientôt l'obus placé en batterie dans la rue de l'Orme mit le feu à la maison qui faisait l'angle de la rue de la Roquette; en peu de temps cette maison s'effondra, et par sa chute, laissa un passage embrasé suffisant pour pénétrer dans la première rue traversale du faubourg.

En même temps la colonne qui avait remonté la rue Contrescarpe arrivait, par la rue de la Planchette, dans celle de Charenton, et prenait successivement possession des barricades élevées dans cette dernière rue, sans y rencontrer un seul insurgé.

Toutes les relations des *Journées de juin* s'accordent à dire que, pendant le feu terrible des batteries, quelques-uns des insurgés du faubourg, irrités par les déceptions successives auxquelles ils se voyaient en butte depuis l'instant où les défenseurs de ce quartier avaient décidé d'envoyer leur soumission au président de l'assemblée nationale, étaient de nouveau accourus aux postes qu'ils avaient cru pouvoir abandonner :

les uns parurent un instant derrière les barricades, les autres aux fenêtres qui dominent la place, et de là ils ripostèrent quelque temps. Mais lorsqu'ils virent les effets de l'obus sur les maisons qu'ils occupaient; lorsque les flammes qui sortaient de l'une d'elles leur firent craindre un incendie général du faubourg, la désolation et le désordre se mirent parmi eux, et ils abandonnèrent l'entrée du faubourg.

Dès que le général Perrot aperçoit cette fuite, il dispose aussitôt ses colonnes d'attaque composées de bataillons de la ligne et de la mobile; encore quelques moments et ces bataillons vont s'élancer sur la grande barricade. Mais les habitants du faubourg reconnaissant dès lors l'inutilité de continuer une lutte désespérée et voulant éviter un assaut, envoient à ce général un parlementaire chargé de lui annoncer que le faubourg se rend sans condition et dans les termes de la soumission exigée par le président de l'assemblée nationale. Un aide de camp est aussitôt expédié au pouvoir exécutif pour lui annoncer la soumission du faubourg et la fin de la guerre civile. Les colonnes du général Perrot s'avancent alors sur les barricades, le chef en tête. Trois bataillons escaladent le premier retranchement, le franchissent sans obstacles et pénètrent dans la grande rue du faubourg, démolissant et faisant démolir les barricades par les habitants à mesure que la troupe s'avance. Ce fut ainsi que le général Perrot remonta tout le faubourg presque sans coup férir et que les nombreuses et redoutables barricades de la grande rue furent toutes franchies sans effusion de sang, les insurgés les ayant abandonnées d'eux-mêmes (¹).

(¹) Pour démontrer encore mieux tout ce qu'il y eut d'incompréhensible, d'inexplicable dans la manière dont fut interprété la conduite des insurgés du faubourg, nous mettrons ici en présence les deux dépêches officielles par lesquelles, la fin de la lutte sur ce point, fut annoncée: la première de ces dépêches est du préfet de police, datée de *midi et demi*.

« J'apprends à l'instant, écrit-il au président de l'assemblée nationale, que le

Ce fut à la cinquième barricade que le général Perrot retrouva, sains et saufs, les deux représents Galy-Cazalat et Druet-Desvaux, qui, comme on sait déjà, étaient au pouvoir des insurgés depuis la veille au soir. Ces deux prisonniers. ainsi délivrés, se placèrent à la tête de quelques tirailleurs et se dirigèrent vers le haut du faubourg.

Cependant le détachement de troupes diverses qui venait de pénétrer dans le faubourg Saint-Antoine par la rue de Charenton avait remonté cette rue longue, étroite et coupée de plusieurs barricades, jusqu'au carrefour de la rue de Rambouillet. Trouvant le côté gauche de ce faubourg complétement libre, le colonel qui commandait prit alors sur sa gauche et se dirigea vers la grande rue par celle de Reuilly. Au débouché de cette dernière, la colonne de droite fit sa jonction avec le général Perrot, et toutes ces troupes continuèrent à remonter le faubourg jusqu'à la barrière du Trône. Il était deux heures lorsque le général atteignit cette barrière, sans être forcé de brûler une amorce : il y fut rejoint par un bataillon sorti de Vincennes

Au retour du général Perrot, les soixante barricades qui, quelques heures auparavant couvraient la rue du faubourg et auraient exigé tant de combats sanglants, étaient détruites

« faubourg Saint-Antoine *a capitulé*, sans aucune condition, après la reprise des
« hostilités. »

Ainsi, le préfet de police, autorité civile, annonce *une soumission* pure et simple.

Mais tout est changé à *une heure quarante minutes*; le général en chef, autorité militaire, ne parle plus de soumission; c'est une conquête à main armée.

« Le faubourg Saint-Antoine, annonce-t-il dans sa proclamation, le faubourg
« Saint-Antoine, dernier point de résistance, *est pris*, les *insurgés sont réduits*,
« la lutte est terminée, l'ordre a triomphé de l'anarchie. »

Qui ne voit ici que l'on veut assimiler les habitants du faubourg Saint-Antoine aux autres insurgés pris dans le combat les armes à la main, quoique les premiers les aient déposés volontairement à la suite d'une dernière soumission qu'ils devaient considérer comme acceptée!

comme par enchantement et les pavés remis en place : le canon circulait librement sur la chaussée; on avait peine à reconnaître cette ligne si formidablement fortifiée. Quant aux insurgés du faubourg, la plupart étaient rentrés chez eux, croyant encore qu'il leur suffisait d'avoir déposé les armes pour ne pas être inquiétés; beaucoup d'autres moins confiants avaient gagné la campagne. Nous dirons bientôt comment furent traités ceux qui s'étaient cachés et ceux qui avaient pris la fuite.

Pendant que le général Perrot parcourait ainsi en vainqueur le redoutable faubourg, le général Lamoricière avait manœuvré de manière à s'approcher par le quartier Popincourt, et en même temps à rejeter hors de Paris les nombreux insurgés qu'il avait dû combattre toute la matinée aux environs de la Chaussée-Ménilmontant. Ses troupes, toujours plus nombreuses par l'adjonction d'une foule de détachements de gardes nationaux arrivant à chaque instant par toutes les routes, n'en avaient pas moins été dans la nécessité de combattre pour enlever une foule de barricades dressées à chaque pas dans ces immenses quartiers d'ouvriers. Ses soldats venaient enfin de refouler les défenseurs de ces barricades au delà du mur d'enceinte, et tout paraissait fini de ce côté, quand on courut apprendre au général Lamoricière que de nombreux insurgés se fortifiaient à la barrière Ménilmontant, donnant ainsi la main à d'autres insurgés retranchés à la barrière des Trois-Couronnes et à celle de Belleville.

Cette dernière commune se trouvait pour ainsi dire bloquée de tous côtés par les insurgés des barrières voisines, qui, dès la journée du dimanche, avaient même désarmé le poste de la mairie et remplacé le maire. Toute la rue de Paris était couverte de barricades, s'étendant au loin dans la direction de Romainville. Attaqués vainement, à diverses reprises, les insurgés de Belleville avaient toujours résisté, même après la prise de la fameuse barricade Saint-Maur. Mais le moment était venu, pour les généraux, de se rabattre en force sur ce point et sur celui de La Villette, qu'ils avaient dû négliger jusqu'alors.

Quand Lamoricière sut que les insurgés, chassés du faubourg du Temple, s'étaient de nouveau réunis en force à la barrière Ménilmontant, il fit battre la générale ; ses troupes, quoique harassées de fatigue, reprirent les armes pour se porter sur ce point. L'artillerie fut traînée sur la chaussée du faubourg Ménilmontant, où la cavalerie pouvait se déployer ; l'attaque de la barrière commença aussitôt.

Mais la démoralisation avait gagné les hommes qui tentaient ces efforts désespérés ; leur défense ne fut pas longue. En moins de deux heures, la barrière Ménilmontant et, successivement, celles des Trois-Couronnes et de Belleville furent emportées. Les insurgés se mirent en fuite derrière les buttes ; beaucoup furent pris, principalement ceux de la barrière des Trois-Couronne. Avant quatre heures, tous les boulevarts extérieurs, depuis la barrière Ramponneau jusqu'à celle des Amandiers, étaient au pouvoir de la troupe, occupée dès lors à fouiller les maisons extérieures suspectes.

A l'heure où le faubourg Saint-Antoine et ces barricades dernières furent complétement occupées, il restait encore à soumettre La Villette, dont les insurgés avaient fait une place forte, appuyée, d'un côté, sur le canal, et, de l'autre côté, sur de nombreux retranchements qui défendaient le flanc gauche de la rue de Flandres ; l'accès, du côté de la barrière, était également défendu par une énorme barricade que dominait encore un second retranchement beaucoup plus élevé, appuyé lui-même sur beaucoup d'autres dans la longueur de la rue. Le 26, à midi, de nombreux insurgés défendaient encore ce point, que les troupes n'avaient pu entamer les jours précédents, quoiqu'elles eussent fini par emporter la barricade de la barrière Saint-Martin.

Le général Lebreton, chargé d'enlever ce dernier foyer de l'insurrection, partit le matin, de la caserne du faubourg Poissonnière, à la tête de plusieurs détachements de gardes nationaux d'Amiens, de Doullens et de Rouen ; une compagnie de cuirassiers et quelques compagnies de gardes mobiles, faisaient aussi partie de la colonne. Sortie de Paris par la barrière Rochechouart, cette troupe traversa successivement les barrières Poissonnière et Saint-Denis, couvertes de pavés et de décombres. Puis, gagnant, à travers les champs, la rue transversale qui rattache La Chapelle à La Villette, il se dirigea, par cette route, vers le milieu de La Villette, arrivant ainsi sur les flancs de la dernière position des insurgés.

En même temps, par un mouvement combiné, un bataillon de la 3e légion venait de prendre position près de la rue Mogador, pour attaquer à revers. Le général avait déjà fait fouiller et explorer beaucoup de maisons des rues de La Chapelle et du Hâvre, et ses éclaireurs s'étaient approchés de la rue de Flandres, lorsque la municipalité de La Villette se présenta, accompagnée de deux cents gardes nationaux de la localité, les seuls de cette commune populeuse que le maire eût pu réunir à côté de l'insurrection, pour demander au général l'autorisation d'intervenir auprès des insurgés, dans le but de les amener à déposer les armes. Le général y ayant consenti, le maire franchit la barricade, et retourna, peu de temps après, avec quatre parlementaires.

« Leurs propositions ayant paru inacceptables, dit une relation qui passe sous silence la nature de ces propositions, le général leur donna un quart d'heure pour se rendre [1]. L'ad-

---

[1] A La Villette, comme au faubourg Saint-Antoine, des négociations furent ouvertes, des parlementaires furent reçus avec empressement; mais dès que ces parlementaires voulurent faire quelques réserves équitables avant de déposer les armes, on ne leur parla plus que d'une soumission absolue et sans conditions.

joint, ajoute cette relation, prit alors une partie de la garde nationale de La Villette, qu'il conduisit sur les quais de la Seine, *pour les préserver*, tandis que l'autre partie resta dans la rue de Flandres. »

Les insurgés s'étant retirés vers leurs camarades, au bout de quelques minutes, racontent les auteurs des *Fastes de la Garde nationale*, ils ouvrirent eux-mêmes le feu (¹). Les artilleurs d'Amiens firent alors jouer le canon contre le premier retranchement, et, après quelques décharges, l'attaque à la baïonnette fut résolue. Le tambour bat la charge ; les divers détachements de gardes nationaux atteignent le pied de la barricade et l'escaladent rapidement, malgré les balles que les insurgés font pleuvoir sur les assaillants. « Terrifiés par cette énergique et brusque attaque, dit une autre relation, les insurgés désertent en fuyant et abandonnent leurs armes. On ne s'arrête pas à la première barricade, on court sur les autres avec le même élan et la même intrépidité ; elles sont conquises.

« En même temps, une compagnie de la 3ᵉ légion pénètre la première par la rue Mogador, après avoir enlevé quatre barricades et pris quatre drapeaux (²). En un instant, la garde

---

Cette manière de négocier fut peut-être considérée comme habile, parce qu'on connaissait les effets désorganisateurs d'une négociation quelconque.

(¹) Cette assertion est inexacte. Ici, comme au faubourg Saint-Antoine, le feu commença du côté de la troupe; les insurgés restèrent inactifs jusqu'au moment où ils furent attaqués. Nous avons pour garant de ce fait le témoignage d'une foule de citoyens de cette commune, corroboré en quelque sorte par l'aveu d'un écrivain constamment défavorable aux insurgés. Cet écrivain avoue que la fusillade fut engagée par les gardes nationaux d'Amiens et de Rouen, et que les insurgés, après avoir laissé approcher quelques éclaireurs de la première barricade, ne commencèrent à riposter, de ce côté, que lorsqu'un coup de feu eut atteint une de leurs vedettes.

(²) Il ne faut pas donner, à la prise des drapeaux des insurgés, plus d'importance que ces drapeaux ne comportaient. Les ouvriers plaçaient ordinairement sur chaque barricade, un, deux et même plusieurs de ces drapeaux, faits la plu-

civique est maîtresse de cette position importante qui, par son étendue, sa forme et ses constructions, ressemblait à un camp retranché et fortifié. »

Dès lors, la colonne du général Lebreton n'eut plus qu'à s'occuper de démolir les barricades, et principalement celle adossée à la grille de la barrière, afin de rétablir les communications de Paris avec la route du nord. Le reste de la journée fut employé, par les gardes nationaux, à fouiller les maisons et les chantiers où bien des insurgés s'étaient cachés ; la cavalerie fut lancée à la poursuite de ceux qui avaient gagné les champs ; on leur fit la chasse comme à des bêtes féroces.

La prise de La Villette fut le dernier acte du malheureux drame qui pendant *cent heures* ensanglanta la ville de Paris, et jeta sur la capitale de la France ce voile lugubre qui la couvrit si longtemps.

Dans la matinée, une proclamation du chef du pouvoir exécutif faisant espérer aux troupes la fin de la guerre civile, s'était exprimée en ces termes :

« Citoyens, soldats,

« Grâce à vous, l'insurrection va s'éteindre. Cette guerre
« sociale, cette guerre impie qui nous est faite tire à sa fin.
« Depuis hier, nous n'avons rien négligé pour éclairer les dé-
« bris de cette population égarée, conduite, animée par des
« pervers. Un dernier effort, et la patrie, la république, la
« société tout entière, seront sauvées.

« Partout il faut rétablir l'ordre, la surveillance ; les me-
« sures sont prises pour que la justice soit assurée dans son
« cours. *Vous frapperez de votre réprobation tout acte qui aurait*

---

part avec des lambeaux de rideaux ou de blouses ; et, presque toujours, ils les abandonnaient aux vainqueurs, lorsqu'ils évacuaient le retranchement. De là, ce grand nombre de *drapeaux pris* par des gardes nationaux et mobiles.

DE LA RÉVOLUTION DE 1848.

« *pour but de la désarmer. Vous ne souffrirez pas que le triomphe*
« *de l'ordre, de la liberté, de la république, en un mot, soit le signal*
« *de représailles que vos cœurs repoussent.*

« Signé général Cavaignac. »

Le soir, une nouvelle proclamation du même chef, adressée à la garde nationale et à l'armée, leur annonçait la fin de la lutte cruelle qui laissera des pages si douloureuses dans les annales de la France.

« Citoyens, soldats, y disait le chef du pouvoir exécutif, dans un langage qui paraissait émaner du cœur :

« La cause sacrée de la république a triomphé ; votre devoû-
« ment, votre courage inébranlable ont déjoué de coupables
« projets, fait justice de funestes erreurs. Au nom de la patrie,
« au nom de l'humanité tout entière, soyez remerciés de vos
« efforts, soyez bénis pour ce triomphe nécessaire.

« Ce matin encore l'émotion de la lutte était *légitime*, inévi-
« table. Maintenant, soyez aussi grands dans le calme que vous
« venez de l'être dans le combat. *Dans Paris, je vois des vain-*
« *queurs, des vaincus* ; QUE MON NOM SOIT MAUDIT SI JE CONSENTAIS
« A Y VOIR DES VICTIMES ! La justice aura son cours : qu'elle
« agisse, c'est votre pensée, c'est la mienne.

« Prêt à rentrer au rang de simple citoyen, je reporterai au
« milieu de vous ce souvenir civique de n'avoir, dans ces
« graves épreuves, repris à la liberté que ce que le salut de la
« république lui demandait lui-même, et de léguer un exem-
« ple à quiconque pourra être, à son tour, appelé à remplir
« d'aussi grands devoirs.

« *Le chef du pouvoir exécutif,*

« Signé Cavaignac. »

Quel était donc ce chef militaire s'annonçant à la fois comme un émule de Cincinnatus, un disciple de Washington, et dont les bonnes proclamations jetaient quelque baume sur les plaies saignantes de la patrie ?

N'était-ce pas un phénomène de voir l'homme du sabre donner des leçons de modération à des législateurs avides de châtiments, prêcher l'humanité à des vainqueurs impitoyables, défendre les représailles déshonorantes à ses soldats, invoquer la justice, s'incliner devant elle, et offrant sa mémoire pour gage de ses intentions ?

Combien de fois n'a-t-on pas entendu de vieux démocrates s'écrier, dans ces moments de désespoir : « Plaignons le général Cavaignac de la triste mission qui lui est échue ; mais ne le condamnons pas sans appel ; ses premiers actes attestent, qu'il y a, chez le fils du conventionnel, toute l'étoffe d'un vertueux républicain ; il saura dompter la réaction ! »

Hélas ! Jamais horoscope ne fut plus décevant ; jamais les espérances qu'on avait fondées sur un chef militaire ne furent plus fallacieuses ; le soldat que la république avait traité en enfant gâté et qu'elle s'était plu à lancer, d'un seul bond, aux postes les plus éminents, ne tarda pas à rappeler à ceux-là même qui avaient le plus compté sur lui, que son éducation politique s'était faite en Afrique. Porté sur le pavois, comme le sauveur de la civilisation, par tous les contre-révolutionnaires qui s'étaient parés de la peau de brebis pour s'introduire dans l'assemblée nationale ; flatté, caressé, trompé par cette tourbe de traîtres qui croyaient déjà la république enterrée sur les ruines fumantes des quartiers les plus démocrates, le général Cavaignac ne tarda pas à subir la pernicieuse influence de tous ceux qui n'étaient de nouveau arrivés aux affaires publiques que pour paralyser l'élan de la grande révolution de février, pour la faire dévier de son noble but, et regagner insensiblement le terrain qu'ils avaient perdu. Aucun de ces hommes n'était sincèrement républicain ; ils ne pouvaient pas même le devenir, car la monarchie, sous laquelle ils avaient fait leur fortune, leur avait inculqué toutes les maximes de la tyrannie. Le règne de la liberté les effrayait parce qu'il n'allait pas à leurs habitudes despotiques. Essentiellement petits et vains, ils repoussaient l'égalité comme attentatoire aux prérogatives de toutes les sortes qu'ils tenaient de la royauté; égoïstes par tempérament, ils ne pouvaient admettre d'autre fraternité que celle de Caïn. Ces hommes sans principes, corrompus et corrupteurs, devinèrent très-bien que si le chef qui disposait dès lors des destinées de la France, des destinées du monde, se plaçait à la tête de la démocratie, c'en était fait de leurs prétentions à arrêter le cours des idées nouvelles, qui étaient, pour eux, autant d'hérésies : ils s'attachèrent donc aux pas de ce chef, et le proclamant sans cesse et partout comme le sauveur de la société, de la civilisation, le restaurateur de l'ordre, ils lui eurent bientôt fait oublier ce qu'il devait à la liberté.

Nous allons voir ces hommes à l'œuvre, et déjà quelques mots prononcés par eux à l'assemblée nationale, nous donnent une idée de leur empressement à saisir l'occasion favorable pour porter les atteintes les plus graves aux libertés publiques reconquises par une révolution qu'ils détestent.

A la reprise de la séance, le président, donnant lui-même la préface de la marche réactionnaire, annonça à l'assemblée que des mesures administratives analogues aux circonstances allaient lui être soumises. Au nombre de ces mesures, il indiqua le désarmement des gardes nationaux qui n'avaient pas répondu aux appels des trois jours précédents, et la fermeture de tous les clubs reconnus dangereux.

Cela ne suffisant déjà plus aux réactionnaires, on les entendit s'écrier en masse : — « Tous ! tous ! » — Les membres du côté gauche, dont la situation morale était des plus pénibles, ne purent s'empêcher de protester par quelques monosyllabes.

« Quand le chef du pouvoir exécutif a jugé une mesure nécessaire, leur cria un représentant qui oubliait la dignité de ses fonctions, il n'appartient pas à l'assemblée de la critiquer. »

La gauche essaya de balbutier : « Si ! si ! » et tout fut dit sur l'incident ; et il n'y eut plus qu'à courber la tête !

A onze heures vingt minutes, le citoyen Sénard se précipitait de nouveau au fauteuil, en criant aux huissiers : « Allez chercher tout le monde ! » Et, voulant satisfaire l'impatience des députés restés dans la salle, il ajoute aussitôt :

« Le faubourg Saint-Antoine *s'est rendu à discrétion* ; il faut remercier Dieu ! »

Mais comme cette nouvelle parut prématurée à quelques députés qui revenaient de la Bastille, et qui assuraient avoir entendu tirer encore des coups de fusil du côté du faubourg, et des coups de canon du côté du faubourg du Temple, le président expliqua ainsi ces apparentes contradictions. « Cette reddition, *par la voie d'un parlementaire*, dit-il, a été mal interprétée ou ignorée sur quelques points ; de là ces combats partiels auxquels on a donné des proportions trop considérables. Quand un faubourg envoie un parlementaire, il n'y a pour la masse rien de collectif d'abord, rien d'absolu. »

— « J'ai quitté le général Lamoricière, il y a une heure et demie, répliqua le citoyen Adelsward ; il m'a chargé de vous dire que le faubourg Saint-Antoine n'a pas capitulé.... Le général Lamoricière se plaint des rapports que plusieurs des représentants ont eus avec les insurgés : ses combinaisons ont été dérangées par suite de ces rapports, et il en est résulté des pertes regrettables..... »

— « Se bat-on encore ? » lui crièrent ceux que les admonestations du général Lamoricière avaient contrariés. — « Oui ! répondit le même représentant.

Au même instant, un officier d'ordonnance remettait au président la dépêche suivante, écrite à une heure et demie :

« Le faubourg Saint-Antoine est au pouvoir de la troupe. Les insurgés travaillent d'eux-mêmes à défaire les barricades. »

La victoire qu'on venait ainsi de remporter au nom de l'ordre, devait avoir pour résultat immédiat de porter les deux partis de l'assemblée nationale à se dessiner dès le lendemain plus fortement que jamais. L'un de ces partis semblait avoir pour mission de soutenir que les insurgés n'ayant jamais fait aucun acte de soumission, étaient tous passibles de la déportation. D'autres représentants, convaincus que plusieurs conventions avaient fait tomber les armes des mains des ouvriers du faubourg Saint-Antoine, étaient d'opinion que ceux-ci devaient jouir du bénéfice de la capitulation. C'était, en résumé, le parti de la rigueur et celui de la clémence.

« Que ce terrible exemple nous serve à tous de leçon et d'enseignement ! disait le journal qui voulait que le gouvernement se montrât miséricordieux envers les vaincus. Surveillons-nous avec une austère vigilance ; ne nous laissons pas entraîner par les mauvaises passions et les ressentiments personnels ; inspirons-nous de plus en plus, journaux, pouvoirs et partis, de ce noble sentiment que février a inscrit sur sa bannière : *humanité, fraternité !* »

Mais le parti qui voulait faire régner la terreur sur la tête de tous les démocrates, se plaignait déjà de ce que la commission nommée pour examiner le projet de loi de déportation ne fût pas encore prête à faire son rapport ; il continuait d'exercer, avec plus de rage que jamais, le rôle d'excitateur aux mesures rigoureuses, en continuant ses calomnies.

CHAPITRE VI.

Aspect que présente la ville de Paris le lendemain du combat. — Nombreux gardes nationaux arrivés des provinces. — Vaste camp militaire. — Sinistres traces du combat laissées sur tous les points de la lutte. — On croit voir une ville prise d'assaut. — Pèlerinage de la haute société vers ces lieux de désolation. — Essaim de délateurs et de sbires apparus après la bataille. — Recrudescence de dénonciations et d'arrestations. — Nouvelles séries de faits odieux inventés par les réactionnaires. — Bruits d'empoisonnement et de tentatives d'empoisonnement. — Faits cités par les feuilles contre-révolutionnaires. — Démentis formels et officiels opposés à ces calomnies. — Protestation de la *Réforme*. — Ces bruits odieux n'en circulent pas moins partout et principalement dans les provinces. — Efforts nécessités pour faire surnager la vérité. — Causes réelles de ces bruits. — Le rapport sur le projet de déportation est présenté sous la funeste influence de ces calomnies. — Le projet de la commission est plus rigoureux que celui du gouvernement. — Déclaration du général Cavaignac à ce sujet. — Il a soutenu les propositions atténuantes. — Nécessité de faire plusieurs catégories. — Le projet de loi est fait en vue de *venger la patrie*. — Les réactionnaires veulent voter sans discussion et sans désemparer. — Pierre Leroux repousse le projet comme inhumain. — Lectures des articles rédigés par la commission. — Ils ne veulent pas qu'un seul démocrate échappe. — Discours du citoyen Caussidière pour ramener la majorité à l'indulgence. — Vote du projet tel que l'a aggravé la commission. — Horrible événement de la place du Carrousel. — Cent vingt-cinq hommes tués ou blessés.

L'aspect que la ville de Paris, ou plutôt de cette partie de la ville qui n'a point pris part à l'insurrection, offre le lendemain du combat, est à la fois étrange et désolant.

Disons d'abord que les sévérités de l'état de siége, à l'égard de la circulation des citoyens, sont déjà bien adoucies; les rues se trouvent remplies de gardes nationaux des départements, qu'on dirait être venus à Paris pour y montrer les costumes semi-militaires et les soi-disant uniformes les plus excentriques que portent beaucoup de détachements sortis des petites localités pour accourir au secours de l'ordre. Il faut avoir vu ces uniformes, ou plutôt ces costumes de fantaisie, pour se faire une idée de ce pêle-mêle d'habits, de tuniques, de vestes et, surtout, de blouses, les unes serrées à la taille par des ceintures de toutes les couleurs, les autres simplement pendantes et bordées de rubans, de franges de toutes les dimensions ; la plupart avaient encore sur leur tête les vieux bonnets d'ourson ; d'autres portaient d'énormes casques à crinières rouges, noires, tricolores, que surmontaient en outre des plumets de toutes les dimensions : une grande pancarte, appliquée sur le devant de leur coiffure, indiquait, en toutes lettres, les noms des localités auxquelles ces gardes nationaux appartenaient, ou bien le numéro de la compagnie et du bataillon. Ajoutons que de nombreux gardes nationaux de Paris inscrits, mais n'ayant jamais paru dans les rangs, en uniforme, s'étaient trouvés dans la nécessité de s'affubler également de leur buffleterie sur l'habit bourgeois, sur la veste et la blouse, et d'orner leur chapeau ou leur casquette de la pancarte de rigueur.

Partout où les désastres du combat attiraient les curieux, on n'apercevait plus que des hommes ainsi affublés. Plusieurs d'entre eux avaient même amené leurs femmes. Il était arrivé beaucoup de ces gardes nationaux l'avant-veille et la veille, il en arriva encore le 26 et le lendemain ; il en arrivait toujours ; de sorte que ces secours, après avoir été d'une utilité incontestable, devenaient la cause des plus grands embarras pour l'assemblée nationale et pour tous ceux qui crurent devoir implorer le secours des départements. On avait fait jouer le télégraphe pour les appeler ; il dut fonctionner encore pour faire retourner chez eux ceux des détachements lointains qui étaient en route.

Pendant la lutte et les jours suivants, la plupart des gardes nationales des départements, après avoir envoyé leurs pompiers et leurs artilleurs près des généraux, avaient servi à conduire les prisonniers pris derrière les barricades et dans les maisons fouillées. La plupart des rues de Paris où l'insurrection s'était montrée, ne cessaient d'être sillonnéesd ar de longues files d'insurgés ou de prétendus insurgés, que ces gardes nationaux escortaient jusqu'aux lieux destinés à servir de dépôts provisoires à ces malheureux. On en avait rempli et on en remplissait de nouveau, dès qu'il y avait de la place, les caveaux de l'Hôtel-de-Ville, ceux des Tuileries, du Palais-National et du Luxembourg; toutes les casernes en renfermaient par centaines, ainsi que l'église Notre-Dame, la préfecture de police, la Conciergerie, l'Abbaye et les autres prisons. C'était un spectacle bien triste que celui de ces immenses troupeaux d'hommes du peuple, les mains attachées derrière le dos, traînés si ignominieusement dans la même ville où ces ouvriers avaient été portés en triomphe peu de mois auparavant!

Sous un autre aspect, la partie Est de la ville, et même plusieurs points des autres quartiers, offraient l'image d'un vaste camp, entouré de centaines de bivouacs, où l'on voyait les soldats, couchés sur des bottes de paille, se reposer des fatigues du combat; quelques tentes, dressées de distance en distance, indiquaient des abris pour les officiers. La place du Panthéon, celles du Luxembourg, de Saint-Sulpice, du Pont-Saint-Michel, du Palais-de-Justice, de Notre-Dame, de la Bastille, des Vosges, de l'Hôtel-de-Ville, les cours du Palais-Législatif, du Palais-National, les jardins, et principalement les boulevarts intérieurs du nord, étaient littéralement couverts de soldats, de chevaux, d'artillerie, de caissons et de fourgons; partout les développements militaires les plus considérables, partout l'image terrible de la guerre; on aurait cru avoir sous les yeux le triste tableau de Paris au mois de juin 1815. Si, dans le cours de ces pérégrinations, au milieu de tant de faisceaux d'armes, on levait les yeux, on n'apercevait, à partir du boulevart Poissonnière et principalement des portes Saint-Denis et Saint-Martin, que des traces de dévastation et de ruine. Presque toutes les maisons qui bordent ce boulevart portaient les traces nombreuses des balles, des biscaïens et des boulets. Les rues des Faubourgs Poissonnière, Hauteville, St-Denis et St-Martin, présentaient un spectacle des plus tristes : les projectiles de toutes les dimensions y avaient fait partout des ravages que de nombreux ouvriers travaillaient déjà, par ordre, à faire disparaître. Il en était de même des rues transversales ; on voyait, de tous côtés, des débris de portes et de persiennes, les fenêtres étaient restées sans vitres, et l'on marchait sur les glaces brisées qui avaient servi aux montres et aux devantures des boutiques. Plus on remontait ces faubourgs, plus les murs attestaient la vigueur de la lutte ; les murs des maisons situées au-dessus des barricades défendues, ressemblaient à des cribles, et plus d'un pan de mur renversé ou percé à jour, témoignait que les obus avaient été pointés contre ces maisons [1].

Que si l'on avançait vers le faubourg du Temple, vers le boulevart de ce nom et celui des Filles-du-Calvaire, jusqu'aux abords de la place de la Bastille, les traces du combat prenaient un caractère plus sinistre ; les maisons des abords du canal, et principalement les points d'intersection, depuis La Villette jusqu'à la dernière écluse, étaient, de part et d'autre, marquetées par la fusillade et percées par les gros projectiles. La rue du Faubourg-du-Temple, depuis le canal jusqu'à Belleville, était complétement dévastée ; la plupart des vieilles maisons de la partie élevée paraissaient plus ou moins ébranlées par les détonations autant que par les boulets ; les rues d'Angoulême, Ménilmontant et Saint-Sébastien se trouvaient dans un état analogue aux combats incessants et acharnés que les troupes y avaient soutenus.

L'intérieur de Paris, à partir des rues Saint-Martin jusqu'à la Vieille-Rue-du-Temple, témoignait encore, en cent endroits divers, que là aussi il y avait eu lutte souvent tenace. Le pai-

[1] Voyez aux pièces justificatives de ce 3ᵉ volume, les curieux détails sur les dévastations qui ont été publiées par un officier d'état-major.

sible Marais n'avait point été épargné ; mais c'était surtout dans le neuvième arrondissement que les regards s'attristaient en voyant les déplorables effets de la guerre intestine. Prenant pour point de départ les derrières de l'Hôtel-de-Ville, du côté de l'église Saint-Gervais, et suivant la voie directe qui conduit à la Bastille par la rue Saint-Antoine, cette longue rue et tous ses nombreux affluents étaient littéralement labourés par les boulets. De distance en distance, aux angles des rues transversales où existaient des retranchements défendus par les insurgés, on voyait des maisons percées à jour par les obus et prêtes à s'écrouler ; les volets, les persiennes, les portes, les enseignes gisaient sur le sol par morceaux; pas une seule vitre n'était restée intacte dans ce quartier populeux, et les murs, jusqu'aux toits, attestaient des nombreux coups de fusil tirés contre les fenêtres.

L'immense place de la Bastille, presque entièrement dépavée, offrait un aspect encore plus lamentable. Les jeunes arbres qui l'ornaient étaient généralement décapités par les boulets, qui, ayant tour à tour porté sur toutes les maisons et principalement sur les angles de ces maisons, avaient brisé les pierres de taille, broyé la maçonnerie et mis en éclats, par leurs redoutables effets, tout ce qui tient à la boiserie.

Rien ne peut être comparé à l'état où se trouvaient les premières maisons du faubourg Saint-Antoine placées immédiatement au-dessus des grandes barricades. L'une de ces maisons, celle qui formait l'angle de la rue de la Roquette, n'existait plus ; elle avait été complétement incendiée et démolie par les obus lancés du coin de la rue de l'Orme. Toutes les autres façades, couvertes, comme un crible, des traces des balles, se montraient en outre percées en cent endroits par les boulets et les obus, qui, ayant fait sauter toute la maçonnerie, n'avaient laissé à nu que des charpentes brisées. Quoique la lutte du faubourg Saint-Antoine se fût bornée à ce point de l'entrée, les projectiles de toutes les sortes n'en avaient pas moins tatoué la plupart des maisons de la grande rue jusqu'à la hauteur de la rue Traversière.

Sur l'autre bord du fleuve, dans cette partie du onzième arrondissement qui commence au pont Saint-Michel et suit le faubourg Saint-Jacques en passant par la place du Panthéon, tous ces quartiers populeux et resserrés, témoins de la lutte la plus meurtrière et la plus opiniâtre, présentaient l'aspect désolé d'une ville prise d'assaut et saccagée de fond en comble. Les rues, entièrement dépavées, attestaient à droite et à gauche, en caractères ineffaçables, que pas un coup de fusil n'avait été perdu, et que chaque boulet avait porté. Beaucoup de maisons étaient abandonnées, leurs habitants s'étant enfuis dans d'autres quartiers. Bien des rues du faubourg Saint-Marceau étaient dans le même état. Enfin le Panthéon lui-même, dont les portes de bronze avaient été enfoncées par les boulets, portait sur sa magnifique colonnade les traces profondément empreintes des gros projectiles, les balles n'ayant pu produire quelque effet que sur les cannelures et les sculptures délicates.

Le désastre matériel produit par la lutte, ce désastre, cent fois plus grand et plus déplorable qu'on ne peut le peindre, fut pourtant contemplé de sang-froid par le parti qui s'attribuait déjà les bénéfices de la victoire remportée sur une partie du peuple de Paris. On vit les calèches du faubourg Saint-Honoré et de la Chaussée-d'Antin, mêlées à celles du faubourg Saint-Germain, conduire les nobles dames de ces faubourgs et les baronnes de la finance sur les points où les traces du combat étaient plus saisissantes, afin de procurer à l'aristocratie des émotions dont la pudeur publique fit promptement justice. Ce Longchamps à la colonne fut hué. Hélas! ceux qui cherchaient ainsi les récréations de la cour de Charles IX, en auraient trouvé de plus touchantes à la porte des hôpitaux et des nombreuses ambulances où se pressait éplorée une foule de femmes et de filles du peuple, dans l'espoir de découvrir quelque trace de leurs maris, de leurs frères disparus au milieu de la tourmente !

Quand ce qu'on appelle les hautes classes de la société donnaient ainsi les exemples les plus pernicieux d'insensibilité et d'indifférence sur les malheurs publics, il n'était pas étonnant que tout ce qui pensait et agissait sous leur impulsion se fît une loi de se montrer dur et impitoyable envers les vaincus. On vit alors sortir de dessous terre, comme les reptiles après l'orage, des milliers de soutiens de l'ordre qu'on n'avait nullement aperçus durant la lutte. Ces hommes, habitués à substituer à la noble passion du bien public et de l'humanité leurs passions privées, leurs vengeances personnelles, leurs jalousies de métier et de boutique, leurs rancunes électorales, se répandirent, comme un essaim malfaisant, dans les quartiers où ils n'avaient pas osé se montrer lorsque les coups de fusil s'y faisaient entendre ; et là, faisant à la fois les ignobles métiers de délateurs, de sbires, et souvent de bourreaux, ils donnèrent un nouvel élan aux dénonciations, permises peut-être dans la chaleur du combat. Ces hommes, que les vrais braves n'avaient point vus à leurs côtés, en face des barricades ; ces hommes aussi lâches que nuisibles commirent à eux seuls ou firent commettre cent fois plus d'actes arbitraires, cent fois plus d'arrestations illégales, que ne s'en étaient permis ceux qui avaient vu le danger de près. A la faveur de l'état de siége, et lorsque le pouvoir, entraîné par les événements, ne pouvait pas avoir l'œil partout, plus de dix mille citoyens furent ainsi arrêtés par les organisateurs de la *terreur blanche*, et jetés pêle-mêle avec ceux-là que le gouvernement voulait seuls atteindre. Nous avons vu et entendu, de nos propres yeux, de nos propres oreilles, quelques-uns de ces braves du lendemain, de ces *républicains honnêtes et modérés*, exciter les gardes nationaux de leur coterie, de leur voisinage, aller reprendre, dans la maison d'arrêt, de nombreux *prisonniers* qui s'y trouvaient, pour les conduire au bord de la rivière et les *canarder* sur la berge ! Et ces prétendus prisonniers étaient de jeunes ouvriers, des artistes inoffensifs, des hommes d'intelligence, les propres voisins, les connaissances de ces gardes nationaux, qui les avaient arrêtés de leur autorité, quelques heures auparavant, sous les prétextes les plus futiles; car ces *prisonniers* demeuraient dans un quartier loin de la lutte; ils y étaient restés tout le temps du combat, et aucun d'eux n'avait ni pris le fusil comme insurgé, ni travaillé à élever aucune barricade; seulement ils étaient connus comme républicains de la veille ! Ajoutons à ce fait patent, qui serait aujourd'hui encore attesté par cent témoins, que si ces misérables eussent trouvé la moindre faiblesse dans l'autorité locale, les malheureux détenus eussent été impitoyablement immolés. Le lendemain, ces mêmes monstres se vantaient publiquement d'avoir fusillé et jeté dans le fleuve pendant la nuit quelques autres prisonniers. C'étaient ces bourreaux qui répétaient encore, le 28 et les jours suivants, tous les odieux récits que la postérité lira avec douleur dans les feuilles réactionnaires; c'étaient eux, leurs femmes, leurs portières, qui exagéraient encore ces mensonges si propres à exciter les vainqueurs contre les vaincus.

N'oublions pas de faire remarquer que lorsque ces calomnies eurent été irrécusablement reconnues fausses à Paris, les mêmes voix qui les avaient publiées dans la capitale, ne les firent pas moins circuler dans les départements. Là, les moyens de contrôle manquant presque toujours, il devenait d'une extrême facilité de faire adopter comme vraies par les hommes simples des campagnes ces relations infernales, quoique la plupart fussent absurdes. Aussi, combien n'a-t-il pas fallu de temps pour que la vérité se fît jour dans les départements ! Et n'est-ce pas sous l'influence de ces calomnies que se firent les déplorables élections que la France subit encore !

Les hommes qui cherchaient à déshonorer le parti républicain nous montrèrent alors toutes les ressources de leur imagination, et à défaut de délicatesse, ils firent preuve d'une déplorable habileté.

C'est ainsi qu'après avoir successivement usé la fable de l'or et des billets de banque trouvés chez la plupart des insurgés, les royalistes passèrent à un autre ordre de calomnies, toujours plus odieuses les unes que les autres. On avait vu, criaient-ils, des ouvriers, des insurgés, décapiter les prisonniers, couper les poignets à tel officier, scier entre deux planches tel mobile, verser de l'huile bouillante dans le gosier de tel capitaine, pendre par douzaines les soldats de tels corps, enduire de résine et mettre dans un four tels autres; on avait vu sur les barricades de la Bastille des têtes coupées éclairant, en guise de lampions, par les matières grasses répandues dans la bouche des victimes; on avait vu des femmes mutiler les prisonniers de la manière la plus barbare et la plus indécente; on avait reçu les aveux les plus complets de l'*horrible* homme habillé en femme et de l'*infernale* femme déguisée en homme, lesquels avaient pris ces déguisements pour mieux exercer les vengeances les plus barbares sur les mobiles : que n'avait-on pas aperçu, entendu, vu, en détournant les yeux et en se cachant le visage? On avait vu encore dix mille, six mille, trois mille forçats libérés, dignes auxiliaires des ouvriers insurgés, se livrer sans aucun frein à l'assassinat, au pillage, au viol, à l'incendie, au sacrilége; et lorsque les effets que les meneurs attendaient de ces abominables inventions, eurent dépassé leurs espérances; lorsque, par ces calomnies, ils eurent amené tout à de si déplorables représailles; lorsque enfin un cri général d'indignation fit recourir aux investigations les plus minutieuses; lorsque ce cri eut forcé certains journaux à reconnaître qu'ils avaient été trompés, on vit alors les fabricants de ces horribles nouvelles recourir à d'autres moyens de même nature et les propager avec la même impudeur.

Après la lutte et durant plusieurs jours, on ne lut dans les journaux contre-révolutionnaires et on n'entendit raconter que des empoisonnements ou des tentatives d'empoisonnement sur des soldats et principalement sur des gardes mobiles. Ces jeunes gens étant tout à coup devenus les idoles des royalistes, hommes et femmes, les feuilles de ce parti se plaisaient à enregistrer les attentions et les ovations dont ils étaient l'objet. « Mais ils doivent se méfier d'abominables tentatives, ajoutait le *Constitutionnel*. Des bruits d'empoisonnement ont couru, et la police a fait prévenir les bataillons, par l'organe de leurs chefs, d'avoir à se méfier des verres de vin qui leur sont offerts par des inconnus. En les acceptant imprudemment, nos jeunes défenseurs courraient le risque de succomber sous *l'infernale méchanceté des barbares qui n'ont pu les vaincre* ».

— « Une vive émotion régnait au coin de la rue du Temple, à six heures; raconte encore la même feuille dans la journée suivante. La pharmacie située à l'entrée de cette rue était entourée et cernée par la garde mobile : un soldat de cette garde venait d'être amené chez le pharmacien, où l'on espérait le sauver d'un empoisonnement dont ce jeune militaire était victime. Des recommandations ont été adressées à tous les chefs de la mobile pour prévenir les cruelles vengeances que l'on attribue aux vaincus échappés des mains de ces courageux enfants de Paris. »

— « Il est malheureusement indubitable, ajoutait le journal ayant pris pour titre le mot *Providence*, que de l'eau-de-vie empoisonnée a été vendue sur plusieurs points à la garde nationale, à la garde mobile et aux troupes. Déjà des journaux ont signalé des faits de ce genre sur le Carrousel et dans les environs de l'assemblée nationale. Hier, dans les environs du

Panthéon, nous avons vu trois gardes mobiles tomber, pris de convulsions et de souffrances horribles, après avoir bu de l'eau-de-vie qui leur avait été vendue par une femme en noir qu'on n'a pu retrouver. »

Écoutons encore, à ce sujet, la feuille intitulée le *Drapeau national*, proche parent de feu le *Drapeau blanc*; rien ne manque aux faits qu'elle raconte et aux détails dont elle les accompagne :

« Les empoisonnements se joignent aux autres genres d'assassinat. On a déjà signalé plusieurs de ces crimes; chaque jour on en annonce de nouveaux. De misérables femmes vont vendant du vin ou de l'eau-de-vie empoisonnés. Hier, dans la rue Saint-Dominique, au Gros-Caillou, une de ces odieuses créatures insistait tellement en offrant sa marchandise à des gardes mobiles, que ceux-ci en conçurent des soupçons : le vin fut analysé; le poison y fut reconnu en forte dose. La mégère se mit alors à vomir d'affreuses imprécations, à se vanter de son crime; tel était son paroxysme de rage, qu'il fallut la lier ([1]).

« Par malheur d'autres ont mieux réussi. Plusieurs mobiles et autres militaires ont péri de la sorte. On cite aussi un pauvre tambour des gardes nationales d'Indre-et-Loire.

« L'empoisonnement se pratique aussi avec des *cigares*, que des marchands vont offrir aux soldats et aux gardes nationaux. A peine ces cigares sont-ils dans la bouche que leurs effets meurtriers se font sentir.

« On frémit à cet épouvantable excès de scélératesse ! »

([1]) Le fait annoncé comme ayant eu lieu au Gros-Caillou fut l'objet de plusieurs versions racontées tour à tour par la *Patrie*, le *Messager*, etc; mais comme les menteurs ont de la peine à se mettre d'accord, chacune de ces versions se trouve être tellement différente qu'on ne sut plus au juste quelle était la vraie ou au moins l'originale. Suivant la *Patrie*, c'était un *homme* qui empoisonnait les militaires avec de l'eau-de-vie. Le *Messager* affirmait que la *femme* amenée à l'assemblée nationale était une *vivandière* armée de deux pistolets. Nous allons voir comment une note officielle en a parlé en dernier ressort.

— « Le fait de tentatives d'empoisonnement par quelques cantinières, affirmait à son tour l'*Univers religieux*, paraît malheureusement hors de doute. On cite, par exemple, un des gardes nationaux arrivés de Clermont-sur-Oise, M. Pouillade, de Pont-Saint-Maxence, qui, après avoir bu un petit verre d'eau-de-vie, a été pris de vomissements offrant tous les symptômes de l'empoisonnement. Nous sommes heureux de pouvoir ajouter que de prompts secours ont mis ce citoyen hors de danger.

« Ce soir même, disait encore la même feuille, les compagnies de garde nationale qui se trouvaient sur le quai d'Orsay ont été averties que des cigares qui venaient de leur être vendus paraissaient empoisonnés. »

Enfin, et pour compléter dignement cette nouvelle série de crimes imputés aux insurgés ou à leurs amis politiques, la *Patrie* racontait un trait propre à mettre le sceau à ces calomnies placées à l'ordre du jour par les royalistes :

« On nous annonce un fait que nous ne voudrions pas croire, disait cette feuille le 3 juillet : c'est qu'on a trouvé des traces d'arsenic dans quelques paquets de charpie envoyés aux ambulances. »

Quelques jours avant, le même journal la *Patrie* et les autres feuilles réactionnaires affirmaient que les balles extraites des blessures reçues par la garde nationale, la garde mobile et la troupe, étaient ou fondues avec des morceaux de cuivre mêlés au plomb, ou d'une conformation qui les rendait mortelles; ou enfin *empoisonnées*.

Comme on le voit, rien ne manquait à ces odieux récits tant circonstanciés et si impudemment affirmés. La population, l'autorité ne purent faire à moins de s'en effrayer. Des juges d'instruction furent chargés de commencer les informations les plus minutieuses; des chimistes en renom s'occupèrent d'analyser les matières dénoncées comme contenant du poison.

Opposons maintenant à ces bruits quelques-uns des démentis positifs, formels que nous lisons dans des notes communiquées aux journaux, et l'on sera étonné de la persistance des royalistes à calomnier les vaincus.

Une feuille consacrée spécialement à la science médicale, la *Gazette des hôpitaux*, expliquait par des effets chimiques l'absurdité de la nouvelle publiée par la *Patrie* tendant à faire croire que les insurgés de la barrière Rochechouart avaient, parmi leur matériel de guerre, une pompe à réservoir rempli d'huile de vitriol, destiné à être lancé sur les défenseurs de l'ordre. « Tout le monde sait, disait cette gazette, que l'acide sulfurique, connu dans le commerce sous le nom d'huile de vitriol, corrode profondément la plupart des métaux avec lesquels il se trouve en contact, et qu'il ne resterait pas cinq minutes dans le réservoir d'une pompe ordinaire. L'invention de la *Patrie* est donc aussi absurde et aussi odieuse qu'elle est ridicule. »

Deux jours après la même *Gazette des hôpitaux* s'exprimait ainsi sur les bruits divers que l'on faisait circuler au sujet des projectiles employés par les insurgés.

« Nous considérons comme un devoir de déclarer que, dans aucune des balles que nous avons extraites ou vu extraire, nous n'avons constaté la présence d'un poison quelconque. Les plaies elles-mêmes n'ont présenté aucun symptôme de plaies empoisonnées. Nous avons, au contraire, vu un grand nombre de balles d'une forme plus ou moins contournée, ou faites avec des matières inaccoutumées, telles que le cuivre, le zinc; mais les blessures faites par ces balle ne nous ont pas paru avoir une gravité particulière.... On sait, d'ailleurs, que les analyses faites par M. Pelouze des liquides supposés empoisonnés, n'ont nullement confirmé les soupçons qu'on avait eus. »

A la suite de l'attention sérieuse que le gouvernement se

vit dans la nécessité de porter sur ces bruits alarmants pour la cité, on lut dans tous les journaux de Paris la note suivante, qui leur fut communiquée officiellement :

« Quelques journaux ont annoncé que plusieurs femmes avaient été arrêtées au moment où elles vendaient aux soldats de l'eau-de-vie empoisonnée. Il est vrai que les arrestations dont il s'agit ont eu lieu; mais il faut ajouter que l'analyse à laquelle il a été procédé par M. Pelouze, a constaté de la manière la plus formelle qu'il n'existait aucune substance vénéneuse dans l'eau-de-vie saisie.

« On a aussi annoncé que, le 27 juin, on avait arrêté une vivandière accusée d'avoir vendu de l'eau-de-vie empoisonnée dans le quartier du Gros-Caillou ; que cette vivandière a opposé la plus vive résistance; qu'on ne lui avait pas laissé le temps de faire usage d'un pistolet, etc.

« Cette femme, ajoutait la même *note*, n'était pas une vivandière ; elle ne vendait pas de l'eau-de-vie, elle était ivre.

« Il est faux aussi que depuis la fin de la lutte il y ait eu un seul prisonnier fusillé.

« Les derniers jours que nous venons de traverser ont été signalés par trop de douloureux événements pour qu'on ne soit pas heureux de démentir de pareils faits. »

Nous trouvons encore dans un rapport extrait du *Moniteur* et adressé à M. le maire de Paris par le chirurgien en chef délégué à l'ambulance de l'Assomption, les démentis suivants donnés aux journaux réactionnaires :

« Dès les premiers jours de l'insurrection, des accidents fréquents et souvent très-graves, survenus après l'injection d'alcool distribués dans les rues par des marchands ambulants, ont éveillé l'attention, et bientôt la rumeur publique les a fait attribuer à des tentatives d'empoisonnement.

« Un grand nombre de blessés nous sont arrivés dans un état d'exaltation étrange ou de prostration simulant une ivresse dont les caractères insolites nous ont frappé. Quelques-uns offraient tous les symptômes d'une attaque de choléra ; d'autres étaient en proie à un délire dont la durée et la fixité des idées simulaient l'aliénation mentale.

« Toute notre attention s'est alors portée sur les liqueurs vendues dans les rues. Nous avons reconnu que les boissons désignées sous le nom d'eau-de-vie ne contenaient qu'une très-petite quantité d'alcool, étendue d'eau, mélangée avec un liquide âcre et inodore, et colorée par une décoction de tan ou de tabac.

« C'est à cette dernière substance, agissant sur des individus plus ou moins privés de nourriture et surexcités par l'ardeur du combat, qu'on doit attribuer l'étrange fureur de quelques combattants et les actes de barbarie dont Paris a été attristé. C'est là, sans doute aussi, une des principales causes de ces déplorables accidents, de ces morts subites dont la population s'est émue et qu'elle a crues le résultat de crimes sauvages et prémédités.

« Nous appelons l'attention de l'autorité sur les falsifications qu'on a fait subir à des boissons dont la consommation s'est considérablement accrue, et dont l'usage, même modéré, qu'en peuvent faire des personnes qui n'y sont pas habituées, n'est pas sans danger. Nous serions heureux, citoyen maire, que notre mission temporaire nous ait mis à même de concourir à détruire d'odieux soupçons que, nous le répétons, rien n'est venu justifier.

Paris, 29 juin 1848.

« Signé : Docteur HÉRAU. »

Tant et de si positifs démentis officiels ou autres forcèrent le journal la *Providence* à revenir sur la plupart des nouvelles qu'il avait fait circuler au sujet des prétendus empoisonnements. La vérité lui arrache les désaveux suivants :

« Nous avons annoncé hier qu'une instruction se poursuivait au sujet des bruits d'empoisonnement qui ont été répandus dans le public. Déjà de l'eau-de-vie analysée par M. Pelouze s'est trouvée aussi pure que de l'eau-de-vie ordinaire. Des matières de vomissement de deux gardes mobiles analysées par MM. Flandin, Chevalier et de Morlac, chirurgiens de la garde mobile, ne contenaient aucune trace de poison. Les deux jeunes gens, du reste, qui avaient éprouvé ces vomissements, étaient rétablis peu de temps après. On ne peut trop se mettre en garde contre tous les bruits que l'on fait courir. Le juge d'instruction Filhon est chargé de continuer l'enquête qu'il a commencée. L'opinion publique sera donc bientôt complétement éclairée, et justice sera faite ou des coupables, ou de soupçons trop odieux. »

Voici maintenant le journal la *Réforme*, que l'indignation arrache enfin à un mutisme trop justifié par les circonstances.

« On fait, depuis quelques jours, dans certains journaux, un commerce indigne de chroniques hideuses, s'écrie-t-il. Ainsi le pistolet et le poignard sont des expédients déjà trop vulgaires; l'empoisonnement joue un rôle plus varié; il se multiplie sous toutes les formes. Ici, ce sont des femmes vendant de l'eau-de-vie empoisonnée; là, des marchands de vin qui veulent faire périr par le poison les défenseurs de l'ordre; là encore, des inconnus offrant aux soldats des cigares vénéneux, dont ils éprouvent instantanément les effets meurtriers. Nous ne parlerons plus des mutilations, des têtes coupées, vengeances atroces, dont la fréquente répétition doit peu étonner de la part de gens qui avaient organisé le *pillage* et le *viol*.

« Sur chaque prisonnier, qui ne le sait? on a trouvé des preuves de cet acharnement impitoyable. Avant toute chose, dit-on, les insurgés voulaient tuer. La balle simple, la balle mâchée elle-même, projectiles ordinaires, ne donnaient pas la mort assez sûrement. Des morceaux de cuivre oxidé, ou, bien mieux encore, de petits tuyaux de cuivre remplis de poudre et munis de mèches, de manière à ce qu'ils éclatassent dans la plaie, voilà les ingrédients dont les insurgés chargeaient leurs fusils !

« Nous nous arrêtons, car pour parler enfin sérieusement, nous en sommes à nous demander si ces récits sont l'effet d'un délire extravagant ou le lâche calcul d'un parti qui spécule, comme toujours, sur la calomnie ; nous en sommes à nous demander si c'est bien notre nation qu'on veut représenter par ce tableau infâme.

« Et c'est ainsi qu'on espère rallier les esprits, calmer les passions et ramener la concorde et la paix au sein de la patrie déchirée ? »

Enfin le *National* tint à peu près le même langage que la *Réforme*, et l'on sait que le *National* était alors le journal semi-officiel du pouvoir exécutif.

« Il y a un parti qui veut faire croire aux empoisonnements, disait-il sous la date du 30 juin. On disait ce soir dans des groupes qu'un des jeunes gardes mobiles récemment décorés, avait été empoisonné au moyen d'un cigare qu'on lui avait offert. Cinq dragons seraient également morts du poison sur la place de la Concorde.

« Ces bruits sont sans aucun fondement. »

Ainsi les démentis les plus formels étaient donnés tous les jours et de toutes les régions aux nouvelles calomnies que les réactionnaires lançaient dans le public en suivant le système de Basile. Mais avant qu'on se fût livré aux investigations nécessaires, avant que les instructions commencées par la justice, avant que les rapports officielles et les notes insérées dans le *Moniteur* eussent pu faire connaître la vérité, ces bruits odieux n'en avaient pas moins été la cause d'une recrudescence d'arrestations, et de beaucoup de ces actes de justice expéditive auxquels les hommes et les enfants qui avaient le fusil à la main s'étaient si facilement habitués. Tant de jouraux affirmaient ces faits en les amplifiant, en les revêtant de toutes les formes que pouvait leur prêter l'imagination des rédacteurs; tant de gens avaient intérêt à répandre ces bruits, à leur donner toute la consistance nécessaire pour pouvoir être considérés comme vrais, qu'on ne doit pas s'étonner des déplorables succès qu'obtinrent encore les ennemis du peuple. Soit par méchanceté intéressée, soit par faiblesse d'esprit ou autre cause inhérente à la crédulité humaine, on ne rencontrait que des citoyens et des femmes affirmant avoir vu tomber des mobiles empoisonnés, certifiant les avoir relevés, secourus, conduits aux hôpitaux. La moindre indisposition naturelle que quelqu'un de ces jeunes soldats ressentit après avoir bu du vin ou de l'eau-de-vie (et ces vainqueurs en burent beaucoup trop après leurs fatigues), la moindre nausée d'indisposition, le moindre étourdissement que leur procurât l'excès du tabac, étaient aussitôt considérés comme des empoisonnements irrécusables; la foule entourait aussitôt ceux qui tombaient et ceux qui se tordaient à la moindre colique, et alors malheur à la vivandière ou au débitant qui leur avait versé le dernier verre (¹) !

(¹) Dans cette circonstance si critique pour elles, ces malheureuses vivandières furent en butte à toute sorte de mauvais traitements; toutes les feuilles de la réaction, y compris l'*Univers religieux*, les ayant accusées d'une foule d'empoisonnements. L'autorité elle-même les avait mises en état de suspicion légitime, et plusieurs chefs de corps avaient mis à l'ordre du jour la méfiance générale contre ces pauvres femmes. Tout le monde connaît l'histoire de cette vivandière accusée de vendre de l'eau-de-vie empoisonnée, et qu'on allait passer par les armes, lorsque deux représentants du peuple la sauvèrent en lui appliquant la loi du talion. L'un de ces représentants, le citoyen Sarrut, ne pouvant dompter l'exaspération de la foule, dit à cette malheureuse : « Si tu as empoisonné les défenseurs de la patrie, tu n'es pas digne de périr par le fer, mais par le poison ! Avale ta liqueur ! » Et la pauvre vivandière, dit un journal peu suspect, saisit avec empressement ce moyen de salut. Mise en liberté, après

Ce fut au milieu de l'exaspération produite par tous ces récits affreux, par toutes ces horribles accusations lancées contre les vaincus, que le citoyen Méaulle parut à la tribune pour présenter, au nom de la commission désignée *ad hoc*, le rapport si impatiemment attendu par le parti de la rigueur, sur le projet de loi de déportation. Toutes les tribunes publiques et privées étaient exclusivement remplies de gardes nationaux et de militaires de toutes armes. Les vainqueurs étaient donc tous présents à cette séance qui allait décider du sort de tant d'hommes dévoués à la cause de la révolution, du sort de dix mille familles, presque toutes infortunées : les vaincus y trouveront-ils quelques tièdes amis ! sera-t-il permis de parler de miséricorde !

Hélas ! la commission a déjà cru devoir être plus rigoureuse que le pouvoir exécutif : le projet du gouvernement a subi, entre les mains de cette commission, de graves modifications (¹) :

l'essai du poison, elle rejoignit le régiment de dragons auquel elle appartenait.

— « La cantinière Louise Davenne, qui avait accompagné le détachement de la garde nationale de Beauvais, racontait aussi le journal la *République*, faillit être victime des bruits d'empoisonnement répandus par la malveillance. Envoyée par ses compatriotes chez un marchand de liqueurs dont la maison était occupée par la garde nationale de Paris, et qui offrait ainsi toute sécurité pour le renouvellement de sa provision, elle tomba entre les mains d'autres gardes nationaux exaspérés par les récits qui circulaient. L'un d'entre eux lui posa le pistolet sur la poitrine. Heureusement pour cette femme, elle portait inscrit sur son chapeau ciré le nom de la ville de *Beauvais*. Un maréchal des logis du 2e de dragons l'aperçut lorsqu'elle se débattait entre quatre hommes qui voulaient lui faire un mauvais parti : ce militaire s'élança au milieu de ces furieux, en criant : « Je connais cette femme-là, elle est de Beauvais, je m'en charge. » Et il la reconduisit à son détachement.

On pourrait citer une infinité d'autres exemples des dangers que coururent les nombreuses cantinières à la suite des troupes. Et pourtant on n'a jamais pu parvenir à préciser un cas d'empoisonnement qui n'ait été irrécusablement démenti.

(¹) La commission saisie du projet de loi sur la déportation des insurgés, se composait des citoyens Stourm, Baroche, Bavoux, Vivien, Coralli, Méaulle, Jules Favre, Lignier, Billaut, Delouche, Nachet, Gustave de Beaumont, Laboissière, Rouher, Laboulie. La grande majorité y était évidemment réactionnaire.

elle a pensé qu'il fallait établir une différence entre les insurgés qui avaient été entraînés et ceux qu'on reconnaîtrait coupables au premier chef. Mais ne la félicitons pas, au nom de l'humanité, d'avoir établi ces catégories ! La sévérité du projet primitif n'y perdra rien ; la commission propose toujours la déportation, dans les possessions françaises autres que celles de la Méditerranée, pour tous les individus pris les armes à la main dans les derniers événements ; seulement elle distrait de ce commun des martyrs tous ceux qui auraient distribué de l'argent, exercé quelque commandement, en un mot, qui seraient reconnus avoir eu une influence quelconque sur l'insurrection ou sur les insurgés. Pour ceux-ci la déportation outre-mer est considérée comme une mesure trop douce ; ils devront être jugés par les conseils de guerre, qui, en vertu du code pénal, pourront les condamner aux peines infamantes les plus dures, depuis la détention jusqu'aux travaux forcés à perpétuité, jusqu'à l'échafaud ; car les conseils de guerre s'arrogeront le droit de rétablir la peine mort pour cause politique, si cette peine, abolie par la révolution de février, leur paraît avoir été encourue par quelques-uns des insurgés.

« Nous avons cru que dans une période révolutionnaire, dit le rapport, il fallait faire taire la légalité pour sauver la patrie, pour sauver la république ; nous avons cru qu'il fallait que la loi se tût, et que tous ces hommes qui ont déclaré la guerre à l'ordre fussent expulsés de la capitale dans l'intérêt de l'ordre, sans lequel il n'y a pas de liberté. Mais nous n'avons pu perdre de vue qu'il y a plusieurs degrés de criminels parmi les combattants : ceux qui n'ont été que des soldats ne doivent pas être traités comme chefs. Nous avons donc traduit devant les conseils de guerre ceux qui avaient commandé, et surtout ceux qui avaient distribué de l'argent. En cela nous avons accompli un devoir ; autrement on aurait dit : Vous n'avez pas le courage de *venger la patrie.* »

En écoutant ce rapport, que les réactionnaires de l'assemblée et des tribunes applaudirent vivement, un frisson mortel saisit les membres du côté gauche : ils virent la terreur blanche enveloppant la France entière. Quelques-uns demandaient la parole, lorsque le général Cavaignac se précipita à la tribune.

« Si j'ai bien compris le citoyen rapporteur, s'écrie-t-il, il semblerait que la commission s'est trouvée placée entre deux propositions extrêmes : l'une toute de modération, qui serait la sienne ; l'autre de rigueur, qui serait la mienne. Après les trois conférences qui ont eu lieu entre la commission et le pouvoir exécutif, je m'étonne d'entendre émettre cette assertion ; j'en appelle à tous les membres de la commission. L'assertion du rapporteur, que j'avais prescrit immédiatement des ordres sévères, m'étonne également. La résolution du pouvoir exécutif de traduire les insurgés devant la justice militaire n'est que l'exécution stricte de la loi. Je ne comptais pas monter à cette tribune, mais, puisqu'on m'y amène, eh bien, je le déclare, une expression se trouve dans le décret qui y a été introduite *après avoir consulté le pouvoir exécutif* (s'adressant au citoyen Méaulle, rapporteur), et je dois m'étonner, citoyen rapporteur, qu'on me prête une opinion qui n'est pas la mienne.... Nous faisons de l'histoire ; chacun de nous y joue son rôle, et ne doit porter la responsabilité que de ses actes et de ses paroles. Je suis disposé à croire que la mémoire du citoyen rapporteur le sert mal ; mais je dois insister ; car, dans l'histoire, une virgule mal placée a son importance.

« Je repousse donc de toutes mes forces, concluait le général Cavaignac, l'attitude que je déteste, l'attitude d'un homme qui se serait montré plus sévère que l'assemblée, que la nation tout entière. »

On devine l'effet qu'aurait produit dans toute autre circonstance une déclaration si explicite qui renvoyait aux impitoyables de la commission l'échelle ascendante de rigueur qu'offre son projet de décret. Le citoyen Méaulle se borna à répondre qu'on l'avait mal compris, qu'il n'avait pas attribué au chef du pouvoir ou à son influence les dispositions pénales aggravantes ; qu'il s'était attaché à indiquer les deux systèmes surgis au sein de la commission ; l'un légal, l'autre en dehors de la légalité.

— « Tout ce que j'ai proposé, interrompit brusquement le chef du pouvoir exécutif, *a été atténuation.* »

Or, il était facile de se convaincre que la majorité de la commission ne s'était nullement attachée à ces moyens atténuants ; au contraire, elle s'était montrée d'une excessive sévérité, et le laconisme du décret proposé par elle ne laissait pas même la place pour l'un de ces amendements qui ouvrent toujours accès à l'atténuation. Il n'était venu à la pensée d'aucun des rédacteurs de cette loi qui allait frapper en masse tant de pères de famille, tant de bons ouvriers, tant de citoyens français, qu'elle pût être adoucie de plusieurs degrés lorsqu'on l'appliquerait indistinctement et à l'insurgé qui avait gardé son fusil jusqu'au dernier moment, qui s'en était servi sans discontinuation pendant toute la durée de la lutte, ou bien à celui qui l'aurait déposé à la première lecture de la proclamation du général en chef, et encore à ceux arrêtés parce qu'on les aurait aperçus portant, de gré ou de force, leur contribution de pavés à la barricade en construction. L'équité voulait qu'une loi de l'importance de celle dont l'assemblée nationale était saisie, fît elle-même la part de toutes les circonstances atténuantes qui se présenteraient en foule, et surtout qu'elle s'expliquât franchement à l'égard de ceux des insurgés qui avaient renoncé à continuer la lutte à la suite de paroles de conciliation qui leur auraient été portées, ou en conformité de conventions conclues sous la foi des proclamations. Tous ou presque tous les ouvriers et insurgés quelconques du faubourg Saint-Antoine étaient dans ce dernier cas. Malgré les bulletins triomphateurs de quelques chefs, personne ne pouvait douter qu'ils n'eussent volontairement déposé les armes. Le vainqueur devait rigoureusement se montrer équitable envers ces derniers, s'il ne voulait pas mériter le reproche d'avoir confondu, par une même pénalité également rigoureuse, tous les degrés de culpabilité des hommes que sa loi allait punir extra-légalement.

Mais le rapporteur l'avait avoué ; le projet de décret n'avait ni ne pouvait avoir rien de légal, rien d'équitable ; il ne s'agissait pas de justice, il s'agissait de *vengeance*; et, sous prétexte de *venger la patrie*, les réactionnaires, tous les ennemis du peuple qui siégeaient à l'assemblée, voulaient ruiner à tout jamais la démocratie française, et, par elle, toutes les démocraties européennes.

Voyez quel empressement les membres réactionnaires mettent à voter cette loi, qui doit dépeupler les quartiers démocrates de la capitale de la république, et laisser aux royalistes le champ libre pour les prochaines élections ! « Le vote d'urgence! l'urgence! ne cessent-ils de crier. — « Votons sans désemparer, » clame le côté droit. » — Et lorsque le côté opposé demande qu'on ne saute pas à pieds joints sur toutes les prescriptions du règlement ; lorsqu'il demande, par l'organe de Martin de Strasbourg, que le rapport soit imprimé et distribué, le citoyen Baroche déclare la question tranchée par le vote qui a rejeté le renvoi dans les bureaux. C'est vainement encore que les citoyens Pascal Duprat et Flocon supplient l'assemblée, au nom de leur conscience, qui n'est pas encore éclairée, de prendre le temps moral pour méditer une pareille loi.

« L'ordre social a été menacé dans toutes ses bases, leur répondent des voix de la droite ; il est nécessaire de donner aux habitants de Paris, aux gardes nationaux, à la France entière, un gage de sécurité ; il faut le donner immédiatement. »

Et la majorité vote le renvoi de la discussion à une séance de nuit, qui commencera quelques heures après.

Lorsque la délibération fut reprise au milieu de la même affluence de gardes nationaux, le président venait d'apprendre la mort de l'archevêque de Paris et du représentant Charbonel, blessés tous deux, comme on sait, l'avant-veille à la Bastille. L'impression que produisit cette communication fut telle que bien des membres ôtèrent la parole au citoyen Sarrans, qui commençait à parler sur le décret : « Pas de discussion ! » s'écrient-ils. — « Puisque l'assemblée ne veut pas m'écouter, dit alors l'orateur, je renonce à la parole. » — « En présence de ce qui vient d'arriver à notre collègue, ajoutèrent d'autres membres du côté gauche, nous renonçons aussi à parler. »

Déjà l'on demandait que la délibération fût close, lorsque le citoyen Pierre Leroux parut à la tribune : on le laissa parler par curiosité plutôt que pour s'éclairer ; car le côté droit avait ses convictions formées à l'avance, et pour rien au monde il n'eût voulu laisser perdre une aussi belle occasion de frapper ses ennemis.

« Depuis trois jours, dit Pierre Leroux, nous vivons dans une sphère d'agitation. Des passions, toujours des passions, et pas un mot de religion, pas un mot d'humanité ! Ce n'est pas ainsi qu'une assemblée peut délibérer ; l'âme humaine ne saurait tenir à de pareilles émotions. Vous voulez faire des révolutions précipitées ? Permettez-moi de vous le dire, vous n'étudiez pas les questions.... Il n'y a pas moyen de parler sérieusement au milieu d'une assemblée qui ne montre pas de sagesse dans ses délibérations. »

A ces derniers mots, les réactionnaires se considèrent comme insultés, et insistent pour que l'orateur soit rappelé à l'ordre.

« Soit ! répond Pierre Leroux, la conscience n'a donc qu'à se taire.

« Il eût été cependant plus logique, que la commission d'enquête fît son rapport avant la présentation du décret ; car on a parlé de bonapartistes, de légitimistes, de bien d'autres encore, et nous sommes obligés de nous prononcer sans connaître les causes de cette terrible insurection.

« Il y a urgence, dit-on, soit ; mais du moins invoquons Dieu, et prions-le de nous guider en l'absence de la logique. Nous sommes obligés de délibérer sans savoir les causes. La commission d'enquête n'a pas fait son rapport, et nous sommes obligés de délibérer ! Oh ! citoyens, songez-y, songeons-y tous !

« Voyez combien ces questions sont graves. Il s'agit de juger sans juger. Mais au moins jugeons de la manière la plus clémente. J'ai lu dans la salle des conférences de belles paroles d'un monarque clément pour son peuple. Que la république ne se montre pas au-dessous d'un roi : l'Evangile vous commande la douceur, la mansuétude !

« On invoque toujours la nécessité ; il faut, dit-on, une mesure qui protége la société. Mais il faut que cette mesure soit un remède, et non pas une chose nuisible. Voyez cette fatalité qui pousse l'esprit humain ! voyez où en est la vieille Europe, et demandez-vous où est l'homme assez fort pour mettre un frein à la fureur des flots. Dieu seul le peut, et Dieu est miséricordieux !...... »

Le côté droit, qui avait déjà interrompu maintes fois ce qu'il appelait le sermon de Pierre Leroux, ne put plus contenir son impatience, lorsque cet orateur, abordant les questions politiques, se permit de dire que la république française devait durer, si on ne voulait pas retomber dans le chaos. A ces mots, la droite éclata avec tant de violence que l'orateur fut obligé de renoncer à la parole. La clôture ayant été prononcée, on passa à la discussion des articles. Le premier de ces articles était ainsi conçu :

« Seront transportés, par mesure de sûreté générale, dans
« les possessions françaises d'Outre-Mer, autres que celles de
« la Méditerranée, les individus actuellement détenus qui ont

« pris part à l'insurrection du 22 juin et jours suivants. »

La loi primitive, telle que l'avait proposée le chef du pouvoir exécutif, se trouvait toute dans les dispositions de cet article. Mais, ainsi que nous venons de le dire, la commission y avait ajouté un second article de la plus haute importance.

« L'instruction commencée devant les conseils de guerre,
« avait-elle dit, suivra son cours, en ce qui concerne ceux que
« cette instruction désignerait comme chefs, fauteurs ou insti-
« gateurs de l'insurrection, comme ayant fourni ou distribué
« de l'argent, exercé un commandement, ou commis quelque
« acte aggravant leur rébellion. »

On voit, par cette rédaction si simple, combien de précautions ceux à qui la transportation pure et simple ne suffisait pas, voulaient prendre pour qu'aucun insurgé influent ou réputé chef quelconque n'échappât aux douceurs de la juridiction militaire. Tout fut prévu par les réactionnaires, même le cas de la levée de l'état de siége. Ils se souvenaient qu'en 1832, la levée de l'état de siége avait sauvé plus d'un républicain. Ce fut donc pour qu'un pareil *scandale* ne se renouvelât plus, que le citoyen Lerembource fit ajouter au texte de ce second article, ces mots : « Nonobstant la levée de l'état
« de siége, » après ceux-ci : « L'instruction devant les conseils
« de guerre suivra son cours, etc. »

La loi de déportation ne fut point discutée sérieusement ; le citoyen Caussidière seul eut le privilége de parler contre les traitements réservés aux fondateurs de la république. Il le fit longuement, quelquefois avec bonheur, souvent en faisant crier les réactionnaires, qui demandèrent plus d'une fois le rappel à l'ordre de l'orateur.

Le citoyen Caussidière pensait qu'on devait aborder la question franchement, simplement, et sans se préoccuper des passions de telle ou telle légion qui avait souffert.

« Moi aussi je me rappelle avoir souffert, s'écria-t-il ; n'ai-je pas eu un frère percé de soixante-quatre coups de baïonnette et blessé de trois coups de feu ? on est venu s'acharner sur lui. Ai-je donc évoqué ces souvenirs ? n'ai-je pas vu mon pauvre père souffrir aussi toutes les douleurs de l'existence d'un honnête homme ? Eh bien ! je viens dire ici, en deux mots, qu'il est de la dignité de la haute législation que nous représentons, de ne pas faire droit aux passions effervescentes. Vous auriez tous des mécomptes. Ne nous hâtons point de voter, je vous en conjure, citoyens, respectons.....

— « Quoi ! » lui crie une voix.

— « Quoi ! reprend Caussidière, respectons la justice. Nous avons à trier ; il y a des coupables ; mais il y a aussi des hommes que vous frapperiez trop rigoureusement par les termes du décret proposé. Eh bien ! une bonne parole ce soir. Je ne vous demande pas l'amnistie ; elle est impossible. Je ne vous demande pas que justice ne soit point faite ; je vous demande, au nom de l'humanité, qu'on ne puisse pas dire : « Si vous « ne déportez pas ces hommes, on les assassinera ! »

« Citoyens, écoutez, reprenait Caussidière, après une vive interruption : Dans quinze jours, dans un mois, il n'y aura plus des insurgés ; il ne restera plus que des veuves, des orphelins qui se plaindraient : il y aura des pères de famille qui manqueront.

« Je ne veux pas faire pencher la balance, non plus, vers la clémence trop abusive peut-être, je le reconnais ; mais, citoyens, qu'on se rappelle qu'il y a quatre mois le peuple était omnipotent ; que celui qui pouvait avoir des vengeances à exercer était à la tête de ce peuple : il a tout mis, le peuple, dans le sac aux oublis ; il a tout précipité dans le fleuve du Léthé..... Ce n'est point en agissant sous le coup de la passion, fébrilement, injustement, stupidement qu'on recommande sa mémoire. Il est impossible, citoyens, d'avoir de la logique lorsqu'on est monté par la colère..... Notre mission n'est pas à coups de fusil ; elle est législative, vigoureuse. Rappelez-vous qu'il y aura des femmes, des enfants sans soutiens, livrés à toutes les horreurs de la misère ; rappelez-vous qu'il y a des hommes égarés.

« Dans tout ceci, concluait Caussidière, il y a une haute question de moralité. Après une victoire remportée énergiquement, vigoureusement, remontez aux sources ; prenez quarante-huit heures, s'il le faut, mettez ces hommes en sûreté ; personne n'ira les délivrer ; personne n'ira les assassiner. Ne croyez pas qu'il soit besoin de gardes ; il y a trop de loyauté dans la garde nationale ; il ne faut que le cœur des citoyens. Je ne me défie pas le moins du monde de telle ou telle légion ; les hommes de commerce, les hommes intelligents ne peuvent pas devenir féroces à un jour donné ; ils peuvent être colères, frapper dans la chaleur du combat, mais voilà tout....

« Je conclus en demandant qu'une commission émanant de l'assemblée nationale, soit constituée ; que chaque homme soit examiné dans ses œuvres ; qu'il puisse répondre catégoriquement s'il a été de son chef dans l'émeute, ou s'il y a été entraîné..... Nommez au moins parmi vous des délégués qui viennent assister à la déportation que vous voulez prononcer ; formulez un décret qui garantisse aux citoyens restants qu'il n'y aura pas une injustice, comme qui dirait un tas d'hommes jetés pêle-mêle sur des navires ; car ils ne sont pas tous coupables. »

Ce que le citoyen Caussidière demandait par la dernière partie de son discours était sans doute peu de chose ; mais c'était encore beaucoup trop pour les contre-révolutionnaires ; ils ne lui répondirent qu'en criant : Aux voix ! aux voix ! Cinq minutes après, le projet de loi était voté dans son entier.

A l'heure même où cette loi de vengeance était sanctionnée par la majorité de l'assemblée nationale, un événement affreux, sinistre augure du sort réservé aux vaincus, épouvantait la place du Carrousel en l'inondant de sang.

Un bataillon de gardes nationaux d'Orléans et du Loiret chargé de garder les prisonniers entassés aux Tuileries, venait de recevoir l'ordre de conduire à la caserne de la rue de Tournon un détachement de ces prisonniers. On forma aussitôt une escorte de quatre cents hommes, parmi lesquels se trouvèrent des gardes nationaux de Lille, de Cambrai, et même du département de l'Eure, dont beaucoup portaient la blouse : les prisonniers que l'on devait transférer étaient au nombre de deux cent-vingt. La supériorité de l'escorte armée fit, dit-on, négliger la *précaution d'usage*, celle d'attacher les mains derrière le dos aux insurgés. On se mit en route entre onze heures et minuit. La grande grille étant fermée, le convoi fut obligé de sortir par le guichet du pont National, et rentra sur la place du Carrousel après avoir remonté les quais jusqu'à l'autre guichet. La colonne marchait silencieusement : elle se dessinait au milieu des lumières, comme une masse noire, compacte, propre à attirer l'attention des nombreux postes de gardes nationaux. A la hauteur de l'hôtel de Nantes, un coup de feu que suivirent immédiatement plusieurs autres, parut dirigé sur la colonne ; des balles sifflèrent en l'air. Le convoi fit halte ; les coups de feu continuèrent. On riposta par un feu de peloton. Mais les coups sont mal dirigés au milieu de l'obscurité ; bien des hommes de l'escorte tombent pêle-mêle avec les prisonniers. Pour comble de confusion, les coups de feu de l'escorte atteignent aussi les postes de gardes nationaux des Tuileries et du guichet de l'échelle ; ceux-ci se croyant attaqués ripostent ; les fenêtres du pavillon de Flore se remplissent d'hommes qui font feu dans la direction du détachement d'escorte, qui de son côté se défend comme s'il était assailli d'ennemis. Cette lutte horrible dura assez longtemps pour faire de nombreuses victimes ; et quand on vint reconnaître le lieu de la scène, on marchait dans le sang, on foulait aux pieds des cadavres et des blessés. Ceux des prisonniers qui n'avaient pas été frappés s'étaient enfuis.

Mais l'alarme ayant été donnée à tous les postes des alentours, une centaine furent repris et conduits, avec les blessés, à l'ambulance ou dans les caveaux du Palais-National : deux ou trois furent même fusillés dans la cour de ce palais (¹).

Quand le soleil éclaira ce sombre tableau, il fut reconnu que ce triste épisode des journées de juin avait coûté la vie à six gardes nationaux, parmi lesquels se trouvait le commandant de Meung; que quarante-sept gardes nationaux avaient encore été blessés plus ou moins grièvement par des coups de feu; qu'il y avait eu en outre cinq adjudants du palais ou militaires attachés à l'état-major tués. Quant aux prisonniers, le nombre des morts dépassait de beaucoup celui des blessés connus; quarante-huit cadavres, la plupart achevés à coups de baïonnettes, furent enlevés du sol sanglant. Il y eut en outre dix-neuf blessés; soixante-dix environ avaient pu se sauver.

Pendant toute la journée, il ne fut question dans Paris que de l'affaire du Carrousel : elle fut complétement dénaturée par le parti contre-révolutionnaire. On accusa les prisonniers de s'être révoltés contre l'escorte, d'avoir terrassé la plupart des hommes qui la composaient en leur donnant des crocs-en-jambes, d'en avoir désarmé plusieurs et d'avoir ensuite tiré sur les imprudents qui, par humanité, avaient laissé aux insurgés la liberté de leurs actions. Les journaux de ce parti eurent une nouvelle recrudescence de fureur : les autres, ne pouvant démêler la vérité, se turent. Le *National* seul rendit un compte à peu près exact de ce lugubre événement, que l'on peut considérer comme l'épilogue du grand drame de juin.

(¹) Il faut lire les articles publiés dans la *Vraie République* par le citoyen Perdigon, l'un des blessés du Carrousel, pour se faire une juste idée de cette horrible boucherie d'hommes, et des traitements barbares auxquels furent exposés les prisonniers repris.

CHAPITRE VII.

Le général Cavaignac se démet de ses fonctions de dictateur. — Intrigues pour pourvoir au gouvernement. — La nuance du *National* fait de nouveau confier le pouvoir exécutif à ce général. — Conditions qu'y mettent les réactionnaires. — Démission en masse du ministère nommé par la commission exécutive. — On jette le linceul sur les restes du gouvernement provisoire et de la commission. — Le général Cavaignac, la garde nationale, l'armée, la mobile et les autres généraux ont bien mérité de la patrie. — Le chef du pouvoir exécutif désigne son ministère. — Il est formé d'hommes du *National*. — Les réactionnaires veulent repousser le fils de Carnot. — Remaniement. — Le citoyen Marie élu président de l'assemblée en remplacement du citoyen Sénard. — Proclamation au peuple français. — Qualifications que l'on y donne aux insurgés. — La terrible réalité. — Causes diverses de cette formidable insurrection. — Millions votés facilement le lendemain de la victoire. — La démocratie, saignée aux quatre membres, se montre encore vivace. — On se dispose à renvoyer chez eux les gardes nationaux accourus à Paris.—Revues du 28 juin et du 2 juillet.—Réflexions sur la présence de ces gardes nationales à Paris. — Vues qui dirigeaient le parti réactionnaire en les appelant. — Langage des feuilles royalistes des provinces. — Haines que ces feuilles portent à la ville de Paris. — Article furibond du *Courrier de la Gironde* contre cette ville. — Les royalistes travaillent à détacher les départements de la métropole. —Ils comptent sur les conseils généraux des départements. — Le gouvernement fait avorter ce complot.

A la fin de la longue et triste séance de nuit du 27, et au moment où fut votée la loi de déportation, aggravée par le renvoi devant les conseils de guerre de tous les insurgés exclus du bénéfice de la transportation en masse, le général Cavaignac, fidèle à ses engagements, était monté à la tribune pour s'y démettre des fonctions de chef du pouvoir exécutif qu'on lui avait confiées pour la crise.

« Il est indispensable, avait-il dit, qu'au moment où les circonstances qui avaient motivé votre confiance viennent de disparaître, l'assemblée, dans une situation calme, pourvoie à une situation calme elle-même.

« En conséquence, j'ai l'honneur d'informer l'assemblée que, demain matin, à l'ouverture de la séance, je remettrai en ses mains les pouvoirs qu'elle a bien voulu me confier.

« Citoyens représentants, avait ajouté le général après avoir entendu quelques murmures bienveillants, mon opinion est qu'il faut qu'une république soit jalouse de son pouvoir, et il est sage que chacun témoigne ici d'une manière bien nette et bien précise qu'il n'est pas jaloux de le retenir. »

Des applaudissements nombreux accueillirent ces paroles désintéressées et vraiment républicaines ; mais quelques voix avaient fait entendre ces mots : « C'est trop tôt, général. »

Une foule de membres, parmi lesquels se firent remarquer quelques vieux républicains, entourèrent le chef lorsqu'il se disposait à sortir, et l'engagèrent à retarder de quelques jours la remise de ses pouvoirs extraordinaires.

En effet, bien des représentants sincèrement démocrates se sentaient séduits par le noble langage que ce général avait fait entendre dans ses proclamations, et, ne pouvant faire prévaloir les grands principes à l'égard du gouvernement républicain, ils eussent encore mieux aimé avoir le fils du conventionnel pour chef provisoire du pouvoir exécutif, que courir les chances d'une élection que les opinions connues de la majorité eussent pu rendre plus dangereuses pour la cause de la démocratie et pour les libertés publiques.

Comme on le pense, le reste de la nuit ne se passa point sans intrigues à ce sujet. La nuance républicaine du *National*, le parti semi-girondin dont nous avons fait connaître les actes, et qui comptait diriger les affaires publiques sous le manteau du général, fit aboutir complètement dans son sens ce qu'on appelait la crise des portefeuilles. Il fut décidé que le général donnerait sa démission pour la forme ; mais qu'aussitôt après l'assemblée lui confierait de nouveau le pouvoir exécutif, avec le droit de nommer ses ministres, en dissimulant cette autorité si étendue sous le titre modeste de président du conseil sans portefeuille.

C'était exorbitant pour une république ; mais cela allait parfaitement aux habitudes monarchiques que bon nombre de représentants avaient contractées. Les républicains de la nuance du *National* devaient eux aussi trouver ces combinaisons excellentes ; car ils se montrèrent satisfaits d'un arrangement qui leur assurait la prépondérance dans les affaires publiques jusqu'à la proclamation de la constitution. Quant au parti révolutionnaire, il se sentait déjà impuissant au milieu de l'assemblée, à cause des défections qui l'avaient amoindri ; les circonstances dans lesquelles il se trouvait, ne lui permettaient pas d'ailleurs de s'opposer rigoureusement à ce qu'il pouvait à bon droit considérer comme une intrigue réactionnaire, comme un empiétement sur la souveraineté du peuple, de qui devait émaner tout pouvoir.

En effet, à ce dernier parti revenaient, au fond, tous le bénéfices de la transaction : il voulait bien appuyer le gouvernement du général Cavaignac et de ses amis, mais c'était à une condition qui aurait dû paraître fort dure aux anciens républicains de la rue Lepelletier : c'est qu'il ne serait plus question de la république démocratique fondée par le peuple et acclamée par le gouvernement provisoire, qu'on lui substituerait insensiblement la république honnête des modérés, et que l'on débarrasserait les abords du pouvoir de tous les vieux républicains dont s'était entouré ce dernier gouvernement, et surtout des agents de l'ex-ministre de l'intérieur, Ledru-Rollin.

Ce pacte honteux, conclu à quatre mois de distance de la révolution démocratique de février, fut accepté, assure-t-on, sans trop de répugnance par les hommes qui avaient déjà intrigué pour supplanter la commission exécutive (¹). On fit entendre au général Cavaignac que l'ordre ne régnerait jamais en France tant que les démocrates exaltés et leurs amis politiques auraient un pied dans l'étrier pour remonter au pouvoir; on lui prouva que la république qu'il fallait à la France n'était pas celle de l'anarchie, mais bien celle de l'ordre, et qu'il était urgent de remplacer les hommes *trop avancés*, les *exagérés*, les *utopistes*, par des hommes d'ordre, par ceux qui se désignaient eux-mêmes comme les meilleurs républicains possibles, comme des républicains honnêtes et modérés. Le général, à qui l'on montrait la sédition permanente chez les hommes aux doctrines perverses, aux doctrines tendant à détruire la propriété, la famille, la morale des nations; à qui l'on faisait peur des *nouveaux barbares*, consentit à ouvrir la porte aux anciens serviteur de la monarchie, et à repousser du pied ceux qui avaient renversé le trône et fondé la république de 1848. C'est là la faute capitale qu'on lui fit commettre, et qu'il commit sans répugnance, ne se doutant pas qu'il allait remettre tout en question, même la forme de gouvernement qui convient aux hommes libres, aux hommes de cœur et d'intelligence, le gouvernement qui l'avait lui-même tiré de la foule des généraux africains.

Quand tout fut ainsi arrangé contre la révolution et les révolutionnaires, sans s'inquiéter de l'avis de ces derniers, que l'on considérait comme les vaincus, on fit dire aux ministres

---

(¹) On lisait dans la *Réforme* du 30 juin les lignes suivantes extraites du journal l'*Union* : elles étaient propres à jeter un grand jour sur les manœuvres de l'Hôtel-de-Ville contre le Luxembourg.

« Une dépêche télégraphique de Paris, publiée par un journal algérien, l'*Akbar*, annonçait, en date du 15 juin, la démission de la commission exécutive, et son remplacement par MM. *Marrast, Berger* et *Cavaignac*. La lecture de cette dépêche, ajoutait l'*Union*, a produit une certaine sensation à l'assemblée, et il paraît qu'elle doit être le sujet d'interpellations. »

nommés par la commission exécutive que l'on allait se passer de leur concours. Une démission en masse, fut donc envoyée, le matin, au général Cavaignac, qui parut à la tribune dès l'ouverture de la séance.

« Citoyens représentants, dit-il, conformément à ce que j'ai eu l'honneur de faire savoir hier à l'assemblée nationale, je viens déposer entre vos mains les pouvoirs qu'elle avait bien voulu me confier.

« Il y a deux faits distincts ici : l'état de siège, qui doit être conservé, car il est encore indispensable, — et le pouvoir exécutif.

« Il faut que la direction de l'état de siège soit confiée à un pouvoir choisi après de mûres réflexions. — « Oui ! oui ! » s'écrie-t-on.

— « J'oubliais d'ajouter, reprit le général au moment où il descendait de la tribune, que le ministère m'a remis sa démission. »

C'était on ne peut plus cavalier. C'était presque enterrer tout vivant ce qui restait de la commission exécutive et des débris du gouvernement provisoire. Mais le citoyen Flocon protesta contre cette façon d'agir par quelques paroles qui, pour sentir le dépit, n'en furent pas moins dignes.

« Le ministère nommé par la commission exécutive, dit-il, se retirait avec elle, lorsque vous avez investi d'un pouvoir dictatorial le général Cavaignac ; il a demandé à rester parce qu'il pensait pouvoir rendre quelques services auprès de lui dans une crise dont le dénouement ne pouvait se prévoir alors, mais notre démission avait précédé celle du général Cavaignac. »

Et le linceul fut jeté sur le gouvernement provisoire, sur la commission exécutive et sur son ministère. Les vainqueurs avaient autre chose à faire que des compliments de condoléance à ceux qui sortaient. N'étaient-ils pas tous intéressés à connaître les heureux héritiers des derniers ministres ?

Le citoyen Sénard, qui présidait encore en attendant qu'il fût remplacé au fauteuil, commença alors par se rendre l'organe de l'assemblée en exprimant au général Cavaignac toute la reconnaissance que sa conduite avait inspirée. « Moi, qui l'ai vu à l'œuvre, ajouta-t-il, je sais avec quelle haute intelligence il a veillé aux grands intérêts qui lui avaient été confiés. »

Toute la salle ayant applaudi, le président proposa de déclarer que le général Cavaignac avait bien mérité de la patrie ; proposition qui fut accueillie par acclamation, ainsi que celle faite par le général lui-même de comprendre dans le décret l'armée, la garde nationale et les autres généraux dont les noms, disait-il, étaient dans toutes les bouches. Il fut décidé qu'un décret formulerait le sentiment de l'assemblée à ce sujet, et qu'on n'oublierait pas la mémoire du digne archevêque de Paris (¹). L'assemblée avait hâte d'arriver à la réorganisation qui intéressait tant de monde.

Ce fut d'abord le contre-révolutionnaire Bonjean qui proposa à l'assemblée de nommer elle-même le pouvoir exécutif, ou bien, ajouta-t-il, de *prier le général de vouloir bien le conserver* (²). — Oui ! oui ! s'écrie-t-on. — Encouragé par la majorité, le citoyen Bonjean proposa donc formellement de décréter que le général Cavaignac était nommé président du conseil des ministres, et qu'il nommerait lui-même son ministère.

(¹) Cette dernière proposition fut, le soir même, formulée ainsi :

« L'assemblée nationale regarde comme un devoir de proclamer les sentiments de religieuse douleur que lui ont fait éprouver le dévoûment et la mort héroïque de M. l'archevêque de Paris. »

(²) Lorsque les girondins proposèrent à la Convention de *prier* le ministre Roland de conserver son portefeuille, ils excitèrent une violente tempête. Les conventionnels, qui sentaient leur dignité, se refusèrent à cette invitation ; et Roland, compromis ainsi par la maladresse de ses convives habituels, se vit obligé d'opter entre le portefeuille de l'intérieur et sa place à la Convention. Sa femme, qui s'était habituée à avoir autour d'elle une sorte de cour, ne put se décider à sortir du ministère.

Quelques voix ayant dit alors que la proposition était divisible, le président invita ces membres à expliquer leur opinion.

« La proposition est, selon moi, très-divisible, s'empressa de répondre le citoyen Portalis. Tous les membres de cette assemblée pensent qu'il faut conférer au général Cavaignac le pouvoir dont il a si noblement usé ; mais ce que nous demandons c'est une consécration qui rende le pouvoir du général Cavaignac plus fort. On nous a dit que nous faisons de l'histoire ; faisons aussi du gouvernement. Vous ne voulez pas sans doute qu'il y ait dans huit jours une opposition sur nos bancs. Il faut donc faire un ministère durable, et par conséquent consolider la république. »

Ceux qui avaient tout arrangé continuèrent à s'opposer à la division, dans la crainte que la seconde partie de la proposition Bonjean ne fût repoussée. Cependant ils furent obligés de se soumettre à ce double vote, le citoyen Dufaure et le président lui-même ayant déclaré que la division était de droit. Mais leurs craintes furent chimériques, car ces deux paragraphes furent votés à la même unanimité.

Les choix du général Cavaignac ne se firent pas attendre longtemps ; dès la reprise de la séance il les fit connaître à l'assemblée. Le citoyen SÉNARD était nommé ministre de l'intérieur, le citoyen BASTIDE était chargé des affaires étrangères, le citoyen TOURRET prenait le portefeuille du commerce, le citoyen RECURT passait aux travaux publics, le général LAMORICIÈRE avait le ministère de la guerre, l'amiral LEBLANC celui de la marine, le citoyen BETHMONT remplaçait l'ancien ministre de la justice, le citoyen GOUDCHAUX acceptait pour la seconde fois le portefeuille des finances, et enfin le citoyen CARNOT conservait l'instruction publique et les cultes.

Le ministère était donc formé d'hommes du *National* ou à peu près de la même nuance, ce qui ne satisfit que bien médiocrement les réactionnaires ralliés ; la conservation du portefeuille au fils du conventionnel Carnot leur paraissait surtout une monstruosité contre laquelle ils s'élevèrent de toutes leurs forces ; peu s'en fallut qu'ils ne cherchassent à contester au chef du pouvoir exécutif le droit qu'on venait de lui conférer. Et comme le citoyen Sarrans fit observer que ce droit n'admettait point de contrôle, on entendit des voix du côté droit s'écrier que l'assemblée ne s'était point désaisie de la faculté d'exprimer son opinion. Un autre genre de guerre fut fait encore à ces nominations : le citoyen Vezin mit en question s'il était permis d'aller chercher un ministre hors de l'assemblée ; il soutint qu'une pareille manière de procéder n'était pas dans les habitudes du parlement. Ainsi on en revenait déjà aux usages monarchiques. La séance fut tellement agitée que le président dut suspendre très-longtemps la délibération.

Le lendemain, il fallut opérer un nouveau remaniement ministériel. L'amiral Leblanc n'ayant pas voulu accepter l'honneur que lui avait fait le général Cavaignac de le placer dans son conseil, il devint nécessaire de transformer en ministre de la marine le citoyen Bastide et de remplacer ce dernier aux affaires étrangères par le général Bedeau ; mais la blessure de ce général ne lui ayant pas permis de remplir ces fonctions délicates, on les laissa à l'ex-rédacteur en chef du *National*. Ainsi furent réglées ces affaires de ménage, comme disait un journal démocrate, en faisant observer que cette fois du moins les avocats n'avaient pas tout pris, puisqu'on trouvait jusqu'à trois épées africaines dans ce ministère.

Il ne restait plus qu'à remplacer le nouveau ministre de l'intérieur au fauteuil de la présidence. Le citoyen Sénard, de l'aveu même de la *Réforme*, avait rempli ses fonctions de président non-seulement avec intelligence, mais même avec impartialité, ce qui est beaucoup plus rare encore dans les mauvais jours. Il allait donc laisser un vide. Son fauteuil, convoité par les hommes influents des deux partis en dehors de la montagne, fut donné, par une majorité composée de la nuance du *National* et des anciens libéraux, à M. Marie, non pas précisément comme à l'un des membres les moins révolutionnaires du gouvernement provisoire et de la commission exécutive, mais toujours comme appartenant à ce qu'on appelait la *Dynastie du National.* « Si la victoire de M. Marie sur son concurrent, M. Dufaure, n'est pas grande, disait à ce sujet un journaliste républicain de la veille, elle n'en a pas moins une certaine signification. » Elle expliquait du moins comment hors du giron du *National* on n'était plus rien dans la république de février.

Avant de quitter le bureau, le citoyen Sénard soumit à l'assemblée le projet de proclamation au peuple français dont elle lui avait confié la rédaction. Ce projet, qui fut accueilli avec enthousiasme et voté d'emblée, ne différait pas essentiellement de la première proclamation adressée aux insurgés, proclamation que le général Cavaignac avait dû adoucir par les siennes. On y retrouvait jusqu'aux mêmes qualifications : cela se conçoit ; on parlait maintenant à des battus.

« L'anarchie est vaincue, y disait-on ; Paris est debout et
« justice sera faite. Honneur au courage et au patriotisme de
« la garde nationale de Paris et des départements ; honneur à
« notre brave et toujours glorieuse armée, à notre jeune et
« intrépide garde mobile, à nos écoles, à la garde républicaine
« et à tant de généreux volontaires qui sont venus sur la brè-
« che pour la défense de l'ordre et de la liberté.

« Tous, au mépris de leur vie et avec un courage surhu-
« main, ont refoulé de barricades en barricades et poursuivi
« jusque dans les derniers repaires ces *forcenés qui, sans prin-*
« *cipes, sans drapeau, semblaient ne s'être armés que pour le mas-*
« *sacre et le pillage.*

« Familles, institutions, liberté, patrie, tout était frappé au

« cœur, et sous les coups de ces nouveaux barbares, la civili-
« sation du XIXᵉ siècle était menacée de périr.

« Mais non, la civilisation ne peut point périr ! Non, la répu-
« blique, œuvre de Dieu, loi vivante de l'humanité, la répu-
« blique ne périra pas. Nous le jurons pour la France tout
« entière, qui repousse avec horreur *ces doctrines sauvages*, où la
« famille n'est qu'un nom et la propriété le vol. Nous le jurons
« par le sang de tant de nobles victimes tombées sous des
« balles fratricides.

« Tous les ennemis de la république s'étaient ligués contre
« elle dans un effort violent et désespéré. Ils sont vaincus, et
« désormais aucun d'eux ne peut tenter de relever leur san-
« glant drapeau.....

« Français, unissons-nous donc dans le saint amour de la
« patrie ; effaçons les dernières traces de nos discordes civiles ;
« maintenons fermement toutes les conquêtes de la liberté et
« de la démocratie (¹). »

La majorité, ou plutôt l'unanimité, car le côté gauche se
trouvait alors paralysé, accueillit cette proclamation avec enthousiasme, quoiqu'on y parlât de la république comme de la

---

(¹) Pour donner une idée de la manière dont le côté qui se considérait comme
vainqueur entendait maintenir toutes les conquêtes de la liberté et de la démocratie, nous rappellerons que, dans la même séance où cette proclamation fut lue
et adoptée, un député du nom de Rémilly, proposa à l'assemblée de demander à
son comité de législation :

1° Un projet de décret contre les sociétés secrètes ;
2° Un projet de décret pour réglementer les clubs ;
3° Un projet de décret contre les barricades ;
4° Un projet de décret contre l'affichage ;
5° Un projet de décret sur les journaux politiques et sur la liberté de la presse ;
6° Un projet de décret contre le non armement des citoyens qui ne faisaient
pas partie de la garde nationale, etc., etc.

Tout cela paraissait bien innocent ; mais on aurait facilement fait dire à ces
décrets beaucoup plus qu'ils ne semblaient comporter.

loi vivante et immortelle de l'humanité ; les réactionnaires, semblables aux jésuites, savaient bien *in petto* à quelle république ils appliquaient cette phrase. Pour le public à qui s'adressait cette pièce officielle, c'était parler un langage de convention que de qualifier les insurgés de *nouveaux barbares*, ne prenant les armes, comme les sauvages, que pour *massacrer, piller et incendier*. Mais à côté de ces grands mots, ressassés par tous ceux qui détestaient les travailleurs, les révolutionnaires, le peuple de Paris, il y avait, pour les hommes capables d'appréciation, la terrible réalité, et cette réalité, que rien ne pouvait changer, se présentait comme un immense élan de l'énergie populaire, élan criminel, sans doute, puisqu'il avait été dirigé contre le gouvernement issu du suffrage universel et contre la représentation nationale qui en émanait également, mais qui eût, à coup sûr, changé de caractère et obtenu d'autres résultats s'ils se fût produit contre un gouvernement imposé par la ruse ou par la force, comme l'élan d'affranchissement et de fraternité qui accomplit d'un souffle la révolution de février.

Que si nous remontions aux causes de cette formidable insurrection, nous les trouverions exposées en peu de lignes dans un écrit que les journées de juin ont fait éclore.

« Oui, s'écrie l'auteur de cet opuscule, c'est parce que la révolution de février fut à la fois politique et sociale, et peut-être encore plus sociale que politique dans ses profondeurs populaires ; c'est parce que le programme de cette révolution n'a pas été réalisé ; c'est parce que s'est produite une réaction des vieilles idées économiques contre les vivifiants principes de la solidarité, de l'égoïsme contre la fraternité, du chaos dans la production contre l'ordre dans l'industrie, du monopole des instruments du travail contre l'équitable répartition du *savoir* et du *pouvoir* ; c'est parce que, dans les essais de réformes sociales tentés par la révolution, tout n'a été qu'impuissance et déceptions, qu'un jour est enfin venu ou quelques-uns des éléments révolutionnaires de février se sont levés pour revendiquer cette partie méconnue, suivant eux, du contrat synallagmatique de l'Hôtel-de-Ville..... »

Nous ajouterons que d'autres causes non moins puissantes déterminèrent cette formidable insurrection qui restera dans l'histoire comme le monument de la plus audacieuse résolution qu'un peuple ait jamais puisée dans lui-même.

Le peuple parisien, avec son admirable instinct et sa haute intelligence, voyait depuis quelque temps les immortels principes des droits de l'homme compromis par les divisions intestines du gouvernement provisoire et par la faiblesse de la commission exécutive ; il avait parfaitement apprécié le résultat des élections générales, et la marche rétrograde que la réaction imprimait impunément à la révolution, était devenue l'objet de son attention la plus constante. L'abandon de la Pologne et des autres peuples levés contre leurs oppresseurs à l'exemple et à l'instigation de la France, lui paraissait une détermination pusillanime, honteuse et indigne de lui-même : il ne comprenait pas comment, après avoir stigmatisé si vigoureusement la politique égoïste du vieux roi Louis-Philippe, les anciens libéraux semblaient prendre à tâche de l'imiter quand la nation était devenue libre de ses mouvements sympathiques au dehors. Ne sachant à qui s'en prendre de tant et de si poignantes déceptions, ce peuple, essentiellement démocrate et socialiste, s'était cru trahi, et avait retiré sa confiance aux hommes qui, s'étant placés à la tête de la révolution pour activer son cours naturel, semblaient faire cause commune avec ceux qui voulaient l'enrayer. Voyant grandir le mal chaque jour, et n'espérant plus trouver le remède dans l'exercice régulier du suffrage universel et direct, depuis que l'ignorance et la calomnie avaient tourné la plupart des habitants des campagnes contre la sainte cause de la liberté, le peuple de Paris ne prit conseil que de lui-même ; et mettant à profit les douloureuses circonstances qui accablaient les travailleurs, il voulut saisir l'occasion que les réactionnaires de l'assemblée nationale lui fournissaient eux-mêmes pour renverser un gouvernement qui, selon lui, laissait périr la république, lorsqu'il avait encore la possibilité de la sauver. Le peuple savait que les moments donnés dans l'histoire du monde pour régénérer la société sont rares ; que, si on ne saisissait pas d'un bras vigoureux les rênes de la révolution de février, cinquante années de tyrannie et de guerres civiles désoleraient de nouveau la France : il voulut les prendre dans ses mains ; et, pour y arriver, il recommença la lutte de juillet 1830 et de février 1848. Habitué à accomplir facilement les révolutions qui n'exigeaient que du courage, habitué à renverser les gouvernements qui ne tiennent à la nation que par la crainte qu'ils inspirent, le peuple parisien ne comprit pas que le succès devenait impossible contre le gouvernement issu du suffrage universel, contre des légions déployant, comme lui, le vieux drapeau de la liberté, contre des soldats et des chefs combattant aussi au nom de la république.

Mais aurait-il fait ces réflexions que son parti n'en eût pas moins été irrévocable : la corde, comme on dit, était trop tendue ; la situation n'était plus tenable pour les démocrates et les ouvriers ; ne pouvant plus vivre en travaillant, ils se mirent à crier : du *pain ou du plomb !* Le pain leur étant refusé par ceux qui poussaient à la dissolution immédiate des ateliers nationaux, le peuple se retira derrière les barricades et y fondit des balles fratricides !

Ah ! si les réactionnaires, dont la conduite fut, ainsi que nous l'avons démontré surabondamment et irrécusablement, provocatrice et coupable de lèse-humanité, avaient voulu consacrer au soulagement de la misère du peuple, la *centième* partie des millions que va coûter à l'État leur victoire de juin ; s'ils eussent fait entendre en temps opportun quelques-unes des bonnes paroles adressées trop tard aux insurgés, nul doute que les rues de Paris n'eussent jamais été arrosées de tant de sang français, de sang citoyen (¹).

Le lendemain de la victoire, ces mêmes comités de l'assemblée qui se sont montrés si parcimonieux lorsqu'il s'agissait de voter quelques centaines de mille francs si nécessaires pour sustenter les cent mille travailleurs forcément embrigadés dans les ateliers nationaux, ces comités qui, pendant la lutte, ont voté d'urgence *trois millions* de secours publics à ceux qui manquent de pain, s'empressent, le lendemain, de donner de nouveau *trois millions*, dont *deux millions* destinés à secourir les gardes nationaux blessés en combattant l'insurrection, et *un million* pour faire face aux dépenses de nourriture pour les gardes nationaux que leur dévoûment a poussés à Paris; et ce, sans compter *un million* accordé par anticipation aux gardes mobiles. Bientôt il faudra voter des millions pour les dépenses des casernements provisoires de l'armée de cinquante mille soldats qui doit garder Paris ; puis viendront les millions pour remplacer les munitions de guerre consommées; puis encore, les millions pour les conseils de guerre, leurs prisons préventives et la nourriture de 12 à 15,000 citoyens qui y séjourneront plus ou moins longtemps ; puis encore les millions que va coûter le transport des déportés jusqu'aux ports de mer, et les millions destinés à les empêcher de mourir de faim ; puis enfin les autres millions que le ministre de la guerre demandera pour une autre déportation, celle des colons que l'on va jeter en Algérie, toujours pour en débarrasser la ville de Paris. Le calculateur qui pourra compulser les divers budgets ordinaires et extraordinaires de tous les départements ministériels

---

(¹) Nous hasardons ici cette expression qui ne sera aux yeux des puristes, qu'un barbarisme. Nous dirons cependant que nous l'avons trouvée en grand usage parmi les bons auteurs italiens. Palamède dit à Lysandre : « Nos lauriers, teints de sang citadin pèsent à nos fronts et nous rendent honteux. »

de la république, sera bien étonné en voyant le total des millions coûtés à la France par la victoire de l'ordre sur les démocrates parisiens, lorsque deux à trois millions auraient suffi pour prévenir cet immense désastre. Il le sera bien davantage quand ses investigations lui auront appris que cette démocratie de la capitale, ainsi saignée aux quatre membres, et que la victoire de juin devait écraser à jamais, donnait encore, quelques mois après, cent trente mille voix à ses candidats !

En ce moment, l'assemblée nationale et le pouvoir exécutif sont d'accord pour renvoyer le plus promptement possible ces nombreux gardes nationaux venus de toutes parts afin de partager les dangers et la gloire des légions parisiennes, ainsi que ceux non moins nombreux qui arrivent encore journellement par toutes les routes, et dont les abords de l'assemblée nationale sont littéralement encombrés. Un décret rendu à cet effet avait préalablement ordonné qu'une grande revue, où tous les détachements de ces gardes nationales défileraient sous les yeux de l'assemblée et du pouvoir exécutif, aurait lieu le plus prochainement, et cette grande revue se trouva fixée pour le 28 juin.

Ce jour-là, le président, les vice-présidents et les secrétaires de l'assemblée nationale, suivis de la presque totalité des représentants, décorés de leur écharpe, s'étaient rangés, dès huit heures du matin, devant la grille du palais qui fait face à la place de la Révolution. Le général Poncelet, à cheval et entouré d'un nombreux état-major, avait pris position en face des représentants du peuple. Les gardes nationales des départements couvraient le quai des Tuileries, la place et une partie des Champs-Élysées. Quarante à cinquante mille hommes (d'autres relations disent cent mille) [1] étaient ainsi réunis des divers points de la France.

---

[1] Il y avait évidemment une grande exagération dans ce dernier nombre : en effet, si l'on se rend compte que cent trente-sept communes seulement étaient

Le défilé, commencé aussitôt, offrit, pendant plus d'une heure, le spectacle le plus extraordinaire. Chaque bataillon, chaque détachement, ayant à sa tête ses chefs, ses tambours, et souvent le maire de la commune, arrivait en bon ordre sur le pont, s'arrêtait un instant devant la représentation nationale, qui saluait le drapeau de chaque corps, et, faisant une conversion à droite, se déployait sur le quai d'Orsay, pour aller repasser la Seine au pont des Invalides. En défilant sur le front des représentants, les gardes nationaux faisaient entendre le cri de vive l'*assemblée nationale*, auxquels bien des corps ajoutaient celui de *vive la république !* (¹). En général les compagnies d'artillerie et de sapeurs étaient en uniforme et se faisaient remarquer par leur bonne tenue ; mais, à l'exception des gardes nationaux appartenant aux villes, les autres compagnies offraient, ainsi que nous l'avons déjà dit, une grande diversité de costumes les plus variés : beaucoup étaient en blouse, sans autre distinction des hommes de travail qu'une ceinture et une large bordure.

Bientôt ces gardes nationales regagnèrent leurs foyers, emportant comme souvenir de cette solennité, un drapeau donné par la représentation du peuple.

Mais comme le mouvement d'impulsion vers Paris ne s'était point encore arrêté, et que d'autres volontaires des milices départementales, en retard par le défaut de transport ou à cause

représentées à la grande revue, et si l'on calcule la faiblesse numérique des plus forts détachements de volontaires, on arriverait difficilement à compléter même les cinquante mille. Nous publions, aux pièces justificatives, la liste de ces cent trente-sept villes ou communes, telle que nous la trouvons dans un recueil.

(¹) L'auteur de la brochure la plus complète sur les journées de juin, M. l'avocat Pagès-Duport, dit seulement que le défilé eut lieu aux cris mille fois répétés de *Vive l'assemblée nationale !* Quoique la réaction dominât évidemment dans ce renfort accouru à la défense de l'ordre, il est impossible qu'il y ait eu unanimité sur ce point. Bien des gardes nationaux des départements étaient d'anciens patriotes, qui croyaient avoir fait preuve de zèle en faveur de la république.

des distances, continuèrent à débarquer de tous côtés, on se vit dans la nécessité d'organiser une seconde revue pour le 2 juillet. Ce jour-là, les gardes nationales arrivées depuis le 28, défilèrent sur la place de la Révolution, en présence du général Cavaignac et d'une grande partie de la représentation nationale. On remit à chaque détachement un drapeau et des exemplaires du décret portant qu'ils avaient bien mérité de la patrie.

Insensiblement tous ces gardes nationaux se mirent en route pour rentrer dans leurs foyers ; il ne resta plus à Paris que quelques chefs et ceux des volontaires qui avaient eu un double but en accourant à Paris.

C'était la troisième fois, depuis la révolution de 1789, que les départements avaient envoyé à Paris des gardes nationaux : la première fois, pour assister à la grande fédération, la seconde, pour former le camp des vingt mille hommes ; la troisième pour combattre l'insurrection *sans drapeau*, comme le disait M. Sénard. Dans les deux premières circonstances, l'arrivée des volontaires de tous les départements servit à resserrer les liens qui rattachaient les quatre-vingt-trois fractions de la France en un seul tout, et à rendre plus forte encore l'*unité* indivisible votée par l'assemblée constituante.

Des vues bien différentes dirigeaient les meneurs de l'assemblée nationale et les journalistes qui les soutenaient, lorsqu'ils appelaient à Paris, en 1848, les gardes nationaux volontaires des départements.

Une sorte de conspiration contre la ville qui chasse les dynasties existait depuis longtemps : elle avait pour chefs les députés anciens *conservateurs* de quelques villes du midi. Son organe avoué était le fameux journal réactionnaire le *Courrier de la Gironde*, et cette feuille ne laissait perdre aucune occasion, surtout depuis la révolution de février, de peindre Paris sous les couleurs les plus noires, et comme exerçant la plus intolérable tyrannie sur les départements. Pendant et après le combat, le langage de certains journaux royalistes publiés dans les provinces ne l'avait point cédé en violence ni en provocations aux feuilles réactionnaires de Paris ; chacun de ces journaux s'efforça de gagner ses éperons en amplifiant encore les traits odieux répandus par ses amis de Paris, ou bien par quelque insinuation des plus malveillantes contre les démocrates de la capitale. Ce furent ces plumes trempées dans le fiel qui annonçaient par avance l'arrestation des chefs de la démocratie : l'une d'elles, n'épargnant pas même les modérés de la commission exécutive, avait donné comme certaine la nouvelle suivante : « On assure que, dès le 24, MM. Ledru-Rollin et Lamartine auraient été victimes de la fureur populaire ; on se serait emparé de leur personne, ajoutait charitablement cette feuille honnête et modérée, et *ils auraient été traînés dans le ruisseau.* »

Mais rien n'égalait la haine furibonde que le *Courrier de la Gironde* exhalait par tous ses pores lorsqu'il s'agissait de Paris ou des républicains de Paris. Tous les efforts de ses rédacteurs et de son patronage ne tendaient qu'à un seul but, celui de détacher les départements de la capitale : c'était là le vœu constant que ce journal et ses amis de Paris émettaient sans réserve.

Or, l'occasion de la lutte terrible qui s'était engagée au milieu de la ville maudite par les royalistes leur parut on ne peut plus favorable pour lui enlever cette suprématie qui lui soumettait le reste de la France. Les meneurs *fédéralistes* se donnèrent la main de toutes les villes, et plusieurs d'entre eux vinrent à Paris avec les volontaires de la garde nationale, choisis parmi l'élite des hommes dévoués aux anciennes traditions. Les conciliabules des ennemis de Paris commencèrent alors dans les murs même de cette ville, à côté de la salle où siégeait la représentation nationale, si divisée d'opinions.

Ce fut en ce moment qu'on lut, dans le *Courrier de la Gi-*

ronde, l'article suivant, propre à révéler les mystères de la conspiration fédéraliste :

« Paris, la VILLE INFAME, la Gomorrhe moderne, la *source de
« toutes nos calamités et de toutes nos misères*, Paris est en feu!...
« les *départements de la France ne secoueront-ils pas un jour ce
« joug absolu et odieux?*... Paris n'est plus la France; Paris
« n'est plus la nation. Paris a été sauvé le 16 avril et nous a
« donné l'*infamie*; Paris a été sauvé le 15 mai ; il nous a
« donné la misère, le trouble, la trahison, la guerre civile, la
« *dictature!* »

L'audace, le cynisme de ce langage, joint à tout ce que le gouvernement put savoir ou deviner des manœuvres employées pour brouiller les départements de la France avec son centre et son cœur, le forcèrent de porter son attention sur ces coupables intrigues, dont le foyer principal, jadis à Bordeaux, avait été momentanément transporté à Paris même par la présence d'une foule de chefs et de volontaires des gardes nationales. Le gouvernement resta convaincu que rien n'était plus vrai que cette conspiration fédéraliste; il put se convaincre de sa gravité par les rapport qu'il reçut de toutes parts. Il ne s'agissait de rien moins que de rompre les liens par trop intimes, disait-on, et trop resserrés qui liaient les départements à la capitale; de soustraire ceux-ci à l'influence pernicieuse et révolutionnaire de cette ville, qui imposait sa volonté et jusqu'à ses caprices à tant de millions de citoyens gémissant sous le joug, et de fonder une sorte de gouvernement fédératif, dont chaque fraction eût été souveraine en matière administrative et financière.

Pour faire réussir ce plan, on comptait sur les conseils généraux des départements, composés encore d'aristocrates réactionnaires, unis entre eux par la haine commune qu'ils portaient à la ville du 24 février. Beaucoup des membres de ces conseils généraux avaient déjà été sondés à ce sujet; on s'était assuré du concours de leur influence locale. On croyait le gouvernement de la république trop maîtrisé par les circonstances, trop affaibli par les attaques incessantes dont il avait été l'objet de la part de tous les organes du royalisme, pour qu'il pût [empêcher la réalisation du rêve des ennemis de Paris, des ennemis de sa population démocratique et de la république. Le gouvernement n'eut pas besoin de beaucoup d'efforts pour déjouer ce complot, qui ne tendait à rien moins qu'à priver la France de cette tête qui conçoit et dirige, de ce cœur qui renvoie par tous les artères la vie politique à toutes les sections, à tous les membres du corps social, de ce grand foyer qui anime et éclaire tout ce qui ressent, de loin comme de près, son action vivifiante et salutaire.

CHAPITRE VIII.

Suites déplorables de la guerre civile. — Prisonniers passés par les armes derrière l'Hôtel-de-Ville. — Tribunal composé pour les juger. — Caveaux de l'Hôtel-de-Ville. — Détails affreux acquis aux débats. — Exécutions de la place Saint-Jean, de la rue du Roi-de-Sicile, de la rue de Jouy, de la rue Cloche-Perche. — Fusillades de l'Ave-Maria, de la rue Saint-Paul, de la rue Saint-Antoine et de l'Arsenal. — Prisonniers immolés dans le quartier Popincourt et dans les casernes Saint-Martin et Poissonnière. — Quels sont les vrais coupables de ces actes d'inhumanité. — Mots affreux. — Le mal était préconçu. — Traits d'humanité recueillis çà et là. — Le capitaine Guindorff. — La barrière Ménilmontant et celle des Trois-Couronnes. — Impuissance de quelques hommes à s'opposer au torrent furieux. — Débordement des mauvaises passions sans exemple. — Nouvelle série de calomnies inventées par la presse réactionnaire. — Le Jardin des Plantes. — Contes stupides. — La postérité ne pourra jamais croire à tous les moyens employés par les réactionnaires pour semer l'irritation, la défiance, la peur et la haine. — Signaux télégraphiques de nuit. — Croix rouges et vertes aperçues sur les portes des maisons. — Incendie, pillage. — Boulettes incendiaires et poudre inflammable. — La *Réforme* attaque la conspiration de la calomnie. — Rappel à la fraternité.

Nous avons passé l'éponge, autant que nous l'avons pu, sur le massacre des prisonniers pendant la bataille ; beaucoup de ces exécutions n'étant connues que vaguement, nous n'eussions jamais osé les présenter comme certaines.

Mais tant d'autres encore ont rougi le pavé de Paris, même après le combat ; tant et de si nombreux attentats contre l'humanité ont été dénoncés par des témoins irrécusables, qu'ils sont devenus du domaine de l'histoire. Il faut donc en parler encore.

Et pourtant nous eussions voulu ne plus revenir sur ces néfastes journées ; nous sentions le besoin de laisser respirer un moment ceux qui, dans l'avenir, liront la relation de ces malheurs publics, accumulés sur la patrie par quelques heures aussi fécondes en calamités que plusieurs siècles. Mais il nous reste aussi à faire connaître les suites de cette guerre civile, suites non moins déplorables que la lutte fratricide elle-même. Ne pouvant faillir à la tâche que nous nous sommes imposée, nous essaierons de la rendre moins pénible pour nous en laissant parler eux-mêmes nos devanciers.

« On s'explique difficilement, dit une relation des journées de juin (1), comment le quartier de l'Hôtel-de-Ville, où commandait le général Duvivier, constamment opposé à l'exécution des prisonniers, où se trouvait M. Flottard, qui exposa plusieurs fois sa vie pour en sauver quelques-uns, où M. Marrast aimait mieux laisser les prisonniers entassés que de les confier à la garde nationale ou à la mobile ; on s'explique difficilement comment ce quartier fut l'un de ceux où l'on massacra le plus de prisonniers.

« Il paraît, ajoute la même relation, qu'on avait établi une sorte de tribunal composé d'officiers supérieurs, qui jugeait les prisonniers à mesure qu'on les amenait (2). Ils étaient conduits à l'interrogatoire au milieu des plus mauvais traitements. On avait fait plusieurs catégories : tous ceux qui avaient les mains noires étaient condamnés à mort par ce tribunal ; le mot d'ordre était : *Donnez-leur de l'air*; et aussitôt les gardes mobiles les conduisaient aux lieux des exécutions. On fusillait dans la cour et même au bas de l'escalier qui conduit à la Salle Saint-Jean, où, assure-t-on, les cadavres se trouvaient entassés le matin du lundi. On en fusilla sur le pont d'Arcole et sur l'ancien pont Louis-Philippe. D'autres insurgés, et en grand nom-

---

(1) *Prologue d'une Révolution.*
(2) L'analogie que présente ce tribunal est si facile à saisir, qu'il devient superflu de chercher à l'indiquer.

bre, furent fusillés sur le quai et sur la berge au-dessous de l'Hôtel-de-Ville. »

D'ailleurs la position de ceux des prisonniers qu'on entassait dans les caveaux de l'Hôtel-de-Ville était telle que la mort eût été préférable aux tourments qu'ils y enduraient. La plupart n'y étaient arrivés qu'après avoir été meurtris de coups de crosse ; tous ou presque tous avaient été précipités dans ce gouffre plutôt qu'ils n'y étaient descendus, et leurs corps étaient couverts de contusions. Là, sans air, sans lumière, sans nourriture, respirant des émanations mortifères, ces malheureux prisonniers furent obligés de séjourner plus de soixante heures dans l'eau glaciale et bourbeuse qui suintait de tous côtés. On assure même que lorsqu'ils demandaient un peu d'eau potable pour étancher leur soif ou laver leurs blessures, les factionnaires placés à l'entrée de cet enfer leur répondaient à coups de fusil tirés au hasard par les soupiraux.

Ces détails horribles nous parurent longtemps exagérés. Mais lorsqu'on révéla les tortures inouïes qu'eurent à supporter les nombreux prisonniers jetés dans les caveaux des Tuileries, tortures dont il faudra bien parler, nous avons dû nous rendre à l'évidence. Le fait des coups de fusil tirés au hasard, par les soupiraux, sur ces masses humaines où chaque balle devait porter, n'a plus pu être contesté par personne dès l'instant où il a été acquis aux débats des conseils de guerre, que, même dans les casemates des forts, et alors que les passions devaient être calmées, les factionnaires en agissaient ainsi à l'égard des prisonniers, et tiraient en aveugles, avec l'approbation des chefs.

Après le combat long et meurtrier que nécessita la marche du général Perrot le long de la rue Saint-Antoine, la troupe et les mobiles se livrèrent à des recherches minutieuses dans toutes les maisons, et elles y ramassèrent beaucoup de citoyens présumés insurgés. Comme les dénonciations conduisaient souvent ces recherches, les chefs des détachements chargés de cette dure mission crurent devoir laisser carte blanche à leurs soldats. C'est ainsi que sur la place Saint-Jean, dans la rue du Roi-de-Sicile, dans celles de Jouy, Cloche-Perche, et dans la cour de l'Ave-Maria, eurent lieu, pendant la soirée du 25, un grand nombre d'exécutions militaires, dont le chiffre total indiqué par quelques témoins effraie l'imagination (1).

Un peu plus avant, la rue Saint-Paul vit aussi ses fusillades. On compta encore bien des cadavres dans la cour d'une pension de la rue Saint-Antoine, et l'on jeta dans les chantiers attenant à la place de la Bastille les cadavres des insurgés fusillés à l'Arsenal.

Dans le Marais et le faubourg du Temple, où la résistance fut si opiniâtre, ce qu'on appelait des représailles furent aussi des plus sanglantes. On enleva près de quarante morts d'une cour de la Vieille-rue-du-Temple et de quelques autres maisons. Nous avons déjà mentionné les exécutions qui eurent lieu aux bords du canal ; nous devons ajouter que d'autres actes pareils furent commis en divers endroits du quartier Popincourt : on fusilla des insurgés dans la rue déserte des Amandiers, dans l'avenue Parmentier, en face des abattoirs ; on en fusilla encore dix-sept devant la caserne ; enfin les mobiles fusillèrent en route des blessés qu'ils étaient chargés de conduire au Val-de-Grâce, et on tira un coup de canon à mitraille sur des insurgés qui venaient d'obtenir la faculté de se retirer.

Tous les prisonniers faits dans les faubourgs du nord témoins des premiers actes de la lutte furent conduits dans la caserne Saint-Martin, et principalement dans celle du faubourg

---

(1) On porte à quarante-neuf ceux fusillés à l'angle de la place Saint-Jean ; à trente-sept ceux qui tombèrent dans la rue du Roi-de-Sicile ; à vingt-un ceux passés par les armes dans la rue Cloche-Perche, etc., etc.

Poissonnière, dont les cours, ainsi que celle de Saint-Lazare, furent également témoins de plusieurs fusillades.

Arrêtons-nous ici, et taisons cette foule d'exécutions de détail et de vengeances personnelles exercées dans l'ombre, dont la terrible responsabilité ne pouvait d'ailleurs atteindre que quelques soldats exaspérés ou excités, que quelques gardes nationaux stupidement féroces. Essayons de soulever le voile, et demandons à la France quels sont les vrais coupables du meurtre de tant de ses enfants.

Sont-ce ces jeunes mobiles qui, ayant vu leurs rangs décimés par les balles des insurgés, croyaient peut-être avoir acquis le droit de représailles sur les prisonniers? Sont-ce ces adolescents qui, n'ayant jamais fait la guerre, se présentaient devant les barricades dans un état permanent de surexcitation causé par l'odeur de la poudre et par les boissons alcooliques dont ils firent un usage si immodéré, pendant et après le combat, et se trouvaient ainsi privés de leur sang-froid et de leur raison? Non, car ceux-là frappaient en aveugles sur ce peuple dont ils étaient issus, sur ce peuple avec lequel ils avaient toujours sympathisé.

Les coupables peuvent-ils être ces soldats à qui l'on apprend l'art de tuer l'ennemi, mais qu'on habitue aussi à respecter l'homme vaincu et désarmé?

Non. — Les coupables de ces déshonorantes infractions au droit des gens, aux droits de l'humanité, se trouvent dans une autre sphère.

Les coupables sont ceux qui, voulant profiter de cette terrible occasion pour écraser leurs ennemis politiques, soufflaient d'en haut le feu de la destruction contre ceux qui avaient naguère chassé les dynasties; ce sont ceux qui travaillaient nuit et jour à déchaîner toutes les mauvaises passions.

Les vrais coupables sont ces chefs militaires dont la vieille haine contre la démocratie se traduisait au moment du combat, par les ordres impitoyables qu'ils transmettaient et faisaient donner verbalement aux soldats; ordres barbares, dignes tout au plus de sauvages qui cherchent à s'entre-détruire ;

Les vrais coupables sont ceux de ces chefs qui, lorsque leurs soldats hésitaient à immoler les prisonniers, n'avaient à la bouche d'autre mot que celui-ci : *fusillez-les !*

Les vrais coupables sont encore ces prétendus soutiens de la république honnête et modérée, qui ayant eux aussi déclaré une guerre à mort aux révolutionnaires, mais ne voulant pas personnellement encourir la responsabilité de leurs vengeances, disaient aux détachements chargés de conduire les prisonniers : *soignez-les* en route, *soignez-les* à votre arrivée ! mot dont l'horrible signification glaçait le cœur des hommes vraiment honnêtes et modérés ;

Les coupables sont encore ces gardes nationaux venus à Paris pour assouvir leur haine ; ceux qui poursuivaient les insurgés dans les champs comme ils auraient chassé les loups, et ceux enfin qui, pouvant sauver quelques-uns de ces malheureux, n'eurent pas le courage de compromettre leur autorité.

Qui ne comprend, en présence de cette formidable association dans une même pensée : la destruction de la démocratie parisienne; qui ne comprend que le mal ainsi préconçu serait inévitable !... (¹).

Après avoir enregistré sommairement tous ces actes d'une aveugle fureur ou d'une cruauté sauvage, on se sent heureux de

---

(¹) Rappelons ici encore une fois, que cette pensée de détruire la démocratie, parisienne par le fer et les balles, remonte au premier temps de la royauté de Louis-Philippe. Quand, en 1832, la cour de cassation brisa l'état de siége et mit un terme aux jugements des conseils de guerre, les courtisans traîneurs de sabre ne craignirent pas de dire tout haut dans le parc de Saint-Cloud : *Désormais on ne fera plus de prisonniers!* Il s'est trouvé des hommes qui ont mis en pratique cette horrible pensée sous la jeune et clémente république qui venait d'abolir la peine de mort en matière politique : l'histoire les marquera au front, malgré leurs broderies et leurs rubans.

pouvoir citer quelques traits d'humanité propres à prouver qu'au milieu de cet affreux délire, des chefs et des soldats se rappelèrent que les prisonniers étaient aussi des hommes, et que leur vie ne devait pas dépendre du premier caporal ivre ou féroce.

« Après la prise, par la troupe, de la barricade élevée dans la rue des Rosiers, qui avait résisté si longtemps, les soldats furieux voulaient fusiller plusieurs hommes qu'on avait arrêtés. Mais le capitaine Guindorff de la 7e légion s'y opposa de toutes ses forces, raconte l'auteur des *Fastes de la Garde nationale*. « Vous qui avez été braves pendant le combat, dit-il à ces soldats, soyez généreux après la victoire. Ces hommes sont vaincus, désarmés; ils sont coupables, je n'en doute pas; mais nous devons laisser à la justice le soin de les punir. » Le capitaine Guindorff avait montré de la bravoure pendant l'action ; son intrépidité l'avait fait remarquer des soldats; il s'était ainsi acquis une certaine influence, dont il se servit pour sauver les prisonniers.

« Il allait les conduire sous bonne escorte, à l'Hôtel-de-Ville, quand on entendit pousser des cris de détresse du côté de la rue des Juifs. Il se précipita aussitôt vers cette rue, après avoir chargé l'adjudant Cornillat de le remplacer. Arrivé à la rue des Juifs, le capitaine Guindorff aperçut un groupe d'hommes en blouse que des soldats se disposaient à fusiller. Déjà ces malheureux étaient couchés en joue ; mais le capitaine se jette courageusement entre les fusils et les hommes en blouse : « Soldats, s'écrie-t-il, qu'allez-vous faire ? — Vous le voyez, capitaine, répondit un des soldats, nous allons faire justice de ces gredins-là. — Comme officier de la garde nationale, je ne puis permettre un pareil massacre. » Quelques murmures se firent entendre : « Écoutez-moi, mes braves, reprit le capitaine. Lorsque nous sommes en guerre avec l'étranger, si nous faisons des prisonniers, nous les épargnons, nous les respectons. Eh bien ! pourquoi n'agirions point de même avec des Français, avec des frères égarés ? Vous êtes tous, comme moi, des enfants du peuple ; comme moi, vous savez ce que c'est que la misère et la faim ; fusillerez-vous des hommes que les souffrances ont aigris, ont égarés ? Non, vous ne le ferez pas, parce que vous êtes des soldats français, parce que vous n'êtes pas des bourreaux, voilà pourquoi vous allez les conduire avec moi, à l'Hôtel-de-Ville, pour les livrer à la justice, qui décidera du sort de ces malheureux ! » — « Ces paroles prononcées avec vigueur, ajoute encore le même auteur, désarmèrent les soldats. Ils consentirent à conduire leurs prisonniers à l'Hôtel-de-Ville (¹). »

— « A la barrière Ménilmontant, lit-on plus loin, dans le même livre, des gardes nationaux des 2ᵉ et 3ᵉ légions avaient fait un assez grand nombre de prisonniers. Des hommes qui s'étaient joints comme volontaire à la garde nationale, insistaient pour fusiller ces malheureux (²). Des officiers de la milice citoyenne et de la troupe de ligne s'y opposaient de toute leurs forces. Un caporal de la 3ᵉ légion dit à ces hommes que la colère égarait : « Et moi aussi, j'ai le droit de demander la vie de quelqu'un, car mon frère vient d'être tué près de moi ; cependant je m'oppose à tout acte de vengeance. » — « **Oui, soyons humains**, dit un soldat ; traitons les prisonniers des insurgés

---

(¹) Cet honnête capitaine Guindorff ne savait probablement pas ce qui se passait sur les derrières de cet Hôtel-de-Ville qu'il considérait comme le port de salut de ses prisonniers. Très-probablement beaucoup d'entre ceux qu'il y conduisit n'en sortirent que pour descendre sur la berge, et n'allèrent jamais plus loin ! « Lorsque la garde nationale ou la mobile ramenait des prisonniers par l'escalier qui se trouve à l'extrémité de la rue Lobau, raconte Louis Ménard, on leur criait d'en bas : « Nous n'avons plus de place ; *donnez-leur de l'air.* » Les prisonniers étaient poussés au bas de l'escalier, au milieu d'une mare de sang, et tombaient sous les balles. De temps en temps on relevait les cadavres et on les portait dans la salle Saint-Jean.... »

(²) Ceci confirme ce que nous avons dit ailleurs ; à savoir que les derniers venus au combat, ceux qui s'étaient cachés d'abord pour ne pas prendre sérieusement le fusil, se montrèrent les plus féroces dès qu'ils n'eurent plus peur. C'est l'histoire du cœur humain, au chapitre des lâches.

comme ils ont traité les nôtres. Un camarade et moi, nous avons été faits prisonniers par les insurgés, et rendus à la liberté sur parole ; on ne nous a fait aucun mal ; à la vérité on nous a désarmés ; mais on nous a traités avec humanité, et nous n'avons manqué de rien. »

« Ces paroles simples et généreuses sauvèrent ces prisonniers. »

— « A peu de distance de là, à la barrière des Trois-Couronnes, ajoute le même auteur, les 5ᵉ et 6ᵉ compagnies du 1ᵉʳ bataillon de la 3ᵉ légion avaient enlevé plusieurs barricades : elles avaient eu, à ces affaires, quelques blessés... Cependant les prisonniers que ces gardes nationaux firent en assez grand nombre furent par eux protégés et conduits dans un des dépôts établis provisoirement à Paris. »

— « A l'affaire de La Villette, la prise des barricades n'avait pas terminé la tâche des gardes nationaux conduits par le général Lebreton ; ils étaient maîtres du terrain ; mais les insurgés s'étaient réfugiés soit dans les maisons, soit dans les chantiers, soit dans les endroits où ils espéraient se soustraire aux recherches. Les soldats citoyens commencèrent à fouiller partout. Le garde national Bouvier, ancien militaire, que son courage et sa taille avaient fait également remarquer, ayant appris que quelques-uns de ces malheureux s'étaient enfermés dans une cave, descendit le premier, affrontant la mort dont on le menaçait, et fit prisonnier tous ceux qui s'y trouvaient. Là aussi, cette garde nationale, qui avait vu ses frères tomber à ses côtés et qui rencontrait à chaque pas des hommes noirs de poudre ou les armes à la main, fit taire sa douleur et son ressentiment pour se montrer généreuse après la victoire : elle sut respecter dans les vaincus des hommes dévolus à la justice (¹).

(¹) C'est une réflexion bien triste que l'on fait malgré soi en lisant ces faits racontés comme des faits sublimes d'humanité. Mais c'est déjà une honte pour les

Enfin, nous lisons dans une autre relation spéciale des journées de juin les détails suivants relatifs au faubourg Saint-Antoine, après sa soumission :

« Les cris de vengeance sont extrêmement rares, et ceux de la miséricorde dominent. Les héroïques vainqueurs se montrent généreux. Un émeutier trouvé dans une maison était vivement menacé par quelques citoyens exaspérés, lorsqu'un artilleur de la garde nationale intervint en s'écriant : « pitié pour les vaincus ! » Des représentants qui se trouvaient là applaudirent à cette parole : elle fut aussitôt répétée, et le prisonnier put être conduit sain et sauf en lieu sûr. »

C'est avec bonheur que nous citons ces traits d'humanité. Malheureusement, ces quelques faits honorables pour le caractère national n'apparaissent çà et là que comme d'impuissantes digues que quelques hommes ont voulu imposer au torrent furieux qui entraînait tout sur la même pente; ils servent, au contraire, de preuves irréfutables des meurtres commis là où ne se trouvèrent pas quelques chefs assez fermes ou assez bien disposés pour empêcher ces funestes exécutions; aussi resteront-elles classées dans l'histoire à côté des moyens de répression employés par l'aristocratie contre l'insurrection de la jacquerie; à côté des massacres de la Saint-Barthélemy ; de ceux de Cabrières et de Mérindol et des dragonnades ; car toutes les cruautés des ennemis du peuple sont frappées au même coin.

Il y eut, en juin 1848, un débordement de mauvaises passions, tel qu'il est difficile d'en trouver d'exemples, même

---

vainqueurs, qu'en plein xixe siècle et en présence de l'abolition de la peine de mort en matière politique, on puisse considérer comme un triomphe de la justice d'avoir pu empêcher la mise à mort arbitraire de prisonniers faits dans une guerre intestine, dans une guerre civile !

« Dans les guerres civiles, disait à ce sujet Richard Cobden, on est en face les uns des autres ; on se bat, la balle vous atteint et vous rendez d'autres balles; il y a des vainqueurs et des vaincus, et tout est dit : il n'y a pas de déshonorés... »

en remontant aux plus mauvais jours de nos annales ; et malheureusement ce débordement vint d'en haut. Tous les moyens que la haine peut imaginer furent mis en œuvre par les hommes qui se disaient appelés à remplir la noble magistrature de la presse ; ils les utilisèrent pour nuire à leurs ennemis, pour les perdre, pour les déshonorer. La presse réactionnaire ne recula devant aucun genre de calomnies, quelque cruelles, quelque honteuses qu'elles fussent ; elle passa successivement des insinuations malveillantes aux dénonciations positives, des inventions les plus atroces aux fables les plus absurdes, des relations les plus fausses et les plus odieuses, aux contes les moins croyables : ce fut ainsi qu'elle descendit graduellement des horreurs qu'elle imputait si mensongèrement à ses ennemis, jusqu'aux niaiseries les plus stupides.

Cela fut au point qu'aux jours que nous appellerons de la décadence, par opposition à ceux de la recrudescence des dénonciations et de la calomnie, la presse réactionnaire, celle qui exprimait la pensée de cette partie de la population qualifiée d'*honnête et modérée*, raconta très-sérieusement à ses lecteurs que les insurgés retranchés au Jardin des Plantes avaient dévoré, pendant les trois jours de la lutte, les oiseaux rares des volières, et détruit toute la faisanderie. « Ils n'ont pas même épargné les petits oiseaux exotiques, ajoutait-elle. »

Et comme il était d'usage que chaque feuille soumise à la même impulsion mît un peu du sien dans ce qu'elle empruntait au premier informé, et que l'on arrivait ainsi d'amplifications en exagérations jusqu'aux extrêmes, cette première dénonciation d'actes de gloutonnerie imputée aux insurgés se trouva, le lendemain, reproduite dans les plus grandes dimensions par le journal le *Bien public* :

« Les daims, les cerfs, les bisons et toute la race lanigère, ont été abattus pour faire la soupe ; les animaux féroces et les singes n'ont été respectés qu'après un conseil tenu par les insurgés, qui se sont amusés à tirer sur l'éléphant ; cet animal, grâce à sa forte cuirasse, n'a pu être blessé. »

Ainsi que cela se voyait toujours, les démentis ne tardaient pas à arriver ; mais la nouvelle n'en circulait pas moins, malgré son absurdité, et l'effet calculé était produit.

« Il n'est pas vrai, lisait-on le lendemain dans un autre journal, que les oiseaux et les herbivores du Jardin des Plantes aient été précipités dans la marmite des insurgés, ainsi que plusieurs journaux l'annoncent ; quelques fuyards seulement ont passé par le Muséum, et n'y ont causé aucun dommage. »

— « Le jardin du Luxembourg et le Jardin des Plantes, ajoutait quelques jours après le journal le *Conciliateur*, sont rouverts au public. Les insurgés n'ont dévoré ni les autruches ni les canards, comme l'avait dit le *Constitutionnel*. »

Des faits de cette nature, qu'on aurait pu considérer comme des facéties, s'ils n'eussent pas été publiés sérieusement et toujours dans l'intention de calomnier, la presse réactionnaire tomba enfin dans les contes de bonnes femmes. Pendant plusieurs jours il ne fut question que de télégraphes sur les toits, correspondant la nuit, disait-on, avec les insurgés; et on disait cela plusieurs jours après la compression complète de l'insurrection ! On occupa aussi le public de croix rouges et vertes aperçues sur la porte des maisons que l'on devait, disait-on, *piller ou incendier*, afin de venger la défaite. Puis enfin on prévint les habitants de Paris de se méfier de certaines *boulettes incendiaires* et d'une *poudre inflammable* que les amis des insurgés semaient sur le pavé de Paris, dans l'intention, sans doute, d'allumer impunément un incendie général.

Non, jamais la postérité ne pourra croire à tous les moyens atroces ou ineptes qui furent employés par les réactionnaires pour semer l'irritation, la défiance, la peur et la haine ; non, elle ne croira jamais avec quelle déplorable rapidité on accréditait ainsi les bruits les plus odieux, les plus absurdes, les plus niais. La postérité ne se fera une juste idée de la facilité avec laquelle les contre-révolutionnaires émouvaient ainsi toute une ville d'un million d'habitants, que lorsqu'elle saura que plus d'un tiers de cette population se recrute sans cesse de ce que les petites villes et les campagnes ont de superflu illettré, pétri d'ignorance et de préjugés, n'ayant aucune notion du juste ou de l'injuste, ne connaissant d'autre puissance au monde que la force, et ne venant à Paris, à la suite de quelque parent établi, que pour s'y créer une existence ou y faire fortune dans ces petits trafics qui rétrécissent encore toutes les facultés humaines. C'est cette partie de la population qui, en sous-ordre, soutient tous les mauvais gouvernements et se dévoue aux plus détestables causes; aveuglée qu'elle est par les vices permanents de son éducation primitive et par son sordide égoïsme. Quand la postérité connaîtra le fond de ces terribles dissensions politiques entretenues au milieu du foyer de la civilisation, dans le berceau de la liberté, elle ne s'étonnera plus de cette suite de révolutions et de contre-révolutions dont notre époque est témoin, parce qu'elle apercevra toujours en présence et toujours en état d'hostilité, les divers éléments politiques dont se compose notre société en cette période de lutte et d'enfantement.

Toutefois nos neveux croiront difficilement que la ville aux grandes révolutions, que la ville des lettres, des sciences, des arts, des lumières, ait pu être mise en émoi, tourmentée, affectée par les bruits stupides que les feuilles réactionnaires répandirent durant plusieurs jours, après la compression totale de l'insurrection, et alors que les plus hardis, étouffés par le poids de l'état de siège, se courbaient jusqu'à terre pour laisser passer la tempête. Nous sommes forcés de consigner ici quelques échantillons de ces bruits, afin qu'on ne puisse pas supposer qu'ils sont d'une invention plus récente.

On lisait, le 1er juillet, dans le *Constitutionnel*, feuille habituée à donner le mot d'ordre en fait d'inventions calomnieuses, la dénonciation suivante :

« On a appelé plusieurs fois l'attention de la police sur les signes au moyen desquels les conspirateurs communiquaient entre eux. Un grand nombre d'habitants de Paris ont pu voir, la nuit, d'un point culminant, tel que la hauteur de Montmartre, des lumières ascendantes et descendantes se correspondre sur des toits dans tous les quartiers. Les faits ont été plus d'une fois dénoncés. Cependant aux jours de la bataille ces moyens de communication existaient encore. Ils ont servi puissamment aux progrès momentanés de l'insurrection. Au moment de la reddition du faubourg Saint-Antoine, on a remarqué que des signes particuliers ont été employés. La nuit dernière, d'après des informations que nous avons lieu de croire exactes, on en a vu sur les toits de la rue Saint-Honoré. »

Ainsi voilà l'éveil donné. Quelque visionnaire, atteint d'insomnie, a tout observé, tout coordonné, tout calculé ; et, quoique ses dénonciations n'offrent qu'un vague à faire lever les épaules, Paris entier n'en est pas moins prévenu de la présence de ces dangereux signaux de nuit.

Le lendemain chaque journal avait fait sa découverte de même nature.

L'*Estafette* annonçait que le poste de la garde nationale occupant la rue Bleue avait fait une capture importante, celle de quatre individus qui, du faîte d'une maison de la rue Bergère, faisaient manœuvrer une illumination plus que suspecte.

Le *Siècle* ajoutait que l'état-major de la garde nationale avait constaté, pendant la nuit, des signaux partant des maisons qui avoisinent la place du Carrousel. « Quatre chandelles, ajoutait-il sérieusement, placées aux fenêtres les plus élevées, étaient alternativement élevées ou abaissées, tantôt une, tantôt deux, tantôt toutes les quatre...... Le fait a été déclaré et procès-verbal a été dressé. »

— « Hier au soir, dit encore une autre feuille, des gardes nationaux se sont emparés, dans la rue Richelieu, d'un individu qui, de la fenêtre de son cinquième étage, échangeait depuis une heure des signaux avec Montmartre, à l'aide de deux lumières qu'ils élevaient et abaissaient alternativement. Cet individu, qui expliquait fort mal sa conduite, a été amené chez le commissaire. »

— « La police a arrêté, cette nuit, ajoutait la *Gazette des Tribunaux*, deux hommes et une femme qui faisaient des signaux de nuit rue Neuve-des-Bons-Enfants ; ces signaux correspondaient, dit-on, avec Montmartre. »

Enfin, et pour en finir avec ces télégraphes de nuit, le *Constitutionnel* annonçait que, « le 4 juillet, à quatre heures, des gendarmes avaient fait, sur la place de la Concorde, une capture importante, à savoir : quatre individus signalés comme se livrant à ces signaux de nuit dont l'apparition avait donné l'éveil à la police. »

Mais ces mêmes journaux se gardaient bien de faire connaître le résultat des investigations de l'autorité à l'égard de tous ces télégraphes de nuit, composés de une, deux ou quatre chandelles ; le ridicule les eût par trop frappés de discrédit ; car ces prétendus signaux n'étaient guère que des lampes à réverbères dont se servent bien des ouvriers logés au cinquième ou sixième étage. Mais ces feuilles, qui abusent ainsi de la crédulité publique, ne peuvent pas empêcher que les journaux de l'autre opinion ne bafouent leurs visions, après les investigations que leur position prescrit :

« On fait grand bruit dans Paris, dit la *Réforme*, des télégraphes qu'on aurait établis de certaines maisons, et qui servent, dit-on, de signaux aux insurgés. L'hôtel de Nantes, place du Carrousel, et la rue de Rohan, étaient signalés à la police par leurs manœuvres télégraphiques. C'était de là, assurait-on, que partaient, chaque nuit, tous les signaux qui apportaient la crainte ou l'espérance aux insurgés. Hier encore, le quartier était en émoi ; le télégraphe jouait comme d'habitude en verres de couleur. Aussitôt M. Perrot, commandant de la garde nationale, est averti ; tout le Palais National est sous les armes. Le général dépêche un commissaire, M. Sanson, sur le lieu du crime ; il monte sur une terrasse, et, pour tout télégraphe, il surprend trois lampions tricolores et isolés que le vent fait vaciller. Le propriétaire déclare qu'il les allumait régulièrement tous les soirs, depuis la déplorable nuit du 27, afin de servir à éclairer la place assez obscure en cet endroit.

Voici encore une autre version que les *Nouvelles du jour* publièrent pour démontrer le néant de ces alarmes de nuit :

« Un graveur du quai de l'École, qui a besoin d'une lumière très-intense pour ses travaux, et dont l'atelier est situé au sixième étage, a vu son domicile violemment envahi par la garde nationale. Il a eu beaucoup de peine à leur faire comprendre que sa lampe et le transparent dont il se sert pendant le jour n'étaient nullement des ustensiles télégraphiques. »

— « Un cordonnier en chambre, logé au septième étage de la grande maison qui fait le coin de la rue de Choiseul, sur le boulevart des Italiens, racontait une autre feuille, s'est vu l'objet d'une visite nocturne à laquelle il ne s'attendait guère ; il la doit à la *boule d'eau* qui lui transmet la lumière réflectée de sa lampe ; cette clarté, souvent vacillante, a été prise par des visionnaires pour des signaux télégraphiques envoyés à Montmartre. Il aurait d'abord fallu s'enquérir si les habitants de Montmartre ne sont pas trop éloignés pour apercevoir cette clarté ; mais nos fonctionnaires n'y regardent pas de si près. »

Enfin le *Peuple Constituant*, journal du représentant Lamennais, raillait ainsi les signaux des toits :

« Nous engageons tous les citoyens à s'abstenir de se promener, soit pendant le jour, soit pendant la nuit, sur les terrasses et belvédères qui dominent les maisons, dans le but de prendre le frais ou d'interroger au loin l'aspect de la ville par un clair de lune. Plusieurs coups de fusil ont été tirés ces dernières nuits sur des personnes qui, grimpées ainsi au faîte de leur maison, n'étaient probablement que de simples curieux, mais dont on ne pouvait apprécier les intentions. »

Il va sans dire qu'on n'entendit jamais parler des résultats de toutes les informations judiciaires ouvertes à ce sujet, les prétendus télégraphes de nuit correspondant avec des insurgés qui n'existaient plus que dans les imaginations effrayées, ayant été reconnus partout n'être que les effets des lumières plus ou moins intenses, plus ou moins fixes, dont ont besoin quelques genres de travaux exécutés dans les chambres.

Mais nous n'avons pas encore fini avec tous les bruits sinistres que les journaux réactionnaires accréditaient avec tant de facilité au milieu de certaine partie de la population ; il nous reste encore à parler des *croix rouges* apposées, disait-on, sur beaucoup de maisons que l'on devait piller, croix qui troublèrent le sommeil de tant de propriétaires et de portières, non moins que les *boulettes* et les *poudres inflammables* destinées à incendier Paris. Les feuilles contre-révolutionnaires nous avaient réservé ces derniers faits, dignes de leur imagination, comme le bouquet d'un feu d'artifice. C'est qu'il était impossible d'aller plus loin dans le domaine de l'absurde.

C'est d'abord le journal qui s'intitule la *Providence* qui s'exprime ainsi :

« Plusieurs maisons avaient été marquées, pendant les événements, de croix vertes ou rouges. La croix verte désignait, dit-on, le pillage ; la croix rouge l'incendie. »

Ainsi, voilà les insurgés qui quittent leurs barricades pour se faufiler dans les quartiers occupés par les troupes, non pas pour aller les en chasser, mais pour désigner par avance les maisons qu'ils doivent brûler et celles qu'ils pilleront seulement. Le fait ne peut être mis en doute; tous les journaux réactionnaires l'affirment : qui pourrait ne pas les croire? Écoutez l'honnête *Messager* :

« Un journal dit que sur les boulevarts un grand nombre de maisons ont été marquées par de petites croix rouges, que ce signe s'est également trouvé dans les 10° et 11° arrondissements, et qu'on en a remarqué plusieurs exactement pareils dans l'intérieur des maisons. Nous pouvons affirmer que plusieurs maisons de la rue Neuve-des-Petits-Champs, et entre autres celle d'un bijoutier, ont été également désignées à l'aide d'un signe identique. »

Mais la montagne ne tarde pas à accoucher. Les *Nouvelles du jour* rassurent et les propriétaires, et les locataires, et les portières crucifiés.

« Nous avons vu ce matin des citoyens se préoccuper péniblement des signes rouges apposés sur un grand nombre de maisons, dit cette feuille réactionnaire ; les suppositions les plus exagérées circulaient à ce sujet. Là, c'étaient des maisons suspectes ; ici, c'étaient des maisons marquées pour le pillage. Dieu merci ! ce n'est rien de tout cela : ces signes indiquent simplement la place où doivent être fixées les nouvelles plaques en porcelaine portant le numérotage des maisons. »

Voilà le fait des signes d'incendie et de pillage bien expliqué ; ce qui n'empêche pas qu'encore aujourd'hui, à plus d'un an de distance, on rencontre une foule de propriétaires et de portières parlant toujours du danger auquel ils ont échappé. C'est que les infirmités morales de l'humanité ne se guérissent pas dans un jour.

Ces braves gens qui se croyaient sans cesse poursuivis par l'ombre des insurgés s'ingéniaient à se mettre à la torture.

« Ce matin, on trouvait, dans toute la longueur de la rue

Neuve-des-Petits-Champs, racontait le *Messager*, des boulettes incendiaires qui s'enflammaient sous les pieds des passants. »

Ce journal se bornait ainsi à raconter le fait.

Mais la feuille la *Providence* était bien plus explicite ; elle révélait dans toute sa noirceur le complot des vaincus.

« Un fait assez curieux et qui mérite d'être rapporté, disait-elle, s'est passé aujourd'hui rue Croix-des-Petits-Champs. *Vainqueurs, le pillage; vaincus, l'incendie*, lisait-on sur les drapeaux des insurgés. L'insurrection domptée poursuit son programme. Une poudre fine, jetée sur les trottoirs et inflammable au moindre frottement, a éveillé l'attention des passants, qui aussitôt ont revêtu l'uniforme pour faire la police de leur quartier. Que l'autorité ne s'endorme pas ! »

Nous pourrions citer un plus grand nombre de ces niaiseries ; mais il nous suffit d'avoir prouvé à nos lecteurs que nous n'en avons inventé aucune, et que toutes ces stupides dénonciations sont bien sorties de la presse contre-révolutionnaire, lorsque, fatiguée d'avoir parlé de têtes coupées, de mobiles mutilés par les insurgés, elle se trouva dans la nécessité d'inventer une autre série de calomnies nouvelles.

« Ces honteuses saturnales qui se déroulent à nos yeux, s'écriait le journal la *Réforme*, en reprenant la parole ; ces criées publiques de noms suspects, ces dénonciations infâmes, ces calomnies atroces qui sifflent de toutes parts, ces débauches des partis qui se font pourvoyeurs de geôle, tout cela est triste et mérite châtiment, car cela déshonore, cela dégrade un pays : c'est la bassesse et la violence accouplées !

« Est-ce que l'on croit servir la cause de la civilisation, en élevant des barricades de calomnies contre des barricades de révolte, en dénonçant des faubourgs entiers comme un bagne, comme un camp de pestiférés, en inventant des chroniques empoisonnées et tellement hideuses qu'elles souilleraient les annales d'un peuple anthropophage ?

« Oui, l'insurrection est coupable quand le suffrage universel est appliqué, quand le peuple est souverain, et que, par son vote, il est maître de la loi ; oui, la prise d'armes est un crime quand tous les pouvoirs sont délégués et responsables, quand le droit est réalisé par les institutions, et qu'il est le principe, la sanction, la cause. Nous acceptons moins que personne au monde ces agressions téméraires, ces violences insensées des minorités qui nous livreraient aux dictateurs. Ainsi, pour nous, l'insurrection de juin est un fait coupable, qui non-seulement a déchiré la patrie, mais qui s'élevait contre nos principes et pouvait les emporter. A cet égard, point de dissentiment avec ces honnêtes légistes qui ont si longtemps nié le droit et qui viennent si tard le défendre pour l'exploiter contre nos idées, contre nos hommes, contre notre gouvernement.

« Mais, si nous sommes d'accord sur ce point capital qu'il n'y a pas d'insurrection légitime quand le droit existe, et qu'il peut agir, nous n'avons que de l'indignation et du mépris pour ces marchands de calomnies atroces qui font commerce de têtes coupées, de devises d'argot, de vitriol ardent, de mutilations hideuses, de distributions empoisonnées, et pardessus tout de lâches dénonciations contre les ennemis qui les gênent, et qu'ils veulent perdre en les jetant au bourreau.

« Les feuilles de la réaction qui tiennent boutique de ces boucheries, et font ainsi le service de leurs vengeances, ajoutait le même journal, ont-elles vérifié les faits par une instruction sérieuse, avant de les jeter en pâture à la haine, à la peur? Ont-elles eu la pudeur de contrôler avant de dénoncer, de provoquer l'opinion publique, la justice, les passions du moment? Non, mille fois non ; il n'en est pas une seule qui pût donner témoignage, faire la preuve ; et le gouvernement a lui-même démenti la plupart de ces contes hideux que la presse de la contre-révolution invente et propage pour le bénéfice de ses idées et de ses hommes d'Etat, ensevelis sous la barricade de février.

« Ah! quel métier vous faites là, Messieurs, et que c'est une belle fonction de travailler ainsi par la calomnie, par l'outrage, à déshonorer notre pays, à parquer une classe dans le crime et dans la honte, à perpétuer nos dissensions et nos haines, quand nous sommes entre la misère qui nous dévore et l'étranger qui guette nos frontières ! Ce n'est pas ainsi que nous comprenons le devoir, nous des empoisonneurs du peuple pourtant, des anarchistes, comme vous le dites si bien, des propagandistes et des folliculaires ! Au lieu d'irriter et d'aigrir, nous faisons un appel à tous les nobles sentiments, à toutes les classes, à tous les intérêts, à tous les cœurs dévoués à la patrie ; nous adjurons tous les citoyens d'entrer en accord, d'étouffer en eux la haine, le soupçon, l'orgueil, pour s'unir dans cette fraternité puissante, qui peut seule organiser les intérêts et les idées, sauver le sol et les institutions.

« Nous sommes toujours prêts, concluait le rédacteur de la *Réforme*, à verser notre dernier sang pour la république, pour les principes sacrés de notre révolution ; mais si les institutions et les garanties du droit nous sont données, nous renoncerons à la guerre ; et, citoyens pacifiques, nous travaillerons à répandre dans le peuple les principes et la religion du développement légal. Ce n'est pas la conscience qui lui manque, au peuple, c'est la confiance dans les institutions ; c'est la certitude que ses conquêtes ne lui seront pas volées. On l'a trompé si souvent ; les aristocraties et la royauté ont si longtemps gouverné par la force et par la ruse ; on l'a tant de fois condamné, comme Samson, à ébranler les colonnes du temple, que la force est, à ses yeux, l'instrument nécessaire, l'instrument fatal de toutes les révolutions sociales et politiques. Voilà ce qu'il faut effacer de son esprit et de son cœur, au lieu de l'insulter et de le calomnier ; voilà ce qu'il faut détruire. »

C'est ainsi que s'exprimait la seule feuille démocratique que l'état de siége eût épargnée ; c'est ainsi que les vieux républicains exhalaient l'indignation dont ils étaient saisis en présence de cette conspiration de la calomnie qu'ils dénonçaient à la France et au monde entier. Mais c'était vainement qu'ils conjuraient les ennemis du peuple d'étouffer les haines, de faire taire le soupçon, et de s'unir à tous les citoyens par les liens de cette fraternité que le gouvernement républicain avait mission de faire régner, la presse contre-révolutionnaire continue sa mission, qui était de chercher à nuire le plus possible, et par tous les moyens, à la démocratie; afin de déshonorer et de ruiner la république dans l'esprit des nations.

CHAPITRE IX.

Effets produits par les événements de Paris sur les départements. — Attitude de Lyon. — L'autorité militaire reprend les canons de la Croix-Rousse. — Lyon et les communes suburbaines occupés militairement. — Adieux de Martin Bernard aux Lyonnais. — Les partis antirépublicains s'agitent. — Arrivée d'une division de l'armée des Alpes. — L'autorité joue aux soldats. — Événements de Marseille. — Leurs causes. — Barricades dans les rues. — Elles sont prises. — Vœux du préfet. — Réserve des démocrates des autres villes. — Les calomnies de la presse réactionnaire aboutissent à la *conspiration de la terreur*. — Bruit de l'apparition des insurgés sur divers points. — On redoute l'arrivée des *brigands* à Rouen, à Elbeuf, dans toute la vallée de la Seine. — Panique de Soulaines, de Louviers, d'Evreux, etc., etc. — Deux mille insurgés envolés de Paris pour s'abattre à Saint-Quentin. — But des propagateurs de ces fausses nouvelles. — Explications de ces faux bruits. — La république en danger dans les campagnes. — Le pouvoir ne s'occupe qu'à comprimer Paris. — Gouvernement du sabre. — Les militaires sont tout dans l'État. — Réflexions à ce sujet. — Désappointement de ceux qui avaient voulu fonder le gouvernement du droit. — Armée de cinquante mille hommes dans Paris. — Argent nécessaire pour la payer. — Dissolution des ateliers nationaux par le pouvoir exécutif. — Emprunt de cent cinquante millions à la Banque. — Sous-comptoir national pour le bâtiment. — Associations des ouvriers encouragées par un crédit de trois millions. — Mesures financières proposées par le ministre Goudchaux. — Influence avouée de l'ancien parti dit *conservateur* sur le gouvernement. — Le pouvoir exécutif se trouve lié avec la faction contre-révolutionnaire. — Explications données par le général Cavaignac sur l'état de siège. — Il doit être longuement prolongé. — Grand désappointement des journalistes. — Rétablissement du cautionnement des journaux. — Pétition de la société des gens de lettres à ce sujet. — Attaque contre les libertés publiques. — Mesures impopulaires. — Projet de loi sur l'instruction publique et sur l'organisation judiciaire. — Ils vont mourir dans les cartons. — Aspect de Paris sous l'état de siège. — Caveaux et prisons. — Hôpitaux pleins de blessés. — La Morgue et ses cadavres. — Détails sur les commissions militaires. — Les trois catégories. — La rage de la délation. — Réflexions sur le dévergondage des dénonciations.

Les terribles événements de Paris ne pouvaient manquer d'avoir du retentissement dans les départements. Néanmoins, ils trouvèrent les grandes villes dans un heureux état de suspicion à l'égard de la capitale : les agitations permanentes qui avaient eu lieu dans Paris quelques jours auparavant au sujet des prétendants, et les premiers bruits qui circulèrent sur la nature de l'insurrection de juin, tenaient les démocrates de ces villes dans une sorte de réserve qui les empêcha peut-être de se lever aux premières nouvelles de l'insurrection. Les dépêches envoyées par le gouvernement aux autorités locales, et que celles-ci s'empressèrent de publier, prévinrent au moins toute levée de boucliers, si elles ne purent empêcher une agitation si naturelle; non pas qu'il y eût complot, mais irritation causée par les progrès de la réaction.

A Lyon, la population se montra, dès le premier jour, impatiente de connaître le résultat de la lutte fratricide engagée à Paris : la garde nationale et même la troupe étaient prêtes à marcher au moindre avis. Mais on n'entendait qu'un seul cri dans tous les groupes : « Nous voulons en finir avec tous les prétendants, disait-on; nous combattrons les ennemis de la république, quel que soit le nom dont ils se parent, napoléonistes, orléanistes, henriquinquistes et autres fauteurs de désordres. Nous voulons la république ; nous l'avons et nous saurons la défendre. »

Tel fut le premier cri des Lyonnais.

Le lendemain, l'agitation fut beaucoup plus vive ; on put craindre que l'ordre ne fût troublé, principalement à la Croix-Rousse et en quelques autres communes suburbaines : des meneurs furent aperçus exploitant la misère et la crédulité des ouvriers : la troupe et la garde nationale, formées en bataille sur la place des Terreaux, furent huées dans le but d'entamer une collision ; mais grâce aux sages conseils de l'ancien comité exécutif et du club démocratique, à qui les ouvriers et le peuple entier avaient conservé leur confiance, la soirée se passa plus tranquillement qu'on n'avait osé l'espérer, et les ouvriers firent preuve de bon sens, en ne donnant aucune créance aux suggestions de la réaction.

Le 27 juin, cette tranquillité conservée les jours précédents faillit à être troublée sérieusement par une décision de l'autorité militaire, décision dictée par la peur. Le général commandant la division, avait arrêté que les douze pièces de canon qui étaient restées entre les mains de la garde nationale de la Croix-Rousse, lui seraient enlevées pour être remises à l'artillerie de la ligne.

On comprend combien l'annonce de cette résolution dut émouvoir les esprits : une collision était à redouter. Mais, pour la rendre impossible, le général Gémeau avait fait envelopper, dans la nuit, toute la commune de la Croix-Rousse, par l'envoi de dix mille hommes de troupes à Cuire et à Caluire. Des cartouches avaient été distribuées, les postes renforcés, et les gardes nationaux actifs consignés dans leurs quartiers. Le plan de l'occupation de la Croix-Rousse était tout tracé ; de sorte que chaque bataillon connaissait par avance la place qui lui était assignée en cas de besoin.

Pendant toute la matinée, d'autres régiments arrivèrent encore et se rangèrent en bataille.

Dans ces circonstances d'autant plus critiques que les ouvriers des chantiers nationaux de Lyon et des chantiers formés à quelques lieues, quittaient leurs travaux pour se rendre à la Croix-Rousse, une centaine de républicains connus, d'hommes politiques exerçant une certaine influence, se réunirent à la mairie de cette commune, et délibérèrent, conjointement avec des officiers de la garde nationale, sur ce qu'ils avaient à faire : il fut décidé, par cette réunion, que les pièces de canon seraient remises à l'autorité. Le club démocratique central adhéra à cette décision, et les hommes ayant appartenu au corps dit des *Voraces* promirent de l'exécuter. De son côté, le général témoigna des intentions les plus pacifiques.

A une heure, on emmenait les pièces sur la place des Bernardins pour y être remises aux artilleurs de l'armée.

Néanmoins, les jours suivants, la ville fut occupée militairement. La conservation de l'ordre, au milieu de circonstances aussi graves, fut due principalement à l'attitude des chefs de la démocratie. Le citoyen Martin Bernard, commissaire de la république dans le département du Rhône, y contribua beaucoup par sa conduite; et lorsque, quelques jours après, il remit ses pouvoirs au préfet Ambert, il publia une courte mais bonne proclamation, dans laquelle il disait à ses concitoyens :

« Les intérêts de la ville de Lyon me seront toujours chers entre tous, car ils résument toute la vie industrielle de notre jeune république, et la vie industrielle est aujourd'hui le grand problème posé à notre génération.

« Mais qu'il soit permis à un vieux soldat de la liberté de vous le dire : ce problème ne peut être résolu que par le temps et la discussion. L'ordre est la principale condition d'existence de la république. Avec le suffrage universel, il n'est pas une seule vérité politique ou sociale qui ne puisse triompher ».

Mais à Lyon, comme à Paris, il y avait des partis très-actifs, ayant leurs embaucheurs, leurs orateurs en plein vent, leurs agents semant l'or, excitant les passions les plus mauvaises, préparant des collisions et voulant tuer la république par le désordre et l'anarchie. Ces partis, se trouvant en présence d'hommes à la tête volcanique, aux idées exagérées, ne désespéraient pas d'amener un conflit dans Lyon. Le gouvernement crut avoir acquis la preuve qu'un complot se préparait dans les premiers jours de juillet. Des ordres pressés transmis par le télégraphe au commandant de la division et aux chefs de l'armée des Alpes, prescrivirent la marche des troupes sur Lyon ; elles devaient prendre possession des places publiques, ainsi que des villes suburbaines.

En effet, le 5 juillet dès le matin, Lyon, les faubourgs de la Guillotière, de la Croix-Rousse et de Vaisse furent tout à coup occupés militairement par différents corps de l'armée des

Alpes, arrivés de toutes les directions. En un instant Lyon ressembla à un camp. Une population immense parcourait pacifiquement les rues et les quais, s'enquérant de l'objet de ce déploiement de forces. Personne ne croyait à une bataille, l'attitude de la population ne pouvant donner lieu à la moindre collision. On pensa un moment qu'il s'agissait du désarmement de la Croix-Rousse et peut-être même de Lyon, et que les troupes appelées devaient appuyer le désarmement et comprimer au besoin toute résistance, toute tentative d'émeute ou d'insurrection.

Mais la journée s'écoula sans autre tentative que l'occupation des places publiques, et la nuit fut d'un calme désespérant pour ceux qui pouvaient avoir compté sur un choc; pas le moindre coup de fusil ne justifia les présages; pas la moindre alerte ne troubla le repos de la troupe. Vers une heure du matin, les soldats, fatigués de marches et de longues stations, reçurent l'ordre de se retirer.

Le lendemain, la ville avait repris son aspect ordinaire. « On se demandait l'explication de ces mouvements, de ces démonstrations, de ces déploiements de forces qui sèment l'alarme dans les campagnes et dans les villes des environs, et qui transforment en un camp une ville industrielle, disait à ce sujet le journal le *Censeur*. Ici, comme ailleurs, on n'a pu apprendre autre chose sinon que nous vivons à une époque où l'on s'amuse à jouer aux soldats. »

Si Lyon ne vit pas l'émeute gronder dans ses rues, si ses places publiques ne furent pas ensanglantées, il n'en fut malheureusement pas de même à Marseille. Hâtons-nous de dire que la cause des troubles de cette dernière ville n'eut pas d'autres rapports avec la terrible lutte de Paris que le mécontentement des ouvriers, et que la question des heures de travail agitait Marseille bien avant le 22 juin.

Dès le dimanche, 18, des tentatives de désordre avaient eu

lieu à l'occasion des engagés parisiens. L'autorité dut prendre toutes les mesures que les circonstances nécessitaient pour éviter à la ville une commotion. Néanmoins les ouvriers décidèrent, le 21, qu'ils feraient une démonstration solennelle le lendemain. Comme rien n'indiquait alors que cette démarche pût prendre le caractère d'un complot armé, le préfet et le général crurent qu'un déploiement de forces suffirait pour contenir l'agitation.

Ces mesures étaient prescrites, lorsque la colonne des ouvriers se présenta dans la rue de la Préfecture. Le préfet, Emile Olivier, admit quelques délégués. Ils apportaient la demande du maintien de l'arrêté relatif aux dix heures de travail, demande qui fut accueillie par l'autorité. Mais pendant qu'ils rapportaient cette réponse à leurs compagnons, les agitateurs commençaient des barricades à la rue de Rome et à celle de la Palud.

Les troupes et la garde nationale accourues sur ces points se mirent en devoir de faire les sommations. Il n'y avait pas à s'y méprendre, elles se trouvaient en présence d'insurgés, et les premiers coups partirent de derrière les barricades.

A la nouvelle de cet engagement, le préfet se hâta d'envoyer des émissaires chargés d'éclairer les ouvriers trompés ; en même temps, il fit afficher son arrêté pour le maintien des *dix heures* de travail. Mais ces moyens pacifiques n'empêchèrent pas l'autorité de faire battre le rappel, et successivement la générale. Les chefs militaires furent invités à se rendre à la préfecture, pour y recevoir la mission de repousser la force par la force.

On sut bientôt que le point central de la résistance était la place aux Œufs. L'ordre fut donné de s'emparer des barricades qu'on y élevait : la troupe et la garde nationale en chassèrent les insurgés. Les barricades de la place Castellane furent aussi occupées sans violence. Le représentant du peuple Gent, qui se trouvait à Marseille, et qui avait puissamment contribué à la soumission d'une partie des insurgés, se rendit de nouveau vers ceux qui avaient réoccupé la place Castellane, après le départ de la troupe ; mais cette fois, loin d'être écoutés, les parlementaires furent retenus et menacés.

Dans cette position, et craignant qu'il n'arrivât quelque malheur déplorable aux parlementaires, le commandant de l'artillerie, à qui l'on avait envoyé l'ordre d'attaquer, crut devoir surseoir à l'exécution de cet ordre : le préfet approuva sa conduite, après avoir eu connaissance de ses motifs. Mais il fut convenu que, pendant la nuit, on surveillerait la place, et qu'on l'attaquerait le lendemain. »

Ce sursis, dont les réactionnaires firent un crime au préfet, n'avait cependant eu lieu que dans le double but de sauver la vie aux deux parlementaires, et de donner à l'autorité militaire le temps de prendre les mesures de prudence nécessaires pour ne pas exposer inutilement la vie des soldats.

En effet, le renvoi de l'attaque au lendemain eut pour résultat de mettre la troupe à même de s'emparer des retranchements élevés sur la place sans autres pertes que cinq hommes mis hors de combat, dont deux morts.

De ce moment, l'insurrection cessa de donner des inquiétudes, et l'autorité judiciaire se mit à instruire cette déplorable affaire, à laquelle le préfet ne pouvait, disait-il dans son rapport au ministre, assigner aucun caractère. Ce ne fut que le lendemain, 24 juin, que la première nouvelle des troubles de Paris arrivait à Marseille ; il n'y avait plus alors rien à craindre pour la tranquillité publique ; et, au moyen des précautions prises par l'autorité, Marseille passa cette crise terrible sans nouvelles commotions.

« Je fais des vœux ardents, écrivait, dès le 25, le préfet au ministre, pour que la cause de l'ordre sorte triomphante de la lutte qui est engagée ; je le désire parce que la cause de l'ordre et celle de la république n'en font qu'une ; l'ordre seul, en effet, peut assurer le développement pacifique de nos institutions républicaines, et par elles, le bonheur du peuple. »

Or, ce préfet qui tenait ainsi, à deux cents lieues de distance de la capitale, le même langage que les journaux franchement républicains, appartenait lui aussi à la montagne. C'est pour cela que les réactionnaires accablèrent de leurs calomnies un magistrat qui avait eu le tort impardonnable de ne pas faire verser à grands flots le sang de ses administrés, de ses concitoyens et des soldats français.

Dans la plupart des autres grandes villes, la nouvelle de l'insurrection des ouvriers causa de l'agitation ; mais nulle part on n'eut à déplorer des collisions : partout les démocrates, quoique blessés au vif par la marche des affaires publiques, se tinrent dans la plus grande réserve; ce qui n'empêcha pas les départements de se trouver, après les journées de juin, sous le coup d'une réaction royaliste, pareille à celle de 1795.

Les calomnies publiées par la presse contre-révolutionnaire avaient réellement placé les grandes comme les petites villes sous la *conspiration de la terreur*.

La bourgeoisie de Rouen ne pouvait rester en arrière, lorsqu'il s'agissait de manœuvres propres à exaspérer la population contre ce qu'on appelait les restes des insurgés, et par conséquent contre les républicains. Les meneurs arrivaient facilement à leur but en faisant courir le bruit de la présence dans tel ou tel bois, telle ou telle contrée, de bandes d'insurgés mettant tout à feu et à sang. C'est ainsi qu'ils procédèrent à Rouen, à Elbeuf et dans toute la vallée de la Seine, vers les premiers jours de juillet.

Aussitôt la garde nationale fut sur pied ; les traîneurs de sabres coururent les rues, annonçant la prochaine arrivée des *brigands* ; la ville resta sur pied la nuit comme le jour; on y vécut dans les alarmes, jusqu'au moment où l'on jugea à propos d'annoncer que les brigands avaient pris une autre direction.

La terreur se promena ainsi, comme en 1789, dans tous les départements qui environnent Paris, et se répandit même beaucoup plus loin. Les journaux des provinces n'étaient remplis que de ces bruits semés par la malveillance pour exaspérer les populations paisibles.

« Hier, à six heures du soir, lisait-on dans le *Propagateur de l'Aube*, un cri d'alarme s'est fait entendre dans tous les environs de Soulaines. Des courriers, partis à cheval des communes du département de la Haute-Marne, arrivaient à Soulaines et dans les communes voisines pour prévenir les habitants qu'une colonne de mille insurgés, parcourant la route de Nancy à Orléans, mettait tout à feu et à sang aux environs de Joinville. On avait, nous assurait-on, entendu le canon; beaucoup même avaient vu la fumée de l'incendie. Cette nouvelle, annoncée au milieu de la rue de Soulaines, produisit un effet terrible et prit en peu d'instants des proportions effroyables : le nombre de malfaiteurs fut doublé et même triplé; la distance qui les séparait de nous fut, en une minute, réduite à huit ou dix kilomètres : chacun courut à ce qu'il avait de plus précieux : les enfants, les chevaux, les meubles prirent le chemin des bois; on sonna le tocsin, on battit la générale, et un détachement de 60 hommes, armés de fusils, partit au pas de course pour prêter main-forte aux habitants de la Haute-Marne.

« Arrivés à Nully (Haute-Marne), les envoyés apprirent que la cause de ce bruit devait être attribuée à un incendie qui venait d'éclater à Joinville. Le feu avait fait tellement de progrès qu'on avait cru devoir tirer le canon d'alarme. Pendant une grande partie de la nuit, toutes les communes sont restées sur pied et en armes..... »

Ici, il y avait une cause réelle d'alarme; si l'on n'avait pas vu les insurgés, au moins avait-on vu l'incendie et entendu le canon; l'anxiété des populations se conçoit. Mais dans combien d'autres endroits n'a-t-on pas troublé la tranquillité publique sur des apparitions qui n'existaient que dans la tête des malveillants et dans la crédulité des citoyens que les calomnies tenaient en éveil.

« Hier, écrivait-on de Louviers, en date du 29 juin, au moment où les compagnies se livraient à l'exercice, l'ordre est donné à tout le bataillon de prendre les armes immédiatement. Le bruit se répand qu'une troupe d'insurgés échappés de Paris parcourt la vallée de l'Eure, et que déjà plusieurs villages sont attaqués. De tous côtés on court aux armes; l'anxiété la plus grande règne dans la ville. On n'entend parler que de pillage et d'incendie aux plus crédules; la population est consternée. On délivre des cartouches, et l'on se met en route sur les indications peu précises d'un maire, celui qui a fait sonner l'alarme. On se porte du côté d'Évreux. Bientôt on apprend que toute la vallée est en émoi : de tous côtés le tocsin sonne, le rappel bat; on crie aux armes. Tous les hommes des communes rurales sont sur pied armés de fusils, de fourches, de piques, de haches et de faulx; les versions les plus diverses circulent de tous côtés; déjà on croit distinguer les lueurs de l'incendie : une agitation sans exemple gagne jusqu'à Pacy, à 30 hilomètres de Louviers. Les communes des hauteurs descendent en masse et se dirigent sur les points où les insurgés ont, dit-on, pris position.

« Cependant, nulle part on ne voit la trace de l'ennemi. Qui donc a sonné l'alarme ?.... Elle se répand partout : Les Andelys, Vernon, Gaillon, Pacy, Saint-André, Hecourt, etc., etc., se mettent en route : les femmes quittent les maisons et se réfugient dans les bois; d'autres se sauvent dans les champs emportant avec elles leurs effets de quelque valeur : on en voit s'ôter leurs boucles d'oreilles de peur qu'on ne les leur arrache. A Évreux, même alerte : les insurgés viennent, dit-on, de Saint-André, au nombre de plusieurs centaines : la générale bat; on éclaire les rues; on se précipite chez les armuriers pour s'y munir d'armes et de munitions : on fond des balles, et l'on voit défiler les détachements les plus bizarres. C'est un hourvari, une suite de scènes si curieuses que, sans l'impression pénible qui règne dans le cœur des bons citoyens, on serait tenté de rire. Mais malheur à celui qui oserait rire, au milieu d'un peuple qu'on fanatise ainsi ! Le jour arrive ; on se regarde, on s'interroge sérieusement, on interroge ceux qui viennent des lieux désignés : Rien ! rien ! qu'une panique qui a exaspéré tout un arrondissement, et qui a fait maudire la république. Le but est atteint ! »

— « A Strasbourg, écrivait-on de cette ville, la police a été plus adroite que les semeurs de bruits alarmants ; elle a saisi l'un des propagateurs de ces nouvelles mensongères, et l'a conduit en prison, en attendant qu'on ait trouvé la trace des brigands. »

« A Saint-Quentin, on prétend avoir été plus heureux ; car nous trouvons dans une lettre particulière de cette ville les lignes suivantes :

— « Deux mille insurgés qui s'étaient réfugiés de Paris dans nos contrées, après les douloureuses journées de juin, viennent d'être arrêtés au moyen des efforts combinés de la garde nationale du département qui n'avait pas quitté leurs traces, et de la troupe de ligne dont le courage et le dévouement ne se sont pas ralentis un seul instant : ils vont être dirigés sur Paris ; à moins qu'on ne leur assigne une autre prison spéciale. » —

« Nous faisons un gageure avant tout examen, ajoutait le journaliste qui publiait cette nouvelle, c'est qu'elle est un affreux *canard*. DEUX MILLE INSURGÉS, pris d'un seul coup de filet, rien que cela ! Les Saint-Quentinois n'y vont pas de main morte ! Cette troupe d'insurgés s'était sans doute *envolée* de Paris pour aller *s'abattre* sur la place de Saint-Quentin, car elle n'a laissé nulle part trace de son passage. Pauvres gens ! »

Nous terminerons ces citations par l'extrait suivant du journal l'*Impartial du Nord*, qui les résume toutes :

« Nous ne nous étions pas trompés, lit-on dans cette feuille sous la date du 5 juillet ; la *conspiration de la terreur* était véritable par toute la France ; l'arrivée des brigands a été annoncée presqu'à la même heure. Tous les journaux des départements nous apportent uniformément la même nouvelle : « On annonçait hier l'arrivée sur notre ville d'une bande de forçats libérés et de travailleurs des ateliers nationaux (pour les paysans c'est tout un). Cette nouvelle a jeté la consternation parmi notre population, etc., etc. » Partout les paysans s'arment, ajoutait le journaliste ; partout ils quittent leurs foyers pour battre la campagne, et donnent ainsi la chasse à tous ceux qu'ils soupçonnent. Ces pauvres gens, aux oreilles desquels ont fait parvenir des bruits stupides, font des battues dans les bois, et rentrent chez eux affamés, fatigués, désappointés, furieux, et désireux *d'en finir* avec ces introuvables *brigands* !... Le but est alors atteint : vienne un démocrate, et son affaire sera bientôt faite !!! Châlons, Vitry, Laon, Soissons, Charleville, Mezières, etc., etc., ont été en alerte pendant plusieurs jours, dans l'attente de grands événements ; mais rien ne s'est montré sur l'horizon. »

L'explication de ces faux bruits, de ces leurres, de ces énigmes, se trouve encore dans la correspondance suivante, émanée des pays plus particulièrement exploités par la réaction :

« C'est dans les campagnes, y lit-on, que la république est véritablement en danger ; c'est là que l'on manœuvre impunément, en plein jour, en faveur de la monarchie ; c'est là que l'on organise la contre-révolution par le mensonge, par les fausses nouvelles, par la calomnie. Les fautes de la révolution y sont exploitées avec une habileté infernale ; on s'empare des griefs, on les caresse ; on spécule sur la misère, sur l'ignorance, sur tout ce qui peut aliéner les esprits au nouvel ordre de choses, et ce qu'il y a de plus triste à dire, c'est que les administrateurs de la république se font complices de ces infamies, soit par leur silence, soit par leurs encouragements.

« A Paris, on profite de l'état de siége pour satisfaire les petites haines, pour assouvir les petites vengeances ; au moyen d'une note de journal, ou d'une basse dénonciation, on se débarrasse d'un concurrent ou d'un ennemi ! Eh bien ! dans nos départements on renchérit sur ces lâchetés, en signalant à l'exécration publique et les républicains de la veille et les représentants qui font obstacle à la restauration d'une royauté quelconque..... Dans le département de l'Isère, naguère si renommé par ses opinions démocratiques, on n'ose plus s'avouer républicain ; dans le département de la Côte-d'Or, les royalistes ne mettent plus de bornes à leur audace ; fidèles aux traditions de leurs aînés, ils s'efforcent d'empêcher la confiance de renaître ; ils publient dans leurs journaux des délits ou des crimes imaginaires ; ils dressent leurs listes de suspects et les recommandent à l'attention du pouvoir exécutif. A Dijon, il n'est sorte d'infamie que l'on ne prête à James Demontry ; à Montbars, un piquet de gardes nationaux est chargé de préserver de l'incendie la maison de l'un des plus estimables représentants, le citoyen Maire-Neveu ; ailleurs on rapporte que le citoyen Joigneaux a été trouvé parmi les insurgés de juin, les uns disent mort, les autres vivant. A Châtillon-sur-Seine, les rares hommes de cœur qui ont proclamé la république, sont insultés dans les rues par la bourgeoisie et ses valets ; il en est même un qui a dû s'éloigner de la ville, d'après les conseils des fonctionnaires qui, si le fait est vrai, ont manqué à leurs devoirs, en ne protégeant pas avec énergie cet honnête citoyen, dont le principal crime est d'être phalanstérien.

« Voilà ce qui se pratique quatre mois après une révolution magnanime et généreuse au delà de toute expression ; voilà les indignités qui se commettent dans les départements qui passent à juste titre pour les plus républicains de la France. Jugez maintenant sur l'échantillon de ce qui doit se passer dans les autres.

« Nous croiserons-nous plus longtemps les bras en présence de cette contre-révolution qui nous mine sourdement et nous envahit par toutes les voies honteuses qui lui sont familières? s'écriait l'auteur de cette correspondance si vraie. Aurons-nous longtemps encore le malheur de croire que Paris c'est la France, lorsque de toutes parts nos ennemis détachent le corps de la tête? Ah! nous adjurons le pouvoir exécutif de ne pas s'endormir dans cette illusion fatale, et de détruire au plus vite les espérances liberticides des ennemis de la souveraineté du peuple. Il suffirait pour cela de prendre de grandes mesures en faveur de nos populations agricoles et industrielles, si maladroitement désaffectionnées par l'impôt des quarante-cinq centimes et le décret du 31 mars. Employez à reconquérir l'amour de ces populations, les sacrifices énormes que, dans le cas contraire, vous seriez obligés de faire pour la surveillance des complots et la répression des troubles, et soyez assurés que la perfidie des royalistes plus ou moins déguisés ne prévaudra point contre la république. »

Hélas! le gouvernement issu des journées de juin se montra plus disposé à comprimer la démocratie qu'à la soutenir dans les départements et à Paris : il ne s'occupa que d'une seule chose, à laquelle tout le reste se rapporta; écraser Paris sous le poids des canons et des baïonnettes. Il ne s'aperçut pas qu'en gouvernant par le sabre ce peuple que toutes les tyrannies, toutes les aristocraties redoutaient tant, il allait au-devant des vœux que pouvaient faire tous les rois coalisés contre la jeune république, et qu'il travaillait à venger les griefs de la royauté et de ses suppôts contre les démocrates de la France.

Après février, la nation française se croyait affranchie à jamais du joug qu'on lui avait longtemps imposé avec des baïonnettes; à la suite des déplorables journées de juin, elle allait se trouver encore plus opprimée par le sabre que sous la monarchie.

En effet, l'organisation gouvernementale, administrative et judiciaire fut exclusivement confiée à des chefs militaires.

Un chef militaire était à la tête du pouvoir exécutif ;

Trois généraux faisaient partie du nouveau ministère ;

Des chefs militaires administraient la plupart des départements ;

Des chefs militaires commandaient les légions civiques ;

Des chefs militaires présidaient les nombreux tribunaux devant lesquels devaient être traduits les quatorze à quinze mille citoyens qui remplissaient les prisons, les caveaux, les casemates de tous nos palais, de tous nos forts, et qui avaient généralement été arrêtés par des militaires pour être jugés militairement.

Bien des premiers postes de la diplomatie étaient occupés par des généraux; enfin c'était encore à des généraux que venaient d'être attribuées les fonctions de questeur de l'assemblée nationale.

Ce parti pris de faire entrer dans les conseils du gouvernement tant d'hommes de guerre, que la convention avait eu le bon esprit de reléguer ailleurs, fournit à la *Réforme* le sujet de quelques critiques qui pour être incisives n'en parurent pas moins justes.

« En présence de cette invasion des états majors de guerre dans le gouvernement, disait ce journal, autant vaudrait en finir tout d'un coup, et donner vacance à MM. les représentants, pour installer, à leur place, un bataillon de mobiles.

« Sous Louis-Philippe, nous étions livrés aux avocats, aux *rongeurs*; il en poussait partout, dans les commissions, dans les ministères, dans les ambassades; et le bas-empire de la royauté s'affaissait lentement sous les criailleries verbeuses des avocats.

« Aujourd'hui c'est l'épaulette qui rayonne ; c'est le plat de sabre qui marque les cadences ; c'est la pléiade des généraux qui brille et monte : le militaire est ministre, le militaire est représentant ; il est chef de parti, rapporteur des commissions ; il est diplomate ; il est questeur : on dirait l'empire, moins ses épopées ;

« Dans ce pays où l'on aime le sabre, les uns, parce qu'ils ont gardé le culte des belles témérités, les autres parce qu'ils ont peur et qu'ils ne savent s'abriter que derrière les baïonnettes ; dans ce pays où, malgré le droit et ses éclatants programmes, la force est encore la religion secrète, la religion de tous, partis et gouvernements, ce luxe de faisceaux guerriers et cette prépondérance du glaive n'éveillent pas, en général, les susceptibilités, les méfiances publiques. Mais que l'on demande au peuple américain ce qu'aurait dit jadis le fondateur de la république en face d'une pareille phalange, et ce qu'il dirait lui-même aujourd'hui si les capitaines serviteurs de l'État en devenaient les chefs, et formaient une espèce de commission dans la haute sphère du pouvoir.

« Nous savons bien qu'il y a parfois des nécessités exceptionnelles à subir, et que tous les soldats qu'une crise appelle ne rêvent pas la dictature. Mais les principes et les institutions sont pour nous des garanties plus sérieuses que la probité des caractères et la sagesse des hommes.

« Ce n'est donc pas sans une profonde tristesse que nous voyons chaque jour l'état major des sabres s'organiser et se fortifier au milieu de notre révolution. Quand nos pères voulurent fonder le gouvernement du droit, concluait le journaliste, ce n'est pas ainsi qu'ils agirent : Jourdan, Kléber, Desaix, Marceau et Hoche ne disputaient pas la questure à Sieyès. »

Ceux qui, après février, avaient aussi essayé de fonder ce

gouvernement du droit, sans lequel il n'y a point de libertés publiques ni de liberté individuelle, ne se doutaient guère qu'à quelques mois de distance, ils légueraient à la France le gouvernement de l'Algérie, le gouvernement du sabre, dans toute sa brutalité. Ils étaient loin de penser, eux qui avaient gouverné, avec quelque gloire, dans les moments les plus difficiles, sans avoir un soldat à leur disposition, et sans en sentir le besoin; ils étaient loin de penser qu'à peine sortis du pouvoir, on en viendrait, sans transition, au gouvernement des monarchies, et qu'il faudrait à leurs successeurs ni plus ni moins qu'une armée tout entière de CINQUANTE MILLE HOMMES, de tant de chevaux, de tant de bouches à feu, pour gouverner la capitale de la république!

En effet, indépendamment de l'état de siége qui pesait encore de tout son poids et de toutes ses rigueurs sur la population libérale de Paris, on ne parlait, depuis quelques jours, que de la formation de divers camps destinés à entourer cette ville d'une ceinture de fer. Le déluge de propositions liberticides présentées par le député de Versailles, Remilly, propositions que l'assemblée n'avait d'abord écoutées qu'avec une défaveur évidente, allait être pris au sérieux, et l'on s'occupait activement de préparer les camps qui devaient être occupés par les cinquante mille baïonnettes derrière lesquelles ce représentant du peuple voulait abriter cette majestueuse représentation nationale.

Mais, comme il fallait beaucoup d'argent pour exécuter ces fantaisies militaires, le nouveau ministre des finances, Goudchaux, présenta d'abord ses plans à ce sujet, tandis que le chef du pouvoir exécutif vint entretenir l'assemblée de la dissolution des ateliers nationaux, qu'il présenta comme une organisation à la fois dangereuse et ruineuse pour l'État [1]. Le géné-

---

[1] Quand le général Cavaignac vint annoncer la dissolution des ateliers natio-

ral Cavaignac déclara qu'il n'avait pas hésité à maintenir le paiement des ouvriers embrigadés, même pendant la lutte, parce qu'il avait reconnu les graves inconvénients qu'il y aurait eu à cesser tout à coup ce paiement ([1]); mais il annonçait la dissolution réelle, sérieuse de ces ateliers ([2]), et la présentation de plusieurs mesures nécessaires pour que les hommes qui ne demandaient qu'à travailler pussent être momentanément secourus et occupés ensuite.

La dissolution des ateliers nationaux était la conséquence inévitable des événements de juin. Personne ne pouvait plus blâmer cette mesure, en présence de cet immense gaspillage de forces et d'argent. Tout le monde était obligé de convenir que c'était le règne du désordre poussé à ses dernières limites. Les ouvriers s'en étaient plaints plus que personne; ils souffraient eux-mêmes de cet état de choses; les véritables ouvriers se sentaient humiliés d'être payés pour ne rien faire d'utile, de productif. Devait-on s'en prendre à eux de la coupable incurie qui avait présidé à la formation de ces fameux ateliers? Les organisateurs n'avaient-ils pas la ressource des métiers spéciaux que l'Etat pouvait utiliser en tout temps? Mais ceux qui demandaient depuis longtemps la dissolution de ce qu'ils appelaient l'armée de l'anarchie, préférèrent procéder par la calomnie et la diffamation. De là ce mécontentement, cette résistance fatale sur laquelle toutes les factions en dehors de la république avaient spéculé pour tuer la révolution.

Aujourd'hui les ateliers nationaux étaient définitivement

naux, aucune voix ne se fit entendre contre cette mesure. Seulement le citoyen Jules Favre se plaignit de ce que le chef du pouvoir exécutif n'avait pas laissé parler le rapporteur de la commission, qui était toujours le représentant Falloux. Celui-ci prit la parole pour dire que ses conclusions étant conformes à la mesure prise par le pouvoir exécutif, il avait cru devoir supprimer son rapport.

([1]) Le citoyen Lalanne, dernier directeur des ateliers nationaux, n'en fut pas moins dénoncé pour avoir continué ces paiements par ordre supérieur.
([2]) Les ateliers de femmes furent aussi supprimés.

dissous, dispersés; *l'armée du désordre* n'existait plus nulle part; et pourtant l'on ne se croyait en sûreté que derrière les faisceaux de baïonnettes et les parcs d'artillerie dont on voulait entourer Paris. La conséquence de ces mesures c'était une augmentation de dépenses, au lieu d'une économie qui devait résulter du licenciement.

Lorsqu'il fallut pourvoir aux besoins qu'allait occasionner la présence d'une armée entière dans les murs et sous les murs de Paris, on ne trouva rien de mieux que d'emprunter cent cinquante millions à la Banque, qui elle-même les avait fait arriver dans ses caves par l'émission de nouveaux coupons de ses billets. Mais la Banque, quoique habituée à frapper monnaie avec la planche aux billets, ne consentit à ce prêt qu'aux conditions onéreuses et humiliantes pour le trésor, qu'on lui donnerait en garantie :

1° Pour soixante-quinze millions de rentes, dûment transférées, lesquelles rentes seraient prises à la caisse d'amortissement;

2° Pour soixante-quinze millions de forêts de l'État, que la Banque se réservait la faculté de pouvoir vendre, soit en totalité, soit en lots, lorsqu'elle le jugerait convenable, sous la simple condition de publicité.

Moyennant ces deux garanties, le trésor pouvait compter sur un prêt de cent cinquante millions, exigibles à raison de vingt-cinq millions pour chacun des mois de juillet, août, septembre 1848, et le surplus en 1849 [1].

Cela fait, le trésor devait prêter au sous-comptoir national

---

[1] Quelques journaux ayant fait pressentir qu'en raison des derniers événements, le terme du paiement du semestre de la rente 3 pour 100 échu le 22 juin, serait reculé de quelques jours, le gouvernement s'empressa d'annoncer que ces bruits étaient faux. Ainsi, quand tout le monde avait plus ou moins souffert, les riches rentiers, les capitalistes seuls, pouvaient dormir sur les deux oreilles; la sollicitude du trésor public leur était acquise exclusivement. On se rappelle que

des entrepreneurs du bâtiment une somme de cinq cent mille francs pour ses premières opérations d'avances sur garanties mobilières et immobilières de toute nature, et le garantir en outre de toutes pertes sur ses opérations jusqu'à concurrence de quatre millions cinq cent mille francs.

D'un autre côté, il allait être ouvert au ministère du commerce et de l'agriculture un crédit de trois millions de francs pour être réparti entre les associations librement contractées soit entre ouvriers, soit entre ouvriers et patrons.

Le ministre proposait encore quelques autres mesures financières qui devaient être oubliées après sa gestion : elles consistaient en un projet de loi pour le remboursement des caisses d'épargne ; en un autre relatif aux bons du trésor, et en un impôt sur les créances hypothécaires et sur les droits de succession [1]. On croyait ces moyens suffisants pour faire face à la crise financière et relever le crédit de la république. Le ministre déclarait qu'il renonçait pour le moment au rachat des chemins de fer et au projet d'exploitation des assurances; réservant seulement à l'État le droit d'expropriation des lignes libérées, lorsqu'il le jugerait utile.

Tels furent les moyens financiers proposés par le nouveau ministre pour faire face aux dépenses courantes, dans les-

l'avénement de la république leur valut même une anticipation, alors que tous les services étaient en souffrance.

[1] Le projet de loi relatif aux caisses d'épargne consistait principalement à payer en numéraire les bons du trésor créés en remboursement des dépôts, lorsque l'émission serait antérieure au 1er juillet, et à consolider en rentes perpétuelles 5 pour 100 les livrets des dépôts antérieurs au 24 février. Le minimum des coupons de rentes était baissé de 10 à 5 francs.

La nouvelle roi relative aux bons du trésor, se résumait toute dans son premier article, ainsi conçu : « Les bons du trésor émis antérieurement au 24 février 1848, ou renouvelés depuis cette époque, seront consolidés pour le capital et les intérêts échus jusqu'à ce jour, en rentes 3 pour 100 au cours de 48 francs. » C'était, à peu près, la mesure que nous avions cru utile d'être prise par le gouvernement provisoire.

quelles le chapitre des crédits supplémentaires du ministre de la guerre entrait pour des sommes énormes; car il fallait loger, nourrir tous ces soldats, et leur fournir les objets de casernement et de campement nécessaires; et quoique l'on eût fait courir le bruit qu'on se contenterait de quarante mille hommes pour comprimer Paris, la réunion des *conservateurs* de la rue de Poitiers ne voulut pas rabattre un seul bataillon sur le nombre des baïonnettes qu'elle avait jugées nécessaires.

Or, il faut apprendre au lecteur que cet ancien parti dit *conservateur* avait habilement profité des malheurs publics pour ressaisir l'influence funeste qu'il avait longtemps exercée sous Louis-Philippe. Le *Journal des Débats* avouait franchement que toutes les mesures extra-légales qu'on se disposait à appliquer à la France républicaine, mesures dont le député Remilly avait donné un avant-goût, venaient d'être arrêtées par la réunion de la rue de Poitiers, dont le citoyen Thiers était l'âme.

« C'est M. Thiers qui a conseillé la dissolution des ateliers nationaux, affirmait cette feuille dans l'intention de rendre hommage à l'esprit conservateur de l'ancien ministre de Louis-Philippe; c'est M. Thiers qui a voulu désarmer les quartiers-faubourgs, et rassembler aux portes de Paris cinquante mille hommes de troupes de ligne; c'est M. Thiers qui demande la fermeture provisoire des clubs et des limites à la liberté de la presse...... Il est bien entendu, ajoutait ce journal, que, si on n'arrivait pas à un accord avec le pouvoir exécutif, on saisirait l'assemblée par la présentation d'une suite de décrets (¹). »

(¹) « Voilà pourtant où la patrie est tombée! s'écriait le journal la *Réforme*, en présence de ces audacieux aveux. Elle est tombée aux mains du vieux centre gauche et de M. Thiers! Il y a peu de jours qu'on nous demandait encore où était cette réaction, objet de nos éternelles défiances. La réaction est une chimère

Ainsi se trouvait avéré le contrat qui avait lié le chef du pouvoir exécutif à la faction contre-révolutionnaire ; ce chef s'était placé dans la nécessité de s'entendre avec les hommes de la réaction, lui qui se déclarait franchement républicain, sous peine de perdre leur appui. Punition exemplaire, à laquelle devront se soumettre tous ceux qui ne chercheront pas à s'appuyer sur le peuple ! « Les représentants amis du pouvoir, disait à ce sujet le même *Journal des Débats*, font bien de s'entendre avec lui, *de se concerter pour le bien*, et de ne recourir à la contradiction publique que lorsqu'ils ne peuvent parvenir à un accord *patriotique amical* (¹). »

Ce fut en conformité de cet accord liberticide que le général Oudinot parut à la tribune, dans la séance du 7 juillet, pour y proposer un projet de décret portant que l'effectif de l'armée, à Paris, serait, à partir du 20 juillet et jusqu'à ce qu'il en fût autrement ordonné, de CINQUANTE MILLE HOMMES (²).

« Les circonstances dans lesquelles nous nous sommes trouvés, dit à ce sujet le chef du pouvoir exécutif lui-même, ont rendu nécessaires ces mesures ; mais je puis dire que, depuis quelques jours, j'ai été soutenu si énergiquement par l'opinion publique, que je ne pense pas que ces mesures soient nécessaires encore longtemps. »

Et comme le citoyen Trousseau interpella le général Cavaignac pour lui demander s'il comptait maintenir longtemps

---

de notre esprit, une hallucination de notre cerveau, ou pour mieux dire, la réaction n'était qu'un mot imaginé dans l'intérêt de notre politique. Ce mot rallie aujourd'hui tout ce que la révolution populaire de février avait dispersé. La réaction marche à ses fins, bannières déployées ; et si on ne parle plus de la régence, on se ligue au grand jour pour barrer passage à la république et mettre obstacle à ses progrès ! »

(¹) Quel touchant accord ! Les rois aussi cherchent à s'entendre contre leurs peuples !

(²) Cette grave mesure liberticide fut votée quelques jours après, à la grande satisfaction des contre-révolutionnaires et de tous les peureux.

encore les mesures prises pendant l'état de siége à l'égard de certains journaux, et que cet orateur se permit de dire qu'il y avait dans l'état de siége lui-même des forces suffisantes pour réprimer les écarts de la presse; d'où il concluait qu'il ne voyait pas de nécessité de rester dans un tel état, les réactionnaires lui répondirent en demandant l'ordre du jour.

Mais le chef du pouvoir exécutif voulut être plus explicite.

« L'état de siége, dit-il, est en effet une arme terrible entre les mains du gouvernement. Il faut être bien sûr de soi, bien sûr de ses intentions, bien sûr de l'assentiment du pays, pour ne pas reculer devant un semblable pouvoir. Quant à moi, je me suis senti tellement soutenu par l'opinion publique, que je n'hésite pas à déclarer que l'état de siége doit être longuement prolongé (¹). »

Mais s'apercevant du mauvais effet que venait de produire sa déclaration sur une grande partie de l'assemblée et du public, quelques voix seulement l'ayant approuvé, le général, président du conseil des ministres, se crut obligé d'ajouter quelques correctifs.

« Appliqué comme il l'est, reprit-il, l'état de siége n'est pas une gêne pour les hommes honnêtes et paisibles; j'ajoute toutefois, pour répondre à l'interpellation du préopinant, qu'à mon avis, il n'y a pas un lien indissoluble entre la suppression de certains journaux et le maintien de l'état de siége. Lorsque

---

(¹) Il serait difficile d'exprimer le désappointement des démocrates et des journalistes républicains en entendant cette sentence. Le bruit avait couru que l'état de siége devait être levé après la cérémonie funèbre instituée pour honorer les défenseurs de l'ordre morts en combattant, et ce bruit avait acquis tant de consistance, que les journaux suspendus prenaient leurs mesures pour reparaître. On était tellement convaincu que le système de terreur compressive de l'état de siége ne pouvait pas durer, qu'un grand nombre de malheureuses femmes de prisonniers avaient adressé, avec la plus grande confiance, une demande d'amnistie à la suite de cette cérémonie funèbre. Ces pauvres femmes ne connaissaient pas jusqu'où pouvait s'étendre la haine des réactionnaires pour la démocratie!

le pouvoir sera armé contre l'hostilité d'une partie de la presse, de lois dont je n'ai pas à entretenir l'assemblée en ce moment, mais qui lui seront très-prochainement présentées, nous n'hésiterons pas, tout en maintenant l'état de siége, à rendre à la presse une entière liberté. »

Tout n'avait pas encore été mis à nu, dans cette séance, au sujet des intentions du gouvernement : le représentant Babaud-Laribière lui adressa une nouvelle interpellation concernant le cautionnement des journaux, qu'une circulaire publiée par le *Moniteur* semblait exiger de nouveau. « La loi de 1835, sur le cautionnement des journaux, dit-il, a été heureusement abrogée par le gouvernement provisoire ; mais les journaux viennent d'être avertis, ce matin, qu'ils auront à fournir le cautionnement prescrit par la loi antérieure. Je viens demander à M. le ministre de la justice ou à M. le chef du pouvoir exécutif comment, pour suppléer à une loi abrogée, on a pu songer à remettre en vigueur une loi législativement abrogée (¹).

« — Les lois de septembre, répondit le chef du pouvoir exé-

(¹) La société des gens de lettres s'émut en présence des prétentions du pouvoir à faire revivre les lois de la monarchie contre la liberté de la presse : elle vota aussitôt, à l'unanimité, une pétition à l'assemblée nationale, dans laquelle, déclarant que tout ce qui touchait à la presse, à la liberté de la pensée, importait essentiellement à la république, et réagissait d'une manière immédiate sur la condition des gens de lettres ; elle s'élevait contre l'idée de placer les journaux sous la censure d'industriels privilégiés, par l'institution de gérants fictifs, destinés à payer de leur liberté les fautes des écrivains ou des spéculateurs.

« Les seules formalités qu'une loi républicaine doive imposer aux journalistes, lisait-on dans cette pétition qui honore les gens de lettres, sont celles qui les pourront empêcher de se soustraire à la responsabilité de leurs écrits : elles comprennent donc les exigences à la signature, à la déclaration qui précise la publication, au dépôt des exemplaires dans les mains de l'autorité, etc... Pour être en harmonie avec le suffrage universel, la faculté d'écrire doit appartenir gratuitement à tout le monde... »

En conséquence, la société des gens de lettres appelait de tous ses vœux l'abrogation formelle de toute loi qui substituerait le monopole des intérêts à la liberté des opinions.

cutif, ont été heureusement abrogées par le gouvernement provisoire; mais il existe des lois antérieures, et en abrogeant les lois de septembre, le gouvernement provisoire a abrogé l'article qui aurait rapporté les lois antérieures. »

Des murmures ayant accueilli ces explications normandes, le général ajouta ces mots : « D'ailleurs, la circulaire dont on a parlé n'a d'autre objet que de mettre aux mains des procureurs généraux les armes dont ils peuvent avoir besoin dans les circonstances actuelles; elle ne préjuge point la question des cautionnements. »

Ces derniers mots pouvaient devenir l'objet d'une controverse; mais l'assemblée s'était habituée à ne plus discuter les mesures politiques, et l'on passa à l'ordre du jour.

Résumant cette déplorable séance, une feuille démocratique s'exprimait ainsi :

« L'assemblée tressaille d'aise en entendant le général Cavaignac répondre à son collègue Oudinot, qu'il y a dans Paris et ses banlieues les *cinquante mille* hommes de troupes que M. Remilly demandait naguère; cette belle ceinture d'armée l'enchante; elle n'a plus peur, et vraiment elle a raison, car le suffrage universel est au corps de garde.

« Là n'est pas d'ailleurs tout le gain de la journée : nous marchons vite, car la liberté républicaine vient d'obtenir des garanties nouvelles et des droits superbes! M. le général Cavaignac a déclaré que longtemps encore l'état de siége pèserait sur Paris, et que les bons citoyens n'avaient rien à craindre sous cette dictature de fer !

« Ainsi, quatre mois après cette révolution de février qui fut une explosion du droit vengeur, il se trouve que les servitudes morales et les servitudes matérielles sont devenues une loi de salut public, une implacable nécessité qu'il faut subir. Parce qu'elle fut un jour éprouvée par un violent orage, il faudra que la république traîne plusieurs mois les chaînes de la monarchie!

Il faudra que toutes les libertés soient suspendues, que tous les droits soient confisqués, qu'il n'y ait plus de garanties sérieuses, ni pour le domicile (¹), ni pour la pensée ! Des commissions militaires, des jugements militaires, des enquêtes et des institutions militaires : voilà le régime qui doit se prolonger longtemps !

« O républicains ! Vous tous qui, depuis dix-sept ans, avez lutté comme nous, et par la presse et par le combat, contre les prérogatives, contre les priviléges, contre le principe et les lois de la monarchie, si ces paroles sont vraies, si la dictature est nécessaire pour longtemps, ceci est notre condamnation à tous, et c'est la justification de la royauté... Mais non, le pouvoir exécutif se trompe, comme se trompait la royauté tombée : la compression n'est pas la force, la puissance qui peut fonder et garantir. Ce ne sont ni les soldats, ni les canons, ni les justices exceptionnelles qui sauvent, c'est le droit appliqué, c'est la justice qui s'incarne dans la loi !... »

Le pouvoir était sur la pente qui devait l'entraîner à sa perte; il ne pouvait que glisser sans cesse. Chaque jour, une loi ou une mesure impopulaire venait affliger les amis de la liberté.

Et d'abord, le dictateur venait de nommer pour chef supérieur de la garde nationale de Paris, un autre général arrivant aussi d'Afrique. C'était M. Changarnier, dont les formes et les allures toutes militaires n'avaient rien de ce qui doit distinguer un chef de la garde civique. Puis on s'occupa de réorganiser les anciens gardes municipaux de Louis-Philippe ; puis encore on abrogeait, à partir du 10 juillet, le décret du gouvernement provisoire relatif au droit sur les boissons. Le len-

---

(¹) Il est impossible de se faire une idée de l'impudence des agents quelconques du pouvoir à violer les domiciles sous l'état de siége; la moindre délation suffisait pour voir arriver les baïonnettes chez soi. Les vengeances s'exerçaient impunément et sans le contrôle d'aucune autorité.

demain, on voyait la majorité qui soutenait ce gouvernement de compression, porter une loi transitoire qui plaçait en dehors du droit commun républicain les maires et les conseillers municipaux, en laissant au pouvoir exécutif le droit de les nommer.

Le gouvernement provisoire, dont la tâche fut si rude, avait fixé, par un décret, le nombre d'heures de travail à Paris et dans les départements ; c'était un premier à-compte payé aux ouvriers sur la dette sacrée de la révolution ; c'était mettre les travailleurs à même de cultiver leur intelligence qu'opprimait et qu'étouffait le travail forcé des anciens salaires. Le gouvernement issu des tristes journées de juin s'empressa de faire abroger ce décret si moral, ce décret que l'hygiène seule eût dû dicter. Le rapporteur, ce même citoyen Pascal Duprat du *National*, qui le premier avait demandé l'état de siége, prétendit que la fixation des heures de travail était la mort de l'industrie manufacturière ! Pauvres esprits ! Ils ne voient jamais les véritables causes qui activent ou arrêtent l'industrie !

La commission de surveillance près la caisse d'amortissement avait été supprimée comme une superfétation coûteuse dans une administration qui a ses vérificateurs, ses inspecteurs exercés ; elle fut rétablie par la volonté de ce comité des finances, considéré comme le foyer de la contre-révolution, qui voulait se faire quelques créatures.

L'ancien conseil municipal de la ville avait été dissous à la suite de la révolution de février ; il ne pouvait être légalement remplacé que par l'élection : le chef du pouvoir exécutif, se fondant sur la loi transitoire, mais toute monarchique, rendue le 3 juillet, le réorganisa, et désigna lui-même les citoyens qui devaient en faire partie ; plusieurs de ces choix tombèrent sur les anciens conseillers contre-révolutionnaires.

Deux projets de loi organiques, élaborés depuis longtemps, l'un, par le ministre de l'instruction publique, **Carnot**, l'autre, par le ministre de la justice, qui les avaient tous les deux fait étudier aussi par des commissions nommées en vertu de décisions du gouvernement provisoire, furent présentés à l'assemblée nationale, dans les premiers jours de juillet. Ces deux projets de loi capitaux, contenant, en grande partie, les améliorations reconnues nécessaires, soit dans l'enseignement, soit dans l'organisation judiciaire, étaient destinés à produire d'excellents résultats. L'assemblée les écouta froidement, préoccupée qu'elle était des mesures liberticides à l'ordre du jour. Ils furent déposés dans les cartons des bureaux, et n'en sortirent plus. Ce n'était pas le moment d'attaquer les anciens vices, les anciens abus qui s'étaient perpétués dans les organisations dues à la royauté; on ne songeait qu'à comprimer Paris et à sévir contre les républicains.

Les journaux des premiers jours de juillet étaient remplis de détails sur les organisations des conseils de guerre, sur leur procédure, sur les prisonniers et les prisons, et sur la situation dans laquelle l'état de siége continuait à tenir la ville.

« L'état de siége, dans certains quartiers, change peu l'aspect de Paris, lisait-on dans les feuilles publiques. Dans d'autres, au contraire, on ne reconnaît plus la capitale des lettres et des arts. Des tentes rangées régulièrement quatre par quatre, des faisceaux d'armes, des canons, des soldats montant la garde ou couchés sur la paille, des chevaux au piquet, des vivandières qui circulent, des cuisines en plein vent adossées aux murs des maisons qu'elles enfument, des aides de camp et des officiers d'état-major qui se croisent en tout sens, rappellent partout les tristes événements que nous venons de traverser.

« Le soir surtout, à l'heure habituelle des plaisirs, les tambours battent la retraite, les lampions s'allument aux fenêtres, mais les rues se vident. Les spectacles, si brillants dans les temps ordinaires, sont fermés, et quand se rouvriront-ils? Personne ne le sait. En attendant, les mille industries qui vivent du théâtre sont dans la gêne : directeurs, auteurs, acteurs, figurants, machinistes, décorateurs, etc., etc., ne savent plus où demander le pain que leur donnait une industrie perdue pour longtemps (¹).

« Sur le boulevart du Temple, où huit théâtres et vingt cafés répandaient, jusqu'à minuit, la lumière et la joie, on ne voit plus, dès dix heures, que quelques passants attardés qui regagnent leur logis, en répondant au *qui vive* des factionnaires échelonnés de cent pas en cent pas. »

— « La place du Panthéon est toujours occupée militairement, lisait-on dans une autre feuille. Un escadron de chasseurs, un bataillon du 24ᵉ de ligne, quelques compagnies du 2ᵉ régiment d'infanterie de marine, occupent la place et le péristyle du monument. On ne permet pas de stationner pour examiner les dégâts causés par les balles et les boulets. »

« La cour des Tuileries offre le même aspect. Devant les grilles de la place du Carrousel, on voit deux vastes tentes, dans lesquelles les militaires sont établis. Par derrière sont élevées, à l'aide d'une charpente recouverte de paille, des sortes de cahutes, dans lesquelles se retirent la troupe de ligne et la garde nationale : une rangée de pièces de campagne occupe le long du mur du château. »

Une autre feuille donnait le tableau général ci-après de l'occupation de Paris :

« Neuf principaux noyaux de troupes, disait-elle, sont établis : — à la place de la Concorde, — aux boulevarts Saint-Denis et du Temple, — à la Bastille, — à l'Hôtel-de-Ville, — au

---

(¹) Le gouvernement vint en aide aux théâtres par une subvention de qui fut votée, et dont la répartition fut faite par une commission nommée *ad hoc*.

A partir du 10 juillet, on permit aussi la réouverture des salles ; mais avec l'obligation de faire tomber le rideau à dix heures du soir. Il fallut longtemps pour que les théâtres de la capitale pussent reprendre leurs allures ordinaires.

quai Saint-Michel, — au Panthéon, — au Luxembourg, — aux Tuileries, — au palais de l'Assemblée nationale. Il y a en outre, sur divers points, des détachements de gardes nationales des départements, indépendamment des postes des mairies et des autres postes permanents, tous fortement occupés. La nuit, on établit des postes supplémentaires avec sentinelles avancées. »

Tel était à peu près l'état de la capitale *intrà muros*. Voici ce que l'on disait du cordon d'enceinte, car les militaires ne font rien à demi :

« Indépendamment des baïonnettes qui reluisent sur toutes nos places publiques, on nous annonce trois camps qui vont se dresser à nos portes, à cette seule fin de veiller sur nous, lisait-on dans la *Réforme*. Une division de l'armée des Alpes, appelée à Paris par le télégraphe, formera le camp permanent aux environs de Saint-Maur, afin d'agir, dit le *Constitutionnel*, sur les derrières des insurgés, dans le cas où ils relèveraient la tête. Les troupes de Paris seraient divisées en sept brigades et confiées à autant de généraux : il y aurait, en outre, deux généraux de division investis du commandement des deux rives de la Seine; et toutes ces forces, avec la cavalerie et l'artillerie qu'elles comportent, prendraient le nom d'*Armée de Paris*. »

Puis la *Réforme* ajoute :

« Gardons-nous d'exagérer le péril au point de ne nous voir en sûreté qu'au milieu des régiments rangés en bataille. Dieu sait, hélas! où les évolutions militaires nous ont menés ! »

En même temps que l'on ne parlait que de soldats, de canons, de baïonnettes, de tentes et de patrouilles, les journaux s'empressaient aussi de porter à la connaissance du public tout ce qu'ils pouvaient apprendre de relatif aux prisonniers, aux hôpitaux et aux conseils de guerre.

Il résultait de l'addition de tous les insurgés renfermés dès lors dans les casemates des forts, que leur nombre s'élevait, du 5 au 10 juillet, à près de QUATORZE MILLE; les transfèrements avaient eu lieu sur le rapport que fit le citoyen Cormenin, chargé par le chef du pouvoir exécutif et le président de l'assemblée, de visiter, conjointement avec les représentants Vavin et Martin (de Strasbourg), les prisons et les hôpitaux. Le *Journal des Débats* publiait, dans les termes suivants, des extraits de ce rapport :

« Dans la prison de la rue de Tournon (la caserne), le commissaire a trouvé quinze cents individus, et a réclamé pour eux quelques améliorations au point de vue sanitaire, telle que distribution de paille et de vinaigre, et le renouvellement aussi fréquent que possible de l'air, promptement vicié par l'agglomération d'un si grand nombre de personnes.

« Huit cents prisonniers étaient entassés dans les caveaux et dans le passage souterrain qui conduisent des Tuileries à la terrasse du bord de l'eau. Ces lieux sont très-humides, et l'infection qui en résulte était telle que les médecins ont craint que le typhus ne se déclarât et ne gagnât les salles où sont les blessés. Sur la demande de M. Cormenin, et par ordre exprès du chef du pouvoir exécutif, quatre cent cinquante prisonniers ont déjà été extraits de ce cachot, et le reste a dû être transféré aujourd'hui dans les forts détachés qui entourent Paris.

« Beaucoup d'insurgés se trouvent dans les ambulances de Saint-Lazare, mêlés avec les gardes nationaux et les gardes mobiles blessés : tous indistinctement reçoivent les soins les plus empressés. Au milieu des prisonniers figurent un assez grand nombre d'enfants au-dessous de douze ans et même de dix ans. M. Cormenin a demandé qu'ils fussent interrogés avant tous les autres; il a émis, en outre, l'avis qu'on adjoignît comme suppléants aux juges chargés de l'instruction judiciaire,

des officiers de la garde nationale choisis plus particulièrement parmi les avocats et les avoués..... »

Hâtons-nous de dire que les extraits du rapport de M. Cormenin qu'il plut au gouvernement de faire publier par le *Journal des Débats* étaient loin d'être complets. Si on n'eût pas morcelé ainsi son compte-rendu, le public aurait appris que l'infection des caveaux des Tuileries provenait non-seulement de l'humidité et de l'air vicié qu'on respirait dans ces cachots sans air, mais encore et plus particulièrement des nombreux corps humains en putréfaction, tombés sous les coups de fusil que les factionnaires tirèrent souvent par les lucarnes sur les insurgés qui s'en approchaient pour respirer. L'odeur qu'exhalaient ces caveaux était telle qu'il fut impossible à M. Cormenin d'y pénétrer.[1]

Un autre journal annonçait aussi que le typhus avait éclaté dans plusieurs autres prisons encombrées de citoyens réputés insurgés. « Cela ne peut surprendre, ajoutait-on ; et si l'on n'y porte un prompt remède, en raison de la chaleur de l'atmosphère et de l'air vicié que respirent tous ces prisonniers, la contagion se répandra dans les hôpitaux et ailleurs. Croirait-on qu'il y a *quatre mille* hommes entassés dans les seuls bâtiments de la préfecture de police ! »

A la date du 5 juillet, les hôpitaux contenaient, en outre, quinze cent quarante-trois blessés, soit insurgés, soit gardes mobiles, gardes nationaux et soldats. Beaucoup étaient déjà morts des suites de leurs blessures ; un certain nombre était sorti à peu près guéri, et enfin d'autres, non moins nombreux, s'étaient fait porter chez eux.

---

[1] Il faut lire, dans l'écrit publié par le citoyen Pardigon, l'un des malheureux qui y séjournèrent le plus longtemps et l'un des blessés de la place du Carrousel, les détails des tortures physiques et morales endurées par ces prisonniers. Cette lecture soulèvera toujours l'indignation des âmes honnêtes contre ces hommes qui se montrèrent à la fois geôliers impitoyables et bourreaux par passe-temps.

On n'a jamais pu savoir au juste le nombre des cadavres ramassés devant et derrière les barricades : on peut calculer que plus de deux mille hommes y ont trouvé la mort, et qu'une quantité considérable de cadavres d'insurgés ont été enlevés des divers lieux où eurent lieu les exécutions militaires. Pendant plusieurs jours, d'énormes tapissières couvertes, mais laissant des traces de sang humain sur toute la route, furent occupées à les transporter dans les tranchées profondes ouvertes au fond des cimetières. La Morgue était aussi remplie de cadavres recueillis dans la Seine. Les environs de ce triste dépôt furent pendant longtemps envahis, non pas par la foule des curieux, mais par l'affluence des personnes désolées qui allaient y chercher les dernières traces de ceux de leurs parents ou amis disparus depuis le 23 juin. L'autorité se trouva bientôt dans la nécessité de mettre un terme à ces recherches ; elle fit donner la sépulture aux corps en putréfaction qui ne purent être reconnus : on fit ainsi de la place pour d'autres cadavres ; car on en trouvait dans la rivière à chaque instant.

Quant aux conseils de guerre, qui fonctionnaient avec la plus grande activité, on sut que la commission militaire chargée d'interroger sommairement les insurgés s'était d'abord installée au rez-de-chaussée des Tuileries, où elle avait procédé à l'interrogatoire de quelques-uns des détenus dans les caveaux de ce palais et dans ceux du Palais national. Mais la translation de ces prisonniers lui fit prendre la détermination d'aller siéger au Palais-de-Justice même, afin de se trouver en rapports plus directs avec les substituts du procureur général près la cour d'appel, et avec la Conciergerie, dépôt quotidien des prisonniers arrêtés ou ramenés des forts.

Ce fut dans la salle des archives, en face du greffe de la cour d'appel, que le colonel Bertrand, commandant le 24ᵉ de ligne, s'établit en sa qualité de président de la commission.

Le capitaine Plée, rapporteur près le 2ᵉ conseil de guerre, se mit en permanence dans un des salons de la Conciergerie même, et là on procéda à l'interrogatoire, de concert avec les juges d'instruction et les substituts du procureur de la république. Ces interrogatoires étaient basés, autant que possible, sur les procès-verbaux dressés lors de l'arrestation des inculpés. Ce travail, poussé avec toute l'activité désirable (¹), avait déjà eu pour résultat, au 3 juillet, l'interrogatoire et le renvoi dans les forts de l'Est de près de mille détenus. Un escadron de lanciers et deux bataillons d'infanterie de ligne composaient l'escorte ordinaire des prisonniers, soit pour les amener à la Conciergerie, soit pour ramener dans les forts ceux qui n'étaient pas mis en liberté immédiatement et ceux qui devaient passer au conseil de guerre.

Voici comment on procédait à ces interrogatoires.

On avait établi trois catégories : la première, composée de ceux qui avouaient leur participation à la lutte, et contre lesquels s'élevaient, dans l'opinion des juges d'instruction, des charges graves ; la seconde catégorie comprenait tous ceux des prévenus qui avaient été contraints et forcés par les insurgés, suivant leurs dires, de se mêler à eux ; la troisième embrassait les personnes qui, réclamées par leurs familles, par des représentants du peuple ou par des maires, étaient reconnues avoir été indûment arrêtées. La première catégorie devait passer devant les conseils de guerre ; la seconde était destinée à la transportation sans jugement, et la troisième enfin, renvoyée d'abord dans les forts, pouvait être élargie, après plus ample informé.

A cette même époque, il restait encore à la Conciergerie à

(¹) Suivant l'opinion émise par M. Cormenin, plusieurs avocats avaient été désignés par l'autorité militaire pour procéder, de concert avec les rapporteurs, à l'interrogatoire des prisonniers.

peu près un millier de prisonniers qui devaient être interrogés; mais la préfecture de police y en envoyait journellement plusieurs centaines nouvellement arrêtés. Les bureaux de la police étaient encombrés de délations ; et, quoiqu'on ne pût pas emprisonner tous les citoyens dénoncés par leurs ennemis, on n'expédiait pas moins tous les jours de la préfecture une énorme quantité de mandats d'amener ; cinq employés étaient occupés uniquement à remplir les *blancs* pour approprier la formule imprimée à l'individu qu'on voulait arrêter.

« C'est une chose triste à constater, s'écriait un journal démocrate en présence de ces aveux; il y a là plus que de l'immoralité, il y a un grand danger pour tous les citoyens; car l'homme qui est capable de dénoncer autrui à cause de ses opinions, est aussi capable de le dénoncer, quoique innocent, par vengeance personnelle. »

C'était là ce qui se voyait très-fréquemment, et ce dont la police et la justice furent à portée de s'assurer par mille moyens.

Aussi le nombre des détenus augmentait-il journellement dans une progression effrayante, quelle que fût l'activité des instructeurs.

« Au moment où nous écrivons ces lignes, lisait-on dans la *Gazette des Tribunaux* du 9 juillet, ce nombre s'élève à plus de QUATORZE MILLE, qui sont distribués dans les forts de Vanves, de Montrouge, d'Ivry, de l'Est, du Mont Valérien, du Gros-Caillou, à la caserne de Tournon, à la Conciergerie, à la Préfecture de police, et dans les maisons d'arrêt de la Force, de Sainte-Pélagie, des Madelonnettes, ainsi que dans la maison de justice militaire dite de l'Abbaye. Le fort d'Ivry en contient à lui seul quinze cent quatre et celui de Vanves mille trois. »

En présence de cette augmentation successive de citoyens emprisonnés à tant de titres divers, le pouvoir exécutif se vit dans la nécessité de créer quatre commissions extraordinaires chargées d'examiner les procédures instruites par MM. les rapporteurs, et de statuer, soit sur la mise en liberté, soit sur la transportation, soit sur le renvoi devant les conseils de guerre permanents de la 1re division. Ces commissions devaient prendre les ordres du colonel Bertrand, à qui était réservé le droit de mise en liberté pour les cas d'urgence.

Le pouvoir exécutif fit plus encore, il décida qu'il ne serait plus procédé à aucune arrestation autrement que sur mandat d'amener dûment lancé, ou dans le cas de flagrant délit. C'était mettre un terme à l'abus que les mauvaises passions faisaient de l'arbitraire résultant de l'état de siége.

« Telle est l'ardeur de la délation, disait à ce sujet un journaliste indigné, que l'autorité a dû prendre des mesures pour la contenir. Comme Caussidière l'avait craint après le 15 mai, une moitié de Paris aurait volontiers fait arrêter l'autre. On met un frein à ce beau zèle ; on n'arrêtera plus désormais que sur mandat d'amener. Il faut dire, à la vérité, que les prisons sont pleines !

« Remarquons en passant avec quel tact la réaction s'était partagé les différents degrés de la vaste échelle où elle manœuvrait. Il y avait la foule d'abord, dénonçant au hasard, au gré de ses peurs et de ses vengeances ; puis la presse, la presse périodique surtout, chez laquelle l'inimitié, pour être moins cachée, n'en était pas moins ardente et lâche ; puis les hommes politiques, délibérant en comité et procédant par députations auprès du pouvoir.

« On n'a pas d'idée du dévergondage de ces accusations qui tombaient dans tous les commissariats comme une avalanche : la haine a été parfois si aveugle qu'elle a frappé sur des tombeaux...... C'est ce même zèle ardent qui, sans prendre part au combat, s'est montré si féroce, le combat fini ; car ce ne sont pas les hommes de cœur qui ont exposé leur vie à l'attaque des barricades, qu'on a vus se souiller du sang de leurs prisonniers désarmés ; ce ne sont pas eux qui ont fait appel au bourreau après la victoire ; ce sont toutes ces lâchetés qui s'étaient tenues en arrière ; ce sont elles qui ont débordé le pouvoir, et dont le général Cavaignac aura plus de peine à désarmer la fureur qu'il n'en a eu à apaiser l'insurrection elle-même. »

CHAPITRE X.

Coup d'œil sur la situation de l'Europe au printemps de 1848. — Suite des événements dont l'Italie fut le théâtre. — Conduite ambiguë de Charles-Albert. — Il accourt à Milan dans des vues d'intérêt personnel. — C'est lui qui fait considérer l'appui de la France comme un déshonneur. — Projets que forment sur l'Italie les écrivains soldés par Charles-Albert. — Les républicains unitaires ridiculisés. — Guerre royale substituée à la guerre des peuples. — Les intrigues et la trahison aux prises avec la sainte insurrection. — Influence funeste que Charles-Albert exerce sur le gouvernement provisoire de Milan. — Fausses manœuvres de l'armée piémontaise. — Plan de retraite du général autrichien. — Il s'établit à Mantoue et à Vérone. — Les villes du Frioul se révoltent. — Volontaires Italiens dans le Frioul. — Conditions que Charles-Albert met à sa coopération. — Il veut être roi de l'Italie septentrionale. — Ses négociations personnelles perdent la cause de l'Italie. — Murmures des patriotes italiens. — Revers qu'ils éprouvent dans le Frioul. — Le parlement sicilien déclare les Bourbons de Naples déchus. — Constitution napolitaine. — Conduite de Léopold en Toscane. — Intrigues de Rome. — Changement complet de politique à Rome. — Protestations des patriotes Milanais. — Arrivée des renforts autrichiens. — Trahison de Charles-Albert.

Dans quelques chapitres de ce livre (¹), nous avons essayé de raconter les mémorables événements dont l'Europe entière fut le théâtre à la suite de notre révolution de février; nous avons suivi ces grandes commotions, ces régénérations commencées jusqu'à la fin de ce fameux mois de mars 1848 dont les rois garderont le souvenir avec une juste terreur; car l'Etre suprême jetait, en ce moment-là, un regard de pitié sur le genre humain.

(¹) Voyez les chapitres XIV, XV et XVI du tome 1ᵉʳ, et le chapitre V du tome 2.

« Avec quelle émotion profonde, disions-nous, la postérité ne suivra-t-elle pas les phases diverses du grand drame qui s'accomplissait alors dans la vieille Europe ! Et combien toutes ces prodigieuses péripéties ne doivent-elles pas remuer le cœur d'un Français ! Car ce sont là encore nos idées qui faisaient explosion, c'est toujours la révolution française qui luttait sur tous les champs de bataille où elle avait appelé les royautés, c'est la France que les peuples invoquaient en déployant l'étendard de leur délivrance.

« En effet, le monde offrit-il jamais le spectacle de tant de mouvements populaires éclatant à la fois dans tous les Etats considérés jusqu'alors comme les plus à l'abri des révolutions politiques, dans les contrées les plus opprimées par la main de fer du despotisme ! »

Nous nous félicitions également de ce que la Providence permettait que le berceau de la nouvelle république fût ainsi débarrassé de tous les dangers extérieurs qui avaient assailli celle fondée par nos pères, alors que les peuples n'étaient point mûrs pour la liberté ; et enfin, de ce que au lieu d'avoir à tirer l'épée pour la défense de ses institutions et l'intégrité de son territoire, la république de 1848 s'inaugurait aux applaudissements de l'humanité tout entière.

Hélas ! tant d'heureuses espérances nous avaient fait perdre de vue que l'organisation monarchique avait encore un appui dans l'état militaire, dans les armées permanentes, véritables fléaux des peuples, et qu'elle avait toujours à son service toutes les trahisons de la diplomatie ; ces deux clefs de voûte des royautés leur restaient. Par la diplomatie et ses ruses, les rois comptaient encore tromper les nations sur leurs véritables intérêts, et par les armées, où le despotisme s'était incarné, ils pouvaient rattacher les tronçons de leur despotique autorité. Nous allons voir comment ils se servirent habilement de l'une et des autres.

C'est en Italie surtout que vont se dérouler toutes les ressources que les royautés possèdent pour faire avorter les glorieuses déterminations des peuples de cette intéressante contrée ; c'est là surtout que les trahisons les plus palpables, les ruses les plus grossières des cours vont appuyer les baïonnettes du despotisme, dans le but sacrilége de replacer les Italiens sous un joug qu'ils abhorrent.

Nous avons laissé l'allié secret de l'Autriche, Charles-Albert, accourant à marches forcées à Milan, non pas, comme pouvait le croire la bonne foi du peuple, pour contribuer à l'affranchissement de l'Italie, mais dans des vues d'ambition personnelle, pour s'y créer un parti et se faire proclamer roi de la Lombardie. L'histoire des nations n'offre pas d'exemple d'une conduite plus ambiguë, plus couarde et plus misérable que celle tenue par ce roi à l'égard des provinces qu'il veut *attacher à sa couronne, soumettre à son sceptre.* Lui, qui n'a pas eu le courage de brûler une amorce pour aider les Lombards à se délivrer des Tudesques ; lui qu'on a vu résister si longtemps au vœu du peuple piémontais, le poussant à franchir le Tessin au moment où l'issue de la lutte entre les troupes de Radetzki et la population milanaise était incertaine, au moment où la présence d'une seule de ses brigades pouvait tout décider, le voilà, se présentant en vainqueur dans la capitale des Lombards, lorsqu'il apprend que les troupes de Radetzki sont errantes dans les campagnes, lorsqu'il apprend que les Vénitiens des lagunes, comme ceux de la terre ferme, ont également chassé les *Barbares*, lorsqu'il apprend que les forteresses de la Lombardie sont au pouvoir des patriotes, lorsqu'il apprend, enfin, que les citoyens de Modène, de Plaisance, de Parme, ont chassé leurs princes, vassaux de l'Autriche. Charles-Albert, qui peut craindre la même résolution de la part des Piémontais, s'empare d'un moment d'enthousiasme pour changer de rôle : d'allié de l'empereur d'Autriche, on le voit se métamorphoser, du soir au matin, en allié des peuples qui chassent les Autrichiens ; le voilà se faisant proclamer *l'épée de l'Italie, le sauveur de l'Italie*, et semant l'or à pleines mains pour réunir autour de lui ceux des Italiens qui croient encore à la nécessité des rois sur la terre. Oh! que les patriotes italiens avaient bien raison lorsqu'ils parlaient de chasser l'astucieux allié, qui se présentait après le danger! Malheureusement, tous les Lombards ne voyaient pas avec les mêmes yeux : ils commirent la faute immense d'accueillir en libérateur l'homme qui, quelques années auparavant, avait trahi la révolution piémontaise, et qui avait livré aux vengeances de la royauté absolue ses propres compagnons.

Examinons la conduite de Charles-Albert dans la Lombardie, et nous y trouverons la clef de toutes les trahisons qui ont ramené ce malheureux pays dans l'esclavage le plus humiliant.

Et d'abord, voyez avec quel art perfide ce roi stimule le louable sentiment d'orgueil qui fait croire aux Italiens qu'ils n'auront pas besoin du secours de la France pour délivrer complétement leurs contrées. Par ses ordres, les journaux de Turin, salariés ou aveugles, sont les premiers à crier : *L'Italia fara da se!*

Il y avait à ce sujet deux opinions en Italie : celle qui sollicitait l'intervention française, alors que le gouvernement de la république n'eût pas mieux demandé que de l'accorder, dans le double but de créer des Etats libres au delà des Alpes et de garantir ses frontières de ce côté ; l'autre parti, composé généralement de l'aristocratie lombarde et piémontaise, ne cessait de dire que la nation italienne avait en horreur les secours de la France. Ce fut ainsi que l'on vit abonder dans ce sens tous les organes de l'opinion, tant de France que d'Italie, qui saluaient *la grande épée*, en même temps qu'ils déversaient l'injure sur les patriotes clairvoyants.

En effet, pour l'homme de sens capable d'apprécier les circonstances qui dominaient les rois, il était facile de voir que Charles-Albert devait bien plus redouter les soldats de la république française que les Croates de Radetzki. Et il pouvait avoir raison comme roi ; car il n'était donné à personne de prévoir l'effet qu'aurait produit, dans ce moment d'enthousiasme et d'entraînement vers la liberté, l'arrivée en Piémont des soldats de la république française, déployant sur les rives du Pô et de la Stura ce drapeau tricolore que les peuples sont habitués à considérer comme l'emblème de leur délivrance. Bien des vieux Piémontais auraient pu se rappeler qu'ils avaient eux aussi vécu en république, et les jeunes gens ne demandaient pas mieux qu'à renvoyer leur roi dans l'île de Sardaigne, comme avaient fait leurs pères. Là se trouve la clef de la conduite de Charles-Albert et de sa cour tout aristocratique. Aussi le vit-on faire toutes les avances possibles aux Lombards qui rêvaient encore la monarchie constitutionnelle.

Ayant ainsi réussi à faire considérer la fraternisation armée de la France comme un outrage pour les vaillants Lombards qui venaient de chasser les vieilles bandes de l'Autriche, il ne tarda pas à faire connaître ses projets monarchiques sur cette même Lombardie, qui avait le tort de le recevoir en libérateur.

Alors se mirent à l'œuvre tous les écrivains salariés par la politique piémontaise. Ceux qui croyaient ramener l'âge d'or avec les *fictions constitutionnelles*, le *gouvernement monarchique représentatif*, la *pondération des pouvoirs* et autres mensonges dont les Français avaient fait justice quelques mois avant, se mirent également à l'œuvre. D'autres publicistes, un peu plus avancés, ne furent pas éloignés de considérer comme possible la renonciation de l'Autriche aux contrées italiques, moyennant une indemnité territoriale du côté de la Turquie. D'autres encore, plus patriotes que révolutionnaires, pensèrent sérieusement à faire du Piémont un grand Etat *fédératif*. Les rêveurs poussèrent leurs utopies jusqu'à partager sur la carte le territoire italien en *trois* et même en *cinq Italies*. Les partisans de Charles-Albert insistaient pour une *Italie septentrionale*, dont ils le faisaient roi, laissant le reste à la merci des événements (¹). Aucun de ces publicistes ne tenait compte des espérances des démocrates italiens; et tandis que ceux-ci démontraient, par les événements de toute la Péninsule, que le véritable but de tous les Italiens était l'indépendance, puis l'unité nationale, et enfin la liberté démocratique; tandis que les *républicains-unitaires* prouvaient de la manière la plus évidente que telles étaient les véritables aspirations de l'Italie tout entière, l'essaim de *modérés* que Charles-Albert traînait à sa suite se mettait à l'œuvre pour constituer l'*Italie septentrionale*.

C'est ainsi que l'ambition inquiète et impuissante d'un individu allait être mise à la place de l'intérêt national de plusieurs millions d'hommes, et que la *guerre royale* serait appelée à remplacer la *guerre du peuple*, la seule qui pût faire triompher la cause de l'Italie et réaliser ce rêve si longtemps caressé par tous les cœurs généreux de cette terre classique de la liberté : l'affranchissement.

Il fut facile dès lors d'apercevoir à la suite de l'armée royale, les intrigues et la trahison aux prises avec la sainte insurrection populaire, et de prévoir que les Italiens laisseraient perdre cette occasion si favorable de décider de l'avenir de leur patrie.

L'Italie était, en effet, dans un de ces moments suprêmes que la Providence réserve quelquefois aux peuples asservis, aux nationalités effacées, pour s'affranchir et se reconstituer. Dans ces instants solennels, la moindre faute peut devenir irrépara-

---

(¹) Les partisans de Charles-Albert s'inquiétaient peu des contrées italiques placées sur la rive gauche de l'Adige ; ils en auraient volontiers fait cadeau à l'Autriche, pour peu qu'ils fussent assurés de sa renonciation sincère à la Lombardie. Les rois n'agissent jamais différemment.

ble et avoir pour conséquences de longues phases de déceptions. L'Italie offrait, à la fin du mois de mars 1848, l'aspect d'un volcan en ébullition, mais dont les éruptions partielles devaient user toutes les forces vitales du pays, tant qu'elles seraient restées entre les mains des eunuques politiques. Du Phare et des Calabres jusqu'au Tyrol et aux Alpes, la fermentation, l'enthousiasme étaient au comble. Malheureusement le but vers lequel on devait diriger l'esprit public était indéterminé. S'il n'y avait qu'une seule pensée à l'égard de l'expulsion des Tudesques, on était trop divisé sur ce que l'on ferait après pour ne pas commettre des contre-sens irréparables.

On comprend avec quelle ardeur le vieux Radetzki, suivant en cela les conseils du prince de Machiavel, ou plutôt la politique ordinaire des rois, favorisait secrètement tous ces plans divers ; il considérait avec raison ceux des Italiens qui propageaient ces idées creuses comme les aveugles auxiliaires de son armée : aussi écrivait-il à Vienne que l'arrivée de Charles-Albert en Lombardie et ses prétentions sur cette province seraient la pomme de discorde des Italiens et le salut de l'Autriche.

Pour conserver à la révolution italienne toute sa force, il fallait n'accueillir Charles-Albert qu'avec une extrême défiance, ne le laisser participer à la délivrance qu'au seul titre d'allié, et non comme arbitre souverain d'une révolution faite sans lui ; il fallait solliciter non pas le secours des princes, mais celui de tous les peuples. Il fallait créer des forces nationales, appuyées par les volontaires que la France, la Suisse et même l'Amérique eussent fournis avec plaisir.

Malheureusement dès que Charles-Albert fut entré en Lombardie, il exerça sur le gouvernement provisoire de Milan une influence qui fut funeste à la cause de la révolution. Non-seulement le parti albertiste opposa des obstacles incessants à l'organisation du pays, à son armement, au rappel de tous les exilés qui avaient déjà porté les armes de la liberté partout où elle s'était établie, mais encore il chercha à avilir les Lombards à son profit, en faisant répandre par les mille plumes qui lui étaient vendues que les Lombards ne savaient pas se battre, qu'ils ne savaient que déclamer. Le but de ces calomnies était évident ; Charles-Albert voulait se faire considérer comme le seul libérateur de l'Italie. Il oubliait que l'héroïque ville de Milan avait forcé l'armée de Radetzki à errer dans les campagnes ; que Venise avait aussi chassé les Autrichiens de ses lagunes sans le secours des Piémontais, et que les nombreuses villes de terre ferme n'eurent nullement besoin de l'*épée d'Italie* pour faire flotter le drapeau de la révolution sur leurs clochers.

Suivons ce *libérateur* depuis que la crainte d'une révolte sérieuse du peuple et de l'armée piémontaise l'a forcé de passer le Tessin. Ses troupes, dont la bravoure et la discipline sont connues, marchent à la fois vers Milan (¹) et vers les duchés de Parme et de Modène. Sept à huit mille volontaires génois les accompagnent et les précèdent sur plusieurs points. Mais au même instant, profitant du bruit répandu que Chambéry a arboré le drapeau tricolore, Charles-Albert envoie aussi des troupes de ce côté : nous verrons bientôt dans quelles vues.

Il fallait atteindre les troupes autrichiennes errantes, avant que leur mouvement de retraite fût concentré. Aussi six mille Piémontais, suivis de nombreuses colonnes de volontaires quittèrent-ils Milan dès le 27 mars, pour se mettre à la poursuite des bataillons de Radetzki. A chaque instant on apprenait que quelque ville en deçà du Tagliamento s'était prononcée pour

---

(¹) Le gouvernement provisoire de Milan en annonçant l'arrivée de l'armée piémontaise, s'était exprimé ainsi : « L'armée piémontaise se présente comme alliée dans la lutte suprême de la guerre sacrée. » Les conventions conclues entre le gouvernement provisoire et le représentant du *magnanime* Charles-Albert portaient : « Les troupes sardes agiront en alliées fidèles et loyales du gouvernement provisoire. Les vivres et entretien seront fournis par le gouvernement provisoire ; la solde courante est au compte de S. M., etc. »

la révolution *italienne*. Padoue venait de chasser sa garnison ; Brescia avait formé son gouvernement provisoire, donnant la main à celui de Milan, et le Tyrol italien s'était insurgé. Deux jours après on apprenait que Palma-Nuova était au pouvoir des partisans du général Zucchi ; que Vicence était libre, et que le mouvement révolutionnaire gagnait la Dalmatie.

Pendant que les divisions piémontaises Bava et Sonnaz marchaient pour passer le Pô, les Autrichiens évacuaient le pont de Lodi ; les troupes de Florence occupaient Modène, et dix milles soldats romains, tant suisses que de la civique, partaient de la Romagne, sous les ordres de Durando, pour aller seconder la révolution de la Lombardie. La situation des troupes de Radetzki, déjà des plus difficiles, pouvait le devenir encore davantage si les patriotes insurgés de Mantoue parvenaient à conserver cette place forte jusqu'à l'arrivée des renforts nationaux. Le général autrichien paraissait d'abord vouloir concentrer ses premières troupes sur l'Adda ; mais partout les habitants travaillaient à lui fermer la retraite en défonçant les routes, brisant ou brûlant les ponts. Des combats partiels étaient livrés par les patriotes aux corps autrichiens marchant isolément. Du côté du lac de Garde, à Dezenzano, on avait fait prisonnier un général, trois colonels et une foule d'officiers avec leurs soldats. On s'était également battu sur la route de Plaisance. Les volontaires ne cessaient d'arriver par toutes les voies. Les patriotes génois et piémontais étaient déjà sur la route da Pavie à Crémone, marchant plus vite que l'armée de Charles-Albert, afin d'empêcher la réunion des soldats de Radetzki.

En général habile, ce chef des troupes autrichiennes avait aussitôt conçu son plan de retraite. Faisant aux patriotes une large part de conquêtes devenues faciles, il se garda bien de chercher à défendre les lignes militaires qui s'offraient sur sa route ; il les abandonna toutes successivement pour se concentrer à la fois sous les murs de Mantoue et sous ceux de Vérone. Il comprit que de la réoccupation de Mantoue et de sa retraite sur l'Adige dépendait le salut de son armée. Il fut assez heureux pour pouvoir mettre à exécution cette idée.

Pendant que l'armée de Charles-Albert marchait comme si elle eût redouté des embuscades, Radetzki fuyait aux applaudissements des patriotes; il fuyait plus vite encore qu'on ne le supposait, et abandonnait à propos la terre lombarde, qui aurait dévoré ses bataillons, pour les réunir autour de Mantoue. Arrivé en forces sous les murs de cette place, il fit sommer les révolutionnaires d'avoir à lui en ouvrir les portes, sous peine d'être passés au fil de l'épée. Les patriotes de cette ville n'étaient pas plus de deux mille sous les armes; ils avaient contre eux, outre une armée entière de plus de trente mille soldats aguerris, d'autres soldats autrichiens qu'ils avaient retenus prisonniers, et qui, encouragés par la présence de tant d'autres bataillons, leur auraient ouvert les portes de la ville, si les bourgeois eussent voulu résister. Ceux-ci furent donc dans la nécessité d'obéir aux injonctions pressantes du général en chef; et Mantoue, la place la plus forte de toute l'Italie reçut une nombreuse garnison autrichienne.

Sans perdre de temps, Radetzki conduisit le surplus de ses troupes à Vérone, et s'établit fortement sur l'Adige. De là, il sollicita des renforts des États héréditaires, et proposa au gouvernement provisoire de la Lombardie l'échange des prisonniers que le peuple avait faits, contre les ôtages qu'il avait lui-même emmenés de plusieurs villes. Or, le gouvernement provisoire se croyait si fort qu'il rendit les prisonniers réclamés. En peu de temps, et malgré les obstacles immenses qu'il rencontra dans sa retraite, Radetzki avait ravitaillé ses troupes à Mantoue et à Vérone, où elles se trouvaient réunies; deux mille cinq cents hommes avaient été jetés dans Peschiera.

Néanmoins, sa situation était encore bien hasardée. Le passage du Tyrol n'était plus libre, et la route de la Carinthie lui était également fermée ; il fallait à l'Autriche une armée tout entière pour rétablir les communications par Udine. Et comme le conseil aulique n'était pas en position d'improviser des armées et encore moins de les envoyer en Italie, Radetzki eût eu probablement le temps d'être forcé à mettre bas les armes, si un autre que Charles-Albert eût été à la tête de la guerre du peuple italien contre ses oppresseurs. Les Italiens d'au-delà de l'Adige avaient trouvé de grandes ressources en munitions de guerre de toutes sortes tant dans l'arsenal de Venise, que dans la forteresse de Palma-Nuova : les armes ne manquaient donc pas de ce côté-là ; mais elles étaient rares dans la Romagne, la Toscane et la Lombardie ; les volontaires de ces contrées furent réduits à se partager quelques milliers de fusils tirés de France et d'Angleterre ; de sorte qu'ils ne furent guère considérés d'abord que comme les tirailleurs de l'armée piémontaise ; ce qui contribua à donner un grand ascendant aux soldats du roi sur les soldats du peuple.

Vers le milieu du mois d'avril, les positions respectives étaient celles-ci : Les Autrichiens occupaient encore Peschiera sur le lac de Garde, Mantoue à l'autre extrémité de leur ligne, et Vérone au centre. L'armée piémontaise, qui s'était avancée très-lentement, se trouvait sur le Mincio ; le général Allemandi, commandant les volontaires se dirigeait sur Peschiera. La droite de l'armée de Charles-Albert cherchait à donner la main au général Zambeccari, qui, avec ses Romagnols, était sur le point de passer le Pô. Durando était entré à Ferrare. Zucchi, à la tête de plusieurs milliers de Vénitiens et de patriotes du Frioul, était parti de Palma-Nuova pour se rapprocher de Durando. On affirmait que l'avant-garde napolitaine, destinée à agir de concert avec les troupes toscanes, venait de débarquer à Livourne. Mais ici, le grand-duc semblait peu décidé à entrer dans la ligue italique; il donnait le change à l'opinion en faisant faire des marches et des contre-marches à ses troupes. Enfin, la flotte Sarde était sortie du port de Gênes pour aller se réunir à la flottille de Venise, dans le but d'opérer sur les côtes de l'Adriatique et de la Dalmatie, et d'inquiéter Trieste, où des troubles avaient éclaté.

Ce fut dans ces circonstances que l'armée de Charles-Albert remporta quelques avantages sur l'arrière-garde autrichienne, rencontrée à Goïto sur le Mincio. Les Piémontais forcèrent le passage de la rivière et prirent à l'ennemi quelques centaines d'hommes et quatre pièces de canon. Ce n'était là qu'une rencontre partielle, qu'un combat sans résultats; mais les partisans de Charles-Albert firent considérer ce fait d'armes comme une victoire assurant désormais l'indépendance de l'Italie. On voyait déjà Charles-Albert dans Mantoue et les troupes autrichiennes de Radetzki réduites à déposer les armes. On se livrait alors, dans la Lombardie et la Romagne, à de grandes démonstrations de joie; on croyait tout devoir à Charles-Albert dont on exagérait les services et les forces; en un mot, on ne doutait pas que le général Radetzki ne fût bientôt forcé ou de se rendre ou de chercher à se frayer un passage par les gorges du Tyrol.

Au lieu de faire un pont d'or à l'ennemi pour l'évacuation de l'Italie, le chef des armées italiennes ordonna au général Allemandi de se porter dans ce Tyrol qu'on voulait fermer; et ces braves et dévoués volontaires furent ainsi éloignés de la Lombardie où Charles-Albert eût redouté leur présence; car il allait lever le masque.

Tandis que le général Allemandi conduisait de la meilleure foi du monde, cette ardente jeunesse italienne dans les montagnes, où chaque château fort, chaque bicoque était défendue opiniâtrement par des Croates; tandis qu'on les laissait à la garde de tous les défilés des montagnes, imprudemment disséminés de manière à être successivement écrasés par la première brigade autrichienne qui s'y serait présentée, les volontaires du général Zucchi étaient journellement aux prises avec les Kaiserlick, restés dans le Frioul.

« Vicence, Trévise, Padoue, Bassano et toutes les villes, écrivait-on du Frioul, sont semées de barricades ; tous les ponts sont coupés; dans toutes les rues sont ouvertes des tranchées ; les populations sont bien armées. On dispose de huit canons. Les volontaires pontificaux sont accueillis avec le plus grand enthousiasme. »

On se flattait qu'en occupant ainsi par les volontaires les deux routes du Frioul et du Tyrol, Radetzki ne pourrait recevoir les renforts qu'il avait demandé. Les amis de Charles-Albert allaient jusqu'à nier le départ des troupes destinées à ce général.

Mais celui-ci, laissant les fanfares de Charles-Albert chanter ses prétendues victoires, était parvenu à réunir son armée autour de Vérone; il tenait fortement dans Mantoue, et ses troupes occupaient encore Peschiera; il écrivait à Vienne qu'il saurait bien retrouver la route de Milan et même celle de Turin, si le conseil aulique lui envoyait, en masse, les renforts nécessaires pour reprendre la Lombardie. Les intrigues de Charles-Albert étaient connues du vieux général, et il en tirait les plus heureuses conséquences pour les affaires de l'Autriche dans la péninsule.

En effet, ce fut des bords du Mincio que Charles-Albert crut devoir dicter ses conditions et sa volonté aux Lombards.

Il commença par annoncer au gouvernement de Milan qu'il comptait ne pas aller plus loin, qu'il croyait avoir rempli sa mission, puisque les Autrichiens avaient évacué toute la Lombardie, à l'exception de Peschiera et de Mantoue. Il ne pouvait pas, disait-il, entrer dans les Etats vénitiens constitués en république, et il invitait le gouvernement provisoire à faire garder par ses propres forces les positions qu'occupaient les troupes piémontaises.

Les patriotes s'attendaient à cette trahison; aussi n'en furent-ils pas surpris.

Mais le peuple lombard, que l'aristocratie piémontaise avait circonvenu; ce peuple, que les mille plumes vendues à Charles-Albert ou dévouées aux fictions constitutionnelles avaient fait dévier de ses instincts républicains, se crut perdu si Charles-Albert exécutait ses menaces. Il ne trouva rien de mieux à faire que de se jeter complétement dans les bras de cet allié douteux. Il y eut de l'agitation à Milan : les patriotes unitaires arrachaient les affiches où l'on conseillait aux Lombards leur fusion avec le Piémont. Mais les intrigues royales et les menées de la diplomatie furent plus fortes que la voix de l'Italie, sacrifiée à l'ambition d'un homme qui n'avait aucun titre réel à la reconnaissance des Lombards.

On ne parla plus alors que de l'*Italie septentrionale* organisée en royaume, qui comprendrait le Piémont, la Lombardie, les Etats génois et les duchés. La Vénétie de terre ferme était abandonnée aux Autrichiens; et d'après le plan des contre-révolutionnaires, on aurait fait de Venise une sorte de république isolée, comme les villes anséatiques. C'est sur ces bases que des négociations furent ouvertes par les agents de Charles-Albert jusqu'avec l'Autriche. Celle-ci profita habilement de ces négociations pour faire approcher du Frioul un corps d'armée propre à mettre Radetzki en état de prendre l'offensive.

Quant à Charles-Albert, pour faire tomber le reproche d'inaction qui lui était adressé de toutes parts, il publiait journellement des bulletins de ses manœuvres et de ses combats. Tantôt son quartier général se rapprochait de Vérone, tantôt il s'en éloignait pour remonter du côté de Rivoli. De temps à autre, il parlait de rencontres, toujours brillantes, que ses troupes avaient avec la garnison de Vérone; mais, en résultat, on n'apercevait aucun mouvement important, aucune attaque sérieuse, aucune détermination propre à faire croire à sa bonne volonté d'en finir.

Et cependant il fut une époque, dans la première quinzaine de mai, où il pouvait beaucoup. Laissant un simple corps d'observation entre Vérone et Mantoue, il aurait pu passer l'Adige, se joindre aux Vénitiens, aux Frioulais et aux Romagnols, et opposer ainsi une digue infranchissable aux secours que le général Nugent conduisait à Radetzki. La route du Tyrol étant gardée par les nombreux corps de volontaires lombards, génois, suisses et piémontais, Charles-Albert n'avait autre chose à faire qu'à repousser Nugent; et cela lui eût été facile avec les secours qu'il pouvait réunir de ce côté. Peschiera, Mantoue et Vérone ne pouvaient manquer de capituler successivement, et l'Italie tout entière eût été délivrée.

Mais les inqualifiables lenteurs de ce roi, ses funestes négociations pour obtenir la Lombardie sans chasser complétement les Autrichiens, donnèrent le temps aux troupes de Nugent d'accourir dans le Frioul, de reprendre l'une après l'autre les villes qui s'étaient déclarées dans le sens de la révolution italique, d'écraser Zucchi et de s'ouvrir la route de Vérone.

Charles-Albert fut d'autant plus coupable de ne pas avoir fait tout ce qui lui était possible dans ces jours d'enthousiasme, qu'il se trouva admirablement secondé par les graves événements dont l'Autriche devint le théâtre lorsqu'il campait en forces autour de Vérone, à Somma-Campagna. En vain disait-il que l'Angleterre s'opposait à ce qu'il passât l'Adige. Il devait répondre que l'Italie n'avait besoin ni des conseils ni des ordres d'aucune puissance, qu'elle était en révolution pour reconquérir sa liberté, son indépendance, et que ses peuples se sentaient assez mûrs pour ne plus se laisser conduire par l'étranger.

Mais les prétentions de Charles-Albert, ses négociations personnelles, ses intrigues secrètes ne lui permettaient pas de tenir ce langage. Il ne pouvait plus parler au nom de l'Italie entière; il ne pouvait plus s'occuper que de son futur royaume de l'Italie septentrionale, et toute idée d'expulsion complète des Croates, des Tudesques, toute idée d'unité nationale n'allait plus à sa taille. Dans la position qu'il s'était faite, il devait beaucoup plus craindre l'entrée des Français que l'arrivée des renforts de Nugent; car les soldats de la république française ne pouvaient, dans aucun cas, aller servir de marchepied au roi du Piémont.

« Tant qu'il s'agit de secourir l'Italie, disait à ce sujet le gouvernement français, nous sommes là. Combattre à côté des légions piémontaises dans l'intérêt de l'Italie, nous le pouvons encore; mais marcher pour soutenir les intérêts du roi de Sardaigne, entrelacer le drapeau de la France avec celui de la maison de Savoie... jamais! »

Mais si Charles-Albert craignait la présence des Français, il redoutait encore plus celle des nombreux Italiens exilés qui revenaient avec les idées bien arrêtées de la *Jeune Italie*, l'affranchissement complet du territoire italien et la reconstitution de la patrie sous le gouvernement républicain unitaire. Aussi ses agents en France créèrent-ils toutes sortes d'obstacles au départ de la colonne d'émigrés, au milieu de laquelle se trouvait Mazzini. Il fit plus encore : il fit faire le plus mauvais accueil à ces patriotes lorsqu'ils débarquèrent à Gênes. Peu s'en fallut que cette élite de la jeunesse italienne, rentrant de la terre d'exil, ne fût assommée par les sbires à la solde du Piémont. Les calomnies les plus basses furent toute la récompense que ces anciens proscrits obtinrent alors pour avoir conservé et avivé le feu sacré loin de leurs foyers.

C'est que Charles-Albert et ses valets savaient très-bien que l'arrivée en Lombardie de ces nobles proscrits serait la résurrection de l'esprit national, qu'il n'avait cessé d'endormir par ses écrivains. Aussi ne cessait-il de pousser la conclusion de ses négociations, non-seulement avec le gouvernement milanais, mais encore avec l'Autriche. En cela, il était fortement appuyé par l'Angleterre, qui, jalouse à l'excès de tout arrangement propre à donner quelque prépondérance à la France républicaine, paraissait saisir avec empressement l'occasion d'agrandir le royaume de Sardaigne, dont la politique fut toujours contraire à la France. L'Autriche seule refusait avec obstination de céder la Lombardie.

Au milieu de toutes ces intrigues croisées, les patriotes italiens, tous les citoyens qui avaient pris le fusil pour chasser les *barbares* commençaient à murmurer non-seulement de l'inaction de Charles-Albert, inaction qui devenait chaque jour plus funeste aux volontaires des États vénitiens et romagnols, mais encore des prétentions élevées par le roi de Piémont. « Marchez! ne cessaient-ils de lui crier, aidez-nous à délivrer le territoire, à repousser les renforts que l'Autriche envoie à Radetzki, et vous aurez alors des droits véritables à la reconnaissance des Italiens ! »

Le patriotisme des Vénitiens, des Romains, des Toscans, des Génois, des Lombards, etc., suppléait autant qu'il était possible à la mollesse de Charles-Albert; mais il eût fallu que tous ces volontaires dévoués eussent pu être soutenus par quelques vieux régiments. Abandonnés à eux-mêmes, privés d'artillerie, de cavalerie, et pour comble de malheur, placés pour la plupart sous les ordres de chefs arrivés du Piémont ou gagnés aux combinaisons des monarchistes constitutionnels, ces braves jeunes gens, l'élite de l'Italie par leur éducation et leur courage, ne tardèrent pas à succomber sous les coups des Croates ou à battre en retraite, laissant exposés aux atroces vengeances des Kaiserliks les généreuses populations qui s'étaient jetées avec tant de joie dans le mouvement révolutionnaire. C'est ainsi que l'on apprenait successivement la chute de Bellune, d'Udine et de plusieurs autres villes des Etats vénitiens, que ni Durando, ni le général Ferrari n'avaient pu défendre contre le corps du général Nugent. Zucchi se maintenait bien encore à Palma-Nuova, mais il était permis de concevoir des craintes sur le sort d ecette place forte.

Pendant que les patriotes du Frioul voyaient tomber successivement leurs villes, Charles-Albert, dans l'intention d'effrayer l'Autriche, envoyait son escadre, à laquelle s'étaient joints quelques bâtiments légers sortis de Venise, dans les eaux de Trieste, pour menacer cette ville d'un bombardement. C'était un moyen mis en œuvre pour obtenir la cession de la Lombardie, mais nullement pour faire une diversion utile ; car, s'il en eût été ainsi, Trieste aurait pu tomber au pouvoir des bâtiments génois, ou, tout au moins, la conservation de cette ville florissante eût forcé Nugent à interrompre le cours de ses succès du côté du Frioul.

Ce qui se passait alors dans le reste de l'Italie prouve que si les intrigues de la diplomatie ne se fussent pas jetées au travers des diverses populations de la péninsule, la grande idée de la révolution qui s'y opérait, l'*unité nationale*, eût pu facilement se réaliser.

Les Siciliens, après leur longue et sanglante lutte contre le Bourbon de Naples, venaient, par décision solennelle du parlement sicilien, librement élu et réuni à Palerme, de déclarer cette race de tyrans déchue à jamais de ses prétendus droits sur l'île. Malheureusement, cette révolution ne fut pas faite exclusivement dans des idées de liberté, et les vieux libéraux qui venaient de chasser une dynastie, se laissèrent séduire par les fictions constitutionnelles. Au lieu de se déclarer en république, comme tout l'y conviait, le parlement de Sicile se laissa prendre aux intrigues de Charles-Albert, qui eut la prétention de relever le trône à Palerme pour y placer l'un de ses fils. Les leçons les plus récentes de l'histoire furent encore perdues pour les patriotes siciliens, et leur grande révolution fut ainsi réduite aux ridicules proportions d'une révolution de sérail.

Toutefois, elle eut momentanément pour résultat de forcer le Bourbon de Naples à dissimuler sa haine contre les patriotes. Il alla même jusqu'à donner aux Napolitains une constitution qui combla de joie les hommes superficiels. Il fit plus encore : il annonça qu'il allait entrer à pleines voiles dans la sainte ligue italienne contre les *barbares*, et qu'il mettrait à la disposition de chefs italiens non-seulement une forte division de ses troupes, mais encore sa flotte.

Pour comprendre une résolution si inattendue et si contraire aux antipathies bien connues de Ferdinand, il faut dire au lecteur qu'au moment où la Sicile rompait complétement avec ce roi, le reste de son royaume, les Calabres surtout, étaient dans un état de révolte ouverte contre le gouvernement de Naples; que cette révolte s'étendait rapidement sur tous les autres points du littoral, et qu'il était à craindre, pour ce roi des lazzaroni, qu'une révolution pareille à celle de 1820, plus radicale peut-être, ne forçât Ferdinand à des concessions bien plus larges, et même à lui faire prendre la route de Vienne, comme avait fait son père. Le rusé Bourbon jugea donc nécessaire de lancer à la mer quelques-unes des prérogatives de l'absolutisme, afin de sauver le reste. Il ne doutait pas qu'il regagnerait le terrain abandonné dès que les circonstances deviendraient moins défavorables. C'était là, comme on sait, le procédé employé *in extremis* par plusieurs royautés, procédé dont elles s'étaient très-bien trouvées.

La conduite de Léopold fut, en Toscane, ce qu'elle devait être. Archiduc d'Autriche, on comprend qu'il ne pouvait pas donner franchement la main à une ligue qui avait pour objet la ruine de sa propre maison. Mais l'opinion publique, extrêmement exaltée en Toscane, le poussait violemment malgré lui vers le grand but de la révolution italienne. Il armait donc ses volontaires et les laissait partir pour le Pô et l'Adige, tandis que ses troupes faisaient toutes les évolutions nécessaires pour faire croire qu'elles allaient entrer en campagne. C'était à gagner du temps que se bornait la politique du grand-duc de Toscane en ces graves circonstances.

Quant à celle du pape, elle paraissait inexplicable depuis que Rome était devenue le centre, le foyer le plus actif de toutes les intrigues de la diplomatie.

La diplomatie, c'est-à-dire les agents royaux chargés de rendre aux monarchies la vie la plus douce possible, soit en arrangeant les différends qui peuvent survenir entre les princes, soit en muselant les peuples ou en les endormant lorsqu'ils se réveillent; la diplomatie, disons-nous, dont le siége principal fut de tout temps à Rome (¹), effrayée à la pensée d'une république universelle, et provisoirement d'une république unitaire pour toute l'Italie, venait de concentrer ses efforts au Vatican, dans le double but d'empêcher à tout prix le gouvernement pontifical de déclarer la guerre et de l'amener ensuite à se porter médiateur entre l'Autriche et les peuples d'Italie. Les diplomates désiraient confier ce dernier soin au prince temporel le plus influent de toute l'Italie, et l'Autriche ne demandait pas mieux que d'ouvrir des protocoles qui lui auraient donné le temps de trouver l'argent indispensable pour faire parvenir à Radetzki les renforts qui devaient lui donner raison de l'insurrection lombarde, et successivement des autres agressions venant du reste de l'Italie. Les efforts des diplomates réunis à Rome et correspondant avec ceux rassemblés en Suisse, furent d'abord couronnés d'un plein succès.

Pendant que l'ancien ministère du Vatican accomplissait noblement sa tâche en armant tous les volontaires et acheminant même vers l'Adige ses troupes réglées, dans la perspective

---

(¹) Voyez la Henriade de Voltaire.

que la guerre sainte serait bientôt déclarée par Pie IX, on fut étrangement surpris, à Rome, de voir tout à coup un changement complet dans la politique du pape. Les armements furent arrêtés instantanément, et l'on entendit une voix puissante s'écrier : « Je ne veux point la guerre ! »

Ce que voulait alors le pape, c'était une médiation, un accommodement; ce que voulait l'Autriche, c'était gagner du temps. Tous les patriotes comprirent que l'ouverture de protocoles serait la mort de la révolution italienne, déjà tant compromise par les trahisons quotidiennes de Charles-Albert [1]. « Tandis qu'un seul mot de lui, dit un publiciste italien en parlant du pape, aurait soulevé les masses contre l'Autriche, Pie IX commence par hésiter ; puis, au plus fort de la lutte, il déclare être en paix avec l'ennemie éternelle et acharnée de l'Italie, et il porte par là un coup terrible à la cause de son pays. »

Or, comme les Romains étaient essentiellement dévoués à la cause italienne et au parti démocratique, la conduite du Vatican leur devint dès lors suspecte. Il y eut de l'agitation à Rome, et l'on put même craindre un mouvement démocratique, une grande révolution.

En ce moment-là, les amis et partisans de Charles-Albert redoublaient d'efforts pour faire aboutir la candidature de leur patron à la couronne de fer. Des vœux dans ce sens étaient

---

[1] « Le plus grand nombre, en Italie, disait naguère un écrivain patriote italien, regarde Charles-Albert comme un traître, et, en vérité, les apparences sont contre lui dès le jour de son entrée en Lombardie, jusqu'à celui de sa fuite soudaine de Milan. Mais on le jugera plutôt inepte que coupable, lorsqu'on aura réfléchi qu'en trahissant son pays, il n'aurait trahi, après tout que sa propre ambition, et éloigné à jamais la chance d'obtenir cette couronne italienne depuis si longtemps convoitée..... »

Nous ne pouvons être de l'avis de M. Ricciardi. L'homme qui se place à la tête d'une révolution avec l'arrière-pensée de la faire tourner à son profit, n'est autre chose qu'un traître justement qualifié.

émis par les populations trompées ; une foule de villes s'étaient prononcées pour l'annexion de la Lombardie au Piémont ; on ne parlait que de la nécessité de cette annexion, des avantages que le peuple lombard y trouverait. Du reste de l'Italie, de l'expulsion définitive des Tudesques, les amis de Charles-Albert n'en disaient pas un mot ; et, en effet, leurs vues ne s'étendaient pas en dehors de la Lombardie. Les feuilles de Turin appuyaient généralement, comme on le pense, les prétentions du souverain de l'Italie ; elles faisaient grand bruit d'une lettre qui aurait été écrite par le directeur des archives au ministère des affaires étrangères de la république française, M. Mignet, dans laquelle ce publiciste affirmait que le sentiment réfléchi et le désir ardent de tous les amis de l'Italie étaient pour la réunion de la Lombardie au Piémont.

Les patriotes de Milan luttaient de toutes leurs forces contre ces arrangements misérables, s'appuyant sur le décret si positif du gouvernement provisoire porté aussitôt après la révolution, ils protestaient dans le but de faire déclarer inopportun le nouveau décret rendu le 12 mai pour l'annexion.

« Considérant, lisait-on dans cette protestation, qu'une convocation légale des représentants du peuple, afin de déterminer la forme définitive du gouvernement, ne devait avoir lieu qu'après la guerre ;

« Considérant que le roi Charles-Albert n'a fait qu'accélérer la fuite des oppresseurs allemands, chassés de la Lombardie dès le 21 mars ;

« Considérant que Charles-Albert doit avoir autant de reconnaissance aux Lombards qu'il a de titres à leur propre reconnaissance, puisque, pendant l'occupation de l'Italie par les Autrichiens, il n'était pas un roi, mais une ombre de roi, dépendant, comme vassal, de l'empereur Ferdinand ;

« Considérant que la réunion projetée par Charles-Albert ne fait que désunir les parties méridionales de l'Italie, et que les volontaires abandonneraient les champs de bataille, laissant les Piémontais isolés ;

« Les citoyens de Milan soussignés demandent que le vote n'ait lieu qu'après l'issue de la guerre ; ils invitent leurs concitoyens les patriotes et démocrates lombards, à s'abstenir de voter..... Nous ne crions, ajoutait le *Républicano*, ni *Vive la République!* ni *Vive la Constitution!* mais seulement *Vive la Liberté!* car il faut d'abord conquérir cette liberté entière et absolue. »

Mais ces protestations si sages restaient sans effet ; les amis de Charles-Albert poursuivaient l'exécution de leur plan avec une ardeur extrême ; ils arrachaient le vœu des duchés en même temps que celui des villes de la Lombardie plus près de l'armée sarde.

Au milieu de ces royales intrigues, on apprenait de fâcheuses nouvelles de la Vénétie de terre ferme.

Ferrari et Durando continuaient d'être poursuivis par les forces du général Nugent. Ces deux chefs ne cessaient de combattre en reculant.

Les renforts autrichiens arrivaient non-seulement par le Frioul, mais encore par le Tyrol.

Les volontaires lombards et génois étaient battus en détail, et Charles-Albert continuait à rester immobile à *Somma-Campagna*. Il amusait son armée et les Lombards par le simulacre du siége de Peschiera, dont la prise paraissait retardée jusqu'au moment jugé opportun par le roi de Piémont.

« Qu'est-ce que tout ceci ? s'écriait dans son indignation le journal la *Réforme*. Charles-Albert a plus de soixante mille hommes, et les Piémontais sont braves ! L'inaction de Charles-Albert n'a pas besoin de commentaires. Ferrari et Durando vont se trouver, à force de reculer, entre l'armée de Radetzki et celle de Nugent, qui les poursuit. Radetzki a devant lui le roi *belliqueux*, qui n'agit pas. Le général Walden est en route pour le Tyrol et va donner la main à l'armée autrichienne de l'Adige.

« Qu'est-ce que tout ceci? Une trahison!

« Venise sacrifiée à l'Autriche par ordre de l'Angleterre, dans l'intérêt de Charles-Albert, et avec la connivence de la France!

« Nous avons cité, ces jours derniers, le *Morning-Chronicle* de Londres et le journal l'*Alba* de Florence. Le *Morning-Chronicle* signalait l'*entente cordiale* de la France avec l'Angleterre, *agissant de concert* dans la Lombardie. L'*Alba* signalait l'ordre de s'arrêter signifié par l'Angleterre à Charles-Albert.

« Hier, nous avons reproduit une lettre du citoyen Mignet, archiviste du ministère des affaires étrangères de la république, patronant de son nom de salarié de la république française des menées monarchiques sur nos frontières.

« Ces jours derniers, nous avons donné le tableau des mutations princières que l'on prépare en Autriche et en Italie, mutations de despotisme, et rien de plus.

« Enfin, la réaction est en Suisse, à nos portes, et la *Tribune populaire* de Genève s'explique ainsi au sujet de la Confédération helvétique et de l'Italie :

— «Tout cela, dit la *Tribune*, est le résultat d'une intrigue diplomatique qui est conduite ici par l'Angleterre, d'accord avec l'Autriche. Voici quels sont les arrangements actuels : la Lombardie sera cédée à Charles-Albert avec les duchés ; la république de Venise sera remise sous le joug de l'Autriche. Le gouvernement français a connaissance de ce qui se passe, il ne fait rien pour l'empêcher ; on dit même qu'il consent à cet arrangement. Il faut que tous les vrais patriotes soient sur leurs gardes : la réaction est organisée fortement. Malheur aux républiques démocratiques, si elle obtient le dessus! »

— « Ainsi, ajoutait le journal la *Réforme*, de toutes parts la coalition nous est signalée ; les journaux anglais, suisses, italiens nous avertissent, et le *Risorgimento* de Turin a la naïveté de se faire écrire de l'armée :

— « Il y a longtemps que Charles-Albert aurait pris Peschiera ; mais il ne veut rien faire qu'il ne soit assuré de *ne pas avoir de république derrière lui.* »

« Sans doute, pas même la *république française!* s'écriait le journaliste.

« Qu'est-ce que tout cela ?

« Une trahison des plus palpables ! »

CHAPITRE XI.

Politique du pape. — Sanglants événements de la ville de Naples. — Les troupes napolitaines devenues suspectes. — Combats soutenus par Zucchi, Durando, Zambeccari, etc. — Abandon des villes de terre ferme. — Renforts envoyés aux Autrichiens par le Tyrol. — Alarmes du gouvernement provisoire de Milan. — Grands événements de Vienne. — Charles-Albert ne sait pas en profiter. — Mazzini à Gênes et à Milan. — Il y crée l'*Italia del popolo*. — Il rallie tous les républicains. — Les Italiens commencent à tourner leurs regards vers la France. — La république française tombée entre les mains des réactionnaires. — Reproches que la postérité adressera à Charles-Albert. — Mouvements de l'escadre sarde. — Défection de l'escadre napolitaine. — Charles-Albert se dispose enfin à passer l'Adige. — La reddition de Vicence change ses projets. — Désastres de cette capitulation. — Les circonstances deviennent critiques. — Inaction de l'armée piémontaise. — Les Vénitiens sollicitent les secours de la France. — Détermination des Romains pour continuer la guerre. — Les chambres piémontaises se prononcent dans le même sens. — L'Autriche annonce aussi la résolution de continuer la guerre. — Les journaux poussent les gouvernements aux derniers efforts. — Invasion de Ferrare par les Autrichiens. — Effet produit par cette nouvelle à Paris et à Rome. — On parle de Rossi pour premier ministre du pape. — Radetzki attaque les lignes piémontaises. — Combats des 23, 24, 25 et 26 juillet. — Les Piémontais sont repoussés de toutes leurs lignes. — Charles-Albert traître ou incapable. — Effets produits dans toute l'Italie par la déroute de l'armée piémontaise. — Milan, Turin, Gênes, Florence, Livourne, Modène, Rome. — Ce désastre exalte toutes les têtes. — Radetzki poursuit Charles-Albert sans relâche. — L'armée piémontaise à Milan. — Combat de la porte Romaine. — Trahison de Charles-Albert. — Désolation et émigration des Lombards. — Situation de la France. — Interpellations sur les affaires d'Italie. — Honteuse réponse du ministre. — Plaidoyer du représentant Baune en faveur des Italiens. — Les réactionnaires demandent l'ordre du jour. — Le gouvernement français abandonne l'Italie à l'Autriche. — Armistice obtenu par Charles-Albert.

Tandis que Charles-Albert compromettait la cause de l'Italie par ses intrigues personnelles, et qu'il négociait ouvertement l'abandon de Venise à l'Autriche, il se passait à Rome des choses non moins funestes pour la révolution italienne. Pie IX, après s'être longtemps fait prier pour proclamer la guerre sainte contre l'Autriche, s'était laissé entraîner par les diplomates et le parti rétrograde dans des négociations qui furent loin de rassurer les patriotes romains. Son cabinet traitait avec l'Autriche, pendant que les Romagnols se battaient contre Nugent.

D'un autre côté, le Bourbon de Naples venait encore une fois de déchirer la constitution récemment octroyée et de fausser ses serments de la manière la plus indigne. La ville de Naples, mise à feu et à sang par les troupes royales et par les lazzaroni, avait tout à coup passé du régime constitutionnel au régime du sabre. L'état de siége, avec toutes ses rigueurs, pesait sur la population patriote; et l'on ne pouvait plus mettre en doute que Ferdinand ne s'entendît secrètement avec l'empereur d'Autriche pour faire une diversion en faveur de Radetzki, au moment où les renforts, conduits à ce maréchal par Nugent et par Welden, entreraient en ligne (¹). Voyant qu'une trahison se préparait de ce côté, les patriotes furent obligés de se tenir en garde contre les mouvements que pourraient faire les 15 à 20 mille Napolitains arrivés dans les marches, occupant Ancône, Macérata, Bologne, en *attendant les ordres de leur roi*. Ainsi, les secours que l'Italie avait d'abord obtenus du cauteleux Ferdinand ne furent jamais d'aucune utilité à la cause de l'indépendance, et ils ne tardèrent pas à devenir un embarras pour les révolutionnaires qui marchaient franchement.

Combien les patriotes italiens ne durent-ils pas regretter, en ce moment fâcheux, d'avoir songé à faire cause commune avec des rois! S'ils eussent refusé leur concours intéressé quand il

---

(¹) On ne tarda pas à apprendre qu'un traité d'alliance offensive et défensive avait été signé entre la Russie, l'Autriche et le roi de Naples. Et cependant ce dernier roi avait fait entrer une forte division de ses troupes dans la Romagne avec la destination apparente d'aller soutenir la cause de l'Italie! Et les patriotes italiens les attendaient au secours de Vicence! Si l'insurrection des Abruzzes n'eût bientôt forcé ce roi traître et parjure à faire rentrer ses troupes, on les eût probablement vues faire cause commune avec les Tudesques.

ne fut pas dangereux; s'ils avaient confié la cause de la patrie aux peuples seuls, nul doute que les peuples ne l'eussent fait triompher.

Avec quel courage les volontaires vénitiens, romagnols, etc., ne résistaient-ils pas aux forces que l'Autriche envoyait en Italie! Depuis que ces forces s'étaient présentées sur l'Isonzo et qu'elles avaient attaqué Udine, il ne s'était pas passé un seul jour sans que les patriotes, que commandaient Zucchi, Durando, Ferrari, Silvio Zambeccari, etc., ne fussent aux prises avec les soldats de Nugent. C'était en combattant qu'ils avaient été successivement forcés de se retirer du Tagliamento sur la Piave et la Brenta, défendant, autant que cela leur était possible, les villes qui se trouvaient sur la route des renforts autrichiens. Vainement ces volontaires avaient-ils retardé la prise d'Udine, de Trévise, de Bellune, de Vicence; vainement encore avaient-ils trouvé de nombreux auxiliaires dans les Italiens du Frioul, les régiments disciplinés, pourvus d'artillerie, de cavalerie et de munitions, que l'Autriche envoyait en Italie, finirent par repousser tous ces braves jeunes gens, et il ne resta, dans toutes les contrées comprises entre l'Isonzo et l'Adige, que Palma-Nuova, au pouvoir des patriotes. Zucchi s'était enfermé dans cette place; on espérait qu'il pourrait la conserver jusqu'à ce que les patriotes fussent en mesure de reprendre l'offensive, ou jusqu'à l'arrivée des Français!

Pendant que les révolutionnaires italiens étaient ainsi forcés d'abandonner les villes de la terre ferme à un ennemi supérieur, conduit par le général Nugent, le maréchal Welden formait dans le Tyrol, entre Gortz et Villach, un corps d'armée de 16 bataillons, de 14 escadrons et de 8 batteries, pour aller renforcer Radetzki. Ainsi, ce dernier général, qu'on avait vu naguère aux abois dans son camp de Vérone, n'ayant pour toute armée que quinze à dix-huit mille hommes, désorganisés et démoralisés, allait, par les fautes successives de cet allié entre les mains duquel les Lombards avaient remis les destinées de leur pays, se trouver bientôt en état de reprendre l'offensive contre l'armée piémontaise, et faire payer cher au roi du Piémont les ambitieuses prétentions qui lui avaient fait négliger la guerre. Qu'importait à l'Autriche que Charles-Albert eût fait enregistrer par son parlement l'annexation des duchés à son royaume; que lui importait encore qu'il eût obtenu l'adhésion d'une foule de municipalités à son projet de royaume de l'Italie septentrionale? Le vieux Radetzki, qui s'était frotté les mains, en voyant la guerre des rois substituée à la guerre des peuples, se promettait bien de renvoyer prochainement au pied des Alpes son impuissant ennemi. Radetzki différait afin de jouer à coup sûr; bien convaincu que Charles-Albert ne tirerait aucun parti ni de la bravoure de son armée, ni de son impatience à attaquer, ni enfin de l'enthousiasme qui s'était emparé de tous les Italiens.

Déjà l'on apprenait que les Autrichiens avaient jeté des vivres et des hommes dans Vérone, ce qui ôtait tout espoir de réduire les troupes qui se trouvaient dans cette place. Il fallait donc courir les chances d'une bataille, lorsqu'on avait eu la possibilité de laisser Vérone sur les derrières et d'empêcher l'approche de tout renfort. Les choses en étaient venues au point qu'il fallait être ou aveugle ou vendu à l'Autriche pour ne pas s'alarmer. Le gouvernement provisoire de Milan eut enfin le courage d'envoyer demander à Charles-Albert des explications sur son inaction en présence d'un ennemi actif. Une députation, composée de quatre membres de ce gouvernement, se rendit au quartier général de Somma-Campagna, où Charles-Albert semblait avoir élu domicile. Ces commissaires avaient pour mission de voir par eux-mêmes l'état des choses et de sonder les intentions de ce prince. Sa réponse fut qu'il ne déposerait les armes que lorsque les Autrichiens auraient évacué l'Italie. On s'en contenta, quelque ambiguë qu'elle fût, et les intrigues royales continuèrent en Lombardie. Charles-Albert paraissait compter beaucoup plus sur les embarras intérieurs de l'Autriche que sur son épée.

En effet, il venait de se passer à Vienne des événements de la plus haute gravité.

A la suite d'un mécontentement général produit par la dissolution du comité politique de la garde nationale de cette ville, les bourgeois, les étudiants et les ouvriers s'étaient entendus, dans des assemblées populaires, pour porter à l'empereur une pétition demandant :

1° La révocation de l'ordre du jour qui avait dissous le comité politique ;

2° La révocation de la loi électorale et la promulgation d'une nouvelle établissant une chambre unique ;

3° La sortie des militaires de la ville. Ils ne devaient occuper les portes que conjointement avec la garde nationale.

Le peuple parlait en maître. Il fut obéi. Le même jour, le ministère de l'intérieur fit afficher un avis portant que l'ordre du jour de la garde nationale du 13 mai était retiré, et que les deux autres points de la pétition étaient accordés.

Mais le ministère ayant donné sa démission, le peuple crut avoir compris qu'on n'avait cédé qu'aux circonstances, et qu'il se préparait une réaction. On fit des barricades contre la troupe ; tout le monde s'arma, et le château impérial fut comme assiégé durant toute la journée du 17 mai.

Mais dans la nuit, l'empereur, l'impératrice et l'archiduc François-Charles, quittèrent Vienne et prirent la route du Tyrol.

Ce fut là une nouvelle fuite à Varennes. Le ministère s'empressa de l'annoncer à la population, ajoutant que ne connaissant pas les motifs et les circonstances de ce voyage de la famille impériale, il avait cru devoir envoyer, sur la route d'Inspruck, le comte Hoyos, commandant en chef de la garde nationale, et le président Wilezek, chargés de connaître les motifs de cette détermination.

Comme on le pense, la ville de Vienne fut très-agitée de cette fuite; mais le parti populaire, au lieu de s'en alarmer, en prit occasion pour émettre le vœu d'une alliance avec la république française, et même avec l'Italie.

La situation de Vienne n'était pas encore la république; on pouvait y arriver facilement, et sans nouvelles secousses, si la population eût été généralement préparée à cet ordre de choses. Mais un peuple ne passe pas tout à coup de la servitude à la liberté; la peur de se lancer dans l'inconnu, le fait toujours regarder en arrière. S'il se décide à franchir le Rubicon, soyez sûr qu'il cherchera encore à reconstruire l'édifice avec les vieux matériaux qu'il a tout prêts sous sa main. Les révolutionnaires de Vienne avaient trouvé un ministère d'*interim* tout formé; ils lui laissèrent le pouvoir. Le ministère s'empressa de conférer une sorte de dictature au comte Montecuculli, qui s'attacha à prendre des mesures pour rétablir l'*ordre* dans la capitale. Les citoyens furent invités à fermer leurs portes au premier bruit d'émeute dans la rue, et l'on annonça qu'en cas de rassemblements dangereux, la loi martiale serait proclamée. C'était la contre-révolution s'emparant des forces populaires pour les désorganiser. — Mais les étudiants, unis à la garde nationale, crurent nécessaire de nommer bientôt un comité de salut public, et lui firent conférer par la municipalité les pouvoirs les plus étendus.

Quoiqu'il fût déjà aisé de prévoir que la révolution de Vienne avorterait faute d'hommes capables de la pousser à ses limites naturelles, les événements de cette capitale de l'Autriche auraient pu être d'un grand secours à la cause italienne; ils mettaient la monarchie autrichienne dans la nécessité d'arrêter ses envois de troupes au secours de Radetzki, pour ne pas perdre ses Etats héréditaires, au moment où la Bohême et la Hongrie menaçaient l'empire d'une séparation complète. Aussi le vieux maréchal, enfermé dans Vérone, maudissait-il cette terre italique qu'il était chargé de défendre : « Pour ne pas savoir perdre la Lombardie, s'écriait-il, nous, perdrons l'empire ! » Et cette prédiction eût pu se réaliser si, à Vienne comme à Milan, la cause du peuple fût tombée dans des mains capables de la faire triompher.

Mais Charles-Albert ne sut tirer d'autre parti de ces circonstances si imprévues et si favorables que celui d'activer ses négociations diplomatiques : il se flattait que l'empereur d'Autriche ne s'était rapproché de l'Italie que pour sauver une partie du royaume Lombardo-Vénitien, trop heureux d'en être quitte à ce prix.

Tandis que Charles-Albert se félicitait du succès de ses intrigues, et que chaque jour les feuilles à sa dévotion enregistraient des adhésions, puis des incorporations à on royaume de Sardaigne, le chef de la *Jeune Italie*, Mazzini, venait se mettre en travers des projets royaux.

En débarquant à Gênes, l'illustre proscrit avait senti son âme navrée de douleur en présence de ce qui se passait en Italie. Dans une adresse à ses compatriotes, il leur recommanda de bien réfléchir avant de se donner un roi. Mais telle était alors l'influence qu'exerçaient partout les hommes dévoués à Charles-Albert, que l'adresse du patriote unitaire fut brûlée à Gênes même, aux cris de vive le roi !

Mazzini ne se découragea pas : il se rendit à Milan, où il publia le journal l'*Italia del popolo*, destiné à rallier tous les démocrates italiens, et à combattre à outrance les intrigues royales en même temps que celles de la diplomatie. Mazzini eut la douleur de ne pas se tromper sur le sort que ces misérables intrigues préparaient à l'Italie !

Sous l'inspiration de ce patriote pur et éprouvé, les idées de répulsion que Charles-Albert avait fait inculquer partout con-

Lacauchie del. Thomassin sc.

tre le concours de la France, firent place à une politique mieux entendue; l'on commença sérieusement à solliciter la coopération des baïonnettes françaises, malgré les efforts de l'ambassadeur sarde à Paris. Venise émit solennellement ce vœu, qui eût pu être salutaire quelques mois auparavant. On ne parlait plus en Lombardie, que de la prochaine apparition des phalanges de la république française.

Hélas! en ce même moment, la république était tombée entre les mains des réactionnaires, qui se seraient bien gardés d'envoyer en Italie les régiments qu'ils avaient dû agglomérer autour de Lyon et de Paris! Et d'ailleurs, il n'y avait plus rien de commun entre les hommes qui dirigeaient les affaires de la France et les populations révolutionnaires de l'Italie.

Néanmoins, les patriotes italiens espéraient encore ; ils espéraient toujours ; ils ne pouvaient pas comprendre que la république française oubliât ses principes et son intérêt au point de permettre une restauration autrichienne en Lombardie. On se flattait que lorsque le danger serait bien démontré à la France, elle se déciderait enfin à passer les Alpes ; la confiance dans les armes de la république était telle, que les populations du Frioul et de terre ferme, envahies par le général Nugent malgré les efforts des volontaires patriotes, ne doutaient pas de leur prochaine délivrance, non par les Piémontais, mais par les Français.

La postérité croira difficilement qu'une armée piémontaise composée de plus de soixante-cinq mille braves, appuyée sur cinquante à soixante mille volontaires enthousiastes, sinon disciplinés militairement, soit restée en face d'une autre armée démoralisée et presque désorganisée d'abord, ne comptant pas plus de quarante à quarante-cinq mille hommes en tout, renfermés dans trois places fortes, mal approvisionnées, et que cette armée royale, disons-nous, ait passé toute une belle saison, sans oser rien entreprendre contre ce faible ennemi ; la postérité aura de la peine à croire que plus de cent vingt mille hommes aient ainsi été impuissants pour empêcher les renforts rassemblés avec tant de peine par l'Autriche, de pénétrer jusqu'à Vérone ; et qu'en présence d'une armée tout entière campée sur les bords de l'Adige, et éclairée par les nombreux corps de volontaires, ces renforts aient successivement traversé des contrées populeuses insurgées contre eux, pour aller se joindre aux garnisons de Vérone et de Mantoue, et les mettre à même de reprendre l'offensive (¹). La postérité ne croira jamais à tant d'impéritie, et elle ne pourra expliquer l'inexplicable conduite du roi Charles-Albert que par une trahison des intérêts dont l'Italie lui avait confié la défense.

En effet, on lisait dans une feuille royaliste que Charles-Albert n'entreprendrait rien de sérieux qu'après avoir été proclamé roi à Milan. Cet aveu explique toute sa conduite depuis son entrée en Lombardie. Devenir le roi de l'*Italie septentrionale* pour prix de sa seule présence sur l'Adige, telles avaient été ses stipulations secrètes avec les meneurs de cette intrigue.

Mais les événements marchaient plus vite que sa candidature ; et les renforts autrichiens étaient arrivés avant son couronnement ; ce qui faisait dire à un journal français :

« Charles-Albert va être proclamé roi à Milan. Il est à craindre que l'un des premiers boulets de Radetzki n'emporte la couronne du front de l'ambitieux. Le peuple la ramassera ; et cette fois, ce sera pour la poser sur la tête de l'Italie. »

Charles-Albert avait, à Gênes, une marine militaire bien supérieure à celle que l'Autriche entretenait à Trieste et dans l'Adriatique ; cette marine, dont les équipages génois étaient reconnus pour de bons et braves patriotes, s'était recrutée de

---

(¹) On portait à 44 bataillons, 14 escadrons et 80 pièces de canon le nombre des troupes que l'Autriche avait envoyées en Italie depuis la révolution de Milan. Plusieurs batteries de fusées à la congrève avaient aussi rejoint le maréchal Radetzki, dont les forces se trouvèrent ainsi portées à près de cent mille hommes.

l'escadrille de Venise ; et tous ensemble, ces bâtiments, auxquels s'était jointe la flotille napolitaine, dominaient tellement dans le golfe, que l'escadre autrichienne avait été forcée de rentrer à Trieste.

Tout à coup on apprend que les bâtiments de guerre italiens, au nombre de trente-huit navires, se sont présentés devant Trieste. L'alarme est dans la ville ; on ne sait pas ce qui peut arriver, car la flotte italienne n'a qu'à vouloir pour s'emparer de cette riche colonie ; ou tout au moins des bâtiments de guerre autrichiens qui s'y trouvent. Déjà le ministre Pareto, annonce à la chambre des députés de Turin, qu'avant vingt-quatre heures, il lui apportera la nouvelle de la prise ou de l'incendie de Trieste.

Mais partout nous retrouvons le génie étroit de Charles-Albert. Sa marine peut faire un brillant coup de main. Au grand étonnement de tout le monde, elle se borne à faire des sommations ridicules, et lève l'ancre sans avoir tiré un seul coup de canon. C'en fut assez pour désaffectionner tous les marins génois ; et l'on sait combien on eut ensuite de la peine à leur faire abandonner Venise.

Heureusement pour ce roi, la reddition de Peschiera et quelques avantages obtenus par ses troupes à Goïto, avantages qu'on fit sonner bien haut, vinrent affermir sa candidature à la couronne de fer, en même temps que celle de son fils, le duc de Gênes, au trône sicilien semblait une affaire réglée.

Mais cette dernière promotion avait eu pour résultat de brouiller le roi de Naples avec le roi de Sardaigne ; et l'on s'aperçut, pendant le combat de Goïto, que beaucoup de soldats napolitains, chargés de soutenir les volontaires toscans, qui avaient beaucoup souffert avant l'arrivée des Piémontais, s'étaient réunis aux Autrichiens.

En même temps l'escadre napolitaine avait reçu l'ordre de quitter celle de Sardaigne et de repasser le détroit. La défection du roi de Naples était évidente. Néanmoins une partie de ses troupes placées sous les ordres immédiats du général patriote Pepe, combattirent encore sous les murs de Vicence et de Padoue; forcées de se retirer, elles allèrent s'enfermer dans Venise, où l'illustre général lutta avec un courage homérique jusqu'à la reddition de cette glorieuse cité.

Charles-Albert avait eu si peu de souci du sort des villes vénitiennes et des corps de volontaires qui s'y étaient portés, qu'il les avait tous laissé battre et presque détruire sans leur envoyer un seul bataillon de ligne pour les secourir. Ce ne fut qu'au moment où le général Ferrari était rappelé à Rome, où Durando, hors de combat, se mordait les mains de désespoir, où les Tocans se retiraient battus, et où Pepe, forcé d'abandonner Padoue, se réfugiait sans forces dans Venise menacée, qu'on vit ce roi faire quelques dispositions pour passer l'Adige dans le but d'aller secourir Vicence.

« Les dispositions ont été prises, dit son bulletin, pour réunir toute l'armée, le matériel des ponts, les vivres et les munitions dans la direction de l'Adige, dans le but d'éloigner l'ennemi de Vicence (le départ du maréchal Radetzki de Montagnana pour Vicence étant connu), et de courir à l'aide de la ville menacée…. L'armée était sur les bords de l'Adige et toute préparée à jeter des ponts, lorsque la nouvelle de la prise de Vicence lui est parvenue… Le mouvement de notre armée a obligé le maréchal à rentrer à Vérone avec une partie considérable de ses troupes; et S. M., dont le quartier général avait été transporté à Alpo, a ordonné que l'armée reprendrait ses premières positions le long du Mincio; ce qui a été exécuté avec le plus grand ordre. »

Qui ne voit, dans les explications mensongères données par S. M. dans ce bulletin de son chef d'état major l'intention manifeste de se disculper d'avoir laissé prendre Vicence, Bassano, Padoue, Rovigo, etc., sous les yeux de l'armée piémontaise indignée elle-même de ce qui se passe autour d'elle, et de tromper l'Italie sur sa position ? La voilà, cette armée, qui occupait naguère les fortes positions de Rivoli et de la Corona, forcée de reculer sur le Mincio, sans avoir rien entrepris de marquant que cette velléité tardive d'aller secourir Vicence !

« Lorsqu'une armée piémontaise de réserve aura été organisée, disait la *Gazette piémontaise*, on rompra la ligne de l'ennemi pour voler au secours des provinces vénitiennes. » En attendant on les laissait prendre.

Mais tout est avoué par les projets de loi que présente le ministre de Charles-Albert à son parlement : il lui faut une levée extraordinaire de six mille hommes, indépendamment de l'appel sous les drapeaux de la classe de 1848, destinée à remplacer les *douze mille* hommes qui se sont obligés à ne pas combattre pendant trois mois par suite du traité de Vicence.

On sut bientôt que l'armée napolitaine allait retourner chez elle, et que Trévise s'était rendue après une courte défense.

Les circonstances devenaient des plus critiques, et pourtant Charles-Albert restait dans la même inaction. Il se bornait à publier dans son journal officiel le projet de loi pour la réunion à son royaume de la Lombardie des provinces de Padoue, Vicence, Trévise et Rovigo, qu'il n'avait pas eu le courage de défendre. — Le gouvernement provisoire de Milan s'émut d'une pareille situation. Il adressa aux Lombards une proclamation dans laquelle il faisait appel à toutes leurs sympathies et à tous leurs efforts pour la cause italienne menacée à Venise.

« Les volontaires de la garde nationale de la Lombardie et les Napolitains restés dans le pays vénitien, disait-il, aideront Venise à résister aux barbares. Palma-Nuova, héroïquement défendue par nos vétérans de la liberté, est inexpugnable.... »

Mais les Vénitiens, au risque de déplaire à l'*épée de l'Italie*, commencèrent à croire qu'il n'y avait de salut pour eux qu'en obtenant le concours des armes de la république française. Et cette fois, le gouvernement français fut prié formellement d'envoyer une armée au secours de l'indépendance italienne.

Quelques jours après, la *Gazette de Milan* contenait l'article suivant, qu'on pouvait considérer comme officiel :

« Les circonstances sont graves ; le peuple italien ne manquera pas à ses devoirs. Mais si, *après l'abandon des provinces vénitiennes* à l'exécrable armée autrichienne, le peuple italien ne suffisait pas seul à sa tâche, qu'il n'hésite pas à faire *appel à la France*. Toute autre considération disparaît devant le danger présenté par l'exécrable Autrichien. »

En même temps que les Lombards et les Vénitiens revenaient à la seule politique salutaire pour la cause de la liberté, la chambre des députés de Rome adoptait une proposition faite par Sterbini, ayant pour objet de demander que la guerre fût continuée par tous les moyens possibles. En même temps l'assemblée votait des remercîments aux milices vaincues à Vicence, et fermait les portes de Rome aux fuyards qui avaient abandonné le poste d'honneur.

Enfin, les deux chambres piémontaises venaient de se prononcer aussi pour la continuation de la guerre. « Peut-être cette décision ne plaira-t-elle pas à Charles-Albert, faisait observer une feuille italienne ; il sacrifierait volontiers une partie de l'Italie pourvu que l'Autriche lui assurât le Milanais ; mais le patriotisme italien confondra ses vues égoïstes. »

Toutes ces résolutions devenaient nécessaires, car, d'un côté, Venise se trouvait déjà bloquée, tandis que plus loin la forteresse de Palma-Nuova tombait au pouvoir des Autrichiens, qui s'ouvraient ainsi la route la plus directe pour recevoir de nouveaux renforts.

Du côté de l'Adige et du Mincio, les affaires périclitaient chaque jour davantage sans que Charles-Albert parût s'en apercevoir. Les Autrichiens menaçaient de tourner la droite de l'armée piémontaise par Rovigo, et de prendre ainsi Charles-Albert entre deux feux. Tous les jours les postes piémontais qui gardaient les environs de Vérone et de Mantoue étaient attaqués vigoureusement, et la ligne du Pô se trouvait elle-même menacée par l'occupation de Governolo et d'Ostiglio. Un capitaine habile, disposant d'une armée intacte, aurait vu avec plaisir l'ennemi chercher à le déborder. Comme Bonaparte, il serait tombé successivement sur chaque corps isolé, et aurait défait alternativement ces corps. Charles-Albert n'eut aucune de ces pensées du génie : il resta où il était depuis deux mois ; il aurait même laissé Radetzki rassembler cinquante mille hommes à Mantoue pour marcher sur Milan ; car il comptait toujours sur ses négociations.

Mais les journaux patriotes de toute l'Italie protestaient avec énergie contre tout projet d'armistice ou de paix, qui serait la honte éternelle des Lombards et des Vénitiens, si elle était acceptée. « L'Italie, s'écriait-on, ne doit déposer les armes qu'après avoir conquis son indépendance. »

Tout à coup, Charles-Albert put lire dans une correspondance de Vienne, que les négociations entamées avec Milan étaient rompues, l'Autriche ne voulant renoncer au royaume Lombardo que sous la condition que l'Italie paierait cent millions de florins de la dette autrichienne.

Ces dures conditions n'étaient évidemment qu'une fin de non recevoir ; car les journaux allemands dévoués à l'empereur ne cessaient de publier des notes semi-officielles annonçant la résolution immuable de l'Autriche de poursuivre la guerre à outrance. Il n'était plus permis d'ignorer qu'une sorte de congrès liberticide se tenait à Inspruck, depuis le séjour dans cette ville de la famille impériale, et que l'on y avait décidé de poursuivre sur toutes les plages, même en France, la liberté des peuples. Les puissances s'étaient engagées aussi à empêcher la république française de prendre parti dans les affaires d'Italie.

Il était évident pour tout le monde que l'Autriche allait faire les plus grands efforts afin de reconquérir l'Italie septentrionale, et ces efforts avaient déjà obtenu d'immenses résultats, malgré la présence sur l'Adige de l'armée piémontaise.

« Ces villes retombées sous la servitude, ces forteresses qui capitulent, ce deuil des provinces vénitiennes qui se propage dans les contrées lombardes, par les plaintes des malheureux échappés au désastre, s'écriait la *Gazette de Milan*, doivent désormais rendre odieux le système des demi-mesures, des petits efforts, des petits sacrifices qui épuisent la nation sans produire aucun résultat durable. Il faut des ordres positifs, énergiques, absolus pour sauver le pays. Que le gouvernement se procure à la fois tout ce qui est nécessaire en argent, en hommes, en armes; ce que l'Italie ne peut donner, qu'on le demande à la France, à l'Angleterre, à l'Europe, à l'univers. On a dit que l'*Italia farà da se*; le mot est beau sans doute; mais qu'on n'en fasse pas quelque chose de stupide et de ridicule en l'exagérant. »

En même temps qu'ils poussaient ainsi les gouvernements aux derniers efforts, les journaux italiens ne cessaient d'engager Charles-Albert à tenter quelque chose de décisif soit contre Vérone, soit contre Mantoue, soit par une bataille. On put croire un instant qu'il faisait ses dispositions pour agir vigoureusement.

Tout à coup, on apprend que les Autrichiens ont passé le Pô et sont entrés en forces à Ferrare. Cette violation du territoire pontifical était de nature à émouvoir les cabinets intéressés; elle faisait prévoir que les Autrichiens ne respecteraient rien pour arriver à leurs fins; car on pensait qu'ils voulaient pénétrer par là dans le duché de Modène ou faire un détour pour tomber sur Milan. La France fut au moment d'ordonner à l'armée des Alpes de les franchir. Mais on se borna à des préparatifs lorsqu'on sut que la division autrichienne avait rétrogradé immédiatement. Probablement Radetzki ne voulait autre chose que forcer Charles-Albert à détacher des troupes contre la division de Ferrare : ce qui eut lieu en effet.

Quand on apprit à Rome l'invasion des États romains, il y eut une immense manifestation populaire autour de la chambre des députés. Le peuple y apporta une adresse dans laquelle on lisait ces passages :

« Citoyens députés, la patrie est en danger. Des faits très-graves et permanents dans les provinces et aux frontières, frappant au cœur la nation italienne, l'attestent hautement. Il vous appartient, représentants du peuple, de le proclamer hautement, et de prendre à l'instant des mesures promptes et extrêmes de la nature de celles que toutes les nations, dans tous les temps, aux moments suprêmes du péril commun, adoptèrent pour la sûreté publique. »

Malheureusement les esprits étaient fort irrités au dehors, et les députés furent forcés de lever la séance. Or, l'exaltation du peuple provenait des bruits qui avaient couru que le pape n'avait point répondu comme on l'espérait aux avances qui lui auraient été faites par l'ambassadeur de France d'un secours de troupes de la république. Le peuple, se considérant comme trahi par le chef de l'Etat, qui s'était constamment opposé à déclarer la sainte guerre contre l'Autriche, voulait s'emparer des postes de la ville, et principalement du château Saint-Ange. Mais il renonça à cette idée lorsqu'on lui eut représenté que ce serait une chose injurieuse à la troupe de ligne, dont les patriotes n'avaient qu'à se louer.

Cette crise eut pour résultat la démission du ministère, qui se trouva trop en désaccord avec le chef de l'Etat sur la question de la guerre.

« On assure, disait à ce sujet le *Contemporaneo*, que Pellegrino Rossi, ex-ambassadeur de l'ex-roi Louis-Philippe, ex-ami de l'homme et partisan de la politique guizotine, est chargé de désigner les hommes qui feraient partie du nouveau cabinet, et de formuler son programme. Nous ne pouvons pas le croire, quoique nous vivions dans des temps d'erreurs politiques. Si le Rossi se réalisait, il faut ne pas perdre de vue que le pays n'est pas fait pour faire revivre la politique mensongère de l'ancien roi des Français. Le peuple sait ce qu'il doit penser de l'homme qui, par ambition, a renié sa patrie. »

La nouvelle donnée par le *Contemporaneo* était vraie ; mais les événements marchaient alors si vite, que les résolutions les plus opposées surgissaient à tout instant. Ce qui se passait en ce même moment sur l'Adige et sur le Mincio, obligea le pape à ajourner de quelques jours le ministère selon sa pensée; c'eût été par trop dangereux de braver aussi fortement l'opinion publique dans les circonstances suprêmes où l'Italie se trouvait.

En effet, depuis l'invasion de Ferrare, Radetzki avait pris ses mesures pour concentrer du côté de Vérone toutes ses troupes ; en général habile, il avait ordonné à Nugent de lever le siége de Venise, comme le général Bonaparte, dans des circonstances identiques, avait ordonné à Serrurier de lever le siége de Mantoue. Ses masses réunies, Radetzki avait prescrit une sortie générale de Vérone, dans le but de chasser les Piémontais des positions qu'ils occupaient au-dessus de cette place, à Rivoli, à la Corona, etc. Cet ordre s'était exécuté au milieu d'une nuit orageuse, et alors que le corps d'armée du duc de Gênes, détaché sur Ferrare, n'était pas encore rentré au camp royal. Avant la pointe du jour du 23 juillet, les Piémontais étaient attaqués à l'improviste dans tous leurs camps de Villa-Franca, Somma-Campagna, Costosa, etc. ; Villa-Franca fut pris après un combat où les troupes piémontaises et les volontaires éprouvèrent des pertes. Sur toute la ligne, les Italiens surpris furent culbutés, et durent se retirer en partie sous les murs de Peschiera.

Cependant les autres divisions de Charles-Albert, campées

à Castel-Nuovo et à Monzonbano, ne tardèrent pas à prendre les armes et à se porter du côté où l'ennemi triomphait. Alors commença une véritable bataille, qui se prolongea non-seulement toute la journée du 23, mais encore pendant celle du lendemain. Les Autrichiens avaient d'abord poussé leurs avantages jusqu'aux environs de Peschiera, tandis qu'une autre division faisait mine de vouloir passer le Mincio pour prendre les Piémontais à revers. Mais les forces que Charles-Albert lança contre eux et la manœuvre de la division Bava, chargée de couper la retraite des Autrichiens sur Vérone, forcèrent ceux-ci à rétrograder, après avoir essuyé à leur tour quelques pertes, dont cinq à six cents prisonniers.

Cependant rien n'était fini ; car Radetzki avait réussi à passer le Mincio à Salianze, où un pont fut jeté dans la journée du 24. D'un autre côté, les Autrichiens renouvelèrent, le lendemain 25, leurs précédentes attaques sur Castel-Nuovo, Somma-Campagna, Rivoli et Valleggio, où les Piémontais s'étaient fortifiés. Les troupes de Radetzki, très-supérieures en nombre à celles qui occupaient ces positions, chassèrent les Piémontais de tous leurs retranchements et les mirent en fuite, après leur avoir fait éprouver des pertes sensibles. On continua à se battre sur divers points jusqu'au 27. Ce jour-là l'armée piémontaise se trouvait repoussée jusqu'à Goïto, où l'on s'efforçait de la rallier. Les soldats étaient très-fatigués d'une lutte de cinq jours, et pour comble de malheur ils manquaient de vivres.

Ainsi la coupable inaction de Charles-Albert pendant les trois mois qu'il avait passés entre le Mincio et l'Adige, se résumait par une défaite qui allait compromettre le sort de toute l'Italie ! A force de perdre du temps en intrigues, il avait permis à Radetzki de réorganiser et renforcer considérablement son armée, qui faisait déjà payer cher à cet ambitieux couard ses fautes de toute nature. Les Autrichiens en forces, et n'ayant plus rien à craindre sur leurs derrières, avaient tout à coup pris l'offensive sur toute la ligne. Après avoir dégagé, en combattant, les places de Vérone et de Mantoue, ils s'étendaient à la fois vers Peschiera et le lac de Garda, et de l'autre côté vers Crémone et le Pô. Avançant toujours, en face d'un ennemi qui ne tenait plus nulle part, ils menaçaient déjà d'envelopper le Milanais. En huit jours, Radetzki avait détruit de fond en comble toutes les combinaisons dont le *Sauveur de l'Italie* s'était bercé pendant trois mois. « *Traître ou incapable !* s'écriait un journal, voilà ce que l'on dira de Charles-Albert. Hélas ! la postérité ne pourra pas même opter entre ce dilemme ; elle sera forcée d'appliquer au même homme ces deux qualifications à la fois, lorsqu'elle connaîtra la conduite tenue par Charles-Albert à Milan.

Il serait bien difficile de décrire les mouvements divers qui éclatèrent dans toutes les contrées, dans toutes les villes de la péninsule, en apprenant la défaite des Piémontais. Il suffira de dire qu'à Milan, comme à Turin, comme à Gênes, à Livourne, à Florence, à Rome, les populations se montrèrent exaspérées contre l'*illustre épée*.

A Milan, la déroute du roi de Piémont eut pour premier résultat d'armer tous les citoyens et de faire passer le pouvoir entre les mains des républicains. Les royalistes constitutionnels furent les premiers à se jeter dans les bras de la démocratie. On créa un comité de salut public et de défense générale, dont furent membres Maestri, le général Fanti et Restelli, trois des plus énergiques républicains. M. Guerrieri, membre du gouvernement provisoire, fut aussitôt envoyé à Paris. La levée en masse de la Lombardie fut décrétée, et l'intrépide Garibaldi fit un appel aux jeunes gens, qui s'empressèrent d'aller se joindre aux braves que ce chef républicain ramenait de Montevideo.

A Turin, le peuple en masse accourut à la chambre des députés pour y faire entendre ses vœux belliqueux. Les tribunes furent envahies par une foule ardente, et peu s'en fallut que le peuple n'entrât dans la salle pour siéger à la place de ceux des députés qui s'opposaient à l'impôt forcé et qui demandaient le comité secret. Mais la chambre ne fut pas à la hauteur des circonstances : elle ne trouva rien de mieux à faire que d'investir le roi (Charles-Albert) de tous les pouvoirs législatif et exécutif ; c'est-à-dire qu'on lui donna le droit de pourvoir à la défense de la patrie par simples décrets royaux. Il fallait être bien aveuglé pour confier la dictature à l'homme qui avait su perdre la plus belle cause du monde ; aussi les démocrates de Turin firent-ils éclater leur mécontentement. Un nouveau ministère, moins agréable au peuple que le dernier, fut nommé en même temps, et l'on fit partir pour Paris M. Ricci, beau-frère du nouveau ministre des finances, pour réclamer, assurait-on, le secours des armes françaises [1].

La démocratique ville de Gênes ne resta pas en arrière du mouvement patriotique que les dangers de la Lombardie venaient de faire éclater partout. La garde nationale tout entière demanda à être mobilisée et à se rendre au camp. Le peuple voulait aussi faire partir les prêtres. Cette ville, qui avait reçu le républicain Mazzini aux cris de *vive le roi!* était devenue toute républicaine; elle songeait même à se détacher du royaume de Sardaigne. Les citoyens établirent un comité de défense publique.

[1] Nous sommes autorisés à croire que la mission de M. Ricci ne fut qu'apparente; car Charles-Albert ne se décida jamais franchement à appeler les Français. Il avait derrière lui sa *camarilla,* et principalement l'ambassadeur d'Angleterre qui le soutenaient dans ses répugnances. L'Angleterre n'avait cessé d'entretenir Charles-Albert dans ces sentiments; elle lui faisait prévoir des malheurs pour lui dans la venue des soldats de la république française; et certes les circonstances dans lesquelles se trouvaient le Piémont et les États de Gênes n'étaient pas de nature à lui faire changer de pensée.

Florence et Livourne montrèrent, dans ces pénibles circonstances, qu'elles aussi appartenaient à l'Italie, et que le coup qui frappait les Vénitiens et les Lombards les avaient atteintes au cœur.

« Aux armes! s'écriait le journal l'*Alba;* aux armes! l'Italie n'est pas seule en Europe. Dans les campagnes de la Lombardie est engagée une guerre d'où dépend le triomphe d'une vérité et d'une justice universelles. Les droits et les intérêts de toute l'Europe sont en cause dans les champs de la Lombardie. Aux armes! aux armes! »

Et comme le grand-duc faisait des difficultés pour mobiliser les gardes nationaux, un mouvement populaire lui força la main.

A Modène, toute la garde civique s'était spontanément mobilisée.

Mais c'est à Rome surtout que les mauvaises nouvelles de la Lombardie produisirent le plus grand effet. Les réactionnaires seuls parurent joyeux, au milieu d'une population qui voulait accourir tout entière en Lombardie. Le pape et ses conseillers secrets jugèrent à propos de laisser passer l'orage et d'ajourner leurs projets contre-révolutionnaires. Mamiani et ses collègues, soutenus par le peuple, restèrent donc ministres, et ce ministère reçut enfin les pleins pouvoirs du pape. Il fut décidé aussitôt qu'il y aurait alliance offensive et défensive avec les autres États italiens, et Mamiani ayant fait appel à *l'héroïsme et au courage désespéré des populations*, les contingents et les volontaires se disposaient à partir sans retard.

Il n'y eut pas jusqu'à la chambre des députés du royaume de Naples qui n'envoyât des paroles de consolation aux Lombards, dans la réponse qu'elle fit au discours du roi.

« Une grande douleur, disait l'adresse, a affligé nos esprits, lorsqu'on a vu que des ministres croyaient devoir rappeler les milices parties, aux applaudissements du peuple, pour la campagne d'Italie. La chambre fait des vœux ardents pour que l'heure de la délivrance de l'Italie sonne bientôt, et pour qu'après le rétablissement de la paix dans la péninsule, les divers États puissent s'entendre, concerter leur amélioration intérieure et resserrer les liens d'une fédération amicale..... »

Ainsi, partout, les désastres de l'armée piémontaise, loin d'avoir abattu les courages, les avait exaltés au dernier point. La délivrance de l'Italie n'eût plus été qu'une question de temps en présence de cet élan terrible qui s'était emparé de toute la population. Radetzki le savait mieux que personne ; aussi mit-il à profit les moments de faveur que l'aveugle fortune lui procurait. Sans donner une heure de répit à son adversaire démoralisé, il le poursuivit à travers toute la Lombardie, ne lui laissant pas même la faculté de reprendre haleine derrière les positions naturelles que le pays offrait encore. Radetzki voulait arriver à Milan avant que la levée en masse fût sur pied. Il redoutait surtout les secours que les Italiens sollicitaient alors de la France, et voulait empêcher ces secours de passer les Alpes, en leur opposant des faits accomplis. La retraite de Charles-Albert fut donc précipitée par la présence incessante des divisions victorieuses, qui ne lui permirent pas de s'arrêter derrière l'Adda.

On crut un moment que l'armée piémontaise allait suivre la route de Pavie pour rentrer plus directement en Piémont ; mais, soit que Charles-Albert vît sa retraite menacée de ce côté, soit que les manœuvres de son ennemi l'eussent déjà coupé de Lodi, on le vit prendre la route de Milan, où il arriva le 3 août. Son armée, accablée de fatigues et de privations, campa dans le quartier Saint-Georges, hors la porte Romaine.

Les résultats ne tardèrent pas à prouver que l'arrivée de Charles-Albert à Milan fut un malheur de plus qui accabla les Milanais. Livrée à elle-même, la population de cette grande ville, aidée par un grand nombre de gardes nationaux des campagnes ([1]), aurait pu arrêter ce torrent sous ses murs, et donner ainsi le temps à l'armée piémontaise de se reconnaître et peut-être de reprendre l'offensive ; car les pertes qu'elle avait éprouvées pouvaient facilement se remplacer. Le comité de salut public eût tout fait pour la défense de cette capitale de la Lombardie, de laquelle dépendait dès lors le sort de l'Italie entière, et tout devenait possible à un peuple au désespoir.

Malheureusement il n'en fut pas ainsi. Charles-Albert crut devoir agir en maître à Milan, et investit lui-même l'un de ses généraux d'une sorte de dictature, dont celui-ci se servit pour paralyser les moyens de défense que le comité de salut public voulait mettre en œuvre. Sous prétexte qu'il fallait que les communications fussent libres dans l'intérieur de la ville, pour ne pas gêner la circulation de l'artillerie et des troupes, le général dictateur empêcha qu'on élevât des barricades ; il annonça même que le roi livrerait bataille à l'ennemi hors la ville.

Et en effet, le 4 août, l'avant-garde autrichienne s'étant présentée devant la porte Romaine, elle fut reçue à coups de canon et de fusil, et repoussée jusqu'à Malignano. La dure et insolente proclamation par laquelle Radetzki s'était fait précéder avait indigné tout le monde, et le fait d'armes contre son avant-garde venait de relever tellement le moral des Italiens, qu'ils déclarèrent traître à la patrie quiconque oserait parler de capitulation.

Mais le roi de Piémont était loin d'être de cet avis, car déjà,

([1]) Lorsqu'on put connaître au juste ce qui se passa à Milan dans ces quelques jours de crise extrême, on sut que les populations de Bergame, de Como et de toute la vallée de l'Adda étaient arrivées en masse au secours des Milanais, et que cette ville comptait dans ses murs, le jour où Charles-Albert la livra, plus de *quarante mille* auxiliaires, enragés contre les Autrichiens.

par l'entremise des diplomates français et anglais accourus de Turin, il négociait une capitulation dont la remise de Milan devait être le prix. Radetzki répondit d'abord aux plénipotentiaires et médiateurs qu'il ne traiterait qu'à Turin. Il paraît que c'est en apprenant ce refus que Charles-Albert annonça qu'il défendrait la ville jusqu'à la dernière goutte de son sang. Mais, dans la même nuit, les négociations aboutirent à une capitulation secrète, d'après laquelle l'armée piémontaise se retirerait derrière le Tessin : la vie et la propriété des bourgeois de Milan étaient seules garanties.

La population, qui s'attendait à voir reparaître l'ennemi en force dans la matinée du 5, et qui avait travaillé avec ardeur, toute la nuit, à démolir les bâtiments placés hors des murs d'enceinte de manière à gêner la défense, conçut des soupçons : un attroupement formidable se forma devant l'hôtel de Charles-Albert ; celui-ci annonça qu'on allait combattre.

Mais bientôt le général Olivieri vint déclarer que le roi, ne pouvant plus garder la ville, était forcé de se retirer. La capitulation était signée. Les Milanais, furieux d'avoir été livrés [1], voulurent s'emparer de Charles-Albert au moment où il fuyait ; ses équipages furent maltraités, et la garde royale fut obligée de tirer sur le peuple.

Ainsi que cela se voit toujours en pareilles circonstances, la discorde se mit bientôt parmi la population : les uns ne voulaient pas se rendre, tandis que d'autres ne voyaient de salut que dans l'acceptation de la capitulation. Les moments étaient comptés ; Radetzki allait arriver. La plupart des familles patriotes et des républicains compromis quittèrent la ville ; profitant ainsi de la liberté que leur laissait la capitulation, ils se dirigèrent soit vers les frontières de la Suisse, soit

[1] Charles-Albert avait même enlevé aux Milanais leurs canons.

du côté de Gênes, soit enfin là où se trouvaient Garibaldi et Mazzini avec les quelques mille volontaires qui les avaient suivis. Toutes les routes du nord et de l'ouest furent littéralement couvertes de patriotes qui payaient ainsi, par leur exil, la confiance qu'ils avaient mise dans l'homme que les courtisans avaient acclamé comme le sauveur de l'Italie.

Détournons un moment nos regards de l'affligeant spectacle que présentèrent alors la ville de Milan, les campagnes et les routes de la Lombardie, et laissons l'armée piémontaise se retirer derrière le Tessin, qu'elle avait franchi naguère dans des circonstances si favorables; tandis que Radetzki entre à Milan, jetons un coup d'œil au delà des Alpes pour voir ce qui va se passer en France à l'arrivée des nouvelles désastreuses de l'Italie.

La réaction marchait à grands pas dans ce pays, quand on y apprit la retraite précipitée de Charles-Albert et les malheurs dont la Lombardie était menacée ; les républicains de Paris n'en étaient plus à faire prévaloir leurs principes et leur politique à l'égard des peuples en révolution ; ils luttaient avec peine pour conserver au moins la forme républicaine, attaquée déjà avec fureur par les partis royalistes ressuscités. L'assemblée nationale était occupée à discuter une loi contre la presse, lorsqu'un membre du comité diplomatique crut devoir interpeller le ministre des affaires étrangères sur les nouvelles arrivées d'Italie, et sur la politique que le gouvernement français comptait suivre au milieu des circonstances où se trouvaient les Italiens.

« En présence des événements graves dont l'Italie est le théâtre, répondit le ministre, le gouvernement n'est pas resté inactif. Nous nous sommes occupés, depuis les nouvelles des premiers revers, de *ramener la paix* en Italie, et de satisfaire aux vœux exprimés dans cette enceinte. Nous avons été heureux de trouver des dispositions identiques chez une nation voisine.

D'accord avec l'Angleterre, nous proposerons notre médiation entre le roi de Piémont et l'empereur d'Autriche. En ce moment, des chargés d'affaires sont en route pour Turin et Inspruck afin de *ramener la paix*. Je puis assurer que nous avons le ferme espoir d'amener bientôt la pacification complète de l'Italie... » Et les réactionnaires applaudirent ce langage honteux, contre lequel les démocrates de l'assemblée protestèrent énergiquement par l'organe du citoyen Baune, qui s'exprima en ces termes :

« Citoyens représentants, vous avez entendu l'ancien ministre des affaires étrangères, M. de Lamartine, que je regrette de ne pas voir à son banc, vous dire, dans cette enceinte comme au sein du comité : Le *casus belli* est déterminé ; quand Charles-Albert aura été battu, quand Milan sera menacé, quand la Lombardie sera de nouveau envahie par les baïonnettes autrichiennes, il n'y aura plus à délibérer, *nous marcherons !* Cet engagement a été pris d'une manière solennelle par les deux ministres. »

— « Et par l'assemblée elle-même, s'écrient plusieurs voix. »

— « Et par l'assemblée elle-même, reprend le citoyen Baune. Et si je viens vous rappeler ce langage du ministère, couronné par la volonté de l'assemblée nationale, c'est qu'il me semble que notre résolution et les leurs pourraient bien être changées, si je m'en rapporte au langage que je viens d'entendre.

« En effet, nous avons entendu prononcer le mot de *pacification*. C'est l'affranchissement, c'est l'indépendance de l'Italie que nous avons voulu…..

— « Oui ! oui ! s'écria le côté gauche, l'indépendance de toute l'Italie ! »

— « Sans cela, ajoute le représentant Péan, ce serait comme à Varsovie ! »

— « Eh quoi ! reprend le citoyen Baune, c'est quand les villages et les villes entières sont brûlés qu'on fait entendre le mot *pacification !* Est-ce que vous ne connaissez pas la manière dont les Autrichiens pacifient l'Italie depuis trois mois, et comment ils ont pacifié depuis vingt ans cette noble terre soumise à leur domination tyrannique ? D'ailleurs l'indépendance de l'Italie ce n'est pas l'indépendance de la Lombardie seule, c'est aussi l'indépendance de la Vénétie. Il faut, si vous ne voulez pas que les Autrichiens soient sur les Alpes, qu'ils reculent au delà des limites de l'Italie. Et, ne nous y trompons pas, si l'indépendance de l'Italie est son premier besoin, c'est aussi notre premier devoir de l'assurer et de la proclamer.

« Ce n'est pas seulement de Charles-Albert et du Piémont que nous devons nous occuper ; ce que nous demandons, ce que nous avons voulu, ce que nous devons vouloir, c'est l'affranchissement de l'Italie entière....

« Mais, je l'avoue, je ne suis pas trop rassuré par ce que je viens d'entendre, et je n'ai pas de confiance dans l'alliance anglaise ; je la repousse, non que je me défie du peuple anglais, mais parce que j'ai de légitimes préventions contre son gouvernement, au moment surtout où il écrase l'Irlande, et où, pour prix de sa reconnaissance pour vous, il va l'égorger plus facilement.

« Je demande, concluait l'orateur républicain, que, conformément aux sentiments du général qui a l'honneur de commander nos braves soldats, conformément aux sentiments que vous avez exprimés, le gouvernement ne se contente pas d'une *pacification* qui n'arrêtera pas les Autrichiens, et qui, dans tous les cas, ne peut pas affranchir la Vénétie, qui ne peut que donner satisfaction particulière au Piémont.

« Ce que nous voulions il y a deux mois, nous le voulons encore, parce que l'Italie, depuis deux mois, a excité de plus en plus notre intérêt et nos sympathies, parce que nous avons vu ses nobles habitants, désarmés depuis si longtemps, se lever au nom de la patrie désolée, et venir lui apporter le tribut de leur sang et de leur vie.

« Ainsi, nous devons à l'Italie le concours de la France ; c'est une dette que nous avons contractée, et ce serait une lâcheté de ne pas la payer. »

Les applaudissements du côté républicain prouvèrent à l'orateur que son plaidoyer en faveur de l'Italie avait frappé juste, et qu'on considérerait comme une lâcheté, comme un déshonneur pour la France républicaine de rester l'arme au bras en présence de ce qui se passait au delà des Alpes, en présence des sollicitations générales de tous les patriotes italiens, de tous les gouvernements de la péninsule.

Et d'ailleurs, n'y avait-il pas eu des promesses formelles faites aux Italiens? M. Lamartine, parlant au nom du gouvernement provisoire, n'avait-il pas dit à l'association nationale italienne : « Allez dire à l'Italie que si elle était attaquée dans son sol ou dans son âme, dans ses limites ou dans ses libertés, que, *si vos bras ne suffisaient pas* à la défendre, ce ne sont plus des vœux seulement, c'est l'épée de la France que nous lui offririons pour la préserver de tout envahissement? »

Le gouvernement provisoire lui-même n'avait-il pas pris à l'égard de l'affranchissement de l'Italie les engagements les plus positifs? N'avait-il pas dit, en prévision des revers que Charles-Albert pouvait essuyer : « Alors nous interviendrons en vertu du droit de la sûreté de la France et des nationalités existantes? » C'est pour cela que le gouvernement provisoire, comme premier acte de sa politique pacifique, mais éventuellement armée, décréta la formation d'un corps de cinquante-deux mille hommes au pied des Alpes.

Enfin, l'Assemblée nationale n'avait-elle pas sanctionné ces engagements pris à la face du monde par sa résolution du 24 mai, résumée en ces termes : « Pacte fraternel avec l'Allemagne, reconstitution de la Pologne, libre, indépendante, affranchissement de l'Italie? »

Mais les réactionnaires de cette assemblée avaient tout oublié : promesses, engagements, prescriptions ; la fameuse maxime *chacun chez soi, chacun pour soi*, leur paraissait bonne depuis que l'intérieur avait attiré toute leur sollicitude ; aussi demandèrent-ils qu'il fût passé à l'ordre du jour ; ce qui eut lieu, sans qu'ils se couvrissent le visage de honte.

Il n'était que trop vrai, le gouvernement du général Cavaignac avait décidé que l'Italie subirait le sort que lui préparaient les Tudesques. Au lieu des soldats de la liberté, il envoya sur le théâtre de la guerre des diplomates, et l'Europe ne tarda pas à apprendre que ces diplomates étaient parvenus à fléchir l'inflexible Radetzki, qui daigna accorder au Piémont un armistice de quarante-cinq jours, mais si onéreux et si humiliant pour la couronne de Charles-Albert, qu'aucune ville ne voulut l'accepter.

CHAPITRE XII.

Dernier coup d'œil sur l'insurrection polonaise. — Marche tracée au gouvernement français par l'assemblée nationale à l'égard de l'Allemagne, de la Pologne et de l'Italie. — Effet produit en Pologne par la journée du 15 mai. — Capitulation de Mierolawski. — Conduite du gouvernement prussien envers les Polonais.—Guerre d'extermination que les Prussiens font aux patriotes. — Sort misérable réservé à Cracovie par les Autrichiens. — Protestation des habitants de Tarnow. — Manifeste des démocrates allemands. — Marche tortueuse du gouvernement autrichien. — Il travaille activement à renforcer ses armées. — Il augmente la garnison de Vienne. — La Hongrie et la Bohême proclament leur séparation de l'Autriche. — L'empereur veut tenter la contre-révolution par l'armée. — Manifestation du peuple viennois contre le ministre Fiquelmont. — Fuite de l'empereur à Inspruck. — Plan des réactionnaires. — Décret qui abolit l'université de Vienne. — Il produit un soulèvement général. — Barricades. — Irritation causée par l'approche de Windisgraetz. — Nomination d'un *comité de salut public.*—Les troupes sont forcées de quitter la ville.—La cour et les diplomates d'Inspruck. — Congrès slave ouvert à Prague. — Ses premières résolutions. — Protestation de la ville de Prague contre le général Windisgraetz. — Lutte entre le peuple et la troupe. — Première et seconde journées de la lutte. — Arrivée du général Mentzdorff.—Les troupes sont obligées de sortir de la ville.—Bombardement de Prague par Windisgraetz. — Renforts arrivés aux assiégeants. — Les habitants sommés de mettre bas les armes. — Continuation du bombardement. — Les insurgés capitulent pour éviter la ruine de la ville. — Dissolution du congrès slave. — La cour d'Inspruck se croit sauvée. — Elle envoie à Vienne l'archiduc Jean. — Rôle de conciliateur adopté par le prince. — Il caresse la garde nationale. — Actes du comité de sûreté générale. — Renvoi du ministère Pillersdorff. — Réunion de la constituante à Vienne. — Les réactionnaires demandent la dissolution du comité de sûreté. — Tentatives contre-révolutionnaires. — Le comité déclare qu'il continuera de fonctionner. — Nouveau cabinet autrichien. — Il expose sa marche. — Mésintelligence entre les ministres et les clubs. — Dissolution de l'association démocratique. — Retour de l'empereur à Vienne. — Rôle qu'il confie à l'armée. — La garde nationale se sépare du peuple. — Insurrection des ouvriers. — Parti que la réaction tire de ces déplorables événements. — La journée du 16 avril se reproduit en Autriche le 23 août.

Laissons la Lombardie étouffée sous l'état de siége et égorgée par le sabre autrichien ; détournons nos regards de ce roi incapable ou traître qui va cacher sa honte derrière la double haie de l'aristocratie piémontaise et de cette camarilla dont les conseils couards l'ont perdu ; et puisqu'il faut compléter le martyrologe des peuples que la république française devait aider et protéger, tournons encore une fois nos regards sur les vastes frontières de la Pologne.

Nous avons déjà dit comment les baïonnettes prussiennes étaient parvenues à tuer le droit dans le duché de Posen, tandis que celles de l'Autriche remettaient sous le joug les républicains de Cracovie. Après la déplorable journée du 15 mai, qui aurait dû avoir, à Paris, une meilleure issue pour la Pologne, quelques espérances furent encore données à cette malheureuse nation : l'assemblée nationale, sur la demande du citoyen Vavin, et conformément à la proposition de son comité des affaires étrangères, avait formulé par ces mots, qu'on ne saurait assez répéter, la marche que le gouvernement de la république française devait suivre à l'égard des trois peuples avec lesquels elle voulait établir des relations intimes :

« *Pacte fraternel avec l'Allemagne, reconstitution de la Pologne libre et indépendante, affranchissement de l'Italie.* »

Telle fut la règle de conduite que l'assemblée nationale *tout entière* traça, le 24 mai, à la commission exécutive de gouvernement. Nous avons vu comment la réaction qui dominait déjà le pouvoir fit avorter, à l'égard de l'Italie, les bonnes intentions manifestées par les républicains de l'assemblée : il nous reste peu de chose à dire pour compléter l'histoire de la contre-révolution en Prusse et en Pologne [1].

Nous avons suivi les Polonais du duché de Posen jusqu'aux combats qu'ils livrèrent aux troupes prussiennes à Miloslaw et à Wreschen : l'espoir était rentré un moment dans l'âme des patriotes qui combattaient sous la conduite de Mierolawski. Malheureusement, ils apprirent presque en même temps les déplorables suites de la manifestation du 15 mai, à Paris, et ils purent prévoir dès lors qu'une politique funeste à leur cause

---

[1] Voyez, à ce sujet, les chapitres XV et XVI du tome 1er, et V du tome 2, de la présente *Histoire de la Révolution de* 1848.

suivrait de près la déclaration de l'assemblée nationale de France du 24 du même mois.

En effet, à mesure que la révolution faiblissait en France, les ennemis des peuples s'enhardissaient partout. Le roi de Prusse, assuré qu'il n'aurait pas la guerre avec la France, redoublait d'efforts pour comprimer l'insurrection du duché de Posen. Pouvant opposer sans cesse des corps de troupes frais aux volontaires polonais, les généraux prussiens n'avaient pas tardé à réparer les échecs de Miloslaw et de Wreschen ; de sorte qu'il ne restait plus aux nationaux du duché qu'à faire la guerre de partisans, la guerre désespérée des vaincus. Bientôt Mierolawski et ses volontaires furent forcés de capituler. Dès lors le gouvernement prussien crut pouvoir agir en vainqueur ; il retint prisonniers dans les forteresses entre le Weser et l'Elbe, ceux des Polonais qui avaient obtenu des passeports pour rentrer en France.

Les agents du roi de Prusse et les militaires prussiens faisant aux Polonais du duché une guerre d'extermination, les insurgés encore armés résolurent de quitter ce malheureux pays, afin de lui épargner une partie des horreurs de cette guerre : leur projet était de traverser les cercles de Wadowrie et de Teschen pour se rendre dans les comitats de la Hongrie, s'y joindre aux Slaves, qui les appelaient, et tenter une expédition contre Cracovie. Mais il suffit au gouvernement prussien de renforcer les postes des douaniers et les troupes de la frontière prussienne pour s'opposer à cette résolution, qui ne put plus s'exécuter que par détachements isolés.

Quelques jours après, en apprenant qu'il n'existait plus que quelques bandes d'insurgés, forcées de se jeter dans les forêts entre le royaume de Pologne et le duché, et que ces insurgés étant traqués par les troupes prussiennes, on put s'écrier de nouveau : *finis Poloniæ!*

Tandis que les malheureux Polonais du duché, trahis par

la fortune, étaient persécutés de la manière la plus barbare, et que, même après la promulgation d'une amnistie qui avait fait déposer les armes au plus grand nombre, ils ne cessaient d'être emprisonnés, garrottés et pillés, les républicains de Cracovie n'étaient pas mieux traités par les agents de l'Autriche. Les choses furent poussées au point, dans ce pays, que les habitants de Tarnow et des environs, accablés de douleur pour le sort des Cracoviens et de terreur pour celui qui les menaçait eux-mêmes, protestèrent à la face du ciel et du monde civilisé, contre les moyens d'extermination employés par l'Autriche et ses barbares agents.

« Avec nos frères de Cracovie, disaient les habitants de Tarnow, nous protestons contre le traitement odieux qui leur est infligé ; nous le ressentons comme s'il nous frappait nous-mêmes, et le dénonçons à tous les peuples et à tous les hommes chez qui les noms de patrie, de justice, d'humanité n'ont pas perdu leur signification. »

Cette guerre à mort, cette extermination après la guerre, n'indiquait que trop l'entente barbare qui existait entre les trois cours du Nord contre la Pologne, objet incessant de leurs remords, si elles en étaient capables, et de leurs appréhensions. Aussi avait-on entendu le czar Nicolas s'écrier : « Et moi aussi, je vois qu'il y aura une Pologne, mais ce ne sera qu'un désert ! »

Un jour, l'histoire demandera compte à ceux que nos pères appelaient avec tant de raison *les brigands couronnés*, de toutes les cruautés employées à l'égard d'un peuple qui réclamait sa nationalité et ses libertés ; un jour l'on s'étonnera de ce que les nations civilisées aient souffert au milieu d'elles des bandes d'hommes armés, enrégimentés et organisés pour prêter leur redoutable appui à ces *brigands couronnés*, qui payaient des satellites pour opprimer les peuples ! Ce sont ces satellites, abrutis par ce qu'on appelle la discipline militaire, qui, en 1848, ont rendu au monde le triste service de soutenir les rois contre les nations.

Voyez ce qui se passait en Prusse et en Autriche, après la double révolution qui semblait avoir abattu à tout jamais le despotisme dans ces deux contrées.

Il était évident, pour tout observateur perspicace, que le roi de Prusse et l'empereur d'Autriche appelleraient aux baïonnettes de la révolution du peuple, et qu'en attendant d'être en mesure, ils chercheraient à amuser les révolutionnaires de leurs capitales par des promesses fallacieuses. Déjà on les voyait occupés à rompre le faisceau qui avait lié pendant la crise la bourgeoisie au peuple, en promettant aux premiers une constitution basée sur le cens, et destinée à placer le gouvernement en dehors du peuple, dont on continuait à faire des ilotes.

Mais les républicains allemands voulaient aller bien plus loin que ne l'indiquait le replâtrage constitutionnel annoncé par le gouvernement. On lisait dans un manifeste que les démocrates préparaient pour la première assemblée nationale qui serait nommée par le peuple, les vœux suivants :

« Considérant que la république démocratique est la forme de gouvernement qui assure le mieux les droits des individus et de l'État, les républicains allemands déclarent qu'il y a contradiction à admettre l'égalité et la fraternité en confiant un pouvoir à vie à un seul homme, jouissant en outre d'autres priviléges, et que la souveraineté nationale peut seule conduire l'humanité à son but. »

— Les princes savent très-bien, ajoutait le journal le *Boersenhalle*, après avoir publié ces vœux ; ils savent parfaitement qu'une assemblée nationale représentant le pays leur donnera le coup de la mort, et il est naturel qu'ils s'efforcent, sinon par la violence, du moins par la ruse, sinon par la menace, du moins par la flatterie, de ressaisir le pouvoir. Malheur au peuple allemand s'il était vaincu de nouveau : l'échafaud prendrait la place de la prison, et on écraserait pour toujours la tête aux esprits qui ont osé rêver l'émancipation des peuples. »

Ainsi, pendant que le cabinet autrichien dissimulait ses ressentiments et cachait ses projets de vengeance, la révolution s'annonçait à Vienne, comme dans toute l'Allemagne, d'une manière très-significative : *Vive l'Allemagne unie! vive la république française!* étaient les cris que l'on entendait partout.

L'empereur, ou son conseil, se montrait disposé à faire toutes les concessions que la bourgeoisie pouvait espérer, telles que l'organisation de la garde nationale, la liberté de la presse, etc. Il parlait également d'améliorer le sort des habitants des campagnes. Mais en même temps, le gouvernement autrichien ne négligeait rien pour renforcer ses armées; il voyait avec plaisir que l'esprit des soldats était différent de celui du peuple, et il se félicitait de ce que les officiers s'étaient généralement préservés des doctrines *anarchiques*.

Au milieu de toutes ces promesses, la garnison de Vienne s'augmentait journellement dans des proportions effrayantes. Composée ordinairement de 14,000 hommes, elle fut portée insensiblement à 32,000. Le peuple ne se récria pas, parce qu'on lui disait sans cesse que l'armée ne serait jamais hostile au nouvel ordre de choses; et cependant les chefs et les officiers ne cachaient pas leur haine contre le régime qui devait détruire les priviléges si nombreux en Autriche.

Ce fut dans ces circonstances que la révolution des Lombards et des Vénitiens vint porter un nouveau coup à la monarchie autrichienne. Le gouvernement de l'empire en fut atterré. Mais il ne tarda pas à tirer quelque parti de ces fâcheux événements eux-mêmes : les affaires d'Italie lui permirent de décréter de nombreuses levées d'hommes, sans exciter les craintes des révolutionnaires.

D'un autre côté, le gouvernement chercha à se procurer de

l'argent, en autorisant Radetzki à entrer en négociations avec le gouvernement provisoire de la Lombardie. Considérant cette province comme perdue pour la couronne d'Autriche, le conseil impérial pensa qu'il fallait au moins en tirer des indemnités. Mais ses prétentions ayant été considérées comme trop exagérées, le prix de l'affranchissement de la Lombardie ne fut pas concédé; ce qui laissa les finances de l'Autriche dans une situation pénible. Il fallut donc dissimuler encore quelque temps.

Dans l'intervalle, des événements graves s'accomplirent en Hongrie : cette principale annexation à l'empire d'Autriche déclara, par l'organe de sa diète, qu'elle reprenait sa nationalité et ses libertés. La Bohême ne tarda pas à faire une pareille proclamation. Et tout semblait annoncer un démembrement complet de l'empire d'Autriche.

« L'empire d'Autriche marche à grands pas vers une ruine définitive, s'écriait un journal allemand. Il est à peu près certain qu'un corps de troupes russes est entré en Gallicie, sous prétexte d'y maintenir l'ordre. L'exaspération des esprits, à Vienne, est à son comble; car tout donne lieu de croire aux habitants que le gouvernement nourrit des projets réactionnaires, dans l'exécution desquels il serait secondé par la Russie. Ajoutons qu'on voit la banqueroute imminente.

« Sur un autre point, en Hongrie, le mécontentement est général; on se plaint de la modération de la diète; on insiste sur le rappel immédiat des troupes hongroises de toutes les provinces autrichiennes, et sur l'éloignement des soldats non hongrois de la Hongrie. Ce n'est pas tout encore, le parti social se prononce hautement pour une république, avec le vote universel, comme en France; le temps des magnats va enfin passer!

« En présence de ces faits, le gouvernement croit pouvoir se sauver en augmentant ses forces militaires. Il va former une armée du nord de 60,000 hommes, et mettre Olmütz, Kœnigsgrat et Josepstadt en état défense. Mais à quoi servent aux rois les armes et les bastilles, quand les peuples veulent s'émanciper? »

Les rois savent bien à quoi leur servent les armées, surtout lorsque, comme celle de l'Autriche, elles se compsent de serfs et de nobles. L'empereur d'Autriche savait très-bien qu'il ne pouvait plus tenter la contre-révolution qu'avec le secours de son armée, et ce fut en elle qu'il plaça toutes ses espérances, bien plus qu'en la constitution libérale qu'il venait de faire proclamer.

Mais pour réorganiser et renforcer l'armée, menacée de perdre à la fois et ses régiments hongrois et ceux de l'Italie, il fallait du temps, et les événements marchaient. La Bohême, dans la capitale de laquelle allait se tenir le congrès slave, se déclarait contre les Allemands. La Hongrie allait plus vite encore. Elle se considérait comme affranchie du joug de l'Autriche, et rappelait elle-même ses régiments hongrois de la Gallicie, de la Moravie et principalement de l'Italie. C'était la guerre avec l'Autriche ; c'était plus encore, car les Polonais pouvaient trouver dans ces séparations d'immenses secours à leur portée.

En ce moment, on ne parlait en Autriche, que de l'assemblée nationale des Slaves qui allait s'ouvrir à Prague, et l'on faisait remarquer que onze millions de Slaves y seraient représentés. On croyait savoir que cette assemblée proclamerait un royaume ou une république slave méridionale et indépendante.

La situation de l'empire d'Autriche était donc des plus critiques ; toutes les grandes provinces, à l'exception du Tyrol et de la Croatie, travaillaient à s'en détacher. A Vienne, les esprits étaient dans un état violent, qui annonçait une prochaine collision. Le peuple avait fait une grande manifestation contre le ministre Fiquelmont, et l'archiduc Louis s'était vu forcé de se démettre de ses fonctions de grand-maître de l'artillerie. Les généraux ne parlaient que de mettre cette capitale en état de siège, de fermer l'université et de renvoyer tous les étudiants étrangers à la ville; mais au moment d'aborder franchement les mesures contre-révolutionnaires conçues par la camarilla, le courage manqua au gouvernement; il reconnut qu'il ne pourrait compter sur l'appui des bataillons italiens qui faisaient partie de la garnison.

Le conseil s'arrêta alors à d'autres moyens. La manifestation populaire du 16 mai fournit à l'empereur d'Autriche l'occasion qu'il cherchait depuis la révolution de quitter sa capitale et de se rendre dans le Tyrol. Cette détermination fut exécutée dans la nuit du 17 au 18. Ce fut, ainsi que nous l'avons déjà raconté dans notre coup d'œil sur les événements d'Italie, une véritable fuite à Varennes. On comptait allumer ainsi la guerre civile dans les Etats héréditaires; mais la garde nationale et la municipalité nommèrent aussitôt un comité de *salut public*, qui maintint la tranquillité au milieu de l'irritation générale qui se manifestait.

Le plan des réactionnaires, à la tête desquels s'était placé l'archevêque de Vienne, consistait tout simplement à colporter des pétitions pour solliciter le retour de l'empereur, qui, disait-on, ne venait d'être forcé de quitter sa capitale que pour se soustraire aux menaces dont il avait été l'objet. Ce plan fut mis à exécution. En même temps, le ministère, de faible et indécis qu'il s'était montré d'abord, était tout à coup passé à l'audace; il ne parlait que de la dissolution du corps armé des étudiants. Le parti de la cour, et les réactionnaires parmi les gardes nationaux, poussaient à cette dissolution; car ils avaient intérêt à amener une collision dont l'issue leur paraissait être certaine, en présence des troupes de toutes armes que le ministère avait successivement fait entrer dans Vienne. Le dévoûment des jeunes gens, des ouvriers, du peuple, à la cause de la liberté, en imposa aux contre-révolutionnaires. Déjà on lisait dans une feuille de Vienne les lignes suivantes, qui peignaient la situation de cette ville:

« Ceux qui ont espéré arracher au peuple les fruits de sa victoire, disait le publiciste autrichien ; ceux qui ont voulu l'effrayer par l'enlèvement de l'empereur, doivent déjà reconnaître qu'ils ont joué un jeu bien dangereux pour la cause de la monarchie. Vienne est déjà tout habituée à vivre, à jouir de la liberté sans son empereur. Tout le monde sait maintenant à quoi s'en tenir. La camarilla a voulu entraîner les provinces à la guerre contre la capitale ; mais les populations des différentes contrées, mieux éclairées sur les récents événements, commencent à condamner les projets perfides de l'oligarchie. Au lieu d'anéantir la révolution, les courtisans l'auront consolidée. Vienne songe déjà à constituer un *gouvernement provisoire*, et à chasser les conspirateurs qui travaillent pour la contre-révolution. »

Pendant qu'à Vienne on prévoyait un état de choses propre à annihiler la monarchie, la petite cour d'Inspruck, grossie par le roi de Bavière, rassemblait, dans cette dernière ville, le corps diplomatique, et lançait des décrets destinés à mettre la capitale à feu et à sang.

L'un de ces décrets prescrivait l'abolition de l'*université de Vienne*. C'était jouer gros jeu ; car il était à craindre que, par mesure de représailles contre le parti de la cour, les révolutionnaires de Vienne ne fissent déclarer la déchéance de l'empereur. Mais les rétrogrades savaient que l'empire avait été placé sous la protection de la Russie, et que l'appui du czar ne lui manquerait pas, s'il se trouvait *in extremis*.

D'un autre côté, l'empereur pouvait aussi compter sur le ban de Croatie qui venait de se déclarer en état de guerre avec les Hongrois ; et l'on savait que ce ban entraînait les Dalmates et les Esclavons, populations belliqueuses dont le secours pouvait être d'un grand poids.

Mais se berçant ainsi d'illusions et croyant que ses volontés n'éprouveraient point d'obstacles sérieux, l'empereur fit expédier au ministère le décret contre l'université, avec ordre de le faire exécuter.

Dans la matinée du 25 mai, le comte Montecuculli, considéré comme un traître à la cause du peuple, déclara la légion académique dissoute et incorporée dans la garde nationale.

Cette notification ne fut pas plutôt connue dans Vienne qu'elle y occasionna un soulèvement général ; de grands rassemblements de peuple demandèrent le retrait de l'ordre du jour destiné à appuyer le décret de licenciement.

Cependant les troupes occupaient les principales places de la ville ; elles empêchaient même les communications avec les faubourgs, et, dans certains endroits, elles traînaient des canons. On cria *à la trahison!* et l'exaspération devint générale. Bientôt on apprend qu'un bourgeois a été tué par un coup de baïonnette. Les magasins, les boutiques se ferment; on crie *aux armes!* et en un instant des barricades s'élèvent autour de l'université comme dans les rues voisines. Les ouvriers des faubourgs, après avoir enfoncé les portes, arrivent pour mettre la main à l'œuvre et fraterniser avec les étudiants. La générale bat, le tocsin sonne, la garde nationale prend position sur le Hof et sur le Graben ; tout annonce une insurrection des plus formidables.

Vers le milieu du jour, on répand le bruit que la légion académique est maintenue ; le peuple reçoit cette nouvelle avec joie, mais il n'en continue pas moins ses travaux de défense, quoique les soldats paraissent dans de bonnes intentions. A deux heures, l'attitude du peuple était des plus décidées contre les tentatives de réaction : toute la ville intérieure était couverte de barricades. Les ouvriers de tous les faubourgs, placés sur ces retranchements, sous les ordres des étudiants et des bourgeois, s'étaient armés de piques, de haches, de fusils, de pistolets, etc. ; ils annonçaient hautement leur résolution de mourir plutôt que de laisser triompher la contre-révolution.

Ce fut en ce moment que le docteur Goldmarck, très-aimé des étudiants, vint leur annoncer que le ministère venait de proclamer le maintien des conquêtes des 15 et 16 mai, et qu'il ferait rentrer les troupes dans leurs casernes. Mais le peuple ne voulut pas consentir à défaire ses barricades. « Ce que nous demandons, lisait-on en gros caractères sur les murs de l'Université, transformée en forteresse, c'est que la garnison quitte la ville, et que le ministère garantisse formellement les conquêtes des 15 et 16 mai. » On demandait en outre le retour de l'empereur, et enfin l'on exigeait que l'armée prêtât serment à la constitution.

Dans la soirée, le bruit s'étant répandu que le général Windisgraetz marchait sur Vienne, à la tête de six régiments, l'agitation devint effrayante; de toutes parts on se mit à crier : *les soldats hors la ville!* La nuit fut employée à augmenter les préparatifs de résistance. Au jour, la ville tout entière présentait l'aspect d'un bouleversement général des rues, transformées en autant de bastions retranchés. Les bruits de l'approche de Windisgraetz s'étant renouvelés, le tocsin ne cessa de sonner. On finit par être rassuré de ce côté, les nouvelles qui arrivèrent des bords du Danube annonçant que le passage de ce fleuve était impossible en présence des nombreux ouvriers occupant les ponts de Tabor et prêts à les couper. N'ayant plus de crainte du côté de l'extérieur, le peuple s'occupa de régulariser la position qu'il devait à son attitude déterminée. Un comité de *salut public*, composé de bourgeois, de gardes nationaux et d'étudiants, fut installé pour veiller à la sûreté de la ville, et principalement sur les droits du peuple ; et ce comité prit aussitôt la résolution de faire sortir de Vienne toutes les troupes qui n'étaient pas rigoureusement nécessaires pour le service de la place. Les portes de la ville devaient être gardées par les gardes nationale et bourgeoise, la légion académique et les soldats. Les postes dépendant du ministère de la guerre pouvaient seuls être gardés par des soldats. La sortie des troupes de la ville devait avoir lieu le plus tôt possible. Le comte Hoyos et quelques autres personnages importants devaient rester en ôtages pour la garantie des concessions faites au peuple les 15 et 16 mai, et de celles obtenues récemment. Quant au comte Montecuculli, considéré comme le chef de la camarilla, il se sauva, avec la plupart de ses complices, dans les rangs des soldats qui quittaient la ville, et se rendit auprès de l'empereur.

Le lendemain, 27 mai, le ministre de la guerre, Latour, et le commandant général de la garde nationale, Auersperg, quittèrent le ministère et l'état-major général. Les autres ministres restèrent pour recevoir les ordres de l'empereur. Une notification portée à la connaissance du public annonça que le *comité de sûreté générale* avait pleins pouvoirs pour maintenir l'ordre et la tranquillité. On devait donc s'attendre à de grandes résolutions. Les étudiants de toutes les universités entraient en foule pour venir fraterniser avec ceux de Vienne ; des adresses de félicitation arrivaient de tous côtés à la population révolutionnaire de cette ville ; les républicains Kafner et Tinneza, tirés de prison par le peuple, étaient portés en triomphe, et enfin le vieux corps diplomatique se rendait à Inspruck, sans que personne songeât à retenir ces diplomates accrédités auprès de Ferdinand (¹). On pouvait croire que la proclamation de la république à Vienne ne se ferait pas attendre.

Mais le ministre Pillersdorff, agissant encore au nom du conseil des ministres de l'empereur, crut qu'il devait profiter de l'incertitude qui régnait à ce sujet, pour engager la population dans les voies monarchiques. Après avoir demandé au comité de sûreté quelle garantie il offrait pour la sécurité per-

---

(¹) Les diplomates qui se rendirent à Inspruck furent les ambassadeurs de Russie, de Prusse, des Pays-Bas, de Danemarck, et le nonce du pape.

sonnelle de l'empereur et de sa famille, il glissa dans la proclamation annonçant la mise en accusation des personnes qui avaient été la cause des événements du 25 mai (¹), une phrase adroite par laquelle l'empereur était instamment prié de retourner à Vienne aussi promptement qu'il lui serait possible ; et, dans le cas où sa santé l'en empêcherait, d'envoyer à sa place un prince de la famille impériale.

Ainsi, pendant que la capitale de l'Autriche était en fête pour célébrer sa délivrance, que les illuminations, les défilés de la garde nationale, des ouvriers, des étudiants, en présence du *comité de salut public*, annonçaient les résultats de cette troisième révolution, et proclamaient le triomphe du droit, l'empereur, la cour et cette nuée de réactionnaires réfugiés dans le Tyrol, étaient sérieusement invités à rentrer dans Vienne pour y étouffer la révolution ! On ne pouvait pas se montrer plus inconséquent !

Les gens intéressés au maintien de la monarchie firent alors courir le bruit de l'abdication de l'empereur, croyant par là réconcilier bien des gens avec la royauté ; mais il ne se trouvait dans la famille impériale personne d'assez populaire pour que cette abdication pût produire l'effet qu'on en attendait ; aussi abandonna-t-on cette idée, et l'empereur annonça son retour à Vienne.

Les graves événements dont la Bohême et principalement sa capitale furent alors le théâtre, vinrent détourner un moment l'attention, absorbée depuis longtemps par les insurrections de Vienne.

Nous avons déjà dit quelques mots du congrès que les Allemands d'origine slave allaient tenir à Prague. Les journaux

---

(¹) Le comte Brenner, le baron Pereira, les professeurs Hye et Endlicher, furent décrétés d'accusation pour avoir agi de complicité avec le comte Montecuculli, dans le but de désarmer la population d'abord, afin de livrer plus sûrement le peuple à la domination des troupes impériales.

s'étaient plus d'une fois occupés de la renaissance de cette race, et des hommes de talent avaient consacré leur plume à encourager ceux des Slaves qui poursuivaient la grande pensée du pensilvanisme.

Ce congrès extraordinaire s'ouvrit enfin, à Prague, le 30 mai, et présenta le spectacle inouï de membres de la même famille, habitant des contrées diverses, se retrouvant et se reconnaissant après avoir éprouvé les plus grandes vicissitudes pendant des siècles entiers.

« Ce peuple, que les jésuites de la maison d'Habsbourg, par une guerre d'extermination de trente ans, réduisirent en effet du nombre de quatre millions à quatre cent mille, et des hauteurs du républicanisme fougueux et évangélique à la fange d'une superstition infâme et lâche ; ce peuple, écrivait-on de Prague, se souvient aujourd'hui qu'avant sa dernière lutte contre Habsbourg, il avait triomphé pendant vingt ans sur la maison impériale de Luxembourg, en portant le glaive et l'Évangile par toute l'Allemagne, très-abrutie alors ([1]). »

Malheureusement les premières résolutions adoptées par le congrès slave furent hostiles à l'Allemagne, et surtout à cette héroïque ville de Vienne, qui, depuis le mois de mars, luttait avec énergie contre le despotisme. Et pourtant, ce que voulaient les révolutionnaires de Vienne était également l'objet de toutes les pensées des Slaves. Ils voulaient, avec une nationalité qu'ils avaient perdue depuis longtemps, la liberté, l'égalité, la fraternité, pour lesquelles tant de peuples s'agitaient alors.

Or, la ville de Prague, où commandait en proconsul le général prince Windischgraetz, se trouvait placée sous le joug du

---

([1]) Nous publions, aux pièces justificatives de ce 3ᵉ volume de l'*Histoire de la Révolution de* 1848, la lettre aussi curieuse qu'originale écrite au journal la *Réforme*, par un correspondant qui venait d'assister à ce congrès slave.

sabre ; ce qui ne plaisait nullement à sa population, et moins encore aux nombreux démocrates polonais, slaves et allemands qui s'y trouvaient. Depuis longtemps le général se refusait au vœu de la population, appuyé sur la loi ; ce vœu était relatif à l'armement de la garde nationale, objet de longues et de stériles négociations entre les autorités civiles et le commandant en chef militaire. Les esprits s'étaient échauffés à ce sujet. Le dimanche, jour de la Pentecôte, une dernière démarche fut faite auprès du général pour qu'il fît pourvoir à l'armement de la garde civique. Le général ayant de nouveau refusé les fusils, les canons et les cartouches qu'on lui demandait au nom de la loi, la population virile de Prague, parmi laquelle on comptait beaucoup de démocrates allemands, slaves et polonais, s'insurgea et se mit à élever des barricades. Le général ordonna qu'elles fussent démolies ; mais, au lieu de lui obéir, on en éleva de nouvelles. La garnison, qui était prête à agir, commença l'attaque des barricades, vers les quatre heures, par un feu de mousqueterie très-vif ; le canon fut employé. Le peuple, loin de lâcher pied, combattit toute la soirée, répondant au feu de la ligne par un feu nourri parti également des barricades et des maisons qui les dominaient. Six pièces de canon furent successivement engagées contre la même barricade ; elle soutint deux fois l'assaut des troupes et les repoussa constamment, après leur avoir fait éprouver de grandes pertes. Le colonel de l'artillerie et le général Rainer furent tués dans la même rue, et tombèrent à côté de plusieurs officiers. La nuit seule mit fin à ce premier combat.

Le lendemain à midi, la fusillade recommença pour ne cesser qu'à huit heures du soir. Toute cette seconde journée l'artillerie tonna contre les retranchements du peuple. Les troupes finirent par occuper quelques quartiers de la ville, mais toutes les barricades étaient restées au pouvoir des citoyens. « Le peuple s'accroît à chaque instant par les ren-

DE LA RÉVOLUTION DE 1848. 353

forts qui lui arrivent de la campagne, écrivait-on de Prague même ; l'irritation, l'exaspération sont au comble, la boucherie affreuse. Les étudiants sont partout ; ceux de Vienne commandent les barricades ; tous ont beaucoup souffert. Le nombre des troupes appelées de tous côtés, et notamment de la forteresse de Thérésienstadt, et réunies à Prague, est évalué à vingt mille hommes. »

A la suite de ces détails sur les deux premières journées, la correspondance qui nous les fournit s'exprimait ainsi :

« Aucune *nationalité* n'est en jeu dans cette terrible affaire ; c'est tout simplement une lutte des *opprimés contre les oppresseurs*, des hommes libres contre le despotisme. Allemands, Slaves de toutes les races, bourgeois, ouvriers, étudiants, forment les rangs des combattants. La population de Prague s'est divisée en deux partis : l'un, composé de la noblesse et de l'aristocratie marchande, cherche la protection des baïonnettes autrichiennes ; l'autre construit les barricades et les couvre de sa poitrine. »

Comme on n'ignorait pas à Vienne que les insurgés de Prague étaient animés d'une grande exaspération contre le prince Windisgraetz, on se hâta d'envoyer sur les lieux le comte Mentzdorff, chargé de prendre le commandement des troupes et de mettre fin à cette lutte déplorable. Mentzdorff espérait rétablir la tranquillité. Mais comme le peuple exigeait pour première condition que les troupes s'éloignassent de la ville, Mentzdorff, voyant sa mission manquée, remit son commandement au prince, et le combat recommença avec plus d'acharnement. Le peuple se rendit maître de l'Alstadt (vieille ville), et Windisgraetz fut enfin obligé de sortir de la ville.

Mais tout ne fut point fini ; loin de là, Windisgraetz fit aussitôt occuper les hauteurs qui dominent Prague : le mont Lorenzo, le mont Jiska, la redoute Marié furent bientôt garnis de canons, dont le feu, immédiatement dirigé sur le Clementinum, le Carolinum et le Theresianum, commença à faire les plus grands ravages. Pendant toute la journée du 15, la ville fut bombardée au point qu'il y eut peu de maisons qui ne portassent les traces des projectiles lancés par les soldats : Prague offrait le spectacle de ruines.

Bientôt les assiégeants furent renforcés par de nouvelles troupes; ce qui leur permit d'intercepter toutes les communications de la ville avec la campagne, où le tocsin sonnait. Sommés de mettre bas les armes, les insurgés répondirent qu'ils étaient dans l'alternative de *vaincre* ou de *mourir*. Toutefois, on échangea les prisonniers, et les anciens détenus politiques furent mis en liberté.

Lorsque le soleil du 16 se leva sur la ville de Prague, quatre-vingts canons étaient en batterie pour achever de détruire ce *foyer de la démocratie allemande*, et un cordon de troupes l'enlaçait dans un cercle de fer. Les assiégés avaient mis la nuit à profit pour fortifier quelques postes. Un gouvernement provisoire avait été constitué, et il avait proclamé la sainte république. On espérait encore que le lieutenant de l'empereur ne pousserait pas plus loin le bombardement d'une des principales villes de l'empire; mais, dans la nuit même, l'ordre était arrivé de Vienne et d'Inspruck d'en finir avec les rebelles.

Le bombardement recommença donc plus terrible que jamais, et, malgré leur détermination de ne point déposer les armes, les chefs du mouvement ne crurent pas devoir encourir la responsabilité d'avoir contribué à la destruction d'une cité dont les habitants venaient de donner tant de preuves de sympathie à la cause démocratique, en affrontant mille fois la mort dans cette lutte désormais inégale.

Un journal, daté de Dresde le 19 juin s'exprimait ainsi :

« Les insurgés de Prague ont dû capituler. Pour sauver la ville d'une perte certaine, ils envoyèrent, dans la soirée du 16, des parlementaires au prince Windisgraetz, qui leur demanda comme ôtages treize de leurs chefs tschèques. Le **17**, une partie de la garnison entra dans l'Alstadt, le reste stationna devant la ville, parce qu'il y avait aux environs beaucoup de paysans et de prolétaires qui voulaient venir au secours des Tschèques. »

Comme on le pense, le congrès slave fut immédiatement dissous, et ses membres transférés loin des frontières.

Quelques jours après, un journal annonçait que le prince Windisgraetz était nommé commissaire civil et militaire de Prague. On laissait sous ses ordres trente mille hommes de troupes destinées à comprimer la ville. C'était la dictature accordée au chef que l'on considérait comme le vainqueur d'une insurrection qu'il avait provoquée par ses actes. Ainsi, la monarchie autrichienne récompensait Windisgraetz, non pas d'avoir vaincu l'insurrection, car le chef qui s'était vu forcé de quitter la ville avait été lui-même vaincu, mais d'avoir eu la barbarie de bombarder inhumainement et lâchement une population privée de canons, et qui se trouvait ainsi dans l'alternative de se soumettre, après avoir chassé les soldats, ou de voir réduire en cendres une ville grande, riche et industrieuse.

Nul doute que si le mouvement démocratique de Prague eût réussi, Ferdinand n'eût perdu sa couronne ; car Vienne se fût immédiatement prononcée dans le même sens, et la Hongrie eût profité de ces circonstances pour se constituer indépendante. L'insurrection de Prague, étouffée sous les projectiles de Windisgraetz, l'espoir et le courage furent d'autant plus rendus à la cour d'Inspruck, qu'elle se montrait très-satisfaite de la conduite du cabinet français dans les affaires d'Italie, et que, d'un autre côté, elle savait qu'une armée russe se concentrait sur les frontières de la Moldavie.

Par une proclamation que l'empereur adressa à ses *fidèles sujets* de la basse Autriche, Ferdinand annonçait que, nonobstant la constitution donnée à ses peuples, il déclarait *constituante* la première diète qui serait élue en vertu d'une nouvelle loi électorale (¹), et promettait d'aller faire en personne l'ouverture de cette assemblée nationale, pourvu que la tranquillité, l'ordre, la paix et la conciliation régnassent dans sa capitale.

Comme il y avait encore à Vienne bien des bons citoyens qui croyaient nécessaire la présence de l'empereur, on calma leur impatience en annonçant que Ferdinand était fortement indisposé, ce qui l'empêchait de se rendre aux vœux de ses fidèles Viennois; mais, pour suppléer à cette absence forcée, S. M. envoyait, *avec de pleins pouvoirs*, l'archiduc Jean, afin de gouverner en son nom jusqu'à ce qu'*il plût à Dieu* que lui-même pût rentrer dans sa capitale.

L'archiduc installé (²), une proclamation vint apprendre aux Viennois que cet *alter ego* se proposait de protéger efficacement les libertés et les droits accordés au peuple. « J'ai le meilleur espoir, disait-il plus loin, de pouvoir rendre à mon gracieux empereur le pouvoir qu'il m'a confié après l'avoir fortifié par la tranquillité et le bien-être général. »

On considérait assez généralement, à Vienne, l'archiduc Jean comme chargé du rôle de conciliateur entre les partis; on ne réfléchissait pas que sa mission devait être de comprimer l'esprit révolutionnaire et démocratique qui se faisait jour

---

(¹) Le club démocratique de Vienne venait de demander au ministre Pillerdorff le suffrage direct pour l'élection des membres de l'assemblée nationale; mais ce ministre avait refusé.

(²) A peine fut-il installé à Vienne, qu'on apprit que l'assemblée nationale de Francfort venait de l'élire *vicaire de l'empire*. Ces fonctions n'étaient que provisoires et jusqu'à la constitution définitive de l'Allemagne, qui, en ce même moment, marchait à pleines voiles vers la démocratie.

partout, même dans la malheureuse ville de Prague. Aussi le vit-on caresser la garde nationale et lui faire donner du canon et des obus, tandis que les milliers d'ouvriers qui avaient si puissamment contribué au succès de la dernière révolution, n'avaient encore généralement que des haches et des pelles, armes purement défensives. Il y avait dans ce fait une arrière-pensée qui se manifestait assez par les poursuites dirigées contre ceux qui s'avouaient républicains, et par le renvoi du ministre Wessenberg.

Le mécontentement du parti révolutionnaire éclata par un acte du *Comité de Sûreté* qui eut une grande portée. Ce comité, après avoir vu son action paralysée au point d'être considéré comme n'existant plus, se manifesta tout à coup par une déclaration, votée à la presque unanimité des suffrages, portant que le ministre Pillersdorff trahissait la cause de la liberté. Cette déclaration, appuyée par la presse tout entière, moins le journal officiel, encouragea le parti de la révolution. Le lendemain, 8 juillet, l'*association démocratique* se rendit auprès de l'archiduc pour demander le renvoi du ministère. Les circonstances étaient difficiles ; on pouvait craindre un soulèvement ; aussi l'archiduc accueillit favorablement la demande des *démocrates*. Le ministère fut renvoyé, et M. Dobelhof, présenté par l'association, fut chargé d'en former un nouveau. La cause principale de cette révolution des portefeuilles fut le mécontentement des ouvriers, que l'on avait irrités par le renvoi de beaucoup d'entre eux, et par la réduction de leurs salaires.

Ce fut dans ces circonstances que l'assemblée nationale constituante se réunit à Vienne. Les révolutionnaires virent avec plaisir que le côté droit n'était occupé que par quelques députés galliciens, tandis que l'extrême gauche paraissait très-nombreuse.

En présence de ce résultat démocratique des élections de

l'Autriche, les réactionnaires voulurent tenter d'enrayer le progrès des idées nouvelles. A cet effet ils firent afficher des placards dans lesquels *on* demandait la dissolution du comité de sûreté, sous prétexte qu'en présence de l'assemblée réunie, cette sorte d'*assemblée* ne pouvait être réunie plus longtemps. Comme la réaction s'appuyait sur les militaires, elle avait assigné aux officiers le rôle d'*aboyeurs contre la mauvaise presse*, rôle dont bien de ces militaires s'acquittèrent dans tous les lieux publics où ils allaient traîner leurs sabres. En même temps, on faisait courir le bruit de l'arrivée à Vienne de Windisgraetz, le bombardeur de Prague, et l'on ne craignait pas de dire hautement qu'une *dictature militaire* pourrait seule mettre un terme aux agitations incessantes de la ville.

Toutes ces menées devaient nécessairement aboutir à une levée de boucliers de la part des réactionnaires et des militaires. Mais le peuple et la garde nationale ne donnèrent pas le temps aux aristocrates de mettre leurs projets à exécution. Dans la journée du 14 juillet, qui fut celle de la crise, les jeunes gens, les ouvriers et même la garde nationale se levèrent instantanément comme un seul homme. Des cartouches furent distribuées, de fortes patrouilles circulèrent dans tous les quartiers, et l'on visita même les campagnes, parce qu'on disait que de nombreux soldats y avaient été amenés. Un tel appareil de forces et l'attitude du peuple firent sans doute réfléchir les officiers qui s'étaient laissé entraîner par les réactionnaires civils. Ils firent même une sorte d'amende honorable, car, le lendemain, on vit de nombreux officiers de la ligne fraterniser solennellement avec les officiers de la garde nationale.

L'avortement de cette conspiration réactionnaire eut pour résultat de consolider le comité de sûreté; il déclara qu'il ne se dissoudrait point tant que l'assemblée nationale ne lui en donnerait pas l'ordre. Ce comité, création des journées des 15 et 16 mai, était, à bon droit, considéré par les patriotes viennois comme le *palladium* de la révolution ; aussi sa déclaration fut-elle accueillie avec enthousiasme par tous les révolutionnaires.

Trois jours après, l'Autriche apprenait qu'elle avait un nouveau cabinet, dans lequel figuraient le baron de Wessenberg, le baron Dobelhof, le docteur Bac et autres ministres considérés comme dévoués à la cause de la liberté.

« Considérant que les vœux et les besoins de la patrie se réunissent avant tout dans l'affermissement de la liberté conquise, portait la déclaration officielle du nouveau cabinet, le ministère reconnaît pleinement la nécessité de faire jouir toutes les provinces de la monarchie des avantages de la liberté constitutionnelle, et, en conséquence, un de ses premiers actes sera de prendre toutes les mesures nécessaires pour atteindre ce but. En même temps, le ministère est entièrement convaincu que l'Autriche, comme sentinelle frontière de la civilisation européenne, doit rester grande, unie et forte ; mais pour que l'idée de la grandeur et de l'unité de l'Autriche, jointe à toutes les garanties de la liberté politique et nationale, devienne une vérité, il faut que le ministère ne fasse pas seulement des réformes politiques, mais encore des réformes administratives les plus étendues [1]. »

Malgré les promesses du nouveau cabinet, on ne tarda pas à l'accuser de vouloir marcher sur les traces de son prédécesseur. En effet, une mésintelligence éclata presque aussitôt entre ce ministère d'une part, le comité de sûreté et les clubs démocratiques de l'autre côté, et à la suite de ce désaccord, l'association démocratique fut dissoute.

Les révolutionnaires jetèrent les hauts cris. L'association

---

[1] Par ces mots : *Réformes administratives,* évidemment le ministère autrichien n'entendait pas seulement parler de modifications apportées dans l'administration proprement dite, mais encore d'améliorations sociales, telles que les réclamaient les socialistes de la France.

adressa au comité de sûreté une protestation énergique contre sa dissolution, et se fit appuyer par la légion académique. De nombreuses adhésions lui arrivèrent aussi de tous côtés ; on lui envoya même des députations, qui engagèrent les membres de l'association à ne pas se considérer comme empêchée dans ses patriotiques travaux. Le peuple se montrait de nouveau agité, et les nouvelles qui arrivaient d'Inspruck n'étaient pas de nature à pouvoir le calmer. On disait que l'empereur était mécontent de l'administration de l'archiduc Jean, et qu'il avait blâmé surtout la nomination du nouveau ministère. On assurait encore que Ferdinand, encouragé par la camarilla et par l'ambassadeur de Russie, voulait nommer un conseil de régence et changer encore une fois son cabinet; et comme il s'obstinait à ne pas vouloir revenir à Vienne, le ministère, avant de donner sa démission, fit voter à l'assemblée une adresse pour solliciter son retour.

Quoique les démocrates se tinssent en dehors de toutes ces sollicitations, ils n'en suivaient pas moins les résultats avec anxiété. Ils voyaient les esprits très-irrités contre l'empereur, et ils ne doutaient pas qu'on marchait vers une catastrophe. « Si l'empereur ne se rend pas au vœu que va lui exprimer la députation de l'assemblée nationale, disait un journal de Vienne ; si sous huit jours on n'obtient pas un résultat satisfaisant à cet égard, le *gouvernement provisoire* sera proclamé ; car tout est prêt, tout est prévu ; le ministère se retirera et l'assemblée nommera un gouvernement. »

En présence de ces dispositions bien arrêtées dans l'esprit de tout le monde, l'empereur, mieux conseillé, prit enfin le parti de retourner à Vienne avec sa cour. Il y arriva le 12 août; mais l'accueil réservé qu'il reçut dans cette capitale lui fit prendre la résolution d'aller résider à Schœnbrunn, où il parut vivre étranger aux affaires publiques.

« Le vieil empereur, tombé en enfance, disait un journal

sous la rubrique de Schœnbrunn, se promène avec l'écharpe nationale allemande, sans escorte, sans cour, sans étiquette; il salue les Viennois du sourire de l'idiotisme, indifférent à ce qui se passe autour de lui, heureux seulement et étonné de se voir caressé; tandis que dans la grande ville, prolétaires et démocrates minent son trône par un travail incessant. »

S'il était exact de dire que l'empereur était devenu étranger aux affaires, il n'était pas moins vrai que la camarilla s'agitait dans l'ombre pour amener une contre-révolution avec le secours des militaires.

L'armée était en effet l'ancre de salut de la monarchie autrichienne, et les efforts des réactionnaires avaient pour but incessant d'entretenir la mésintelligence entre les troupes et les populations. Malgré le simulacre de fraternisation, la haine des officiers pour les démocrates devenait chaque jour plus profonde. Elle se fit jour dans un grand dîner militaire qui eut lieu à Prague. Ce repas, semblable en tout à celui de l'orangerie de Versailles, du 1er octobre 1789, fournit aux officiers autrichiens l'occasion de mettre à nu leurs sentiments. On y lut des vers intitulés : *Voix d'avertissement*. « Attendez que nous ayons fini en Italie, y disait-on; nous nous rendrons alors à Vienne, où nous nous vengerons de l'affront que nous ont fait les étudiants et la garde nationale..... Nous rendrons à notre empereur son sceptre brisé, car, *hors de l'absolutisme*, point de salut. »

En même temps que les militaires exhalaient ainsi leurs prétendues rancunes contre les révolutionnaires, les chefs civils de la réaction s'efforçaient d'engager la garde nationale dans un conflit contre le peuple et surtout contre les ouvriers, devenus turbulents à la suite des décisions relatives aux salaires. Le 19 août, l'empereur passa une grande revue de cette garde nationale, au milieu de laquelle on fit défiler les troupes. Les réactionnaires ayant été satisfaits de l'accueil fait à Ferdinand, crurent que le moment était favorable à leurs vues.

De ce moment, on s'attendit à une levée de boucliers de la part des royalistes ; l'agitation ne cessa de régner dans la ville. Il fallut déployer des forces pour maintenir la tranquillité. Les démocrates s'apercevaient que le grand parti révolutionnaire se fractionnait, et que les bourgeois de la garde nationale semblaient revenus à leurs vieilles déférences pour le pouvoir. Toute la journée du 22 août, cette garde bourgeoise fut chargée de contenir l'irritation des ouvriers ; elle y réussit sans effusion de sang.

Mais le lendemain ceux-ci promenèrent dans les principaux quartiers de la ville, un mannequin représentant le ministre des travaux publics Schwartzer ; et pour qu'on ne se méprît pas sur le caractère de leur manifestation, ils placèrent *cinq kreutzers* dans la bouche du mannequin, faisant ainsi allusion à l'arrêté qui fixait à cinq kreutzers le prix de la journée de travail. Les réactionnaires, à l'affût des occasions, lancèrent contre ces promenades tumultueuses, mais au fond inoffensives, d'abord la garde municipale qui, par son zèle outré, provoqua un conflit, et amena sur les lieux la garde nationale. Des ouvriers jusque-là tranquilles accoururent au secours de leurs camarades. « On en vint plusieurs fois à des engagements sanglants, qui, suivant l'opinion publique, disait la correspondance de Vienne, auraient pu être évités. Beaucoup de victimes tombèrent. Les gardes municipaux, les cuirassiers et la garde nationale parvinrent enfin à faire *régner l'ordre*. »

Ainsi que cela se voit toujours en pareil cas, le pouvoir se hâta de profiter de ces déplorables événements pour frapper les libertés publiques. Le ministère chancelant, et menacé de céder la place aux disciples de Metternich, déclara que le comité de sûreté était dissous, de même que toutes les autres commissions extraordinaires nées de la révolution du mois de mai. Le pouvoir, assuré dès lors du concours collectif de la garde nationale, considéra la révolution comme vaincue.

En effet, la journée du 23 août avait été, pour les révolutionnaires de Vienne et de l'Autriche, ce que la journée du 16 avril 1848 fut pour la démocratie française; un grave échec, amené par des démonstrations d'ouvriers mal appréciées, et que les menées de la réaction avaient fait dévier.

CHAPITRE XIII.

Événements de la Prusse.— Candidature de Frédéric à l'empire d'Allemagne. —Réponse de l'empereur d'Autriche. — Le roi de Prusse prépare la contre-révolution. — Ouverture de la diète prussienne. — Frédéric renforce son armée et envoie des troupes sur le Rhin. — Il rappelle le prince héréditaire à Berlin. — Projet de constitution aristocratique—Le roi caresse la garde nationale.—Elle se sépare du peuple.—Les réactionnaires demandent la fermeture des clubs. — Trahison des constitutionnels. — Le peuple brise le projet de constitution. — Intervention de la garde nationale. —Effet des injures adressées aux Berlinois par les réactionnaires. — Le peuple s'oppose à la sortie des fusils de l'arsenal. — Le prince de Prusse à la diète. — Mesures proposées par les modérés. — Les clubs résistent. — Réception faite par les démocrates de Berlin au chargé d'affaire de France. — Bruits relatifs à l'intervention de la Russie en Prusse. — Insurrection et prise de l'arsenal par le peuple de Berlin. — Armement général.—Affiches démocratiques.—Affaire du vicariat général de l'empire.—La liberté de la presse menacée. — Entrée de nouvelles troupes à Berlin — Émeute à ce sujet. — Le roi se rend à Postdam. — Projets de contre-révolution appuyés sur l'armée. — Lutte entre la réaction et la révolution. — Projets de reconstitution de l'unité allemande. — Obstacles qu'y mettent les princes. — Ils effraient l'Allemagne de l'invasion française. — Calomnies contre la république. — Action des sociétés populaires sur l'Allemagne. — La nation allemande refuse de reconnaître la diète germanique. — Ses motifs.—La commission populaire des *cinquante* appelle une assemblée nationale représentant toute l'Allemagne.—Haine de la diète et du gouvernement contre la France. — Situation du grand-duché de Bade.—Les démocrates de ce pays appellent le peuple aux armes.— La république est proclamée à Fribourg. — Troubles à Aix-la-Chapelle, à Cassel et dans le Hanovre. — L'Allemagne à la veille d'une grande révolution. — Déroute des démocrates badois. — Vengeances des réactionnaires. — Explication de la levée de boucliers des républicains badois. — Lutte entre la commission des cinquante et la diète germanique. — Réunion de l'assemblée nationale allemande. — Grave conflit engagé à Mayence entre les habitants et les troupes prussiennes. — L'assemblée nationale de Francfort crée un *vicaire général de l'empire*. — Elle porte l'archiduc Jean à ces fonctions.

Malgré notre désir de consacrer exclusivement ce qui nous reste encore de place dans ce livre à l'*Histoire de la Révolution de 1848* en France, nous ne pouvons nous dispenser de dire brièvement quelles furent les suites de la révolution de Berlin, fille de celle de *février*, comme celle de Vienne, de l'Allemagne et de l'Italie.

Nous avons laissé le roi de Prusse ordonnant à ses troupes

et à son fils, le prince royal, de quitter Berlin, afin de rassurer la population de cette ville sur les intentions de ce prince. Les événements de Berlin n'avaient pas fait perdre de vue au roi Frédéric que l'Allemagne était en travail de reconstituer l'empire ; aussi ne négligeait-il aucun des moyens qu'il croyait propres à assurer sa candidature.

« Attendu que je me consacre entièrement à la cause de l'Allemagne et que je vois dans la participation de la Prusse un moyen de la favoriser, s'empressa-t-il de dire dans un ordre du jour, j'ordonne que l'armée joindra immédiatement à la cocarde prussienne la cocarde allemande. »

Il était évident que le roi de Prusse rêvait le sceptre impérial de l'Allemagne, sans tenir compte des prétentions de Ferdinand d'Autriche. Ce n'était donc plus son peuple que Frédéric cajolait alors, mais bien le peuple allemand tout entier ; et la guerre des candidatures ne fut pas le moins curieux des épisodes de cette époque.

A la détermination prise par le roi de Prusse relativement à la cocarde allemande, Ferdinand faisait répondre :

« Les drapeaux de l'Autriche ont conservé jusqu'à ce jour les couleurs allemandes au milieu de toutes les tempêtes. Un prince autrichien a porté sur le Rhin un vivat à l'Allemagne, lorsque la Prusse persécutait encore cette idée. La maison de Habsbourg a pour elle l'histoire des siècles passés et *l'amour de ses peuples*, si elle veut maintenir son ancienne préséance dans l'empire d'Allemagne ; mais l'empereur d'Autriche sait qu'aujourd'hui le choix ne peut venir que des représentants des peuples allemands et que ce choix doit rester libre.... »

La lutte établie avec son concurrent ne fit pas perdre de vue au roi de Prusse les manœuvres rétrogrades auxquelles il se livrait. Sous prétexte que Berlin n'était pas la Prusse et que le roi avait eu la main forcée, on faisait signer des adresses ouvertement contre-révolutionnaires, dans lesquelles on demandait que Frédéric réunît les députés autour de lui, hors de Berlin. Tout se préparait pour la contre-révolution : le roi faisait entrer peu à peu ses régiments dans la capitale, ce qui agitait fortement la population.

L'ouverture de la diète, qui eut lieu au commencement du mois d'avril, fit une diversion momentanée à ces craintes. Il ne s'agissait cependant que de replâtrages constitutionnels, de vrais leurres, avec lesquels le roi espérait endormir les citoyens sur ses projets, en attendant que les soldats prussiens eussent fait avorter l'insurrection polonaise du duché de Posen.

Tout le mois d'avril fut employé par les contre-révolutionnaires de Berlin à renforcer l'armée par tous les moyens possibles. Et comme les États allemands des bords du Rhin étaient sans cesse exposés à voir proclamer la république, le roi de Prusse fit passer de nombreux corps de troupes pour soutenir les princes contre les démocrates. Frédéric ne négligeait rien de ce qui pouvait le mettre en mesure de rompre avec les révolutionnaires; il poussa le mépris de l'opinion publique jusqu'à annoncer qu'il rappelait à Berlin le prince royal le plus impopulaire des hommes.

« Aujourd'hui, c'est de la Prusse que part le cri de détresse de la démocratie, lisait-on dans le journal de Bruxelles la *Nation*. Les constitutionnels eux-mêmes sont atterés. Pour prix de leur condescendance envers les royautés lorsqu'elles étaient tremblantes, ils reçoivent en ce moment une déclaration de guerre; car le rappel du prince héréditaire de Prusse est regardé comme la première manifestation de la lutte ouverte; aussi commencent-ils à comprendre les fautes qu'ils ont commises.... »

— « La réaction est complète en Prusse! écrivait encore, dans les premiers jours de mai, un malheureux Polonais; tout y rentre insensiblement dans le premier état des choses; les deux gouvernements de Vienne et de Berlin donnent la main à la

Russie et travaillent avec la plus grande énergie à détruire tout espoir de régénération de la Pologne..... »

Dans de pareilles circonstances, Berlin ne devait pas être tranquille ; aussi voyait-on journellement des manifestations dirigées contre la prochaine arrivée du prince et contre la marche du gouvernement. Le peuple voulait qu'on rétablît sur la porte du palais de son ennemi, les mots : *Propriété nationale*, qui l'avaient sauvé d'une dévastation complète, deux mois auparavant.

D'un autre côté, le projet de constitution présenté à la diète était fort mal accueilli par les révolutionnaires. « L'esprit royaliste et aristocratique qui a dicté cette loi fondamentale, disaient-ils, est bien loin d'être la pensée qui a éclaté à Berlin après le combat de mars. Ce n'est pas la satisfaire, c'est mystifier la nation. »

Cependant cette constitution, si peu en harmonie avec les idées démocratiques qui avaient fait la révolution, était accueillie avec enthousiasme par la bourgeoisie enrégimentée, que le roi passait en revue et cajolait journellement. La réaction avait fait de cette bourgeoisie l'instrument de ses intrigues contre-révolutionnaires, après l'avoir séparée du peuple. Deux mois après cette révolution, à laquelle la bourgeoisie avait prêté toutes ses forces, les aristocrates de Berlin, comme ceux de Vienne, de Turin, etc., avaient de nouveau séparé les bourgeois du peuple et des étudiants. C'était la garde nationale de Berlin, ou du moins les meneurs réactionnaires de cette garde, qui colportaient les pétitions pour demander le retour du prince royal [1], celles sollicitant une loi contre les clubs, et enfin

---

[1] Les pétitions pour le retour du prince étaient évidemment l'œuvre du parti réactionnaire. Ce parti, obligé de se dire constitutionnel, voyait en lui son véritable chef. Le roi vaincu et humilié n'avait plus le prestige monarchique. C'était donc autour du prince que les royalistes se serraient. Aimé de l'armée et craint du peuple, le prince était le véritable chef de l'oligarchie

le transfert de l'assemblée nationale dans une autre ville.

« La situation est bien changée! s'écriait un journal prussien à qui les progrès de la réaction suggéraient les réflexions suivantes :

« Il y a deux mois, on n'avait plus qu'à décider quelle forme on voulait donner à la souveraineté nationale ; aujourd'hui, il faut reconquérir un principe par une nouvelle lutte.

« A qui la faute? Moins à l'adresse des souverains qu'à la trahison des constitutionnels. Le mot paraîtra dur ; mais nous le maintenons comme juste. Se séparant du peuple, ils se sont réconciliés avec les princes, même avant que la victoire de leur parti se fût consolidée ; ils ont fait tout pour briser la puissance populaire, afin de rendre au prince royal sa force perdue. Dans leur coupable abandon de tous les droits de la nation, ils livrent aux princes la seule arme qui reste à une révolution pacifique : la puissance du principe de la souveraineté nationale.

« Grâce aux constitutionnels, concluait ce journaliste, l'Allemagne a fait une révolution pour recevoir sa constitution des mains des princes régnant *par la grâce de Dieu*..... L'Allemagne devra ou se contenter des libertés et du semblant d'unité que les princes voudront bien lui accorder, ou faire une seconde révolution. Telle est la triste alternative à laquelle ce peuple est réduit par des chefs indignes de sa confiance. »

Pendant que les journaux patriotes de Berlin se livraient à ces réflexions, le peuple s'amusait, suivant l'usage, à faire des charivaris, sortes de protestations contre la marche des affaires publiques. Cette fois-là, le peuple se mit à brûler publiquement le projet de constitution soumis à l'acceptation de l'assemblée nationale. Le cor d'alarme sonna, et l'on vit arriver

qui voulait avoir sur les marches du trône un homme bien résolu d'y asseoir de nouveau la puissance royale.

quelques compagnies de la garde bourgeoise. A cette vue, des cris se firent entendre; mais cette garde se mit à dissiper les attroupements, qui se reformèrent vers les tilleuls, où ils se mirent à délibérer. On décida que l'on irait savoir du général d'Achoff pourquoi il avait fait intervenir la garde nationale et fait battre le rappel. Il répondit que les charivaris continuels avaient forcé l'autorité d'appeler la garde nationale. On se mit à demander la démission du général, qui, disait-on, trahissait la cause de la liberté; mais la garde nationale mit fin à cette émeute en chargeant et dispersant les rassemblements.

Ainsi, les réactionnaires étaient parvenus à compromettre la garde nationale et à la tourner contre le peuple. Heureusement, une partie de cette garde bourgeoise se rattacha plus fortement que jamais à la cause de la révolution par l'effet de la lecture des nombreuses adresses que publiaient chaque matin la *Gazette de Voss* et la *Gazette de Spener*, adresses provenant du Brandebourg, de la Poméranie, de la Prusse occidentale, de la Lusace, etc., dans lesquelles les combattants du mois de mars et les Berlinois étaient l'objet de toutes sortes d'injures. Le défi venait d'être également jeté à la bourgeoisie par l'annonce de la prochaine rentrée à Berlin du prince royal.

La nouvelle révolution de Vienne et la fuite de l'empereur à Inspruck contribuèrent aussi à rendre quelque énergie à la population de Berlin. On la vit se porter à l'arsenal et s'opposer au départ d'un convoi de fusils que le gouvernement envoyait dans les provinces pour l'armement de la landwer. L'arsenal fut remis à la garde de la civique. Enfin, cent cinquante représentants, retirés à l'hôtel de Russie, crurent de leur devoir de demander au cabinet s'il était vrai que Berlin fût entouré d'un cordon de troupes. Le fait était patent; toutefois, le ministère le nia.

Bientôt le peuple ne put plus douter que la majorité de l'assemblée ne fût réactionnaire. Le rejet d'une proposition concernant les *héros de mars* fut cause d'une grande manifestation, où fut porté en triomphe le drapeau de la république française. La population était exaspérée, quand le roi de Prusse et son fils, le prince héréditaire, se présentèrent à l'assemblée nationale. On sait combien ce dernier était antipathique aux Berlinois; mais, appuyé par l'armée, il se flattait de *mater la révolution*. Nommé député par le cercle de Wirsitz, le prince venait annoncer qu'il vouerait toutes ses forces au grand ouvrage de la constitution et à la monarchie constitutionnelle, qui, dit-il, était tracé d'avance par le roi. Il déclara ensuite que, ses affaires ne lui permettant pas de prendre part aux délibérations de la diète, il priait qu'on appelât son suppléant.

« Le prince de Prusse a fait une triste entrée dans la salle des séances, disait à ce sujet la *Gazette de Cologne*, et sa sortie a été encore plus triste. Ce *monseigneur* s'étant présenté en uniforme de général, quelques membres de la droite se levèrent; mais ils furent rappelés à leur dignité par les cris : Restez assis! Voilà, certes, de quoi *mater* l'orgueil de monseigneur, qui s'est vanté d'avoir la vocation de *mater* la révolution; en un mot, cette réception ne contribuera pas peu à hâter les événements, ne fût-ce qu'en exaspérant le *général*, qui est entré au sein des Etats et a dû sortir d'une manière si peu flatteuse. Les courtisans peuvent maintenant persuader à M. le prince qu'il est adoré de ses vassaux. »

Cependant les travaux de l'assemblée n'avançaient pas. Au lieu de s'occuper des grandes questions que les circonstances avaient mises à l'ordre du jour, la diète de Berlin ne s'était encore attachée qu'à des choses oiseuses et puériles. C'était aller au-devant des désirs de la réaction, qui semblait ne travailler qu'à gagner du temps. Les contre-révolutionnaires de Berlin, comme ceux de Paris, se déchaînaient journellement contre le peuple et la démocratie, qu'ils faisaient calomnier sans relâche par les journaux à leur solde ou à leur dévotion.

Le langage furibond de ces journaux n'avait d'autre but que d'inoculer la peur à la bourgeoise, en lui faisant croire que les travailleurs ne rêvaient que pillage et vol, que sang et guillotine.

Heureusement pour la cause de la révolution, le côté droit de la diète se compromettait par un excès d'activité réactionnaire. Les *modérés* ne cessaient de proposer les mesures les moins modérées : ils voulaient faire fermer les clubs et empêcher les réunions patriotiques; ils demandaient aussi que le siége de l'assemblée fût transporté dans une autre ville. L'arrivée du prince héréditaire à Berlin fut un motif de recrudescence de cette fureur réactionnaire.

En présence de ces manœuvres, la démocratie rassemblait, elle aussi, ses forces éparses, et se préparait à la lutte. Des clubs patriotiques s'organisaient partout; les associations des travailleurs se multipliaient et devenaient menaçantes; les discours les plus révolutionnaires enflammaient tous les esprits.

Ce fut dans ces circonstances que l'envoyé de la république française en Prusse, le citoyen Emmanuel Arago, arriva à Berlin. Une députation démocratique se rendit aussitôt près de cet envoyé pour l'assurer de la sympathie de la population berlinoise. Il répondit que la mission qu'il avait reçue du gouvernement français n'avait rien de contraire aux intérêts du peuple allemand; que la nation française offrait une main fraternelle à tous les peuples libres, et que la république ne désirait pour l'Allemagne que la fraternité et la paix.

Malgré toute la réserve que l'envoyé français mit dans ses rapports non officiels avec les démocrates de Berlin, des *vivats* chaleureux en l'honneur de la république française, et le chant de la *Marseillaise*, prouvèrent au citoyen *Arago* que la France n'avait pas encore cessé d'être l'étoile polaire des peuples en révolution.

Ce n'était pas sans motifs que les Berlinois auraient voulu trouver un appui dans la France républicaine; car, en ce même moment, la contre-révolution se disposait à frapper les grands coups. On assurait que le roi, retiré à Sans-Souci, venait de conclure avec la Russie un traité d'alliance offensive et défensive destiné à être mis à exécution sans le moindre retard. Quelque secrète que fût tenue cette convention liberticide, dont le prince héréditaire avait été le promoteur, le bruit courut à Berlin que les troupes russes échelonnées sur la frontière depuis l'insurrection du duché de Posen, allaient entrer en Prusse, non pas pour faire la guerre à Frédéric-Guillaume, ainsi qu'on avait cherché à le faire accroire, mais pour aider le prince royal à *mater la révolution*. Il n'en fallut pas davantage pour exciter des émeutes à Berlin. Les cris que faisaient entendre les nombreux rassemblements étaient dirigés contre sa trahison. En ce moment, on s'aperçut que des grilles destinées à fermer le château pendant la nuit, venaient d'être posées; le peuple les brisa et fut les jeter dans la Sprée. Après cette expédition, les groupes se rendirent sous les *tilleuls* : l'alarme se répandit, et l'on fit battre la générale vers le soir, ce n'était plus une émeute qui éclatait, c'était une véritable insurrection. La foule se porta à l'arsenal pour demander des armes et la retraite de la garnison. Suivant son habitude, le pouvoir ne lança point la troupe de ligne contre les insurgés, mais bien la garde nationale, afin de la commettre avec le peuple. En effet, un capitaine de cette garde, après avoir donné lecture d'une proclamation qui l'autorisait à faire tirer, si on ne se séparait pas à la deuxième sommation, fit croiser la baïonnette et marcha contre les rassemblements, qui se dispersèrent en criant *aux armes!* L'arsenal fut assiégé. Des gardes nationaux et des soldats le défendirent ; il y eut des blessés et des morts; les ouvriers portèrent dans les rues un de leurs camarades tué par la troupe; ils faisaient entendre des cris de vengeance. Vers la nuit on annonça au peuple, devenu très-menaçant, que les soldats allaient quitter l'arsenal, et que l'on donnerait des armes à tous citoyens majeurs. Cette concession fut, dit-on, arrachée par la peur que le gouvernement eut en apprenant qu'une foule d'ouvriers du dehors voulaient entrer dans la ville. On fut obligé de fermer les portes.

Cependant les promesses de la soirée ne s'exécutaient pas : la troupe avait bien quitté l'arsenal aux applaudissements de la population, mais on l'avait remplacée par un renfort de garde nationale. Les insurgés, fatigués d'attendre les armes qu'ils sollicitaient, se ruèrent sur la garde de l'arsenal, et le vidèrent complétement.

La nuit fut loin d'être tranquille. On annonçait la prochaine arrivée à Berlin d'un corps de troupes considérable, qui, assurait-on, allait être suivi par une division russe. C'était un bruit généralement accrédité, non-seulement en Prusse, mais dans toute l'Europe, que la Russie prenait ses mesures pour l'invasion immédiate de la Prusse septentrionale, dans le but de comprimer l'esprit démocratique qui faisait tant de progrès dans ce pays. On assurait que la démission du ministre Camphausen avait eu pour cause le refus du roi de faire connaître au cabinet prussien l'objet de la mission à Saint-Pétersbourg du général Pfuel.

L'insurrection du 14 juin n'eut pas d'autres suites que celles de l'armement général du peuple. C'était sans doute beaucoup, car jusque-là il était livré aux baïonnettes des soldats, et même à celle de la garde nationale. Désormais la démocratie pouvait imposer à son tour aux partisans des Russes et aux réactionnaires. Peut-être dut-on à cet armement la résolution que prit l'assemblée nationale de Prusse, dix jours après, par laquelle elle supprimait la noblesse. Cette nouvelle, répandue dans la ville avec la rapidité de l'éclair, y fut reçue avec enthousiasme ; elle valut à l'assemblée nationale un jour de popularité.

Les circonstances au milieu desquelles se trouvait le gouvernement du roi, l'inquiétaient visiblement : il redoutait une levée de boucliers du parti républicain, dont les affiches impressionnaient vivement la population. Pour être en mesure, le gouvernement faisait approvisionner la forteresse de Spandau, et remplissait le château royal de cartouches.

Bientôt la mauvaise humeur de Frédéric-Guillaume s'accrut par l'élection de l'archiduc Jean au *vicariat* de l'empire. La diète de Berlin ayant reçu la notification de ce choix, le député Jacobi déposa aussitôt la protestation suivante :

« L'assemblée ne saurait approuver la nomination d'un chef du pouvoir central, par l'assemblée constituante de Francfort, lequel ne serait ni *responsable*, ni *obligé* envers l'assemblée nationale. Mais elle déclare que l'assemblée nationale de Francfort n'avait pas besoin de l'assentiment des gouvernements allemands, et que, par conséquent, le gouvernement prussien n'a pu faire de réserve à ce sujet. »

Ce fut là la seule fiche de consolation que le roi de Prusse obtint de son échec à Francfort ; mais il se promit bien de ne pas laisser l'archiduc en paisible jouissance de sa suprématie sur l'Allemagne.

En ce moment, Frédéric-Guillaume menaçait ses *chers Berlinois* de les priver de sa royale présence ; on parlait beaucoup du projet de la cour de fixer sa résidence à Kœnigsberg et même à Dantzig. Le peuple, à l'intelligence duquel rien n'échappe, comprit aussitôt que ce projet devait aboutir à autre chose qu'un simple déménagement. Kœnigsberg et Dantzig touchent aux frontières russes. De nombreux placards éventèrent le but secret de ce caprice royal, et la cour fut obligée d'y renoncer.

La police, que ces placards courrouçait journellement, voulut réduire la question de la liberté de la presse à une question de simple voirie : elle prit sur elle de défendre l'affichage et même la distribution des feuilles volantes sur la voie publique. Le club démocratique s'émut de ces prétentions ; de nombreux attroupements se formèrent; on y décida l'envoi d'une députation au ministre de la justice, qui promit de ne pas laisser porter atteinte à la liberté de la pensée.

La ville de Berlin se trouvait alors dans une de ces situations délicates où le moindre événement provoquait des troubles. Une grande agitation se manifesta le 7 juillet à l'occasion de l'arrivée d'un nouveau régiment de ligne. On se récria contre les manœuvres de la réaction, qui tendaient à faire rentrer en détail et par fraction les corps de troupes dont le peuple avait obtenu le renvoi. Dans cette affaire, la garde nationale se rapprocha du peuple, pour défendre ce qu'elle considérait comme ses prérogatives. Elle voulut d'abord s'opposer à l'entrée du régiment, en s'emparant des casernes qui lui étaient destinées; mais la crainte de faire éclater une sanglante collision la décida de s'en prendre au magistrat qui avait permis l'entrée en ville des corps militaires, sans avoir consulté l'état-major. Les clubs de toutes les nuances mirent cette affaire à leur ordre du jour, et la traitèrent comme une question de principes. Ils se firent aussi les auxiliaires de l'assemblée nationale, en s'occupant avec ardeur de l'élection du *vicaire de l'empire*.

Le lendemain de cette crise, le roi de Prusse se rendait à Postdam. Là, au milieu de nombreux corps de troupes acquises à la réaction, il se disposait à frapper un grand coup contre sa capitale. Le projet des royalistes consistait à remplir de troupes les environs de Berlin, et à marcher sur la ville, à un signal donné, avec la garde royale et le corps d'armée réuni à Postdam. On aurait aussitôt déclaré le *foyer des révolutions* et des *insurrections* en état de siége. Les corps mobiles, ainsi qu'une partie de la garde nationale, devaient être dissous et désarmés ; le reste se devine aisément lorsqu'il s'agit de la faction des *modérés*.

La conspiration contre-révolutionniare fut, cette fois encore, déjouée par la vigilance des sociétés patriotiques dont Berlin était rempli, sociétés qui correspondaient avec toutes celles de la Silésie et des autres provinces éclairées du royaume. Par des affiches, dans lesquelles les projets des royalistes étaient minutieusement exposés, et principalement par les craintes d'une intervention russe en faveur de l'aristocratie, intervention que les clubs déclarèrent imminente, si la population de Berlin tout entière ne se prononçait pas contre la coopération liberticide de la Russie, les démocrates conjurèrent ce danger; et le parti du prince héréditaire dut ajourner encore ses vengeances.

Ne voulant plus être trompés par les ministres et les diplomates, les démocrates composant la *société des Droits du peuple* de Berlin, décidèrent :

« Qu'il était du droit du peuple d'obtenir communication des affaires diplomatiques, dès que le gouvernement les avait terminées;

« Que le temps de tenir secrète toute relation politique était passé; puisque le gouvernement ne devait plus les traiter qu'au nom du peuple;

« Et enfin, que les députés représentant l'opinion avancée du peuple, seraient priés d'inviter le gouvernement à donner immédiatement communication de la correspondance diplomatique, et notamment de celle relative aux rapports de la Prusse avec la Russie. »

La *société des Droits du peuple* avait la bonhomie de croire que le gouvernement réactionnaire du roi de Prusse s'empresserait de lui livrer ses secrets, et qu'il se trouverait, dans le cabinet de Berlin, un autre Delaporte qui voudrait se faire renvoyer devant la haute cour, destinée à juger les traîtres à la cause du peuple!

Pendant que l'esprit de la démocratie, après avoir fait explosion en Autriche et en Prusse, se trouvait réduit, par les intrigues des royautés, à lutter incessamment contre l'esprit réactionnaire, l'ancienne confédération germanique, c'est-à-dire tous les petits royaumes et principautés de l'Allemagne proprement dite, se trouvaient ballottés, d'un côté par les élans révolutionnaires qui poussaient les peuples vers la république, de l'autre côté, par les efforts de la contre-révolution, pour dompter le torrent.

Nous avons déjà dit les événements qui agitèrent ces contrées diverses pendant le mois de mars, époque qui faillit être à jamais funeste pour tous les rois et princes entre lesquels le congrès de Vienne avait partagé le *saint empire*. L'ébranlement général produit par la révolution française de 1848, avait trouvé ces peuples fort mal disposés pour le despotisme qui les écrasait; aussi des insurrections redoutables éclatèrent-elles partout, à Trèves, à Luxembourg, à Dresde, en Hanovre, en Bavière, dans le Wurtemberg, dans le grand-duché de Bade, etc., etc.

L'idée qui dominait tous les révolutionnaires allemands était la reconstitution de l'empire d'Allemagne, ou plutôt la fusion de tous les États en une Allemagne compacte, que les démocrates de tous les pays croyaient pouvoir organiser en république.

Mais les princes existaient encore; ils n'avaient fait que courber la tête pendant l'orage, et se disposaient à la relever après. Les révolutions qui les avaient troublés ayant eu pour cause déterminante l'explosion de la démocratie française, et tous les peuples allemands ayant crié : Vive la France ! il entra dans le plan des contre-révolutionnaires de présenter cette France républicaine comme une nation turbulente, prête à faire la guerre aux peuples allemands, pour arrondir ses frontières. Dès la fin de mars, le ministre de Gagern, qui fut constamment et sans s'en douter peut-être, l'âme de la réaction en Allemagne, eut le triste courage de déclarer à la seconde chambre des États de Hesse-Darmstadt que le gouvernement avait de forts motifs de craindre que la paix ne fût troublée en Europe ; que la guerre paraissait imminente entre l'Allemagne et la France, attendu que le gouvernement français laissait faire sur son territoire des armements ayant pour but de renverser, en Allemagne, l'ordre de choses existant. En conséquence, ce ministre demanda un *vote de confiance*, qui lui permît de faire face aux éventualités de cette guerre.

Les gouvernements princiers de Bade et du Wurtemberg ne restèrent pas en arrière de ces calomnies contre la république française ; tous les efforts des petits princes régnant sur les bords du Rhin tendirent au même but, celui de créer des ennemis à la France, celui de faire craindre l'esprit qui dirigeait la démocratie française. Ainsi, tandis que le bon sens des peuples de l'Allemagne leur faisait redouter la présence des hordes du Nord, les gouvernements contre-révolutionnaires des États de l'Allemagne tiraient parti des moindres circonstances pour indisposer les populations timorées contre les prétendus projets des républicains français.

« Il n'est sortes d'intrigues qui ne soient mises en jeu par les princes allemands contre la France, lisait-on, sous la date du 10 avril, dans un journal qui indiquait ces basses manœuvres. Dans toutes les petites diètes et les conciliabules des courtisans, c'est à qui se démènera le plus activement pour donner le change aux esprits et les entraîner dans une guerre fratricide contre la France. L'empereur Nicolas a promis son concours à cette condition, et les princes, manœuvrant en conséquence, ont donné ordre à tous leurs agents de payer de belles paroles le gouvernement provisoire de la république, et de lui nuire le plus possible.

« La révolution française n'a qu'un seul allié en Allemagne : le peuple. A la vérité, cet infatigable ne s'endort pas ; la diète de Francfort a été mûrie par l'assemblée populaire, nous le savons; mais cela ne suffit pas; la diète privilégiée, dissoute de fait et de droit, existe nominativement, et, nous le disons, c'est beaucoup trop. »

La république française aurait pu répondre à toutes ces calomnies incessamment répétées dans un but hostile en brisant les trônes de ces princes qu'inspirait le génie malfaisant de la diplomatie russe et des Metternich (1); elle eût pu le faire facilement, aux applaudissements de toute l'Allemagne. Par une générosité mal entendue, elle souffrit que des pygmées l'insultassent, comptant un peu trop facilement que les peuples ne tarderaient pas à la venger.

Le peuple allemand, dirigé par ses sociétés populaires, fit bien tout ce que l'on pouvait attendre de l'esprit de liberté qui l'animait; mais il avait contre lui tous les gouvernements, que les insurrections n'avaient fait que modifier dans les formes sans toucher au fond, et ces gouvernements, soutenus par l'aristocratie et par les armées, généralement contre-révolutionnaires, étaient encore trop forts pour céder facilement aux peuples. Non-seulement les princes avaient donné mission à leurs nombreux agents de créer des ennemis à la France, en faisant suspecter ses intentions, mais encore ils travaillaient de toutes leurs forces à étouffer l'esprit révolutionnaire qui tenait les nations en haleine.

La vieille diète de Francfort, la plus réactionnaire de toutes celles que les divers États de l'Allemagne devaient au privilége,

---

(1) Il ne faudrait pas croire que, parce que Metternich avait été forcé de quitter l'Allemagne, ce fameux personnage eût renoncé à son rôle de mauvais génie de l'Europe. Une correspondance, bien renseignée, nous apprenait qu'à cette même époque, il existait à Londres un *triumvirat* composé de Louis-Philippe, Metternich et Guizot, travaillant sans relâche à faire avorter les insurrections populaires. Quelque temps après, la publication de la lettre de Metternich au prince Windisgraetz initia les peuples aux secrets de cet infernal comité.

était, elle aussi, restée debout au milieu de la tourmente révolutionnaire qui avait agité naguère toute l'Allemagne; elle crut que sa mission était d'endormir les peuples et de les réconcilier avec leurs souverains. Le peuple allemand répondit à ses proclamations par le manifeste suivant :

« Pour la première fois, disait cette adresse qui doit être conservée comme l'un des plus précieux documents historiques de l'époque; pour la première fois, depuis trente ans, le peuple allemand entend avec surprise la voix de la diète qui engage à la concorde les peuples et les souverains. La nation allemande a accepté cette invitation d'une part avec moquerie, de l'autre avec une juste indignation. Maintenant qu'un des plus puissants trônes est tombé et que la vague bruyante de la liberté des peuples frappe menaçante à tous les autres trônes, on nous leurre encore de promesses. Confiance et liberté de la presse, nous crie-t-on. Sur le champ de bataille ensanglanté de Leipzig, après la victoire bravement remportée par les peuples, les princes s'étaient agenouillés en jurant liberté pour leurs peuples. Ils ont manqué à leurs serments, à la foi jurée, car aucune de toutes ces promesses ne fut tenue; et au lieu d'obtenir la liberté, la nation allemande fut courbée sous l'oppression et la honte, et chaque gouvernement allemand fut soutenu dans ses actes les plus révoltants par la diète, qui a toujours été un empêchement au dévoloppement intellectuel de la nation allemande.

« La diète a-t-elle jamais engagé les princes à tenir leurs obligations envers les peuples ? — Non !

« La diète a-t-elle signalé au duc de Nassau son tort lorsqu'il s'appropria les domaines de l'État et fit mettre en prison les nobles députés du pays qui s'y opposaient ? — Non !

« La diète a-t-elle entendu la voix du peuple allemand et le cri d'alarme des Hanovriens à la perte de leur constitution ? — Non !

« La diète a-t-elle remis à la raison l'immoral électeur de Hesse, lorsqu'il dissipait avec sa concubine les millions du pays appauvri? — Non !

« La diète a-t-elle protégé les pays allemands de Schleswig et Holstein contre le roi de Danemarck? — Non !

« Cette diète a-t-elle empêché le roi de Prusse de faire mitrailler les tisserands affamés de la Silésie, au lieu de les nourrir avec les millions qu'il a dépensés pour fêter une reine étrangère? — Non !

« La diète a-t-elle retenu cet hypocrite et coupable poëte de Bavière dans ses actions noires et sa conduite impudente lorsqu'il fit d'une baladine espagnole une comtesse, à la honte du peuple allemand? — Non !

« La diète a-t-elle demandé compte à cet arrogant prince de Saxe, qui a fait mitrailler les bourgeois de Leipzig? — Non !

« Cette diète a-t-elle demandé une indemnité aux faux monnayeurs de Cobourg, qui ont trompé le peuple allemand pour des centaines de mille thalers? — Non !

« La diète a-t-elle empêché les gouvernements prussien et autrichien d'employer les guerriers de leurs États comme valets de bourreau en Pologne et en Italie? — Non !

« Cette diète a-t-elle eu soin que tout allemand à l'étranger eût la protection qui lui appartient? — Non ! mais elle a consenti qu'on exilât de Prusse les nobles hommes de Bade, Itzstein et Hecker, comme de misérables malfaiteurs.

« En conséquence, la nation allemande ne reconnaît plus aucune diète, ni ses décisions prises ou à prendre.

« La nation allemande ne *craint nullement la nation française*; elle y reconnaît, au contraire, une sûre caution de sa future liberté.

« Le peuple allemand veut : La liberté de la presse ; un parlement général ; dissolution du système des deux chambres ; diminution de la liste civile et pensionnaire ; la dissolution de l'armée, cette camisole de force pour tous les peuples, ces marionnettes des princes, et, par contre, l'armement général du peuple.

« Si ces demandes ne sont pas pleinement et à l'instant accordées au peuple allemand, concluait l'adresse, alors l'avenir prouvera qu'il saura les obtenir par une autre voie.

« Le peuple allemand sera uni et formera un tout avec ses fils, quoiqu'ils paraissent séparés de lui, étant encore habillés aux couleurs des princes, et le beau jour naîtra qui doit nous réunir tous sous un seul drapeau noir, rouge et or, en une seule Allemagne. *Vive la France! vive l'Allemagne unie!* »

Le peuple allemand contestait ainsi à la diète de Francfort le droit de parler et d'agir en son nom, et surtout à celui des peuples d'Allemagne en révolution. Ce qu'il voulait, c'était une assemblée nationale constituante élue par le suffrage direct (¹), et représentant tout le pays allemand. En attendant la réunion de cette assemblée nationale, la commission populaire dite des *cinquante*, dont nous avons déjà fait connaître l'origine et les vues, venait de publier son programme politique, sous la forme de *résolutions*. On y lisait que l'Allemagne repoussait de toutes ses forces l'*ignominie du partage de la Pologne*, et qu'elle considérait comme un devoir de *travailler à la restitution de la Pologne* pour les Polonais.

La diète de Francfort, que nous appellerons la *diète germanique*, afin de la distinguer de toutes les autres assemblées qui siégeaient ou allaient siéger, se trouvait donc en lutte ouverte avec la commission populaire des *cinquante*; le courant de la révolution devait l'entraîner; mais elle manœuvra avec l'habi-

---

(¹) La proclamation émanée de la commission des *cinquante* à Francfort s'exprimait ainsi au sujet de cette élection : « Aucune différence de condition, de fortune, ni de croyance ne limitera la liberté des élections. Tout citoyen de l'État, majeur et honnête, est électeur dans son pays et éligible dans toute l'Allemagne. »

leté ordinaire des disciples de Machiavel ; elle se courba un instant pour laisser passer l'orage ; on la vit même suivre les prescriptions du *comité populaire* à l'égard des élections au parlement national. Mais, au milieu de cette déférence pour la seule autorité que le peuple reconnût, la diète germanique ne laissait que trop apercevoir qu'elle était dévouée aux princes et non à la nation allemande. C'était elle qui avait fait renvoyer l'ouverture du parlement allemand au 18 mai, dans le but de donner le temps aux gouvernements princiers de concentrer des troupes fédérales sur le Rhin, afin d'être en mesure d'étouffer tout mouvement révolutionnaire qui aurait pu éclater de ce côté, et de pouvoir maîtriser le parlement. Au surplus, tout trahissait, de la part de la diète germanique, comme des gouvernements, la haine de la France républicaine. M. de Gagern, ministre hessois, ne dissimulait pas cette haine ; on l'entendait journellement expliquer l'envoi des nombreuses troupes de la confédération sur le Rhin, par la nécessité de garder les frontières contre l'invasion de la France. Mais le soin que prenaient les gouvernements de transporter les troupes du Wurtemberg dans les Hesses, et celles des Hessois dans les États de Bade, etc., démontraient assez qu'ils n'avaient d'autre objet en vue que d'opposer des soldats *étrangers* aux révolutionnaires patriotes. Nous verrons bientôt dans quel but ce déplacement avait été fait.

Parmi tous les pays situés sur les bords du Rhin qui cherchaient à entrer dans les voies ouvertes aux peuples par la révolution de février, le plus avancé était sans contredit le grand-duché de Bade. Les habitants, aigris par le despotisme sous lequel ils avaient vécu jusqu'alors, paraissaient disposés non-seulement à réclamer les formes constitutionnelles, mais encore à vouloir en finir avec la monarchie. Les mesures militaires adoptées par le gouvernement avaient exaspéré les masses, et des députations démocratiques se succédaient journellement de la province à la capitale. Ces députations ne parlaient de rien moins que de forcer le grand-duc à abdiquer, afin d'établir un gouvernement populaire, ou, en d'autres termes, une république.

Menacé ainsi par les démocrates du pays et par ceux qui se rassemblaient sur ses frontières du côté de la Suisse et de la France, le grand-duc avait obtenu l'envoi dans ses États d'un grand nombre de régiments appartenant à la confédération. On savait à Carlsruhe que Herwegh et Bornestedt réunissaient à Strasbourg et sur la frontière du Rhin, une légion républicaine allemande, et qu'une fraction de cette même légion, sous les ordres du patriote Becker, était rassemblée à la frontière Suisse. Déjà des fraternisations journalières avaient lieu entre les légionnaires républicains et les soldats du grand-duché de Bade, qui ne cessaient de faire dire aux chefs de la démocratie : « Venez avec vos hommes ; nous ne sommes pas contre vous. » Les démocrates étaient donc assurés d'être accueillis en libérateurs par les troupes badoises ; mais ils ne se dissimulaient pas que la noblesse, la haute bourgeoisie et la bureaucratie du pays s'étaient prononcées contre les républicains, et que ces royalistes seraient appuyés par les troupes de la Hesse et du Wurtemberg. Ils savaient aussi que le roi de Prusse, comme membre de la confédération germanique, avait fait filer beaucoup de troupes dans les provinces Rhénanes, et que ces troupes étaient prêtes à agir contre tout mouvement révolutionnaire qui éclaterait sur les bords du fleuve, ou dans l'Allemagne méridionale.

Tout à coup on apprend que les démocrates réunis vers le cercle du lac de Constance ont lancé une proclamation dans le grand-duché, par laquelle ils appellent le peuple à reconquérir ses droits à main armée, et à se réunir, dans ce but, le 14 avril, à Donaueschingen, où se trouvaient les corps francs allemands. Cette proclamation fut le signal de l'insurrection qui devait embrasser les bords du Rhin, depuis Bâle jusqu'à Manheim. Aussitôt, la légion allemande, dite de Paris, traversa le Rhin, sous les ordres du poëte Herwegh, tandis que mille démocrates allemands de la Suisse effectuaient le même passage plus haut.

Les premières nouvelles de cette invasion du grand-duché furent favorables à la cause de la démocratie. La république fut proclamée dans le cercle de Constance, à Fribourg, en Brisgaw et dans plusieurs autres contrées méridionales du grand-duché. On annonçait que les colonnes de Hecker et de Struve grossissaient à chaque pas; qu'un autre chef démocrate, Wrishaar, avait chassé la garnison de Lorrach ; que le général hessois, Gagern, avait été tué par les chasseurs de l'Oberland, et enfin que le 4e régiment d'infanterie badoise était passé du côté des insurgés, qui, disait-on, se portaient sur Carlsruhe, pour y renverser le gouvernement bâtard du grand-duc.

Des troubles graves éclataient en même temps à Aix-la-Chapelle, où une collision avait lieu entre le peuple et les troupes. Il y avait eu bien des personnes tuées ou blessées, et la tranquillité n'était pas encore rétablie six jours après cette collision.

Une révolte beaucoup plus caractérisée venait aussi de prouver aux ministres et aux créatures du petit prince de Cassel qu'ils ne possédaient pas l'affection du pays. Le peuple commença à manifester sa haine par des chansons, qui s'adressaient également aux ministres passés et aux ministres présents. Des hommes de la garde civique ayant voulu rétablir l'ordre, furent maltraités. Un piquet de gardes du corps s'étant permis de faire feu sur les rassemblements qui passaient devant leur caserne, une exaspération difficile à décrire s'empara de tous les esprits. On se mit à faire des barricades dans toutes les rues ; l'arsenal fut pris d'assaut et les armes enlevées. Les gardes du corps se virent dans la nécessité de prendre la fuite. Leur caserne ayant été envahie, le bourgmestre eut bien de la peine à empêcher qu'elle ne fût réduite en cendres.

Le départ des gardes du corps ayant calmé l'irritation, les citoyens déclarèrent que les barricades ne seraient détruites que lorsque les gardes seraient licenciés et leurs officiers mis en accusation. Ces derniers étaient tous de jeunes aristocrates qui avaient annoncé quelques jours auparavant qu'à la première occasion ils feraient exécuter des charges contre les bourgeois. Ces bourgeois venaient de leur prouver que le peuple sait braver les menaces des traîneurs de sabre.

Dans le Hanovre, un mouvement républicain avait éclaté au milieu de la ville d'Hildesheim. A l'occasion de l'arrestation de l'avocat Weinhagen, commandant en chef la garde civique, la population s'était levée en masse, avait chassé la troupe, mis en prison le landrath (commissaire d'arrondissement), et s'était barricadée, en attendant d'avoir fait accepter ses conditions.

Tous ces mouvements insurrectionnels portaient donc à croire que l'Allemagne entière était à la veille d'une grande révolution politique et sociale, propre à opérer sa complète transformation. Ce qui se passait sur les bords du Rhin devait donc attirer l'attention du monde; car, si la hardie entreprise des chefs de la démocratie allemande eût été couronnée de succès dans le grand-duché de Bade, on pouvait s'attendre à voir les autres États des bords du Rhin arborer le drapeau de la liberté.

Malheureusement pour les peuples de ces contrées, la tentative des démocrates sur le pays badois ne tarda pas à se changer en une déroute déplorable. A peine les diverses colonnes d'ouvriers allemands avaient-elles pénétré dans le grand-duché, que le gouvernement de ce pays, mis en état de résister à toute invasion à main armée par la réunion des troupes wurtembergeoises et hessoises sur les points menacés, fit cerner ces colonnes par les baïonnettes de ses voisins. Les républicains, mal armés et sans munitions, furent mis dans une déroute complète, après s'être battus comme des lions : ils se sauvèrent, les uns en France, les autres en Suisse, laissant entre les mains des soldats wurtembergeois et hessois deux à trois cents prisonniers, dont le sort devint des plus affreux ; plusieurs furent fusillés sur place. Le courageux publiciste Bornestedt, qui se battait avec la plus grande intrépidité, périt sous les coups des baïonnettes wurtembergeoises, ainsi que plusieurs autres démocrates distingués. Charles Bœrnstien, Herwegh, Lœvenfels, furent assez heureux pour gagner la Suisse ou la France. Le fameux chef Struve et une trentaine d'Allemands formant les débris de la colonne de Bornestedt, atteignirent Strasbourg, après avoir vu tous leurs détachements anéantis. Hecker, Wrishaar et quelques autres chefs ne trouvèrent leur salut qu'en se jetant en Suisse, après la chute de Fribourg. Les Wurtembergeois avaient impitoyablement massacré tous les démocrates, chefs et ouvriers, qui étaient tombés entre leurs mains.

Comme partout, les réactionnaires se montrèrent altérés de sang et de vengeances. Quoiqu'ils n'eussent vaincu que par le secours des baïonnettes étrangères et que, même à Heidelberg et à Manheim, il eût fallu le concours des troupes de la confédération, pour empêcher la proclamation de la république, le grand-duc traita les insurgés comme un ramassis de vagabonds, n'ayant aucun appui dans le pays. L'état de siége fut proclamé ; les commissions prévôtales se mirent à fonctionner ; l'on procéda au désarmement de tous les citoyens, et l'on demanda même à la Suisse l'extradition des Allemands qui s'y étaient réfugiés. Les libertés promises furent séquestrées. C'est ainsi que l'*ordre* fut rétabli dans le grand-duché de Bade [1].

---

[1] Le gouvernement de la république française, qui avait assisté l'arme au

Quelques jours après ces événements, on lisait, dans une correspondance allemande, l'explication de cette levée de boucliers ; c'était en même temps une accusation terrible contre la conduite de la France.

« Les patriotes du grand-duché de Bade, disait cette correspondance, avaient demandé que l'on formât dans leur pays une assemblée constituante, à qui serait soumise la question du système futur de gouvernement : on savait que la plus grande partie des Badois voulaient la république ; on ne les écouta point. Les républicains furent forcés de recourir aux armes ; le gouvernement badois ne trouva point de forces à leur opposer dans le pays, l'armée étant pour la république ; mais d'autres États de l'Allemagne, le Wurtemberg, le Nassau, la Hesse, prêtèrent leurs soldats, pour accabler, sous le nombre des troupes régulières, des paysans, des bourgeois, des ouvriers, plus forts de leurs droits que de leur force. Mais leurs concitoyens en France, les ouvriers allemands allaient arriver à leur secours, et la victoire pouvait marcher avec la sainte cause des peuples.

« Cependant que fit la France, la France qui déclarait ne plus reconnaître les traités de 1815 ? La France pouvait, devait même s'opposer à l'intervention des troupes étrangères dans le duché de Bade. Mais loin de là, elle s'oppose à ce que les républicains allemands se munissent d'armes en France, pour aller au secours des leurs. Ce que Louis-Philippe avait fait pour le Sonderbund, la république française n'a pas voulu

bras à la défaite des républicains badois et qui même y avait contribué par sa conduite très-peu républicaine et très-peu fraternelle envers les peuples, eut cependant l'étrange courage d'envoyer un diplomate à Carlsruhe pour implorer la pitié du grand-duc à l'égard des prisonniers ! Mais on assurait que cet envoyé n'avait pas osé intervenir en faveur des vaincus, par la crainte d'un refus plus que probable, vu *les dispositions hostiles à la France de la part du gouvernement badois*.

le faire pour les républicains allemands ; mais, mieux que cela, le gouvernement français s'est fait *dictateur*. Fickler, un des chefs républicains, avait demandé, avant la levée de boucliers, si l'on resterait neutre en présence de l'insurrection badoise, ou si l'on mettrait obstacle à l'invasion armée des ouvriers allemands. Eh bien! au lieu de lui donner une réponse quelconque, la république s'adressa à l'ancien gouvernement, lui communiqua les plans des républicains, en l'assurant de ses bonnes intentions et de son aide contre le parti démocratique. Ce parti a succombé depuis ; la France ne s'en est aucunement émue. Le sang des Polonais, des Italiens, a coulé à flots dans leurs efforts héroïques contre l'oppression exercée par des princes étrangers à leur nationalité, et l'on assiste tranquillement au spectacle de ces efforts et de ce sang perdu. Appelez-vous cela *donner des gages à l'humanité!*

« Et vous croyez trouver la justification de cette cruelle inaction dans le *désir de ne point compromettre votre première, votre plus universelle alliance, l'esprit des peuples et le génie de la civilisation?* poursuivait cette correspondance en s'adressant toujours au gouvernement de la république française. Mais cette alliance universelle ne l'avez-vous pas déjà compromise? Ne venez-vous point, au nom de la république, de renouer vos relations diplomatiques avec ce roi de Prusse, le mitrailleur de ses fidèles *Berlinois*, le bourreau des Polonais, l'allié presque avoué de Nicolas? Pourquoi cet envoyé près de la diète germanique, oppresseur né de la souveraineté du peuple allemand? Pourquoi, au nom du peuple français, n'avez-vous pas proclamé la liberté du peuple allemand? Ne voyez-vous pas que c'est là, dans l'*alliance avec les peuples* et non avec les *princes* et le *czar*, dans l'union des deux assemblées constituantes de Paris et de Francfort, produit du vote universel, qu'est la réalisation du mot solennel FRATERNITÉ, le salut de la Pologne, la victoire pacifique de la liberté sur l'absolutisme, le seul et glorieux chemin qui conduise au bonheur des peuples? »

La conduite du gouvernement de la république française envers l'Allemagne fut, en effet, inexplicable. Il prit, à l'égard des réfugiés badois, une mesure digne des ministres de Louis-Philippe. Quelques-uns des chefs des démocrates de ce pays s'étant organisés en comité, à Strasbourg, afin d'agir par la propagande pacifique sur leur patrie, en l'éclairant, le ministre des affaires étrangères de France leur fit signifier l'ordre de se dissoudre et de s'interner à Châlons-sur-Marne.

Cependant la lutte continuait entre la diète germanique et la commission de cinquante de Francfort. Cela devait être, car la première de ces assemblées, dévouée aux princes, travaillait de toutes ses forces à entretenir l'esprit d'hostilité de province à province, tandis que la commission populaire cherchait à étouffer ces antipathies, afin d'arriver à la fusion nécessaire pour créer l'unité de l'Allemagne.

C'était dans ce but que la commission avait adressé aux peuples de l'Allemagne une proclamation dans laquelle on lisait cette phrase :

« A vous tous qui habitez l'Allemagne, et qui portez dans la poitrine un cœur allemand, nous adressons le présent appel. Et vous aussi, Croates, nous sommes de Schleswig, de la Prusse orientale et occidentale. Jusqu'ici les artifices de la diplomatie vous ont tenus séparés de nous; aujourd'hui, au contraire, vous êtes nos frères. Notre patrie allemande doit être grande et libre. Tout le peuple allemand le veut, et la volonté d'un peuple est irrésistible..... Hommes de l'Allemagne! vous savez ce qui est arrivé et ce qui peut arriver; c'est à vous d'achever ce que l'assemblée, au nom de laquelle nous parlons, a commencé. C'est en son nom que nous vous invitons à vous occuper des opérations électorales avec gravité et régularité. »

Cette grande assemblée nationale allemande était désirée ardemment par les populations, comme un besoin urgent, car la situation était alors une sorte d'anarchie, espèce *d'intérim* entre le système monarchique et le système républicain, et l'on avait besoin de quelque chose qui imposât (¹).

Malheureusement les choix faits par les électeurs ne furent pas tels que les aurait désirés la commission des cinquante; les patriotes virent avec douleur que le peuple s'était laissé tromper par de fausses réputations, et qu'il envoyait à l'assemblée nationale beaucoup de membres appartenant à ce qu'on appelait l'*école Historique* (les constitutionnels), et même bien des *Teutons*, considérés comme attachés à l'ancien ordre de choses.

Bientôt, en effet, on put se faire une idée précise de ce que serait cette assemblée nationale tant désirée : elle nomma pour son président provisoire, le ministre hessois, de Gagern. Toutefois, les paroles sorties de la bouche de ce président eurent une grande portée, en ce qu'elles ne contestèrent nullement la souveraineté des peuples.

« Notre mission, dit-il, est de créer une constitution pour toute l'Allemagne; nous en avons reçu les pleins pouvoirs de la souveraineté nationale. Prévoyant la difficulté, sinon, l'impossibilité d'accomplir cette œuvre *avec les gouvernements*, le parlement préparatoire nous a chargés de la confection de cette constitution. L'Allemagne veut être un empire, et ne former qu'une nation. Ce but doit être atteint par la coopération de toutes les classes, de *tous les gouvernements*...... »

Il était difficile de prévoir ce qui résulterait des hostilités qu'allaient faire naître l'unité demandée par la nation allemande et la résistance des princes, qui voulaient conserver leur complète indépendance. Entre l'unité allemande et la

---

(¹) On comptait alors dans ce pays auquel on voulait imprimer l'*unité*, quatre grandes assemblées : la diète de Francfort, du privilège; la constituante de Prusse; la constituante allemande de Francfort, et la commission des cinquante, siégeant aussi à Francfort. C'était l'anarchie produite par une exubérance de pouvoirs.

conservation des souverainetés partielles, il y avait les abîmes d'une grande révolution. Il fallait commencer par supprimer toutes ces lignes de douanes, barrières intérieures, qui divisaient les territoires et les populations; il fallait surtout déclarer qu'il ne pouvait exister en Allemagne d'autres diètes ou pouvoirs collectifs que le parlement national, du moins pendant toute la durée de ce parlement. La proposition en fut faite par M. Raveau; on la renvoya à une commission. Le député Vogt demanda la dissolution de la diète de Francfort; un autre proposa l'abolition de la peine de mort. Mais en présence des ménagements de la majorité pour les princes, il fut aisé de prévoir qu'il ne sortirait rien de bon de ce parlement.

Les graves événements dont la ville de Mayence fut alors le théâtre vinrent justifier ces tristes prévisions.

Dans cette ville, il existait depuis longtemps une grande animosité entre les citoyens et les troupes prussiennes. Les soldats ne cessaient de provoquer les habitants, dans le but, assurait-on, de demander le désarmement de la garde nationale. Le 21 mai, la collision, que l'on regardait comme imminente, éclata par suite des excès de la troupe. La lutte entre les soldats prussiens et les citoyens dura deux jours : il y eut de part et d'autre bien des morts et des blessés. Le général finit par demander le désarmement des bourgeois, sous menace de bombarder la ville. Le bourgmestre, voulant sauver à ses concitoyens les horreurs d'un bombardement immanquable, intervint lui-même pour solliciter la remise des armes : ce qui lui fut concédé. Mais le général ne se borna pas à cette soumission; il mit la ville en état de siège, prononça la dissolution de la garde civique et défendit les rassemblements.

Le parlement national, informé de ce grand conflit, s'empressa de déléguer quelques-uns de ses membres pour aller faire une enquête. L'opinion publique se prononçait vivement pour que la garnison prussienne, si hostile aux habitants, sortît de la ville. Malheureusement, la majorité du parlement, à qui était soumise cette question, crut devoir passer à l'ordre du jour. Ce fut là un déni de justice contre lequel essayèrent vainement de protester les membres de la minorité. Le peuple y vit la continuation du système monarchique, système qui ne tenait jamais compte des violences et des cruautés commises par les soldats sur les citoyens.

Quelques jours après, une insurrection républicaine éclatait encore à Leipzig. Mais, comme partout, la garnison la comprima aussitôt, car il existait un pacte secret entre les princes contre les peuples.

« La réaction, disait à ce sujet le journal la *Nation*, de Bruxelles, en résumant l'état de l'Allemagne; la réaction se démasque partout, à Vienne, à Berlin, à Prague, à Mayence, à Breslau, etc. ; partout la même trame contre les peuples est nouée. Partout on a reçu ordre de profiter de toute occasion pour écraser le parti républicain. Malheureusement, nous sommes obligés de dire que l'ardeur patriotique est devenue, chez quelques-uns, de l'emportement, et qu'ils ont, de cette manière, fourni à la réaction le prétexte désiré. C'est ainsi que quelques démonstrations sans utilité ont permis aux princes de faire couler le sang, et de faire régner la terreur sous le nom de l'ordre..... »

Cependant le parlement national poursuivait le cours de ses travaux. Il venait de proposer l'établissement d'un directoire fédéral, pour l'exercice du pouvoir suprême, dans toutes les affaires communes de la nation allemande, et ce, en attendant la constitution définitive d'un pouvoir gouvernemental. Aux yeux du parti progressiste, cette proposition était une atteinte portée à la souveraineté du peuple; aussi les cercles démocratiques s'empressèrent-ils de rédiger une protestation énergique contre cette combinaison royaliste : le côté patriote du parlement déclara qu'il ne prendrait aucune participation à cette proposition.

Ainsi, le parlement était déjà dépopularisé au point que la réunion du peuple à Worstadt, après avoir protesté contre les actes émanés de ce pouvoir, venait de demander solennellement la dissolution de cette assemblée nationale.

Bientôt la proposition qui agitait si fortement l'Allemagne, prit un autre aspect. M. de Gagern, en se prononçant pour ce pouvoir central, dit qu'il était dans l'ordre que ce pouvoir fût élu par l'assemblée, et qu'il fût irresponsable et entouré de ministres. C'était donc à une sorte de roi ou d'empereur, par *intérim*, que les constitutionnels voulaient confier le pouvoir. La commission chargée d'examiner ce projet de loi annonça que d'importantes modifications avaient été faites au projet primitif; elle proposait à l'assemblée de nommer, sans discussion préalable, un *vicaire général de l'empire d'Allemagne*.

Cette idée ayant prévalu dans l'assemblée, elle adopta la motion de la commission ainsi conçue :

« 1° Jusqu'à la création définitive d'un pouvoir gouvernemental pour toute l'Allemagne, il sera nommé un pouvoir central provisoire pour toutes les affaires communes de la nation allemande.

« 2° Il devra exercer le pouvoir exécutif dans toutes les affaires qui concernent la sécurité et la prospérité générale de l'État fédératif allemand ; avoir la direction supérieure de toute la force armée, et en nommer le généralissime ; pourvoir à la représentation internationale et politico-commerciale de l'Allemagne, et, à cet effet, nommer des envoyés et des consuls.

« 3° Le pouvoir central ne concourra pas à l'œuvre de la constitution. »

A la séance suivante, l'assemblée nationale décida que le pouvoir central ne porterait pas le titre de président, mais bien celui de *vicaire de l'empire*, et qu'il serait élu par l'assemblée nationale elle-même.

Enfin elle détermina l'exercice du pouvoir confié à ce *vicaire général*, par l'adoption des motions suivantes :

« Le *vicaire de l'empire* exerce son pouvoir par des ministres nommés par lui, et responsables à l'assemblée nationale.

« Le *vicaire de l'empire* est irresponsable.

« Ses fonctions sont incompatibles avec celles de l'assemblée nationale.

« Du moment où le pouvoir central sera établi, la diète germanique cessera d'exister.

« Dès que la constitution allemande sera achevée et mise à exécution, le pouvoir central provisoire cessera ses fonctions. »

Telles furent les principales dispositions par lesquelles l'assemblée nationale allemande institua le pouvoir central, sous le nom de *vicaire de l'empire*. Il eût été beaucoup plus simple de créer un *conseil exécutif*, un *gouvernement provisoire* émanant de l'assemblée elle-même ; mais les Teutons aimèrent mieux aller fouiller dans la poussière des archives impériales. Il n'est pas sans importance de rappeler que cette institution fut votée contre l'opinion du côté patriote de l'assemblée, qui déposa toujours de 135 jusqu'à 175 voix d'opposition à chaque scrutin. L'article relatif à la cessation des pouvoirs de la diète germanique, fut le seul qui réunit la presque unanimité.

Restait l'élection du *vicaire général*, et les intrigues ne manquaient pas à ce sujet. L'assemblée élut, à une majorité de 436 voix, sur à peu près 550 votants, l'archiduc Jean, dont nous avons déjà parlé en passant la revue des événements de l'Autriche [1].

Au moment de la proclamation de cette élection, cent un

---

[1] M. de Gagern obtint 52 voix ; M. d'Itzstein 32 ; et l'archiduc Étienne 1 ; vingt-cinq membres s'abstinrent.

coups de canon annoncèrent au peuple allemand que, la première fois, depuis des siècles, il avait été appelé à se donner un gouvernement.

En effet, ce vote était un grand pas fait vers l'unité nationale, et l'on pouvait prévoir, par ce qui se passait alors en Allemagne, que la création du *vicaire de l'empire* ne serait pas le dernier mot de la révolution qui s'opérait dans ces vastes contrées.

CHAPITRE XIV.

Affaire des duchés de Schleswig et de Holstein. — Motifs de cette guerre. — Mouvement révolutionnaire de Kiel. — Forces envoyées par la confédération germanique. — Les hostilités s'engagent. — Entrée des troupes danoises dans le Schleswig. — Contingent prussien. — Retraite des Danois à Flensbourg. — Blocus établi par la marine danoise. — Alarmes des marchands de la Tamise. — Le cabinet de Londres proteste contre le blocus. — L'Angleterre et la Russie médiatrices. — La Suède se joint au Danemarck. — Combat de Duppel. — Appréciation de cette guerre. — Rôle de la Russie. — Langage qu'aurait dû tenir la France. — L'esprit démocratique se développe dans les duchés. — Négociations rompues. — Conditions nouvelles débattues à l'île de Malmoë. — Prétentions de l'assemblée nationale allemande. — Forces respectives. — Annonce officielle de l'armistice. — La question devient interminable. — Motifs de la rupture de l'armistice. — L'assemblée nationale allemande ne veut pas d'un traité prussien. — Ce rejet entraîne la dissolution du cabinet du vicaire général. — Il est également repoussé par les habitants des duchés. — Coup d'œil sur l'Angleterre. — Moyens mis en usage par les chartistes. — Ils sont frappés par la police. — M. Hume propose la réforme électorale comme moyen de rétablir la tranquillité. — Sa motion est rejetée par les aristocrates. — L'Irlande déclare qu'elle résistera pied à pied à l'oppression. — Langage des journaux irlandais. — Discours des chefs. — L'autorité redouble d'efforts pour faire avorter l'insurrection. — Procès de Mittchell. — Sa condamnation. — Traitements indignes qu'on lui fait subir. — Cris de joie de l'aristocratie. — Adresse de la confédération au peuple irlandais. — Projet de réunion de la Vieille et de la Jeune Irlande. — Obstacles qu'y met O'Connel. — Approche de la crise. — Panique de Londres relative aux affaires de l'Irlande. — Les journaux anglais veulent qu'on *écrase l'hydre*. — Renforts envoyés en Irlande. — Détails sur l'insurrection irlandaise. — Elle est comprimée par le défaut d'entente. — L'Irlande voit ses fers se river et ses libertés détruites par l'Angleterre. — Règne de Narvaez en Espagne. — Régime du sabre et de la bastonnade. — Insurrection du 7 mai à Madrid. — Elle est étouffée. — Horribles détails de la décimation des prisonniers. — Départ de Madrid de l'envoyé anglais.

Il nous est impossible de terminer ce coup d'œil sur les événements dont l'Allemagne entière fut le théâtre dans les premiers mois de la grande révolution de février, sans dire quelque chose de l'interminable affaire des duchés du nord, connus sous la dénomination de duché de Schleswig et de duché de Holstein.

Les différends survenus entre la diète germanique et le roi

de Danemarck, au sujet de ces petits États, avaient été l'objet de nombreux protocoles vers la fin du règne de Louis-Philippe. Il s'agissait de savoir qui de la confédération ou du roi de Danemarck aurait le droit de compter au nombre de ses administrés les 300,000 habitants placés sur les frontières de ce dernier. La diète prétendait, avec assez de raison, que les 160,000 à 170,000 Allemands de la contrée sud des duchés devaient faire partie de l'Allemagne proprement dite. Le roi de Danemarck, se fondant sur les droits que lui donnait une succession, ne voulait pas laisser distraire la portion allemande des duchés sur lesquels il exerçait le droit de suzeraineté. C'était, comme on le voit, une de ces questions de délimitation, d'héritage, de *bornes*, ainsi que l'appelait un journal, l'un de ces différends qui servirent si souvent de prétexte aux monarchies pour entamer des guerres interminables. Déjà les deux compétiteurs se préparaient à vider le différend par les armes, quand un mouvement révolutionnaire, qui éclata à Kiel, hâta les événements en mettant fin aux négociations. On organisa aussitôt un gouvernement provisoire, lequel déclara que le duc ayant été *forcé*, par un mouvement du peuple de Copenhague, de prendre une attitude hostile vis-à-vis les duchés, le pays se trouvait sans gouvernement. En même temps, la ville d'Altona reconnut le gouvernement provisoire; les douanes furent abolies, et les Danois des duchés se trouvèrent placés sous la protection du peuple. Un armement général fut ordonné dans la crainte des troupes danoises, qu'on disait prêtes à entrer en campagne pour soutenir les droits de la couronne de Danemarck.

De son côté, la diète germanique ne perdit pas un moment pour inviter les gouvernements du Hanovre, du Mecklembourg et du Brunswick d'envoyer des forces sur les frontières. On crut avec raison que l'empereur d'Autriche et le roi de Prusse allaient saisir avec empressement cette occasion de distraire les Allemands des réformes intérieures, en exploitant les susceptibilités nationales. On assurait encore que le Danemarck était poussé par la Russie, dont le czar espérait, si la guerre éclatait, trouver un prétexte pour mettre le pied en Allemagne, par les duchés.

Les hostilités ne tardèrent pas, en effet, à s'engager. Une frégate danoise s'étant montrée dans le golfe de Flensbourg, les étudiants de Kiel la forcèrent à s'éloigner en tirant sur elle des coups de canon. C'est ainsi que commença cette guerre de territoire, qui faillit embraser tout le Nord.

Quelques jours après, on apprenait que les troupes danoises venaient d'entrer dans le Schleswig et l'île d'Alsen. C'était, du côté des Danois, une guerre nationale à laquelle voulaient prendre part toutes les corporations. Le roi devait se mettre à la tête de l'armée, lorsque 12,000 hommes auraient été réunis. Déjà 4,000 Danois avaient passé le Belt pour se rendre dans le Jutland.

Du côté de la confédération, le roi de Prusse fut un des premiers à envoyer son contingent dans le Schleswig ; 4,000 hommes occupèrent Rendsbourg ; et la diète approuva les dispositions prises par ce prince confédéré pour défendre la frontière fédérale dans le Holstein. « Le nœud gordien du Schleswig-Holstein, disait à cette occasion une feuille allemande, va enfin être tranché ; les Prussiens se sont décidés à entrer dans les duchés, dont l'indépendance est désormais assurée. »

Avec un auxiliaire toujours prêt comme l'était le roi de Prusse, la guerre des duchés devint d'abord une lutte entre cette puissance et le petit roi de Danemarck. Ce dernier, appuyé fortement par toute la population danoise, entra bientôt à Schleswig même, pendant que les Prussiens occupaient Altona. On s'attendait à une affaire générale, mais il n'y eut que des engagements partiels.

Les Prussiens commencèrent par attaquer les Danois aux

environs de Schleswig, et forcèrent ces derniers à abandonner la ville, après un combat long et sanglant. Le roi de Danemarck se retira à Flensbourg.

On sut alors qu'un traité d'alliance offensive et défensive pour la guerre des duchés, venait d'être conlu entre le Danemarck, la Suède et la Russie. Ce traité pouvait donner de grandes proportions à cette guerre; il exigeait que les troupes prussiennes agissent avec beaucoup de circonspection dans un pays coupé par tant de bras de mer, où elles pouvaient à tout instant être coupées de leur ligne d'opération par des débarquements inattendus.

En présence de ces traités, la guerre s'envenima. Le Danemarck, fort de sa marine militaire, étendit d'abord à toute la marine allemande la mesure par laquelle il avait autorisé la capture des bâtiments de quelques-uns des États de la confédération germanique; ses navires portaient un grand préjudice au commerce allemand. De son côté, la Prusse se servait du prétexte de cette lutte pour renforcer, d'une manière formidable, son armée, essentiellement contre-révolutionnaire.

Bientôt le Danemarck ne se contenta plus de capturer les navires allemands, il déclara en état de blocus les villes libres de Brême, Hambourg et Lubeck, les ports, côtes et embouchures des fleuves de ces Etats, ainsi que les ports danois occupés par l'ennemi. Les vaisseaux danois reçurent l'ordre d'exécuter rigoureusement cette mesure, et de ne point permettre au navires nationaux ni à ceux des puissances alliées, *amies ou neutres*, de pénétrer dans les ports et lieux ainsi bloqués. Au commencement du mois de mai, le blocus s'étendit à Stettin, à Dantzick, ainsi qu'à l'embouchure de l'Elbe et du Wéser. Des bâtiments anglais et américains s'étant présentés pour entrer à Hambourg, les vaisseaux de guerre danois les forcèrent de se retirer.

On comprend combien les marchands de la Tamise durent

être alarmés. Le journal le *Standard* jeta le premier cri. « Le blocus dans cette saison, dit-il, va produire une pression très-grave sur les établissements anglais qui *vivent de l'escompte* des traites fournies contre des cargaisons destinées à la Baltique et aux ports de l'Allemagne. »

Le cabinet de Londres protesta contre le blocus, et il obtint sans doute que cette mesure ne serait pas sérieuse à l'égard de son pavillon, puisqu'on vit le gouvernement anglais se mettre du côté de la Russie pour appuyer diplomatiquement le roi de Danemarck. Aussi ce roi, dont les forces n'étaient guère comptées en Europe, résistait-il vigoureusement à la confédération germanique en général, et à la Prusse en particulier.

Pendant que de Copenhague on envoyait renforts sur renforts à l'armée active, la Suède faisait déclarer officiellement à Hambourg, par son consul, que dix mille Suédois étaient en marche pour rejoindre l'armée danoise. Une gazette allemande annonçait que le cabinet de Saint-Pétersbourg avait notifié à celui de Berlin que si les troupes prussiennes n'évacuaient pas le Jutland, il considérerait cette invasion comme un *casus belli*.

Le Danemarck, avec sa marine militaire, suppléait au nombre et à l'expérience de ses troupes de terre. Avec vingt-quatre bâtiments armés, il venait de bombarder Frédéricia; et, malgré l'artillerie prussienne, cette ville avait beaucoup souffert. Ce fut encore au moyen de sa marine que le Danemarck surprit les Allemands à Duppel, dans l'île d'Alsen, et força les troupes fédérales à se retirer, après avoir éprouvé des pertes notables tant en morts et blessés qu'en prisonniers.

« Les Danois font des progrès, était forcé d'avouer un journal allemand; il sont sous les murs d'Apenrade et de Graverstein. Les populations fuient devant eux... »

Ce fut en ce moment que l'on apprit le débarquement en

Fionie d'une avant-garde suédoise forte de 4,500 hommes.

« La question du Schleswig-Holstein, disait à ce sujet un journal républicain de Paris, devient de plus en plus grave. La Russie, qui veut avoir un pied en Allemagne, s'en mêle et pose le *casus belli*, la Suède débarque ses troupes dans l'île de Fionie; mais on ne connaît pas encore au juste ses desseins : elle les cache. Nous croyons, nous, que la Russie la pousse. Il est vrai que ses soldats, dit-on, hésitent à marcher contre les duchés. La confédération germanique, ayant pour principal corps d'armée une division prussienne, s'apprête à défendre *ses droits*.

« Le Danemarck oppose les *siens* à ceux de l'Allemagne.

« L'Angleterre et la Russie l'appuient.

« Enfin les Etats-Unis envoient, dit-on, une escadre pour protéger leur commerce.

« Et toutes ces forces, tous ces intérêts, tous ces prétendus *droits* se donnent rendez-vous, comme dans un champ clos, sur un terrain de trente myriamètres carrés, dans les deux petits duchés de Schleswig et de Holstein, et sur la mer qui les baigne.

« On connaît l'origine du différend, les prétentions des adversaires. Inutile de les rappeler. Les notes diplomatiques et les protocoles royaux en ont assez parlé. Toute la dispute, pour les compétiteurs couronnés, ne repose que sur le *droit d'hérédité*, le *droit divin*, comme au bon vieux temps.

« C'était bon encore lorsque Louis-Philippe tenait la France sous le régime de la monarchie héréditaire..... mais aujourd'hui !

« Il est temps que la république française élève sa grande voix et intervienne avec son protocole du droit éternel des peuples. Il est temps qu'elle pose la question sous sa véritable face, et qu'elle exerce, au profit des peuples, son influence. Elle ne peut tenir qu'un langage, celui que lui dicte le principe démocratique sur lequel elle repose. Ce langage, le voici :

— « Princes et diplomates, que voulez-vous ? Vous pré-
« tendez vous disputer la possession d'un peuple ! Est - ce
« bien le moment d'avoir de pareilles prétentions, lorsque dans
« toute l'Europe les peuples seuls ont le droit et le pouvoir en-
« fin de déclarer ce qu'ils veulent être !

« Le peuple de Schleswig et du Holstein est convoqué en
« masse pour la guerre. Vous, ses ducs allemands, vous lui
« reconnaissez le droit de combattre. Avant tout, reconnaissez-
« lui donc le droit de dire *pour qui* il entend combattre ! Ci-
« toyens du Schleswig et du Holstein, le Danemarck et la diète
« allemande se disputent votre territoire, votre patrie, vos en-
« fants, vos impôts. Déclarez, en face de l'Europe, à qui vous
« entendez les soumettre et les donner.... »

« Voilà, concluait le publiciste républicain, le langage que
la république française doit se hâter de tenir aux princes qui
se disputent ce peuple, ainsi qu'au peuple qui est l'enjeu et
qui sera la victime ; car le sang va, cette fois, couler à flots.....

« Et quand le peuple aura opté entre les deux nationalités
qui le tiraillent, notre rôle sera de soutenir jusqu'au bout, là
comme ailleurs, le droit de ce peuple, exprimé par le suffrage
universel, et de lui prêter, s'il le faut, l'appui de nos armes. »

Telle était l'opinion que les républicains de France émettaient sur ce qu'on appelait la question des duchés. Cette opinion était fondée aussi bien sur les principes républicains que
sur les exemples que donnaient alors au monde les puissances
qui appuyaient les prétentions du roi de Danemarck. Mais la
démocratie n'était pas encore arrivée au point de soumettre les
prétentions des rois aux principes qui découlent de la souveraineté nationale ; et, en ce moment-là, elle perdait, en Allemagne, tout le terrain que lui avait fait gagner le grand exemple
donné par le peuple français.

Chose étrange ! Pendant que le vent de la réaction soufflait sur toute cette Allemagne, naguère si bien disposée à embrasser les idées républicaines, l'esprit démocratique se développait dans ce même coin de terre, objet de la convoitise des deux compétiteurs.

« C'est le peuple et non pas le prince, écrivait-on d'Altona, qui doit se prononcer pour telle ou telle nationalité. » Et en s'exprimant ainsi, le journal de cette ville annonçait la nouvelle que le duc d'Augustembourg, c'est-à-dire le prince prétendant du Schleswig-Holstein, se proposait de renoncer à ses *droits* de succession sur les duchés, afin de laisser toute liberté d'option à la population que la diète germanique et le roi de Danemarck se disputaient à coups de canon.

Avant de tirer le glaive, le roi de Danemarck avait fait présenter au général Wrangel, commandant pour la diète, un projet d'arrangement amiable qui avait été repoussé. Depuis lors, l'Angleterre s'était posée comme médiatrice, et déjà le bruit avait couru que les hostilités allaient cesser de part et d'autre. Malheureusement ce bruit était sans fondement, car on lisait dans une lettre de Copenhague, de la fin de juin, que les négociations entamées par le cabinet de Londres étaient rompues. L'on expliquait ainsi les causes de cette rupture.

« Il était impossible, disait-on, que le Danemarck se soumît aux prétentions exagérées de ses adversaires. D'ailleurs, le Danemarck n'a, en ce moment, aucun motif de céder, car, d'un côté, il est sûr de la neutralité de l'Autriche, et, d'un autre côté, la nation a prouvé qu'elle était prête à faire tous les sacrifices pour maintenir l'honneur et l'indépendance du pays. »

Il fallut donc se préparer de nouveau à combattre et s'en remettre à la sentence des baïonnettes inintelligentes, car les partisans de la diète allaient répétant partout qu'aucune solution pacifique ne serait possible tant que les Danois n'auraient pas éprouvé un échec.

Cependant les dispositions que l'on prenait de part et d'autre ne semblaient pas indiquer que l'on voulût en venir à une action décisive, car, en même temps que le général Wrangel déclarait qu'il ne franchirait pas la frontière du Jutland tant que les renforts qu'il attendait depuis longtemps ne seraient pas arrivés, le ministre de Suède à Berlin produisait une note du cabinet de Stockholm selon laquelle les Danois s'étaient désistés, sous l'influence de la Suède, de l'idée de reprendre les hostilités, pour se tenir sur la défensive. On voulait probablement ménager la possibilité d'un arrangement dont les feuilles publiques ne cessaient de parler, et dont elles croyaient connaître les conditions.

Ces conditions, qui paraissent avoir été sérieusement débattues à l'île de Malmoë pour un armistice, consistaient en l'évacuation du Schleswig par les Allemands; la rentrée en Suède des troupes de ce royaume, la cessation du blocus des ports allemands, la reddition des navires capturés, la déclaration de neutralité du territoire du Schleswig, et la nomination d'un comité administrateur pendant l'armistice. On attendait, disait-on encore, la ratification du roi de Prusse.

Ces bruits généralement accrédités d'un armistice, cette inaction des deux côtés rendaient la guerre des duchés interminable. Il ne se livrait point, il est vrai, d'action décisive; mais chaque jour n'en éclairait pas moins quelques escarmouches qui coûtaient du sang. Tantôt les populations étaient bercées par la nouvelle de l'acceptation pure et simple de l'armistice; tantôt on disait que le roi de Prusse en avait légèrement modifié les conditions; puis tout à coup on annonçait que la proposition était rejetée, et qu'il fallait recommencer la guerre. Les Danois s'en prenaient alors à l'assemblée centrale de Francfort, qui, disaient-ils, avait élevé de nouvelles prétentions à l'égard de l'armistice conclu par les deux généraux [1], sous les inspirations de la Prusse et de l'Angleterre.

[1] Le général Wrangel, commandant pour l'Allemagne, et d'abord pour la

« La guerre va donc recommencer, s'écriaient les journaux de Copenhague, car l'assemblée nationale de Francfort paraît dominée par une ardeur belliqueuse, et le Danemarck ne pourra jamais céder avec honneur plus qu'il ne l'a déjà fait..... Il est probable que la guerre maritime aura un caractère plus étendu pour le littoral de l'Allemagne. L'Angleterre ne pourra guère voir d'un œil satisfait que l'armistice, ratifié sous sa médiation, par le roi de Prusse, échoue contre l'esprit de conquête de l'assemblée de Francfort. »

Les journaux danois présentaient alors le tableau des forces respectives qui allaient se rencontrer dans les duchés. On y lisait que le total des troupes fédérales requises contre le Danemarck, s'élevait à quinze régiments d'infanterie, vingt-quatre escadrons de cavalerie, avec artillerie. Ces contingents, joints aux troupes diverses déjà réunies sous les ordres du général Wrangel, formaient, assurait-on, une armée de près de quatre-vingt mille hommes. « C'est avec cette force colossale, disaient les rédacteurs de ces feuilles, que la grande nation germanique se propose l'*honneur* d'écraser le petit Danemarck, qui, uni à la Suède, n'aura guère que cinquante mille hommes à opposer. Cependant, sous une conduite habile, cinquante mille hommes pourront fort bien faire face à quatre-vingt mille hommes, qui sont forcés, pour ne pas compromettre leurs com-

---

Prusse, avait complétement changé ses rapports avec ce dernier roi, dès l'élection du *vicaire de l'empire*. Après avoir déclaré qu'il ne dépendait plus que de ce pouvoir central de l'Allemagne, il s'était adressé au *vicaire général* pour la ratification de l'armistice conclu à l'île de Malmoë avec le général Hédéman, commandant les troupes danoises. Le vicaire de l'empire ayant soumis l'affaire à la diète nationale, celle-ci modifia les conditions de cette suspension d'armes : elle voulait que 4,000 hommes de troupes fédérales restassent dans les duchés, et que le gouvernement provisoire continuât ses fonctions. Moyennant ce, la diète consentait à ce que les Danois eussent une garnison de 3,000 hommes dans l'île d'Alsen. Ces modifications changeaient complétement les bases de la proposition d'armistice rédigée par les deux généraux.

munications, d'occuper un très-vaste littoral. Nous espérons que la France, par sa prompte intervention, empêchera un combat si inégal. »

Mais la France ne donnait aucun signe de vie dans ce conflit qui devait tant l'intéresser ; on aurait dit qu'elle n'avait nul intérêt matériel engagé sur les bords de la Baltique. Les sollicitations de la presse républicaine ne purent décider le ministère Cavaignac à jeter un regard sur ce coin de l'Allemagne où s'agitaient tant de passions.

Quant au vicaire général, il voulut adoucir le refus de sanctionner l'armistice par l'envoi, dans le Schleswig, de M. de Gagern, chargé de renouer les négociations.

En effet, ce diplomate se rendit à Kiel, en même temps que M. de Below arrivait en Danemarck, muni des pleins pouvoirs du roi de Prusse. Une sorte de conférence, à laquelle assista le roi de Suède, s'établit de nouveau à l'île de Malmoë. Bientôt on occupa le public des dernières stipulations de l'armistice ; ce qui n'empêcha pas les généraux respectifs de se livrer, suivant l'usage, aux plus grands préparatifs pour le cas de la reprise des hostilités.

Enfin, le 29 août, on lisait, sur les murs de la Bourse de Berlin, l'avis officiel suivant, émanant du ministre du commerce de la Prusse :

« J'ai l'honneur de prévenir messieurs les anciens du commerce qu'*on* est parvenu à conclure, avec le Danemarck, un armistice de sept mois, et que l'on peut espérer la ratification du roi au traité conclu à ce sujet. Suivant ce traité, on peut attendre sous peu la remise des vaisseaux retenus, comme aussi le rétablissement de rapports entièrement libres. »

Les commerçants, et principalement les nombreux armateurs des côtes du Nord et de la Baltique, se réjouirent de cet arrangement qui allait les soustraire au ruineux blocus établi par le Danemarck. Le commerce de Hambourg, dont les pertes avaient été très-grandes depuis quatre mois, s'empressa de mettre à la disposition d'un officier danois, désigné à cet effet, un bâtiment à vapeur ayant mission d'aller annoncer aux vaisseaux de guerre la levée du blocus.

Mais il était écrit dans les destinées des peuples que la question des duchés serait interminable, tant qu'il y aurait des prétendants. Au moment où des avis officiels annonçaient partout la conclusion de l'armistice entre la Prusse et le Danemarck, et tandis que M. Below et les plénipotentiaires de Copenhague arrivaient à Lubeck pour échanger les ratifications, le bruit se répandit que le pouvoir central allemand refusait de reconnaître l'armistice, et qu'il avait ordonné au général Wrangel de continuer la guerre.

Voici, en effet, ce qui s'était passé à Francfort lorsque le parlement allemand eut eu connaissance du texte de l'armistice. Nous puisons ces détails dans une correspondance digne de foi. Elle expliquait ainsi la conduite de l'assemblée nationale :

« Le parlement allemand vient de voter la rupture de l'armistice [1]. Le parti conservateur, le parti Dahlmann, député

---

[1] Voici l'analyse de cet armistice, telle que la publia le *Moniteur Prussien* :

« Si l'armistice est dénoncé, les troupes reprendront les positions qu'elles occupaient au moment de la conclusion ; le blocus sera levé, les prisonniers de guerre seront mis en liberté ; tous les navires avec leurs cargaisons, seront relâchés ; les troupes évacueront les duchés dans un délai de douze jours ; l'île d'Alsen sera occupée par 2,000 hommes danois ; les deux puissances contractantes, la *Prusse* et le *Danemarck*, nommeront un gouvernement provisoire qui sera composé de cinq membres, dont deux seront choisis par la Prusse et deux autres par le Danemarck ; aucun membre de l'ancien gouvernement provisoire ne pourra siéger dans ce gouvernement ; toutes les résolutions de l'ancien gouvernement provisoire seront abrogées ; le duché de Lauenbourg sera administré par trois personnes nommées par les deux puissances contractantes ; ces stipulations ont été garanties par la Grande-Bretagne. Ni le Danemarck, ni la Confédération germanique ne se désistent, par ces stipulations, de leurs pré-

du Holstein, a voté, cette fois, avec la gauche démocratique, et le ministère du vicariat est renversé.

« Il ne faut pas s'imaginer, ajoutait cette correspondance, que la démocratie allemande ait de la haine contre la nation danoise : elle reconnaît parfaitement que le Schleswig parle danois, et veut rester danois dans sa partie septentrionale ; elle sait que forcer une population en ce sens serait un acte peu digne des principes démocratiques ; elle veut donc que le nord du Schleswig reste au Danemarck ; mais, en même temps, elle s'oppose vivement à l'armistice, parce qu'il a été conclu d'une manière tout à fait arbitraire, en *cachette*, pour ainsi dire, par le roi de Prusse seul et par le vicaire, sans la contre-signature des ministres constitutionnels.

« Il y a donc violation flagrante de l'organisation unitaire de la confédération germanique. En outre, la Prusse n'était autorisée à conclure l'armistice que pour *trois* mois ; elle l'a conclu pour *sept* mois, et dans ces sept mois d'hiver, les bras de mer qui séparent les îles danoises du Schleswig et du Jutland, sont couverts de glace ; par conséquent l'armée allemande pourrait très-bien y aller à pied pour contre-balancer de la sorte l'avantage que les Danois tirent de leur marine.

« La Prusse et le vicaire général, poursuivait le correspondant, ont donc commis la faute de laisser nommer le comte danois Moltke, si détesté dans le Schleswig-Holstein, le chef des *ultra* Danois, comme chef du nouveau gouvernement des deux duchés allemands. D'ailleurs, ce nouveau gouvernement est danois aux trois cinquièmes de sa composition. L'ancien gouvernement révolutionnaire et l'ancienne constituante démocratique des deux duchés sont dissous, leurs décrets annulés ; les

tentions respectives ; les ratifications seront échangées à Lubeck dans le délai de dix jours. »

L'assemblée nationale avait bien raison de dire que c'était là un *traité tout à fait prussien.*

soldats du Schleswig sont arrachés à leurs cadres et livrés aux Danois, par lesquels ils seront licenciés sans aucun doute ; les troupes allemandes sont forcées de se retirer jusqu'à l'Elbe, et Lauenbourg est rendu à la réaction bureaucratique du roi absolutiste de Danemarck.

« L'assemblée nationale de Francfort avait donc bien le droit de s'indigner de ce traité *prussien*. Les démocrates de l'assemblée poussent à toute force vers une rupture entre la Prusse, qui a trahi l'unité, et le pouvoir central ; ils savent que le parti démocratique du Schleswig-Holstein est sur le point de proclamer la république, et que de là naîtra un conflit entre la Prusse réactionnaire et séparatiste, et l'Allemagne unitaire et progressiste.... »

A ces détails sur les causes du rejet de l'armistice, nous ajouterons que cette affaire venait d'impressionner vivement les populations allemandes. Celle de Francfort assiégeait la salle de l'assemblée, au moment de la discussion ; la résolution de la majorité, fondée sur ce que la Prusse avait insulté le parlement central, fut saluée d'interminables applaudissements, qui redoublèrent lorsqu'on sut que le ministère venait de donner sa démission en masse : on se flattait même que le *vicaire général* en ferait autant. Sous quelque face que l'on envisageât cet acte de virilité de l'assemblée nationale, on ne pouvait se dissimuler qu'il devait avoir les conséquences les plus graves pour l'Europe entière.

Il y eut cela de particulier dans ce rejet qu'il fut accueilli avec joie tant en Allemagne que dans les duchés eux-mêmes. Tandis que la ville de Cologne se hâtait d'envoyer une adresse à l'assemblée nationale pour lui dénoncer la conduite de la Prusse et prier le parlement de défendre la révolution des duchés, lors même qu'une guerre européenne en serait le résultat, la population de Kiel et des autres villes des duchés se réjouissait de ne point passer sous les ordres du comte de Moltke, qui, disait-on, avait foulé aux pieds les droits nationaux. « Son gouvernement, ajoutait un journal, serait comme si demain le prince Metternich reprenait le gouvernement de l'Autriche. »

— « Quoi qu'il en soit, lisait-on dans le *Correspondant de Hambourg*, ce gouvernement n'entrera pas en fonctions : le peuple, l'assemblée nationale, qui se réunit demain, protesteront. D'ailleurs, les membres du gouvernement provisoire ne voudraient pas avoir pour collègue M. Moltke. »

C'était donc un parti pris partout de repousser le traité fait par la Prusse.

« Voilà, s'écriait un publiciste démocrate, une belle et grande occasion pour la république française de montrer sa sympathie pour la cause de l'Allemagne révolutionnaire, qui vient de se lever d'un bond pour déchirer le parchemin de la trahison et en appeler aux sentiments unitaires de la nation. Voilà aussi un beau rôle pour la France ; car elle est évidemment la seule puissance qui saurait se faire entendre comme médiatrice en faveur de l'Allemagne unitaire et démocratique, contre la Prusse séparatiste et absolue. »

Nous verrons plus loin quelles furent les suites de la vigoureuse détermination de l'assemblée nationale allemande, et quel parti le gouvernement de la république française tira de son influence sur l'Allemagne démocratique.

En attendant, nous terminerons ce dernier chapitre consacré à l'extérieur, par un coup d'œil rétrospectif sur les événements qui agitèrent l'Irlande et l'Angleterre dans cette époque de crise européenne, crise dont les conséquences se firent sentir jusque sous le gouvernement de plomb qui écrasait l'Espagne.

Nous aurons peu de chose à dire de l'Angleterre, de ce peuple qui se met en ébullition aussi facilement qu'il retombe au tempéré et à la glace ; de ce pays où l'on voit des manifestations imposantes de cent mille hommes se dissiper comme la fumée devant la baguette du constable.

Après la fameuse pétition monstre des chartistes de Londres, présentée par Feargus O'Connor, pétition que M. Cripps ne voulut pas qu'on examinât, parce que, disait-il, elle ne pesait que cinq quintaux et demi au lieu de cinq tonnes, et dont un autre membre des communes, M. Thornley, contesta la validité, parce qu'au lieu d'émaner de cinq millions de citoyens, elle ne contenait que *deux millions* de signatures ; après la présentation de cette pétition monumentale, disons-nous, les chefs chartistes ne trouvèrent rien de mieux à faire que de revenir à la charge. « Dans tous les meetings chartistes qui se tiendront le vendredi saint et après Pâques, s'était écrié O'Connor en rentrant à la convention, il faut engager ces meetings à inonder la chambre de pétitions....... Après Pâques, que le déluge des pétitions commence ! »

Ce qu'on appelait la *convention* adoptait alors la rédaction d'un mémoire à la reine pour obtenir le renvoi du ministère, la dissolution du parlement et l'appel au conseil d'hommes politiques amis de la charte. La montagne en travail accouchait donc de la souris !

C'était avec ces moyens que les chartistes de l'Angleterre espéraient combattre les mauvaises tendances de l'aristocratie ; c'était pour faire prendre en considération leurs demandes, très-modérées d'ailleurs, qu'ils se promenaient en nombre immense dans les rues de Londres, jusqu'à ce que les agents de la police les eussent rossés brutalement et renvoyés chez eux le bras en écharpe ou la tête fendue (¹).

(¹) Le *Morning-Chronicle*, en rendant compte du dernier meeting des chartistes de Londres, s'exprimait de manière à faire croire qu'il professait le plus profond mépris pour l'humanité. « La police a joué du bâton, disait avec jubilation le journal des modérés ; il y a eu *plusieurs têtes ouvertes.* »

Le *Daily News* tenait à peu près le même langage. « La police, racontait-il

Cependant l'aristocratie faisait mine de vouloir prendre au sérieux ces sortes d'émeutes à jour fixe, et qui n'allaient jamais au delà de quelques rixes avec les constables ; elle s'efforçait de faire croire à un danger réel, afin de pouvoir solliciter des mesures liberticides contre les réunions du peuple. « Les chartistes sont ici, disait un journal en faisant allusion aux craintes manifestées par les aristocrates ; ils sont là ; ils vont tenir un meeting, deux meetings, trois meetings à la fois...... Les chartistes s'arment ; ils veulent lasser la police ; ils seront bientôt au nombre de *cinq cent mille* hommes sous les armes. » Et les trembleurs de la bourse ou des châteaux ne parlaient, comme les réactionnaires de France, que de moyens extrêmes contre le peuple. L'aristocratie ne manquait pas de dire en passant que le ministère manquait d'énergie.

« Il faut, s'écriait le journal le *Times*, il faut mettre la main sur un des meneurs de ces rassemblements qui *inquiètent Londres*, et le juger sous l'empire du nouvel acte du parlement, puis l'envoyer aux Bermudes tenir compagnie à sir John Mitchell. Le résultat de cette mesure serait de calmer l'effervescence dans les rues de Londres. Le crime doit être puni à Londres comme à Dublin. »

Des deux côtés du détroit on retrouvait ainsi la même haine pour les prolétaires, le même désir de frapper ceux qui voulaient un autre ordre de choses que celui proclamé par l'aristocratie ; et lorsque quelque voix s'élevait au parlement pour interpeller l'autorité sur la conduite de la police à la fois provocatrice et lâche, puisqu'elle se ruait toujours sur des foules désarmées, et qu'elle frappait indistinctement vieillards, femmes, enfants,

à ses lecteurs, frappait la foule à coups de bâton. Quelques individus tombèrent sans connaissance.... »

Dans la réunion des chartistes qui avait eu lieu le 5 juin à Bishop-Bonnerfields, il y avait eu, de l'aveu des journaux aristocratiques, 70 à 80 individus grièvement blessés.

M. Grey répondait, comme le faisait autrefois M. Guizot : « qu'il acceptait la responsabilité de ce qui s'était passé, comme ayant donné lui-même les instructions aux commissaires de police ; » et la majorité de la chambre applaudissait lorsque l'autorité affirmait qu'il y avait eu beaucoup de personnes blessées dans une seule émeute. Aussi le journal français qui rapportait ces faits ne pouvait-il s'empêcher de remarquer cette recrudescence de haine, puisque autrefois les réunions populaires, au lieu d'être maltraitées, étaient protégées par l'autorité. « L'Angleterre est toujours le pays des luttes indignes, des combats au bâton, s'écriait le journaliste français ; les meneurs de l'aristocratie ne se préoccupent pas plus des citoyens blessés dans les rassemblements, que s'il s'agissait des suites d'un combat de coqs. La police aux prises avec le peuple est un spectacle ; l'aristocratie juge des coups et applaudit : c'est ce qu'on a fait à la chambre des communes. »

En réfléchissant à ce qui se passait alors en Angleterre, un autre publiciste français en tirait cette conséquence : que les prolétaires anglais étaient loin encore du jour de leur émancipation.

Néanmoins, les meetings des chartistes devenaient plus nombreux, malgré et probablement à cause de l'intervention brutale de la police ; les aristocrates du pays, et surtout ceux de la chambre des communes, se montraient fort préoccupés de ces rassemblements ; ils tenaient la police et la garnison sur pied jour et nuit, et cela dans le but avoué d'obtenir une législation sévère contre l'agitation dans les rues. Ils s'étaient montrés très-effrayés de la manifestation chartiste qui devait avoir lieu le 12 juin ; ils battirent des mains comme s'ils eussent remporté une grande victoire lorsqu'ils surent que cette manifestation était ajournée indéfiniment.

Dans l'intention de rétablir la tranquillité au sein des villes, le député Hume, quoique fort peu révolutionnaire, crut devoir déposer à la chambre des communes une proposition pour la réforme électorale.

« La chambre, constituée comme elle l'est aujourd'hui, dit ce député, ne représente pas convenablement la population, la propriété, ni l'industrie du pays. De là un vif mécontentement qui augmente parmi une grande partie de la population. Il est dès lors opportun, dans le but d'amender la représentation nationale, que la franchise électorale soit assez étendue pour comprendre tous les tenanciers (*house holder*) ; que le vote ait lieu au scrutin ; que la durée du parlement ne dépasse pas trois ans, et que la proportion du chiffre des membres du parlement avec le chiffre de la population soit rendue plus égale. »

M. Hume accompagna sa proposition de quelques commentaires qui ne manquaient pas de justesse. D'après ses calculs, sur six millions d'adultes, un million seulement étaient inscrits comme électeurs. Il y avait donc en Angleterre cinq millions d'adultes mécontents jusqu'à l'indignation de se trouver ainsi exclus du droit de participer à l'élection des députés de la nation.

« Faites donc cette sage concession à l'opinion publique, s'écriait cet orateur ; cela vaudra mieux que ce luxe de constables et les surabondantes précautions de police prises le 10 avril dernier pour assurer la tranquillité publique.

Il va sans dire que le ministère et les ministériels repoussèrent de toutes leurs forces la réforme électorale ; et la proposition si bénigne de M. Hume fut enterrée par 351 conservateurs ; 84 membres des communes votèrent seuls pour la prise en considération de la proposition. L'aristocratie et ses suppôts aimèrent mieux se jeter dans les voies des *répressions rigoureuses*, en employant la force brutale contre le droit ; ce qui faisait dire à un journaliste que ce triste résultat affectait : « Celui qui veut que la puissance de l'idée et du droit succombe devant la force brutale est un insensé qui creuse son propre tombeau. Plus la résistance à l'idée, au droit, est opiniâtre et aveugle, plus la lutte est acharnée, plus sa ruine sera grande et profonde. »

Les ennemis du peuple n'écoutaient rien que leur haine. Elle leur suggéra en ce moment-là une mesure qui eût suffi, en d'autres temps, pour faire mettre en accusation ceux qui l'avaient conçue. Cette mesure consista à armer les constables et les autres agents de police, qui avaient déjà à leur service le *gourdin* des assommeurs, d'un coutelas très-redoutable, qui leur permit dès lors d'éventrer les récalcitrants. Et, comme on devait s'y attendre, ce moyen, mis entre les mains de la police, ne fit qu'animer les antipathies du peuple anglais pour ses oppresseurs.

Mais c'était surtout en Irlande que la révolte contre cette oppression prenait le caractère le plus grave.

Nous avons déjà fait connaître les circonstances qui avaient amené l'arrestation des trois chefs de la confédération irlandaise, O'Brien, Meager et Mittchell. Dans une réunion générale des clubs confédérés, tenue à Dublin, le 20 avril, les chefs de la Jeune Irlande firent signer une déclaration portant qu'on résisterait pied à pied au gouvernement oppresseur qui pesait sur le pays. « Nous nous armerons et nous équiperons, y était-il dit, et nous risquerons notre existence pour la défense de la patrie, si nos services sont nécessaires. »

— « Soufflez donc, soufflez donc le feu, s'était écrié Mittchell avec cette éloquence populaire qui lui était familière ; forgerons, à l'œuvre ! que jamais votre feu ne s'éteigne ! forgez du fer pour les piques libératrices. La bataille de la constitution commence dans les forges ; elle s'achèvera sur les champs de bataille et dans les rues. »

La presse irlandaise n'était pas moins explicite, témoin ces lignes du journal la *Nation*, qui s'imprimait à Dublin :

« La guerre civile, disait cette feuille rédigée par les chefs de la Jeune Irlande, vaut mieux que la soumission à la tyrannie anglaise. Oui, il faut les prendre et les enlever, ces droits que l'on nous dénie tyranniquement, et c'est à nous de commencer une guerre qui doit finir par l'affranchissement ou l'extermination de la race irlandaise. »

Et comme il allait être bientôt question de mettre en jugement les trois chefs irlandais, M. Brennan déclara, dans une réunion tenue à Middleton, qu'il fallait s'armer à tout prix. « Si le gouvernement veut, en vertu de nouvelles lois draconiennes, faire déporter de braves gens, ajouta-t-il, on devra s'opposer à ce que cette iniquité s'accomplisse. »

Deux jours après, un grand meeting ayant été tenu à Drogheda, Mittchell, qui y assistait, s'exprima encore en ces termes :

« Pour conquérir ses droits, le peuple irlandais doit faire ce qu'ont fait les démocrates de France. Pas de pétitions à la chambre des députés, pas de négociations avec le ministère Guizot, pas d'adresse au roi Louis-Philippe. Non ! Organisation des clubs, et puis la *fashion française !* Eh quoi ! s'écrieront des propriétaires alarmistes, voulez-vous donc tout saccager, tout brûler ? Je réponds : Que voulez-vous voir de plus affreux que ce qui se passe en Irlande, où un million d'hommes meurent de faim... Je préfère, à la continuation d'un tel état de choses, la mort, l'anarchie ou toute autre chose. Je sais que l'on me qualifie de brigand, de mécréant ; ceux qui le disent mentent impunément. Je n'ai jamais prêché le pillage ; mais je veux l'affranchissement de mon pays... »

Enfin O'Connor, parlant à ses amis de Nottingham, dans un meeting tenu en cette ville, avait exposé ainsi son plan : « En avant, nous nous soutenons ; en arrière, nous tombons. La charte, et pas de capitulation. Je n'ai jamais été partisan du déploiement de la force physique ; je n'ai jamais engagé le peuple à s'armer ; mais le bill des droits le permet, et j'ai dit au peuple ce qui était écrit dans le bill des droits. »

Les vues de la Jeune Irlande étaient donc clairement indiquées ; elle voulait organiser le pays sous l'influence des clubs, et armer tous les citoyens par leur incorporation dans une garde vraiment nationale, destinée à protéger l'Irlande contre tous ses ennemis du dedans et de l'étranger, c'est-à-dire de l'Angleterre. « Il était, disait-on dans tous les clubs, du devoir de tout homme de se tenir prêt à toute éventualité. »

Cependant l'autorité redoublait d'efforts pour faire avorter les projets des patriotes irlandais ; les magistrats de Dublin sollicitaient la fermeture des clubs, foyers les plus ardents de l'agitation que les chefs entretenaient parmi le peuple. De tous côtés, on demandait des mesures énergiques de compression.

Un événement dont la ville de Limerick fut le théâtre fournit aux réactionnaires l'occasion qu'ils cherchaient d'appliquer à cette ville les lois les plus violentes. La maison où se tenait le meeting auquel assistait Mittchell, ayant été attaquée par les contre-révolutionnaires ameutés, un homme tomba mort sous les coups de feu tirés sur cette maison et de la maison même. Il s'ensuivit un affreux tumulte, au milieu duquel Mittchell, O'Brien et Meagher furent insultés et frappés. L'autorité profita de ces déplorables désordres pour déclarer la ville en état de siége, et la loi martiale fut proclamée dans tout le comté.

Bientôt la cour du banc de la reine entama le procès des trois chefs irlandais. O'Brien échappa aux poursuites haineuses du gouvernement par la déclaration du jury. Quant à Mittchell, qui avait d'abord voulu se faire représenter dans le procès, la cour décida qu'il comparaîtrait en personne.

En même temps que ce procès fixait l'attention publique, les agents du pouvoir et la police extraordinaire de Dublin paraissaient se donner beaucoup de mal pour amener une collision entre le peuple et la troupe ; mais une affiche dans laquelle les chefs des clubs invitaient le peuple à ne pas donner dans le piége, suffit pour faire échouer les projets de la police.

« Leur but, lisait-on dans cette affiche, est d'attirer le peuple à une bataille pour laquelle ils sont prêts, tandis que lui ne l'est pas. C'est à vous, Irlandais, de choisir votre heure. »

Le 26 mai, la cour prononça enfin le jugement contre John Mittchell ; il fut condamné à quatorze années de déportation, comme coupable de *haute trahison*, crime prévu dans les dernières lois draconiennes, rendues par le parlement. Mittchell, en se défendant devant le jury, s'était exprimé en véritable martyr de la cause populaire. « Je savais que je jouais ma vie, avait-il dit ; mais je savais que, dans toute alternative, la victoire serait pour moi. Elle est réellement pour moi ; car je ne présume pas, en effet, que le jury, les juges, ni toute autre personne présente à cette audience, s'imaginent voir un criminel à cette barre..... »

Mittchell ayant été vivement applaudi, la police intervint dans la salle pour faire cesser cette marque de sympathie, et le président protesta contre un pareil langage.

« Permettez-moi d'ajouter, reprit Mittchell, que, dès le principe, j'ai agi sous l'inspiration du devoir. Je ne me repens de rien de ce que j'ai fait, et je crois que la marche que j'ai ouverte n'est qu'à son début. Le Romain qui voyait froidement brûler sa main devant le tyran, lui promettait que trois cents amis feraient comme lui ; ne puis-je pas promettre aussi (se retournant vers les amis qui l'entourent) que pas un, ni deux, ni trois, mais cent amis feront comme moi ? »

Le juge ne pouvant plus comprimer les applaudissements et l'agitation de la salle tout entière, cria aux geôliers d'emmener Mittchell, qui, en effet, fut entraîné aussitôt.

Le même jour, le défenseur des droits de l'Irlande fut placé sur un bateau à vapeur et conduit immédiatement à Spick-

Island, dans le comté de Cork, où il devait attendre sa transportation définitive.

« Nous espérons qu'aucune faiblesse, disait l'organe de cette aristocratie sans entrailles, ne s'opposera à ce qu'il subisse un châtiment mérité, celui de la déportation. »

Un autre journal de la même couleur politique, le *Morning-Chronicle*, après avoir dit qu'il n'y avait pas eu à Dublin des désordres bien sérieux à la suite de la condamnation de Mittchell, ajoutait que des *gamins* seulement s'étaient réunis dans les environs de Newgate, et que la police avait été obligée de *jouer du bâton*. « M. Devin Reilly et un frère de Mittchell qui se trouvait dans la foule, continuait ce journal avec la même aménité, ont été renversés; ils ont été obligés de se faire panser. »

Lorsque Mittchell s'est embarqué sur le *Shear Wuter*, qui l'a conduit à Spick-Island, la foule a crié chapeau bas; tous les spectateurs l'ont salué affectueusement. Mais ce furent là les dernières consolations qu'il reçut. A peine eut-il quitté la geôle qu'on lui rasa les cheveux, et on lui mit les fers à la jambe droite, reliés par une lourde chaîne. Un membre de la chambre des communes, M. Roche, ayant demandé au ministre de l'intérieur si le gouvernement avait l'intention d'exécuter, dans toute sa rigueur, la sentence rendue par la cour du banc de la reine, à Dublin, contre Mittchell, sentence qu'il considérait comme cruelle et hors de proportion avec le délit, le gouvernement répondit qu'il avait donné l'ordre formel de mettre la sentence à exécution.

L'aristocratie anglaise avait poussé des cris de joie en apprenant la condamnation de Mittchell. Mais elle oubliait que l'Irlande renfermait un grand nombre de citoyens distingués qui allaient marcher sur les traces du chef de la jeune confédération, et que le gouvernement aurait encore de bien mauvais moments à passer à cet égard (¹). Déjà l'on fut obligé de répri-

(¹) « Notre ami Mittchell a été assassiné, de propos délibéré, par un jury vendu

mer, dans les quartiers occidentaux de Londres, des émeutes, à l'occasion de la condamnation de Mittchell. Les troupes furent sur pied.

D'un autre côté, la confédération venait de déclarer qu'elle adoptait, avouait et professait les opinions et principes de Mittchell. La publication périodique qu'il faisait paraître devait être continuée ; enfin l'association du repeal et des chartistes avait décidé d'adopter la famille du condamné, et de pourvoir à son entretien, ainsi qu'à l'éducation de ses enfants. Une copie de cette résolution devait être présentée à Mme Mittchell, avec l'expression de la vive sympathie des chartistes et des repealers.

Mitchell avait à peine quitté l'Irlande, que la confédération publiait une adresse au peuple d'Irlande, qui devint bientôt le sujet de toutes les conversations. Le ministère se montra inquiet, non-seulement de ce qui se passait en Irlande, où tous les citoyens étaient sollicités de s'armer, mais encore de l'agitation qui régnait en Angleterre.

En Irlande la grande affaire à l'ordre du jour des patriotes était la réunion et la fusion de la vieille et de la jeune association. Dans une séance tenue à Dublin, par les membres les plus marquants du repeal, on avait entendu le président Galway déclarer qu'une fusion était opportune et désirable. « Pour arriver au repeal, ajouta-t-il, il faut concentrer l'opinion publique. On me demandera si je conseillerais pour cet objet une prise d'armes : Non ; mais je proclame que tout Irlandais a le droit de porter des armes et d'en user pour sa légitime défense. La loi et la constitution anglaise reconnaissent trois armes : la langue, la plume et le glaive. Les deux premiers sont les armes de la raison. Quant au glaive, Blackstone

et par un procureur général catholique, s'était écrié Doheny dans un banquet; mais, qu'on le sache bien, nous ne sommes pas gens à nous laisser intimider : il est au ciel un Dieu vengeur ! »

a dit que tout sujet a le droit de porter les armes pour le cas de légitime défense. »

La *Vieille Irlande*, par l'organe de John O'Connell, répondit que la question relative à la fusion devait être ajournée de quelques jours afin de pouvoir consulter l'opinion publique. Abordant ensuite celle de l'armement des Irlandais, cet orateur, sans nier le droit du peuple, émit l'opinion que le repeal pourrait être obtenu par des moyens légaux et pacifiques. A ces mots l'assemblée fit entendre de nombreuses dénégations, qui obligèrent le fameux *agitateur*, devenu si calme, à supplier le peuple irlandais de ne pas prêter l'oreille à ceux qui lui conseillaient de s'armer.

O'Connel impatientait alors les nouveaux chefs irlandais par l'ajournement de la fusion. Non-seulement il mettait obstacle personnellement à cette réunion désirée, mais encore on lui reprochait avec raison d'empêcher le vieux clergé d'adhérer à la fusion.

En ce moment-là, les clubs prenaient en Irlande, comme en Angleterre, une extension immense ; les confédérés irlandais paraissaient organiser et compter leurs forces pour la lutte qu'ils allaient avoir à soutenir contre l'aristocratie anglaise. On ne mettait pas en doute qu'avant peu le pays ne fût couvert de quelques centaines de mille hommes armés et en quelque sorte disciplinés et prêts à exécuter tout ce qui leur serait conseillé par les chefs du mouvement. Aux approches de la crise, les journaux irlandais devenaient très-explicites : Le *Felon* disait que le salut de l'Irlande exigeait la séparation des deux îles. — L'*Irish* ne voulait pas que les terres d'Irlande servissent à nourrir et à engraisser les *chacals dévorants*.

« D'ici à deux mois, ajoutait cette feuille, l'époque de la lutte arrivera. Ainsi que chacun fasse son testament, et se prépare à mourir, ou à vivre libre ! »

Comme on le pense, le gouvernement anglais ne restait pas

inactif en présence de ces menaces ; il prenait toutes les mesures que les circonstances nécessitaient afin d'être prêt au jour du danger. Non-seulement il ne cessait d'envoyer des troupes dans les villes et les contrées qui exigeaient une surveillance active, mais encore il trouvait le moyen d'enlever chaque jour quelque chef aux Irlandais. C'est ainsi que la plupart des journalistes avaient été successivement emprisonnés, et devaient être jugés comme prévenus du crime de haute trahison ou de *félonie*. Quant à Meagher, ses amis voulaient le soustraire aux ressentiments de l'aristocratie en l'envoyant en Amérique ; mais il se refusa à quitter la partie.

En présence de ces excitations successives, la Jeune Irlande s'en prenait au parti d'O'Connel, et adoptait la résolution suivante :

« Le retard apporté à la formation de la ligue irlandaise a été mis à profit par le gouvernement pour arrêter et emprisonner les hommes qui soutiennent avec le plus d'ardeur les droits du peuple. Le seul moyen de mettre un terme à cet état de choses nuisible aux intérêts du peuple, c'est de former promptement la *ligue irlandaise*, qui réunira toutes les classes d'Irlandais désireux d'obtenir l'indépendance de leur pays. »

Les aristocrates et leurs journaux ne cessaient alors de peindre les Irlandais comme avides de pillage et comme n'ayant d'autre but que celui d'établir l'anarchie. Quoique ces ignobles moyens fussent usés, les chefs des clubs, O'Brien et Richard O'Gormon, répondirent à ces calomnies par un nouveau manifeste dans lequel ils exposaient franchement l'objet de leurs patriotiques efforts.

« Loin de travailler au renversement de l'ordre, y disaient-ils, loin de vouloir établir l'anarchie perpétuelle, notre premier soin a été et est encore d'assurer l'indépendance législative de notre patrie, sans préjudice d'aucune classe de ses habitants. Dans l'accomplissement de nos projets, nous espérons terminer les souffrances, et, par conséquent, les désordres qui n'ont jamais cessé d'affecter notre peuple sous le joug de l'Angleterre. »

Tout à coup on apprend à Londres que l'Irlande s'est levée pour secouer enfin le joug d'une aristocratie détestée; que l'insurrection a éclaté à la fois sur deux points, à Waterford, où se trouve Meagher, et à Carrick, où est le révérend père Byrne. La bourse et la cité de Londres sont dans une agitation extrême; les lords et les banquiers paraissent atterrés; et lorsqu'on interroge le ministre, il se borne à déclarer que l'état de siége serait poussé jusqu'aux dernières limites; ce qui fut considéré comme peu rassurant. Aussi les journaux anglais, sous le délire de la peur, proposent-ils les mesures les plus impitoyables: ils veulent qu'on en finisse avec l'*hydre*, qu'on *l'écrase à tout jamais*.

Mais le ministère n'a pas besoin d'être poussé dans la voie des rigueurs. D'un seul coup il déclare sept districts de l'Irlande en état de siége. Des troupes sont expédiées de tous les points sur les lieux où l'on disait que l'insurrection se montrait; des nuées d'agents de police, de constables, etc., débarquent à Dublin, à Cork, et se répandent partout. On parle de 45,000 soldats que le gouvernement aurait réunis contre les Irlandais. Enfin lord Clarendon, lieutenant de la reine en Irlande, accourait à Londres pour s'y concerter avec le ministère.

Or voici ce qu'il y avait de vrai dans les causes de cette panique que les journaux de Londres et le gouvernement avaient fait planer sur toute l'Angleterre.

Le gouvernement anglais, inquiet du langage et des préparatifs des Irlandais, et craignant un soulèvement général armé, si on donnait le temps aux clubs d'organiser l'insurrection; le gouvernement, disons-nous, s'était tenu prêt afin de saisir la première occasion qui se présenterait pour écraser les patriotes avant le mois de septembre, époque présumée pour la prise d'armes générale.

Cette occasion, il crut la trouver dans ce qui se passait à Waterford, au meeting de Shévriamon, où Meagher et Doheny haranguèrent cinquante mille personnes. Au retour du meeting, l'immense cortége qui accompagnait les chefs fut arrêté par la force armée, les autorités ne voulant pas que le défilé eût lieu. Mais le peuple força le passage, et se rendit ainsi maître de la ville.

En même temps, la population de Carrick ayant appris que trois chefs de clubs venaient d'être arrêtés, courut réclamer leur liberté. L'autorité s'étant bien gardée de céder d'abord, O'Donnell et Mandeville se présentèrent devant le magistrat, et lui annoncèrent que le pays se levait, et que, dans une demi-heure, les forces populaires auraient écrasé la garnison. Le magistrat hésitait encore. Alors le peuple, qui arrivait en grandes masses, entoura la prison. Déjà l'attaque avait commencé, lorsque la garnison mit bas les armes.

Ces deux faits, très-graves sans doute, pouvaient donner la mesure de l'audace des patriotes irlandais ; mais ils n'étaient cependant pas, ainsi qu'on l'avait annoncé en Angleterre, les préludes de l'insurrection générale ; ils étaient arrivés spontanément, et ne se rattachaient point au plan que les chefs pouvaient avoir formé pour le moment suprême. Aussi furent-ils considérés, par les patriotes irlandais, comme des événements fortuits.

Mais le ministère crut pouvoir s'en emparer pour exécuter ses projets de compression ; l'occasion de porter la terreur chez les Irlandais lui parut favorable, et il s'en saisit opportunément, en déclarant qu'il existait en Irlande une conspiration ayant pour but non-seulement de s'opposer à ce que la justice eût son cours dans le procès qui allait s'ouvrir, mais encore de *renverser, par la force, toutes lois et tout ordre*, et d'engager le pays dans une lutte mortelle.

Des ordres furent donc donnés en conséquence.

Les chefs irlandais, surpris ainsi dans leurs tournées et leurs meetings, déclarèrent que le sang coulerait à la première attaque ; mais ils n'étaient pas eux-mêmes d'accord sur le parti qu'ils allaient adopter.

Le journal la *Nation*, en appelant aux armes tous les citoyens, s'écriait que le *casus belli* était arrivé. « C'est une lutte à mort qui s'engage entre le meurtrier et la victime ! s'écriait le rédacteur ; levez-vous, Irlandais ; *Dieu le veut ! frappez ! frappez !* »

— « Le peuple irlandais, lisait-on dans une proclamation, sera stigmatisé du nom de lâche à tout jamais, s'il ne saisit pas l'occasion de secouer le joug de l'Anglais. »

— « Hommes d'Irlande, s'écriait Guvon Duffie, puisque la Providence le veut ainsi, soyez les instruments de la volonté divine. Appelés à être les martyrs de la liberté, montrez-vous dignes de cette noble et sainte mission. »

— « A l'œuvre, ajoutait John Martin. Amis, ne vous laissez pas effrayer par ces 40,000 machines de destruction qui s'apprêtent à faire de vous une boucherie, à vous tuer sur le sol de la patrie, pour vous punir de la trop aimer. Aux armes ! aux armes ! mieux vaut la mort, une mort sainte et glorieuse, qu'une vie déshonorée. »

— « Eh bien : aux armes, disait Lalor. *Combattons dès septembre*, si nous le pouvons ; plus tôt, s'il le faut. Mais qui commencera ? qui frappera le premier coup ? qui cueillera la première palme ? »

— « Aujourd'hui ou jamais, répondait Joseph Brenon ; aujourd'hui pour toujours ! Mais, direz-vous, nous ne sommes pas prêts ! Le serez-vous jamais plus et mieux ? Je suis de ceux qui pensent que le mieux serait de subir notre destinée sur-le-champ, et d'être libres dans la mort, si nous ne pouvions pas vivre libres. »

Meagher, avant de quitter Wateford, adressait aux habitants de ces contrées une proclamation dans laquelle, s'élevant contre la prohibition des armes, il disait aux patriotes : « Comme les hommes de Limerick, de Carrick, de Tipperary, soyez fermes, organisez-vous avec calme, promptitude et sans peur. Vos chefs ne manqueront pas de vous donner les conseils voulus par les périls du jour. Dieu sauvera le peuple ! »

Enfin, Doheny, parlant au meeting tenu dans le Tipperary, laissait derrière lui le repeal, et invoquait une république, aux applaudissements de ses nombreux auditeurs.

Ainsi, au moment où l'aristocratie anglaise lançait ses forces contre l'Irlande et commençait la lutte par l'état de siége et la prohibition des armes, les Irlandais n'étaient pas d'accord sur l'opportunité de lever l'étendard de la délivrance. Tandis que quelques chefs voulaient qu'on s'insurgeât immédiatement, d'autres étaient d'avis de renvoyer la levée des boucliers au mois de septembre !

Ajoutons qu'au moment où les populations, dominées par les circonstances, déclaraient qu'elles n'obéiraient pas à l'ordre de déposer les armes, et qu'elles s'en serviraient pour défendre les droits du peuple et la liberté de leurs chefs, le fameux agitateur John O'Connel, qu'on disait vendu à l'aristocratie, publiait une longue lettre au peuple irlandais *pour le calmer*.

Ce défaut d'entente et de spontanéité, en présence d'un ennemi décidé à agir, devait perdre la cause de l'Irlande.

En effet, à quelques jours de distance de la panique de Londres, vers la fin de juillet, les journaux de cette ville changèrent subitement de ton et chantèrent victoire. A la suite de quelques collisions entre la troupe et les habitants du midi de l'Irlande, collisions sanglantes et dont le résultat avait d'abord paru de bon augure pour la cause de la liberté, on resta tout à coup sans nouvelles du théâtre de l'insurrection ; puis on apprit successivement que Meagher et O'Brien étaient en fuite; que Maher, Dillon, Doheny et autres chefs s'étaient retirés dans les mines de charbon de terre et sur les montagnes de Kepper; que le docteur Ryan et presque tous les journalistes patriotes étaient arrêtés ; que les troupes couvraient tout le pays, et enfin que le gouvernement triomphait partout, sans qu'il y eût nulle part cette résistance désespérée à laquelle on s'attendait. Les Irlandais avaient été pris à l'improviste dans la contrée agitée par les chefs, et les autres contrées n'avaient pas bougé, attendant les ordres que les chefs devaient donner.

Ainsi, la malheureuse Irlande allait voir river ses fers pour ne pas avoir compris que, dans la guerre du peuple contre ses oppresseurs, on ne doit pas procéder avec le compas à la main. Les vaincus furent alors l'objet des plus basses calomnies de la part des journaux aristocrates. Ils ne cessaient d'apprendre à leurs lecteurs ce que les journaux réactionnaires de la France disaient à leurs abonnés, à savoir : que les Irlandais et les chartistes de Londres n'avaient jamais eu d'autre but sinon de *voler, piller* et *incendier*. On les appela les *brigands*, les *anarchistes*, les *malfaiteurs*, les *forçats libérés !*....

Que si, pour achever cette revue rétrospective des événements de l'extérieur, nous jetons les yeux sur l'Espagne, où règne le sabre de Narvaez, nous y verrons le glaive de la vengeance se promener sur la tête des patriotes. Dans ce malheureux pays, la réaction était arrivée jusqu'à remettre en pratique les anciennes tortures de l'inquisition. Les citoyens que la justice à la turque ne pouvait pas convaincre de culpabilité, étaient livrés au régime de la bastonnade, qu'on leur appliquait, en prison, comme une sorte de question extraordinaire.

Malgré ces rigueurs, une révolution paraissait imminente en Espagne : aussi jouissait-on à Madrid du spectacle de l'artillerie constamment braquée sur la ville.

L'arbitraire fut poussé au point que le chargé d'affaires du gouvernement anglais près celui de l'Epagne, M. Bulwer, se vit dans la nécessité d'adresser au cabinet de Madrid une note renfermant des représentations au sujet des violences à l'ordre du jour.

« L'Angleterre, disait M. Bulwer, n'a pas la prétention de dicter à des États étrangers leur politique intérieure ; mais elle ne peut pas assister d'un œil indifférent à ce qui se passe en Espagne, ni voir tranquillement compromettre les institutions libérales, pour l'établissement desquelles elle a fait de grands sacrifices...... »

Cette note suffit pour exciter la colère de Narvaez et de son conseil réactionnaire. La réponse fut une attaque contre l'Angleterre, attaque propre à amener une rupture entre les deux cabinets.

Le gouvernement espagnol ne se relâcha en rien de la ligne de conduite qu'il s'était tracée, qui était : le despotisme du sabre, soutenu par l'aristocratie. Ce régime devait porter ses fruits.

En effet, le 7 mai, une insurrection formidable éclata à Madrid. Des soldats y avaient pris part. Mais d'autres soldats en plus grand nombre avaient comprimé ce mouvement, inspiré par le désespoir et l'indignation des patriotes. « Malheureusement, disait une correspondance de Madrid, le peuple, rendu défiant par la conduite des troupes dans la tentative de mars, s'est tenu à l'écart de la lutte, et la tyrannie a momentanément triomphé encore une fois. »

Or, voici l'usage que la tyrannie fit de sa facile victoire.

« M'étant présenté devant le régiment d'Espagne, et l'ayant fait désarmer dans la cour de la caserne *del Posito*, porte le rapport du général Pezzuela, digne exécuteur des vengeances des *modérés*, j'établis le conseil de guerre ordinaire, devant lequel je fis conduire tous les prisonniers, tant militaires que bourgeois, pris les armes à la main en combattant contre la force armée. Ces prisonniers, jugés par ce conseil de guerre avec toutes les formalités prescrites par les lois militaires, furent condamnés à la peine marquée par l'article 26 du code pénal, sentence que j'approuvai, après avoir pris l'avis de l'auditeur de guerre. Immédiatement après, on *décima* les soixante-dix-huit prisonniers qui, comme je l'ai dit, furent pris les armes à la main. Sa majesté, *dans son inépuisable clémence, ayant permis*, d'après l'ordre que m'a communiqué votre excellence, que les soulevés *fussent décimés en masse.*

« Après avoir été mis en chapelle et avoir reçu les secours de la religion, treize condamnés, et parmi eux cinq Hongrois, furent fusillés suivant les tristes et graves solennités de nos lois, en présence de presque toutes les troupes de la garnison, dans les environs de la porte d'Alcala. Les piquets qui ont exécuté la condamnation ont été pris dans le même régiment où servaient les coupables. Ceux des coupables qui n'ont pas été exécutés, mais qui ont été condamnés à la peine immédiate des présides, on leur a, par un ordre, arraché l'uniforme qu'ils ont taché par la trahison ; et après avoir fait une allocution aux troupes, je les ai *fait défiler devant les cadavres.* »

Un journal ministériel, l'*Heraldo*, complétait ainsi les horribles et lâches détails donnés par le général Pezzuela, détails qui n'ont besoin d'aucun commentaire.

« La triste scène qui précéda l'exécution, dit cette feuille, ne s'effacera jamais de la mémoire de ceux qui y assistèrent. Suivant ce que prescrit l'inflexible loi militaire, les soixante-dix-huit soldats qui devaient être décimés tirèrent au sort leur sentence de mort. Ces malheureux mettaient en tremblant la main dans le casque où étaient déposés les billets, et presque tous ceux qui amenaient un billet blanc, c'est-à-dire la grâce de la peine de mort, tombaient évanouis. Le cœur saignait en leur entendant dire : « Ce matin on nous faisait sortir de la caserne à coups de bâton, et maintenant on nous fusille ! »

— « Voilà, s'écriait une autre feuille, voilà le régime tant vanté des *gouvernements paternels et modérés !* l'assassinat mis en loterie ! »

Pendant que ces scènes se passaient à Madrid, une autre insurrection militaire éclatait à Séville ; et là, comme à Madrid, elle était étouffée dans le sang.

Tout à coup on apprend que le chargé d'affaires de l'Angleterre, M. Bulwer, vient de recevoir ses passeports, avec ordre de quitter Madrid dans les quarante-huit heures. Narvaez l'accusait d'avoir soudoyé la révolte de Séville. Le parlement anglais fut saisi de cette affaire ; et, pendant qu'il se livrait à l'examen des pièces, les secrétaires, ainsi que tout le personnel de la légation anglaise à Madrid, recevaient l'ordre de quitter cette capitale. La guerre paraissait plus que probable entre l'Espagne et l'Angleterre.

CHAPITRE XV.

Coup d'œil général sur la situation de l'Europe. — Les rois se relèvent et se raffermissent. — Circonstance qui les empêche de faire une campagne contre les idées françaises. — La ligue royaliste continue à fonctionner en France. — Elle s'empare de l'administration de la république. — Elle repousse le projet de loi sur l'instruction élaboré par le ministre Carnot. — Alarmes répandues par la réaction. — Proclamation du préfet de police à ce sujet. — Système de dénigrement contre les républicains. — Les réactionnaires repoussent le projet de loi sur l'instruction publique élaboré par le ministre Carnot. — Question de la gratuité de l'enseignement dans les écoles polytechnique et militaire. — Grands débats à ce sujet. — Le projet est vivement combattu par la ligue de la rue de Poitiers. — Le ministre de la guerre modifie son projet. — Il n'admet la gratuité qu'à partir du 1er octobre 1850. — La loi est votée avec ces modifications. — Remaniement ministériel. — M. Marrast président de l'assemblée nationale. — Echec éprouvé par la réunion de la rue de Poitiers. — Le *Constitutionnel* se plaint de ce que le gouvernement laisse de côté les républicains du lendemain. — Projet de loi contre les clubs présenté par le ministre. — Il est changé complètement par la commission. — Grands débats sur ce projet de loi. — Les clubs sont *réglementés*. — Protestation contre cette loi. — Lettre du citoyen Louis Bonaparte. — Il donne sa démission de représentant du peuple. — Croix de juin. — Rapport de M. Thiers sur les finances. — Réponse du citoyen Proudhon. — Ordre du jour sur les réformes qu'il propose.

En examinant attentivement la situation où se trouvait l'Europe au mois de juillet 1848, il était facile de résumer ainsi cette situation : tous les rois, après avoir ressenti la commotion partie de la France en février, s'étaient raffermis sur leurs trônes chancelants, et paraissaient prêts à ouvrir une campagne destinée à combattre les principes révolutionnaires. Si ces rois ne se liguèrent pas ouvertement contre la France républicaine pendant l'été de 1848, et s'ils ne lancèrent pas immédiatement leurs soldats sur le Rhin, c'est, d'un côté, qu'ils n'avaient pas encore complétement réglé leurs affaires intérieures, et, d'un autre côté, c'est que l'Agamemnon de la nouvelle croisade se trouva fortuitement sous l'empire d'une circonstance bien grave, indépendante de sa volonté. Une épidémie cruelle, le choléra, ravageait alors l'empire moscovite, et menaçait de sévir dans toute l'Allemagne. En présence de ce fléau dévastateur, le czar ne crut pas qu'il fût opportun d'entrer en campagne; et la croisade contre le *foyer des révolutions* fut ajournée à des moments plus propices. En attendant, il fut convenu que chaque potentat continuerait à renforcer son armée, sauf à donner au gouvernement français le change sur ces armements : les prétextes ne leur manquèrent pas ; et d'ailleurs le cabinet du général Cavaignac se montra facile, car en ce moment-là il mendiait les reconnaissances officielles qui devaient réconcilier les rois avec la France révolutionnaire. Le triste et misérable dogme professé sous la monarchie de Louis-Philippe : *chacun pour soi, chacun chez soi*, était de nouveau substitué à la fraternité des peuples.

Aussi la république française n'était-elle plus redoutée de personne. Toutes ses forces, le gouvernement les employait contre l'intérieur, et principalement contre la ville de Paris, coupable au dernier chef d'entretenir dans son sein le feu sacré de la liberté. On ne songeait qu'à embastiller, qu'à entourer d'une ceinture de fer, qu'à garrotter le foyer des révolutions ; et lorsque, dans la séance du 11 juillet, l'assemblée vota qu'une armée active de *cinquante mille hommes au moins* serait réunie à Paris ou dans les environs, jusqu'à ce qu'il en fût autrement ordonné, toute la horde des contre-révolutionnaires poussa un cri de joie. Ce décret passa comme un ordre du jour de la place.

« Si quelqu'un jadis, dans les assemblées de notre première révolution, avait osé proposer un camp pareil, à quelques pas de la constituante ou de la convention, s'écriait un écrivain démocrate, depuis Bailly jusqu'à Danton, tous les partis, toutes les nuances, tous les hommes libres se seraient levés sous la menace ; ils auraient protesté, par la parole et par le vote, au nom de la liberté souveraine ; ils auraient énergiquement refusé d'adosser ainsi la tribune au corps de garde. Aujourd'hui, grâce à la dernière commotion, on ne discute pas, on se tait, on vote ! »

Ajoutons que ce même jour, M. Sénard, ministre de l'intérieur, lut, au nom de son collègue de la justice ([1]), le projet de loi dont on menaçait la presse depuis la répression de l'insurrection. Il s'agissait, ainsi que nous aurons bientôt l'occasion de mieux l'expliquer, de soumettre les journaux au cautionnement comme sous la monarchie. Le ministre lut aussi une espèce de tarif des pénalités dont les réactionnaires voulaient frapper la presse. C'était un petit code complet où reparaissaient toutes les dispositions liberticides élaborées jadis par les Decazes, les Pasquier, les Peyronnet, les Capelle, et tous les dignes serviteurs de la royauté.

Cette lecture fit naître quelque agitation dans la chambre ; on put croire un instant qu'il y aurait débat sérieux et orageux ; mais M. Sénard affirma qu'il venait défendre *la société*, *la famille*, *la propriété* ; et les cris poussés par les réactionnaires étouffèrent l'indignation dont étaient saisis les républicains. C'était encore une tactique empruntée des féaux de la royauté. Les habiles de la réaction sortirent de la salle en se félicitant du succès de leurs manœuvres : ils savaient très-bien, ces hommes rompus aux intrigues parlementaires, que le camp assis autour de Paris, le droit de réunion frappé de mort et la

---

([1]) Le nouveau ministre de la justice, le citoyen Bethmont, déjà malade, ne tarda pas à donner sa démission.

presse muselée, ils auraient bon marché du suffrage universel, et par conséquent de la république, à laquelle ils avaient voué une haine implacable.

Nous avons déjà parlé de projets formés par quelques organes du parti légitimiste contre Paris. La décentralisation était le but momentané auquel visaient toutes les feuilles de ce parti. Ils savaient que, tant que Paris serait considéré comme la tête et le cœur de la France, il leur serait difficile de faire perdre pied à la démocratie. L'opinion qu'émettait à cet égard le *Courrier de la Gironde*, l'organe le plus violent que la réaction possédât hors de Paris, n'avait pas jusque-là obtenu tout le succès que les patrons de ce journal attendaient ; mais ils n'étaient pas gens à renoncer à leurs idées. Peu de temps après la réunion à Paris des promoteurs de la décentralisation, on les aperçut donner le mot d'ordre à toutes les feuilles royalistes des *provinces*. Celles-ci s'emparèrent de la question ; les journaux de Besançon, du Havre, de La Rochelle, de Montpellier, etc., se prononcèrent pour la décentralisation.

« Ce n'est pas à Bordeaux seulement que l'*organisation provinciale* gagne du terrain, s'écriait le *Courrier de la Gironde* ; de toutes parts on émet des vœux semblables aux nôtres. Avant peu la décentralisation sera un fait obligatoire pour le pouvoir, à moins qu'il ne veuille se séparer de l'opinion publique. » Et, suivant ses habitudes, le journal de la Gironde accompagnait cette appréciation d'une avalanche d'injures contre les républicains et de malédictions contre la république.

Ainsi, pendant que le gouvernement, obéissant aux instigations des royalistes, frappait une à une toutes les libertés publiques, ceux-ci, le devançant toujours dans la voie réactionnaire, le sommaient déjà de démembrer la France, issue une et forte de la première révolution, et travaillaient à rétablir l'ancien régime provincial.

Écoutons le *National de l'Ouest* ; il va nous dévoiler le plan de ce qu'il appelle le *Sunderbund* français :

« Les feuilles philippistes et henriquinquistes reviennent avec plus d'ardeur que jamais, depuis les événements de juin, sur leur projet de fédéralisme, disait ce patriotique journal. Tout ce qui tient de près ou de loin à la royauté veut ressusciter le programme de division de la Gironde, et la polémique de ces feuilles est un feu roulant contre Paris.

« La prétention d'affranchir la province de la domination de cette cité est une des premières que les partis monarchiques manifestèrent lorsque la modération sans bornes de la révolution leur eut permis de se reconnaître et de se remettre du trouble où un événement aussi inattendu les avait jetés. Nous sommes peu surpris de les voir revenir avec une recrudescence d'opiniâtreté sur un plan dans lequel ils avaient mis leurs premières espérances ; mais nous croyons que le *Sunderbund français* s'illusionne par trop sur la possibilité du *séparatisme* qu'il rêve.

« Pour que l'unité française se rompît, au grand avantage des combinaisons dynastiques, il faudrait, dans les départements, un consentement unanime, qu'on n'y reconnaîtra jamais, ou bien s'en rapporter, pour décider de la victoire, au hasard d'une guerre intestine qui rendrait le succès plus que douteux.

« Les partis royalistes ont l'air de ne pas tenir compte de cette unanimité. C'est un tort ; mais ce n'est pas le plus grand. L'exécution rencontrerait à coup sûr de nombreuses difficultés ; l'idée n'est que plus criminelle, plus coupable envers la nation ; puisque non-seulement elle a pour but d'affaiblir le pays en le morcelant, mais encore elle ne saurait se réaliser sans causer à la patrie des déchirements cent fois plus cruels que ceux qu'on prétendrait ostensiblement éviter.

« Quant au calcul égoïste, il est facile à dévoiler : Il est tout entier renfermé dans cet axiome de Machiavel : *Diviser pour régner*, qui était devenu l'un des aphorismes politiques de la dynastie. La guerre civile serait, par ce moyen, une guerre de partisans ; et faute d'avoir tout le royaume, on aurait au moins l'espoir d'en avoir une partie. »

Au surplus, la décentralisation n'était qu'un des mille moyens mis en usage, après les journées de juin, pour atteindre la république ; tout ce que les royalistes purent mettre en jeu de nuisible à cette forme de gouvernement, et surtout aux républicains, fut essayé, dans le mois de juillet, afin d'ébranler plus complétement encore l'ordre de choses que les contre-révolutionnaires avaient juré de renverser. Ce qu'ils voulaient avant tout, c'était d'empêcher la consolidation de ce qui existait : aussi s'inquiétaient-ils fort peu du rétablissement du calme, de l'ordre, des transactions commerciales ; leur but, au contraire, était d'entretenir l'alarme parmi la population, afin de rendre insupportable une situation qui n'aurait jamais eu de lendemain assuré.

« Si la France, lasse de ses longues agitations, sentait le besoin de se reposer dans la monarchie, disait la *Gazette du Languedoc*, après avoir répété tous les bruits alarmants que lui transmettait sa correspondance de Paris, elle trouverait dans monseigneur le comte de Chambord un prince digne, nous osons l'affirmer, des hautes destinées auxquelles la Providence, *par des voies mystérieuses et inconnues*, semblerait l'appeler. »

Or, les voies mystérieuses et inconnues qui préparaient le retour du prince dont la *Gazette de France* faisait, à son tour, une sorte de président héréditaire, n'étaient autre chose que les menées de toutes les sortes mises en œuvre par les contre-révolutionnaires, et ce, toujours dans le but que nous venons d'indiquer, celui d'entretenir l'alarme, la défiance et la haine.

Tantôt on annonçait un mouvement royaliste pour tel jour ; le lendemain c'était autre chose : les vaincus de juin allaient tenter de prendre une revanche, et cette fois, ils devaient mettre le feu à Paris. Ces bruits, et mille autres de la même nature, répandus instantanément et partout, devaient nécessairement empêcher tout retour de l'ordre public. Aussi le gouvernement lui-même se sentit-il ému en présence de toutes ces manœuvres de la malveillance.

« D'indignes citoyens, s'écria-t-il dans une proclamation lancée par le préfet de police, d'indignes citoyens, répandent à dessein dans la cité les bruits les plus alarmants; ils se plaisent à reproduire les nouvelles les plus menaçantes; ils parlent d'agressions nouvelles; ils racontent les projets insensés qu'eux-mêmes ont fait éclore..... Ils ne voient qu'une douleur à exploiter, et parce qu'ils auront eu le criminel courage de faire saigner des plaies récentes, ils osent lever la tête et se dire républicains. Ils devraient savoir que la république est une loi d'affection et de dévoûment, et qu'elle n'est point un code de haine et de fureur... »

Le journal la *Réforme*, qui avait attaqué vigoureusement les manœuvres des ennemis du peuple, s'exprimait ainsi à l'égard de la proclamation du préfet :

« Rien n'égale le cynisme avec lequel certaines feuilles répandent les bruits les plus malveillants et semblent avoir pris à tâche d'entretenir l'irritation et la défiance parmi la population. A aucune époque, en effet, on n'avait vu un pareil débordement de nouvelles alarmantes. Il est des hommes qui font de la diffamation par esprit de parti, de la calomnie par entreprise, et qui se sont donné la triste mission d'attiser toutes les haines, d'envenimer toutes les douleurs. Hier encore, un des organes de la réaction nous annonçait une insurrection nouvelle, accompagnée d'expédients si atroces que les conjurés eux-mêmes avaient reculé devant l'œuvre..... Jamais imagination délirante n'avait rien enfanté de si révoltant...

« Il ne se passe pas de jour, par exemple, que le *Constitutionnel* ne tue un mobile en pleine rue et à bout portant. On a même le tarif de tous ces exploits : Cinquante francs pour un mobile, quarante francs pour un soldat, trente francs pour un garde national, vingt francs pour un simple gardien de ville (¹). Cela est fort misérable, sans doute ; mais ce n'est pas au bon sens, c'est à la passion que s'adressent ces alarmistes de parti pris contre lesquels l'autorité vient elle-même de nous tenir en garde. Que l'autorité continue ; elle peut plus que tous nos efforts rassurer les craintes et rendre le calme à la cité. Nous avons fait appel aux travailleurs pour ne pas les laisser tomber dans les embûches de leurs ennemis ; qu'on les défende contre les calomnies qui les désolent, eux patriotes démocrates, et qu'on songe à leurs misères. »

Mais c'était vainement que l'autorité et les feuilles démocratiques faisaient honte aux royalistes de leurs infâmes manœuvres ; la ligue contre-révolutionnaire continuait l'exécution de son plan. Toutes les vieilles haines du passé étaient à cet effet sacrifiées au même intérêt, et l'on voyait d'anciens ennemis se donner la main contre tout ce qui leur paraissait issu de la révolution de février, hommes et choses.

Or, cette ligue réactionnaire fonctionnait hautement au vu et au su de tout le monde : elle avait ses assemblées dans la rue de Poitiers, occupant ainsi un des locaux du conseil d'État. Mais ses inspirations lui venaient d'un point central que dirigeait l'ancien président du 1ᵉʳ mars. La *sainte ligue*, comme on appelait alors la réunion de la rue de Poitiers, travaillait à préparer la candidature de son chef, dont on avait fait une sorte de prétendant, ni plus ni moins que le duc de Bordeaux et le prince Louis ; mais on avait la conviction que le chef de l'ancien cabinet de Louis-Philippe ne servirait qu'à garder la place à quel-

---

(¹) Qu'on ne croie pas que ce tarif soit une chose qui n'ait jamais existé : En lisant les journaux réactionnaires de cette triste époque, la postérité indignée trouvera ce tarif inscrit sérieusement dans leurs colonnes.

que autre, qui, l'heure venue, régnerait et se laisserait gouverner.

C'était pour rendre plus facile cette combinaison que la ligue royaliste travaillait nuit et jour à s'emparer de toutes les places de l'administration, ou à les faire donner à ses affidés. Un accord admirable se faisait remarquer à ce sujet, parmi les diverses fractions de ce grand comité. Tandis que les députés siégeant à la rue de Poitiers manœuvraient dans ce sens à la chambre comme dans les ministères, les diverses feuilles affidées faisaient la guerre aux places, en dénonçant journellement ceux des républicains de février qui n'étaient pas encore tombés sous les coups de la réaction. « Ses démarches, les correspondances de la plupart des membres de la fameuse réunion, disait un journal occupé sans cesse à dévoiler les manœuvres de la ligue antirépublicaine, viennent chaque jour à l'appui de la polémique de ses journaux, et semblent témoigner envers les royalistes de tous les drapeaux d'une complète solidarité de sentiments et de vues. C'est le même dénigrement contre tout ce que la république compte de patriotes dévoués ; c'est le même panégyrique des consciences tarées ; la curée des places est aux hommes de Louis-Philippe et de Charles X ; et en attendant le retour de la monarchie, c'est tout son personnel que l'on remet sur pied. »

On comprend que ceux qui travaillaient avec tant d'ensemble et de persévérance à rétablir ce que la révolution de février avait défait, ne devaient pas se borner au personnel administratif. Il entrait également dans leur plan de détruire les quelques institutions démocratiques que cette révolution avait pu donner à la France. Ce fut là la plus constante de leurs occupations.

Ainsi, par exemple, avant de tomber, le citoyen Carnot, ministre de l'instruction publique, aidé par quelques hommes éclairés, avait fait une étude remarquable, et proposé d'heureuses solutions pratiques sur l'instruction primaire. Mais ce travail ne tarda pas à être attaqué par toutes les feuilles royalistes, par tous les organes de l'éclectisme et du *Sunderbund* français; les rancunes universitaires et catholiques firent chorus. Et pourtant l'instruction primaire ne pouvait rester organisée, ou plutôt désorganisée comme la république l'avait trouvée. Il ne suffisait pas de donner au peuple le droit au vote, le droit aux fonctions; il fallait, sous peine de trahison contre la société générale, que son intelligence pût s'éclairer, se fortifier, et que chaque citoyen fût élevé pour le grand rôle que la république lui destinait.

Toutes ces raisons et cent autres plus concluantes encore furent foulées aux pieds par les réactionnaires; et le rapport du citoyen Carnot resta, comme nous l'avons dit, enterré dans les cartons de la commission chargée de le mettre en lumière.

Un autre projet de décret, également relatif à l'instruction publique, fut l'objet d'une longue discussion au sein de l'assemblée nationale, vers la fin du mois de juillet. Il était relatif à une nouvelle organisation des écoles polytechnique et militaire, pour lesquelles on demandait la gratuité d'enseignement. C'était poser le droit égal de la capacité du pauvre comme du riche, après l'examen; c'était un rappel aux principes républicains les plus vulgaires.

Et cependant les aristocrates de l'assemblée nationale attaquèrent avec fureur les dispositions relatives à la gratuité. Le représentant Kerdrel demanda l'ajournement du projet jusqu'au vote de la constitution. « On vous demande la gratuité pour l'école polytechnique, dit-il; demain on vous la demandera pour l'école normale, plus tard pour les écoles primaires...

— « On la demandera aussi pour les arts et métiers, interrompit le citoyen Flocon.

— « Toutes ces mesures, reprit l'orateur réactionnaire, empiètent sur la constitution : vous faites par là de petites constitutions qui empiètent sur la grande. Et remarquez que si ces lois, qui engagent toutes les questions avant que la constitution les ait posées, venaient à se trouver en désharmonie avec la loi fondamentale, il faudra les abolir... »

Il était facile de comprendre que la proposition relative à la gratuité ne convenait guère à M. de Kerdrel et à ses amis. Aussi vit-on M. Delongrais soutenir l'ajournement. Vainement le citoyen Charras fit-il remarquer que le projet en discussion n'était qu'un rappel à ce qui avait existé lors de la création de l'école polytechnique, et que l'on devait à cette gratuité une foule de savants qui fussent restés ignorés; comme le côté droit ne voulait pas du principe, il continua à demander le renvoi du projet après le vote de la constitution.

Mais il trouva un rude adversaire dans le général Lamoricière, alors ministre de la guerre. « L'enseignement donné à l'école de Saint-Cyr et à l'école polytechnique, dit-il, est un enseignement spécial. Beaucoup d'élèves ne peuvent pas payer leur pension; et pourtant il faudrait arriver à donner l'instruction gratuite dans toutes nos écoles militaires. Dans l'armée, les emplois doivent-être donnés à tous ceux qui ont les connaissances nécessaires. Je pense donc qu'il est indispensable de commencer cette juste répartition par les écoles polytechnique et de Saint-Cyr, ces pépinières de nos armées. J'appuie la proposition et son adoption immédiate. »

Un autre chef militaire, le général Baraguay-d'Hilliers, dit qu'il doutait fort que le projet présenté atteignît le but proposé; dans son opinion, la gratuité ne profiterait qu'aux familles riches, les seules qui envoyassent leurs enfants à ces écoles. « Dépouillons le projet de la popularité qui s'y attache, ajoute-t-il, et ne songeons qu'à une chose : pourrons-nous tenir nos engagements?... Je crois la pensée du projet mauvaise, et j'en demande l'ajournement. »

— « Nous ne pouvons pas ajourner de constituer l'armée de la république sur les bases démocratiques, s'écria le citoyen

Guichard. Eh bien ! nous n'atteindrons pas ce but, si nous n'admettons pas la gratuité de l'enseignement dans les deux écoles où l'armée se recrute. Aucun projet de loi n'a été accueilli avec plus de faveur en France ; c'est une pensée démocratique qui l'a inspiré, et c'est au nom de la démocratie que je vous demande de ne point revenir aux principes monarchiques. »

Le citoyen Guichard oubliait sans doute que la tourbe des contre-révolutionnaires siégeant de l'autre côté repoussait la loi par cela même qu'elle avait été inspirée par une pensée républicaine. Le côté droit le lui rappela par sa persistance à demander le rejet du projet, au moyen d'un ajournement, pur et simple, ajournement qui ne fut repoussé, au scrutin, que par une majorité de quelques voix.

La ligue réactionnaire fut donc forcée de discuter sérieusement la loi démocratique.

Mais aussitôt, le représentant Charles Dupin proposa un amendement qui eût suffi pour détruire les bienfaits de la gratuité. Cet amendement consistait à augmenter le nombre des bourses, afin d'en faire jouir les élèves proposés.

« La loi qui vous est présentée, lui répondit le citoyen Sarrut, est un premier pas vers la liberté d'enseignement ; c'est un principe que vous avez à voter. Dans l'origine, les élèves de l'école polytechnique n'avaient rien à payer. »

— « Renfermez-vous dans l'amendement, répliquait le citoyen Rancé ; la gratuité ne profitera qu'aux riches. N'allez pas grever le trésor public en faveur de gens qui peuvent payer.

— « Il ne faut pas qu'au nom même de l'égalité, un élève entre à l'école polytechnique par le droit de fortune, tandis qu'un autre y arrivera par une sorte d'aumône de l'État, s'écriait le représentant Emmery. Ce que nous demandons c'est de rétablir le principe de l'égalité, qui rendra leur prestige à ces écoles. Il s'agit de quelques cent mille francs ; cette somme ne doit pas vous arrêter pour obtenir de si grands résultats, et pour proclamer les principes démocratiques. »

M. de Tracy fit alors un résumé historique de la grande école créée par la convention ; il s'éleva chaleureusement contre le coup d'état commis par la royauté sur cet établissement encyclopédique. Mais ses conclusions furent en contradiction formelle avec ses arguments et ses souvenirs. Il supplia l'assemblée de ne point se lancer dans la voie de l'éducation et de l'entretien gratuit.

« Nous demandons que l'enseignement soit gratuit, réplique le général Lamoricière ; nous ne demandons pas qu'il soit payé comme il l'était jadis. »

Toutefois, après avoir médité sur les observations qui avaient été présentées pendant la discussion, le général Lamoricière se décida, le lendemain, à modifier le projet présenté et débattu. Sa nouvelle rédaction consistait à n'admettre la gratuité qu'à partir du 1er octobre 1850, au lieu du 1er octobre 1848. Dans cet intervalle, le nombre des bourses pour l'école polytechnique devait être porté de 24 à 54, et pour l'école de Saint-Cyr, de 110 à 175.

L'article 1er du projet de loi, sur la gratuité de ces écoles, fut enfin voté en ces termes. L'application du principe se trouva donc ajournée à deux ans ; et deux ans, dans les circonstances où l'on vivait, étaient un siècle.

Au milieu de cette même séance, le général Cavaignac avait annoncé à l'assemblée quelques modifications partielles du ministère. La marine venait d'être donnée au capitaine Verninhac de Saint-Maur, qui remplaça le général Bedeau, dont la blessure ne se cicatrisait pas. M. Bastide revint aux affaires étrangères, et M. Marie remplaça un autre malade, le citoyen Bethmont. Mais comme cette dernière nomination enlevait à l'assemblée nationale son président, elle dut procéder à une nouvelle élection, qui porta à ce poste éminent le citoyen Marrast, l'ami et le collaborateur de cet honnête Dornès, que la France venait de perdre le même jour.

Cette élection aurait pu être considérée comme une défaite pour la rue de Poitiers, qui n'avait cessé d'appuyer, à chaque tour de scrutin, son candidat, le citoyen Lacrosse. Mais le *Constitutionnel* donna une autre signification à ce vote. « Cette partie de l'assemblée, si considérable et si énergique dans ses résolutions sur les questions de choses, dit-il, s'est montrée on ne peut plus facile sur les questions des personnes. Plusieurs représentants ont fait le sacrifice de leurs préférences pour M. Lacrosse, en portant leurs voix sur M. Marrast, afin de ne causer aucun ébranlement au ministère pour une question toute personnelle (¹). »

Mais à travers ces explications cauteleuses, on voyait percer un regret, et ce regret, la feuille de la réaction l'exprimait ainsi : « La persistance du gouvernement à éloigner ceux qu'on appelle les républicains du lendemain, fournit matière à réflexion ! »

Or, cette réflexion était probablement suggérée au journal de la *République honnête et modérée* par quelques autres nominations que fit alors le chef du pouvoir exécutif. Ces remaniements consistèrent à mettre à la place du maire de Paris, et en qualité de préfet de la Seine, le citoyen Trouvé Chauvel, et à placer le citoyen Ducoux à la préfecture de police. Le *Constitutionnel* ne voulait pas d'un *gouvernement de coterie*. Et en effet, c'était encore la nuance du *National* qui gouvernait.

Le *Constitutionnel* avait bien tort de se plaindre, car la réaction était loin de s'arrêter.

On se rappelle sans doute qu'après la journée du 15 mai, plusieurs membres contre-révolutionnaires de l'assemblée na-

(¹) Cela n'était pas exactement vrai, car à chaque tour de scrutin M. Lacrosse eut à peu près le même nombre de voix, qui ne varia que de 341 à 334; tandis que le citoyen Marrast eut d'abord 386, puis 411.

tionale s'en étaient pris aux clubs, et que le mot d'ordre de la réaction était : haro sur les sociétés populaires ! Quoique la proposition, de supprimer les clubs, faite alors par le citoyen Isambert, eût été accueillie très-défavorablement par l'assemblée, et qu'on eût qualifié cette motion d'anachronisme, la pensée intime des réactionnaires n'avait point cessé d'être hostile à ces réunions, et ils s'étaient bien promis de les faire *réglementer*, à défaut d'une suppression.

On comprend déjà combien cette pensée liberticide dut grandir après les journées de juin. Pour calmer les impatiences des royalistes, le gouvernement promit de présenter prochainement un projet de loi destiné à refréner les clubs ou sociétés patriotiques.

Le gouvernement tint parole. Vers le milieu du mois de juillet, son projet de loi fut présenté à l'assemblée, qui le renvoya aussitôt à une commission composée en grande majorité de membres réactionnaires.

Ne trouvant pas le projet assez sévère, cette commission le mit de côté et en formula elle-même un autre équivalent à la suppression des clubs, moins la franchise de l'audace.

Ce fut ce contre-projet que le représentant Coquerel lut enfin à l'assemblée dans la séance du 22 juillet.

Dans un long exposé des motifs de cette loi, le citoyen Coquerel reconnut que les clubs, bons dans leurs principes, devenaient dangereux lorsque leur importance prenait trop d'accroissement. « Il faut favoriser, disait le rapporteur, les réunions paisibles, dans lesquelles on discutera avec calme les intérêts du pays, car ce sont autant d'écoles mutuelles politiques où l'on apprendra les principes élémentaires de nos droits politiques ; mais il faut réprimer d'avance les réunions dangereuses, afin de n'être pas réduit à la triste nécessité de les fermer et d'envoyer leurs membres au delà des mers.

« Disons-le à la gloire de notre pays, ajoutait le rapporteur ; beaucoup de clubs de ce genre se sont formés après la révolution de février. Mais malheureusement d'autres n'ont pas été aussi raisonnables : il y a tels clubs qui ne sont que des réunions hostiles à toute espèce de pouvoir : on commence par la discussion, qui bientôt s'envenime, et de la discussion malveillante à l'usurpation il n'y a qu'un pavé à soulever, qu'une arme à charger..... »

Le citoyen Coquerel crut devoir appuyer son rapport sur l'histoire des clubs. Entassant erreurs sur erreurs, anachronismes sur anachronismes, afin de confondre les plus mauvais jours de la réaction thermidorienne avec les grandes époques qui l'avaient précédée, il annonça « qu'il ne voulait, pour la France, ni club des jacobins, ni club des cordeliers, et que, dans tous les cas, il fallait donner au gouvernement le droit de fermer à l'instant même ces *redoutes de l'anarchie* ([1]). »

L'orateur terminait son rapport par un lugubre tableau des journées de juin, événements qu'il attribuait à l'influence des clubs.

Ses conclusions consistaient en un projet de loi qui différait beaucoup de celui formulé par le gouvernement, en le rendant bien plus sévère ; ce qui força le ministre de l'intérieur de déclarer qu'il n'avait point consenti à toutes les clauses contenues dans le projet de loi émané de la commission. « Lors de la discussion publique, dit-il, je ferai connaître toutes les différences qui existent entre la commission et moi. »

Or, ce projet, dont le ministre de l'intérieur déclinait la

([1]) Ce ne fut pas sans étonnement que l'on entendit ce long et haineux réquisitoire dressé contre les clubs par un citoyen qu'on avait vu courir longtemps d'un club à l'autre pour y faire adopter sa candidature. C'était se montrer par trop oublieux et ingrat!

paternité, n'était autre chose, ainsi que nous le démontrerons bientôt, que la suppression des sociétés populaires, moins la franchise. Le rapporteur lui-même en convint par ces mots : « Peut-être la loi n'eût-elle dû contenir qu'un seul article : *les clubs sont abolis* ; mais vous ne l'auriez pas voulu, ni le gouvernement non plus ! »

C'est qu'il fallait agir avec hypocrisie, détruire le droit de réunion, en commençant par le consacrer, comme le faisait l'article 1er du projet de la commission, ainsi conçu :

« *Les citoyens ont le droit de se réunir*, en se conformant aux dispositions suivantes. »

C'est qu'on ne voulait pas que la loi contre les clubs parût porter une atteinte patente à la future constitution.

Au fond, le droit de réunion, tel que le consacrait la loi réglémentaire proposée par les réactionnaires de l'assemblée constituante, n'était plus qu'un vain mot après les incroyables restrictions qu'on y apportait ; car le projet laissait debout non-seulement l'article 291 du code pénal contre les réunions de citoyens, mais encore toute la détestable loi de 1834 elle-même. En résumé, *vingt* personnes ne pouvaient plus se réunir, même pour dîner, si elles n'avaient obtenu l'autorisation préalable du gouvernement. C'était ainsi que le *droit de réunion était garanti*. On le proclamait en effet, sauf une foule de restrictions qui rappelaient on ne peut mieux le fameux monologue de Figaro sur la liberté de tout dire. Il n'était pas jusqu'aux réunions scientifiques, aux conférences des jeunes stagiaires qui ne fussent soumises à l'autorisation préalable, c'est-à-dire au bon plaisir du préfet de police.

Ces dispositions parurent tellement exorbitantes que, MM. Dufaure et Charamaule eux-mêmes les combattirent comme une prétention sans exemple sous aucun régime. « L'autorisation préalable, ainsi généralisée, s'écria l'ancien ministre de Louis-Philippe, frappe ce que l'article 291 du code pénal et la loi de 1834 avaient également respecté. Avec ces restrictions, vous enchaînez les bras de la liberté, vous arrivez à la tyrannie la plus intolérable. »

M. Charamaule voulait au moins exempter de l'autorisation les réunions de moins de vingt personnes ; mais la commission, appuyée par MM. Sénard, Dupin et autres contre-révolutionnaires, déclara qu'elle voulait *tout ou rien.*

En présence des tristes événements que les réactionnaires rappelaient sans cesse, et dont ils croyaient prévenir le retour en votant chaque jour une nouvelle loi liberticide, on était généralement d'accord d'interdire les sociétés secrètes. Mais le côté gauche voulait qu'on définît clairement ce que les auteurs de la loi entendaient par sociétés secrètes, afin de ne pas laisser à l'arbitraire des fonctionnaires le droit de les reconnaître. Ce fut là le but des efforts du citoyen Flocon. Mais comme le gouvernement avait intérêt à laisser ce vague qui lui permettait de frapper toute réunion autorisée qui lui aurait déplu, on se garda bien d'écrire cette définition dans la loi. M. de Lasteyrie soutint même que la définition n'était pas possible. « Tout le monde sait ce que c'est qu'une société secrète, ajouta-t-il ; toute définition court risque d'être trop large ou trop étroite. »

— « Voulez-vous que je vous présente la définition d'une société secrète ? s'écria le représentant Gerdy. Les sociétés secrètes, reprit-il après avoir provoqué la curiosité de l'assemblée, sont des ensembles d'hommes qui s'entendent, ou un ensemble d'hommes qui s'entendent pour agir en commun dans l'intention de dissimuler le but qu'ils se proposent, et qui dissimulent leurs moyens et leur existence pour atteindre ce but. »

L'immense hilarité soulevée par cette spirituelle et piquante définition prouva aux réactionnaires de toutes les cocardes que le coup avait porté juste.

Ce jour-là une foule d'amendements, de modifications, de rectifications, furent renvoyés à la commission ; ce qui faisait dire à la *Réforme* :

« Cette loi sur les clubs, commandée par la réaction et couvée par le génie de M. Coquerel (¹), cette loi couleuvre se traîne et s'allonge comme une mauvaise pensée que l'on cherche à déguiser. Voilà trois journées perdues en finesses, en distinctions, en amendements, et toute cette avocasserie nous rappelle les misérables controverses de 1834, année si fatale au parti républicain, que les Thiers, les Guizot et les Dupin cherchaient, comme aujourd'hui, à museler. Bac avait raison quand il leur disait que la dictature valait mieux que ces perfidies légales, et qu'au lieu de s'égarer dans les sinuosités 'udne diplomatie réglémentaire, on aurait dû dire : *les clubs sont supprimés.*

« Il faut donc apprendre au gouvernement, ajoutait ce même journal, que l'esprit de notre pays est honnête et droit, qu'il méprise profondément les tactiques subalternes d'une tyrannie qui se cache ; il aime mieux la force que la ruse, et notre peuple sera toujours le dernier à comprendre les formalités organiques d'une servitude déguisée. Le salut public peut quelquefois nécessiter la suspension des droits individuels et collectifs ; tout cela ne peut être que momentané ; c'est un nuage qui passe. Mais quand on établit, par dispositions législatives, la violation du droit, on porte atteinte au principe fondamental, on attaque la souveraineté du peuple.

« Que des mesures de police soient établies pour la surveillance, que toutes les réunions puissent être contrôlées, qu'une répression énergique et forte soit organisée contre les délits,

---

(¹) Plusieurs écrivains donnèrent, à cette occasion, au rapporteur de la loi, M. Coquerel, la qualification de *grand fossoyeur des clubs,* qualification qui lui est restée.

rien de mieux ! Nous ne voulons pas plus que d'autres la liberté des sauvages. Nous sommes les ennemis des énergies sans règle et des forces sans devoir. Mais lorsqu'on vient, au lendemain d'une révolution, appauvrir les eaux démocratiques au point de les tarir, et relever des digues vingt fois emportées par le courant, on nous fait pitié, car on oublie trop vite. Il y a non-seulement vertige, mais faute grave à vouloir ainsi réglémenter préventivement la liberté reconquise.

« Telle n'est pas, nous le savons bien, l'opinion de M. Coquerel et des jurisconsultes de la peur, concluait le journaliste. Ils croient, comme les Chinois, qu'on arrête les hommes et les événements avec des mots, des exorcismes et des griffons ailés peints à la détrempe. Ils se trompent tous, et l'histoire est là qui leur prouve à chaque page combien de pareilles erreurs nous ont coûté de larmes et de sang ! »

Que si l'on jette les yeux sur les pénalités que la loi contre les associations établissait avec un luxe effrayant (¹), on n'y aperçoit que contradictions ; ce qui fait dire au représentant Dupont de Bussac, qui avait relevé ces contradictions : « Ce n'est pas ainsi qu'on fait des lois. »

En effet, par une déplorable confusion, les simples contraventions y étaient considérées comme des délits justiciables des cours d'assises, tandis que les délits créés par la loi devenaient des contraventions renvoyées devant les tribunaux correctionnels. Ajoutons encore que le citoyen Dupont n'eut pas de peine à relever non-seulement ces contradictions dont la loi fourmillait, mais encore à démontrer les impossibilités d'exécution qui rendaient le décret inapplicable.

L'aménité de cette loi de réaction se révélait en tout, et principalement dans les articles 17 et 18, qui la couronnaient.

(¹) « Sous aucune législation, excepté celle de 1834, disait Dupont de Bussac en examinant ces pénalités, on n'a vu une simple contravention entraîner l'interdiction des droits civiques, et tout est ici contravention ou délit. »

« En cas de conviction de plusieurs crimes ou délits commis dans les réunions publiques ou non publiques, lisait-on dans l'article 17, *la peine la plus forte* sera seule appliquée.

« L'article 463 du code pénal pourra être appliqué à toutes les infractions prévues par la présente loi.

« Lorsque les circonstances atténuantes seront admises, si la peine prononcée par la loi est celle de la privation des droits civils, la cour ou le tribunal appliquera l'article 401 du code pénal, en se conformant au 6ᵉ alinéa de l'article 463 du même code. »

Et tout cela fut voté malgré les efforts d'un petit nombre des démocrates fidèles aux grands principes établis par nos pères.

La discussion de cette loi capitale nous fournit l'occasion de faire une remarque qui n'est pas à l'avantage des membres composant l'assemblée nationale de 1848. C'est que ces débats, qui devaient être si importants, ne présentèrent, à quelques légères exceptions près, que des chicanes de détail. On ne vit paraître à la tribune aucun des athlètes qui auraient pu défendre les clubs, ces grands gymnases de la démocratie ; on n'y entendit prononcer aucun de ces discours qui restent, comme des pages d'histoire, pour l'instruction des générations futures. Personne ne releva les erreurs et les anachronismes dont le rapport fourmillait ; personne ne parla des grands services que les sociétés patriotiques avaient rendus à la cause de la liberté, ni de ceux que ces sociétés devaient rendre à la nouvelle république.

Il faut bien le dire, l'éducation politique de la plupart des représentants du peuple élus en 1848, était très-incomplète, non pas par leur faute, mais par celle des vicieuses institutions qu'ils eurent la mission de détruire, institutions qui privèrent plusieurs générations des moyens nécessaires pour pouvoir traiter sérieusement les grandes questions résolues par la déclaration des droits : aussi quelle différence entre les séances de la convention mutilée et celles de notre assemblée nationale contemporaine ! Avec quelle énergie les clubs ne furent-ils pas défendus par les débris de la montagne, contre les trahisons des réactionnaires et des royalistes de thermidor! Les anciens montagnards voyaient le triomphe de la contre-révolution dans la suppression ou la réglémentation des clubs. Malheureusement, ils ne se trompèrent pas. La cause de la liberté fut perdue dès que le peuple ne put plus la surveiller. Il était facile de prévoir, en 1848, que les mêmes causes amenaient les mêmes résultats. Cela était d'autant plus inévitable, que nous avions déjà au pouvoir les hommes de l'ancienne monarchie.

Cette loi liberticide, si détestable, fut votée dans son ensemble à une grande majorité : sur 729 votants, il ne se trouva que 100 membres de l'assemblée nationale rangés du côté des principes [1] ; tous les autres les sacrifièrent aux exigences des contre-révolutionnaires.

Au moment où l'assemblée était saisie de la loi contre les clubs, le président reçut de Londres une lettre qu'il communi-

---

[1]. Voici les noms des *cent* représentants du peuple qui protestèrent par leur vote public contre la loi sur les clubs.

Antoine (Joseph), Arnaud (Ariége), Arnaud (Henri), Audry de Puyraveau, Azerm, Bac (Th.), Bajard, Bardy, Baume (Ed.), Baune, Benoit (Joseph), Bertholon, Blanc (Louis), Blot, Brard, Brives, Bruckner, Bruys (Amédée), Calès, Caussidière, Chonay, Chauffour, Chevassieu, Chevallon, Cholat, Clément (Auguste), Cormenin, Crepu, Curnier, Dargenteuil, David (d'Angers), Degeorge, Delbletz, Détours, Deville, Dorlan, Doutre, Dubarry, Ducluzeau, Dupont (de Bussac), Durant-Savoyat, Durieu (Paulin), Engelhart, Farconnet, Gambon, Greppo, Guinard, James de Montry, Joigneaux, Joly (Henri), Joly (Edouard), Jouin (Pierre), Kestner, Kunig, Labrousse, Lagrange (Charles), Lamennais, Lasteyras, Launois, Laussedat, Lefrançois, Madesclaire, Madet (Charles), Marion (Isère), Mathieu (Drôme), Menard, Mie, Michot, Morhery, Molé, Ollivier (des B. du R.), Pascal (d'Aix), Pegot-Ogier, Pelletier, Perdiguier (Agricol), Pézérat, Pin (Eléazar), Pleignard, Pyat (Félix), Raspail (Eugène), Raynal (Th.), Renaud (Isère), Renou de Ballon, Repellin, Rey (Alexandre), Robert (Yonne), Roger, Ronjat, Roux-Lavergne, Saint-Gaudens, Sarrut, Schlosser, Signard, Solier (Marc), Terrier (By), Tranchand, Trinchant, Vignerte, Westercamp, Xavier-Durrieu.

qua sur-le-champ à la représentation nationale. Elle était ainsi conçue :

« Monsieur le président,

« Je viens d'apprendre que les électeurs de la Corse m'ont
« nommé leur représentant à l'assemblée nationale, malgré la
« démission que j'avais déposée entre les mains de votre prédé-
« cesseur.

« Je suis profondément reconnaissant de ce témoignage
« d'estime et de confiance ; mais les raisons qui m'ont forcé à
« refuser les mandats de la Seine, de l'Yonne et de la Charente-
« Inférieure subsistent encore ; elles m'imposent un nouveau
« sacrifice.

« Sans renoncer à l'honneur d'être un jour représentant du
« peuple, je crois devoir attendre, pour rentrer dans le sein de
« la patrie, que ma présence en France ne puisse en aucune
« manière servir de prétexte aux ennemis de la république. Je
« veux que mon désistement prouve la sincérité de mon patrio-
« tisme. Je veux que ceux qui m'accusent d'ambition soient
« convaincus de leur erreur.

« Veuillez, monsieur le président, faire agréer une seconde
« fois à l'assemblée nationale ma démission, mes regrets de ne
« point encore participer à ses travaux, et mes vœux ardents
« pour le bonheur de la république. »

Londres, le 8 juillet 1848.

« Signé LOUIS-NAPOLÉON BONAPARTE. »

Cette lettre fut accueillie avec assez d'indifférence par l'assemblée nationale. Les journaux qui en parlèrent crurent que Louis-Napoléon renonçait enfin à se considérer comme l'héritier de l'empereur Napoléon, son oncle, et qu'il immolait ses

prétentions sur l'autel de la république. La *Réforme* elle-même considéra la détermination de celui dont elle avait combattu ardemment les velléités impérialistes, comme une inspiration honnête et loyale. « Toutefois, ajoutait le rédacteur de cette feuille, nos opinions d'alors sont encore les mêmes ; tout prince nous est suspect, qu'il ait pour lui la gloire, la race ou la peur ; la défiance est un devoir public, surtout aux heures de la crise ; or, la crise n'est pas encore passée, et nos soupçons vivent toujours... Les candidats puissants laissent toujours derrière eux des clientèles qui s'acharnent à leur fortune, même quand elle face. »

Il était cependant facile de voir que tout fut calculé dans la conduite tenue par Louis-Napoléon ; ses deux démissions successives furent inspirées par la plus habile politique ; cette politique personnelle devait lui conseiller de se tenir à l'écart, afin de pouvoir mieux atteindre le but qu'il poursuivait. Nul doute que si Louis-Napoléon n'eût pas su réfréner l'impatience naturelle de se montrer et s'il fût allé s'asseoir sur les bancs de l'assemblée nationale, il n'eût perdu à l'instant même tout le prestige attaché à sa personne par son seul nom, confondu avec 899 autres citoyens, ses égaux, et dont beaucoup se seraient sentis supérieurs en talents et en patriotisme, il lui eût été difficile de dépasser ce niveau accepté par lui ; heureux encore si, après quelques mois d'apparition sur la scène politique qui use si vite les hommes, il n'eût pas été relégué dans les rangs inférieurs. Dès lors il se trouvait condamné à ne plus pouvoir prendre aucun essor, et son rôle était fini.

En se tenant éloigné d'un théâtre où il lui eût été difficile de briller, il conservait sa position de prétendant ; et, le chapitre 5 de la constitution aidant, il pouvait se présenter avec toutes les chances de succès que lui donnaient à la fois et le nombre de voix obtenues dans les élections des quatre départements, et l'impopularité toujours croissante de ses compétiteurs possibles en ce moment-là. Il adopta ce dernier parti. Le succès dépassa toutes ses combinaisons.

Une question que l'on croyait résolue par le seul établissement de la république, vint alors troubler l'harmonie qui avait existé depuis les journées de juin entre le pouvoir et certaine partie fort importante de la garde nationale parisienne.

Une haute inspiration puisée également dans les mœurs républicaines, dans le sentiment des convenances et même dans les règles du véritable honneur, avait porté les colonels, d'autres chefs et des compagnies entières de la garde nationale, à se prononcer contre toute distribution de croix d'honneur aux citoyens qui avaient servi avec éclat dans les funestes journées de juin.

En effet, ce n'était pas avoir triomphé quand l'ennemi avait été le peuple ou une portion du peuple ; alors qu'on avait eu le malheur de ne combattre que des concitoyens, des frères, et lorsque enfin la victoire si chèrement achetée, avait eu pour résultat d'épuiser les forces vitales du pays. Le gouvernement s'était trompé lorsqu'il décida qu'il y aurait des promotions dans la garde nationale comme dans la mobile et l'armée. Le refus des chefs dut lui prouver qu'on considérait ces croix, tachées de sang français, comme propres à entretenir la division et aviver les haines. « Ce n'est point le laurier, s'écriait un journal, c'est le cyprès qui doit ombrager les tombes de la guerre civile. » Les colonels avaient compris les devoirs que leur imposait la bienséance.

Ce ne fut donc pas sans peine qu'on vit l'autorité militaire forcer les officiers et gardes nationaux à accepter ces distinctions, si peu enviées par les vrais braves ; et les termes dont se servit le général Changarnier furent loin de ramener les dissidents.

Ce général adressa aux colonels une lettre dans laquelle il persistait à penser qu'il convenait de donner à la garde natio-

tionale les décorations annoncées, parce que, disait-il, on ne devait point séparer, dans le partage des distinctions honorifiques, la garde nationale, la garde mobile et l'armée. En conséquence, il engageait les chefs, *au nom de l'obéissance*, à exécuter *ses ordres.*

La plupart des compagnies s'assemblèrent de nouveau et prirent des déterminations qui ne changeaient en rien leur premier refus[1]. L'autorité militaire passa outre ; et quelque temps après, les colonnes du *Moniteur* furent remplies de promotions, dont la plupart excitèrent les plus vives réclamations des compagnies et des corps entiers. C'est que les *hommes du lendemain,* les intrigants, moins scrupuleux que les vrais combattants, s'étaient, comme du temps de la monarchie, emparés des commissions. « Dans les beaux temps de la république romaine, s'écriait un écrivain démocrate, les généraux n'obtenaient pas les honneurs du triomphe dans les guerres civiles, et le gouvernement n'accordait point les couronnes civiques. MM. Cavaignac et Changarnier paraissent l'avoir oublié. »

A cette époque, la question financière ne cessait de tourmenter la république, et l'opposition du comité des finances à toute réforme dans cette partie, rendait la situation beaucoup plus grave qu'elle ne l'était au fond.

Vers la fin de juillet, le ministre Goudchaux proposa l'annulation de l'emprunt inexécuté sous le gouvernement provisoire, et demanda, pour remplacer ces moyens, l'autorisation

---

[1] « Les artilleurs de la 4ᵉ batterie, lisait-on dans une protestation rendue publique, réunis chez leur chef d'escadron, le citoyen Brelay, pour statuer sur la proposition de nommer *cinq artilleurs ayant le mieux mérité de la patrie*, ont décidé et arrêté ce qui suit :

« 1º Tous les hommes de la batterie qui se sont montrés au feu, ont fait leur devoir.

« 2º Ils demandent pour toute récompense, leur parc, leurs pièces, qu'ils attendent depuis longtemps. »

de négocier un nouvel emprunt par l'émission de 13,121,500 francs de rentes 5 pour 100, au taux de 75 francs 25 centimes.

« Je voulais le dégrèvement des impôts, dit le ministre; et pourtant je suis obligé d'ajourner ce dégrèvement jusqu'en 1850... En m'accordant ce que je viens vous demander, vous me donnez une grande force ; vous m'accordez un appui que je ne puis trouver que dans cette enceinte. »

L'emprunt fut accordé d'assez bonne grâce, et voté séance tenante.

Deux jours après, le 26 juillet, le citoyen Thiers se présentait à la tribune pour y lire, au nom du comité des finances, le rapport tant attendu sur la proposition financière déposée par le citoyen Proudhon tendant à relever le crédit public et le crédit privé.

Cette proposition importante, dont nous rappellerons seulement les principales dispositions, avait été considérée par les uns comme une panacée aux maux qui désolaient le trésor et le pays, tandis que d'autres la regardaient comme une spoliation éhontée, conseillée par la folie.

Le citoyen Proudhon demandait que les fermiers et locataires fussent dispensés de payer le tiers des termes échus ou à échoir de leurs fermages ou loyers ; que les débiteurs de créances hypothécaires ou chirographaires fussent également dispensés d'acquitter le tiers des intérêts résultant de leurs contrats, et que l'État, à son tour, fût dispensé de servir le tiers des rentes inscrites au grand-livre : il n'acquitterait même qu'une partie des pensions ou salaires dus par lui, en suivant dans cette réduction, une progression qui s'élèverait depuis 5 pour 100 jusqu'à 50 pour 100. Mêmes dispositions auraient lieu pour les actions industrielles, au détriment des porteurs d'actions, au profit de ceux qui en doivent le dividende.

D'après le plan du citoyen Proudhon, le tiers retenu devait être divisé en deux sixièmes, dont l'un serait abandonné aux

locataires, fermiers, débiteurs de tout genre, à titre de crédit que se feraient entre elles les diverses classes de citoyens ; l'autre sixième serait versé dans les caisses de l'État à titre d'impôt sur le revenu.

L'auteur du projet soumis au rapport du comité, évaluait à 1,500 millions la part qui serait ainsi abandonnée aux locataires, fermiers, débiteurs ; et à 15,000 millions la part qui reviendrait à l'État. Au moyen de cette double ressource, 1,500 millions iraient vivifier l'industrie et le commerce, en même temps que l'État, prenant l'autre sixième, pourrait non-seulement faire face aux dépenses courantes, mais encore supprimer certains impôts onéreux et impopulaires, et créer de grands établissements de crédit.

Tel était, en résumé, le fond de la proposition du citoyen Proudhon. Il nous serait impossible d'analyser de même le rapport du citoyen Thiers. Nous dirons seulement que ses calculs sur ce que pourrait rapporter la mesure proposée par Proudhon, différaient essentiellement de ceux de ce dernier. Suivant M. Thiers, tout ce que l'on aurait pu tirer de la part des loyers, fermages, créances hypothécaires, retenues sur les rentes de l'État et actions industrielles, ne pouvait s'élever au delà de 320 millions, au lieu de 3 milliards. Par ces seuls calculs, qu'il assurait se rapprocher autant que possible de la vérité, le rapporteur tuait la proposition et l'anéantissait à tout jamais.

Mais M. Thiers ne fit pas précisément un rapport ; il dressa bien plutôt un acte d'accusation contre Proudhon et contre tous les innovateurs en matière de finances, y compris le ministre Goudchaux, coupable d'avoir soumis à l'assemblée un projet de décret relatif à l'impôt progressif.

Le citoyen Proudhon demanda à répondre.

« Ce n'est pas un rapport que vous venez d'entendre, dit-il, c'est presque une accusation. Vous devez aussi entendre la réponse. Il y a des évaluations financières que je ne comprends pas. J'ai besoin d'avoir le rapport entre les mains. Je demande donc que la discussion soit fixée à samedi prochain. »

L'assemblée accorda au citoyen Proudhon les quarante-huit heures qu'il demandait pour rétablir la vérité si étrangement altérée, disait-il, par les paroles et les calculs qu'il venait d'entendre.

Le citoyen Proudhon fut exact. Sa réponse, qui dura quatre heures et qui formerait un volume, ne peut s'analyser qu'en bloc, et comme le fit un journal par les lignes suivantes :

« Dans sa première partie, le citoyen Proudhon a noblement dégagé sa personne des accusations et des injures dont M. Thiers avait émaillé son rapport. Il a défendu le socialisme, aujourd'hui travesti comme autrefois le libre examen, et il en a fait un droit vivant sorti victorieux des barricades ; il a même déclaré que la révolution de février était tout entière dans le socialisme.

« La seconde partie de sa défense a eu pour objet la justification des doctrines économiques et des chiffres qu'il avait exposés dans son projet d'impôt. »

Mais, il faut le dire, en finissant, le citoyen Proudhon, comme représailles, sans doute, fit un réquisitoire contre l'assemblée nationale, contre le suffrage universel et contre la propriété, réquisitoire propre à soulever un chœur de colères, dont on ne peut se faire aucune idée. Attaqué à la fois, et avec fureur, par le côté droit, qui se montrait indigné du cynisme de l'orateur, et par le côté gauche, qui paraissait stupéfait des coups portés aux principes démocratiques par un démocrate, le citoyen Proudhon eut toutes les peines du monde à terminer la lecture de son discours. De toutes parts on entendait les cris : assez ! assez ! D'autres membres demandaient qu'on l'envoyât à Charenton. Chacun s'empressait de rédiger sa proposition d'un ordre du jour plus ou moins flétrissant.

Enfin l'indignation de l'assemblée se traduisit par l'ordre du jour suivant, voté en ces termes, à l'unanimité moins deux voix :

« L'assemblée nationale, considérant que la proposition du citoyen Proudhon est une atteinte odieuse au principe de la morale publique ; qu'elle viole la propriété ; qu'elle encourage la délation ; qu'elle fait appel aux plus mauvaises passions ; considérant que par cette proposition, le citoyen Proudhon a calomnié la révolution de février, en la rendant responsable des doctrines subversives qu'il a développées à cette tribune, passe à l'ordre du jour. »

Ajoutons que ce début d'un homme sur lequel les socialistes fondaient de si grandes espérances, fut de nature à attrister ses disciples les plus fervents.

PIÈCES JUSTIFICATIVES

DU TROISIÈME VOLUME.

(VOYEZ LA PAGE 177 DU PRÉSENT VOLUME.)

DÉTAILS PUBLIÉS PAR UN OFFICIER D'ÉTAT-MAJOR SUR LES PRINCIPALES BARRI-
CADES ÉLEVÉES PAR LES INSURGÉS DANS LES JOURNÉES DES 23, 24, 25 ET 26
JUIN 1848.

Compter les barricades de Paris élevées pendant les journées de juin, autant vaudrait compter les grains de sable du rivage de la mer. Dans la moitié de la ville occupée par l'insurrection, il faudrait hardiment barrer toutes les rues, enfermer toutes les places, nouer tous les carrefours. Trente-quatre barricades montaient à l'escalade de la seule rue Mouffetard, depuis la place Maubert jusqu'à la barrière d'Italie. Les alentours de l'Hôtel-de-Ville, vus de la tour Saint-Jacques-la-Boucherie, ressemblaient à un océan de pavés bouleversés.

La guerre des barricades, bien connue du peuple de Paris par une pratique si fréquente, au point qu'on a parlé d'un homme surnommé le *professeur de barricades*, a été singulièrement perfectionnée cette fois ; il a fallu déployer les moyens les plus énergiques de la guerre des sièges pour en venir à bout, et encore, après quatre jours et quatre nuits de combats acharnés. Les barricades les plus éloignées, celles qu'on avait pu élever à loisir, comme dans le quartier Saint-Antoine, étaient de véritables constructions par assises régulières de pavés et de pierres de taille, et d'une épaisseur à l'épreuve du canon. Quelques barricades très-étendues présentaient de face un angle rentrant, soit pour neutraliser en partie l'effet du boulet, soit pour fournir à droite et à gauche une double fusillade convergeant sur les troupes assaillantes. Dans plusieurs rues, les insurgés, s'emparant des maisons, perçaient les murs à coups de pioche pour établir ainsi de longues communications qui leur permettaient d'avancer ou de faire retraite à l'abri.

Un art inouï éclatait dans quelques-unes de ces barricades menaçantes, improvisées avec les premiers matériaux venus, charrettes, planches et cuivre. La plupart d'entre elles avaient leurs assises à deux et trois pieds dans le sol, afin que le canon ne pût les entamer par la base. Celles de la rue Saint-Jacques étaient des serrures, celles du faubourg Saint-Antoine étaient des monuments. Au sommet du faubourg Saint-Denis, les insurgés avaient pénétré dans les ateliers de M. Cavé, mécanicien ; ils s'étaient emparés d'une locomotive, de deux ou trois cuviers, et d'un assez grand nombre de feuilles de tôle, avec lesquels ils avaient construit, à hauteur de premier étage, un formidable retranchement que trois cents coups de canon ont été impuissants à ébranler.

Le mur d'enceinte de Paris, depuis la barrière Rochechouart jusqu'à celle de Ménilmontant et au delà, n'était qu'une longue suite de meurtrières ; quoique la plupart soient aujourd'hui bouchées, on en voit la trace pendant plusieurs lieues de tour, — cordon implacable où chaque barricade faisait nœud. Plusieurs arbres ont été abattus sur le boulevart extérieur ainsi que sur le chemin de ronde.

Une barricade placée sur le boulevart Saint-Ange, entre la barrière Saint-Denis et la barrière Poissonnière, a surtout été funeste à la troupe de ligne et à la garde mobile. Sa position, au bas d'un *dos d'âne* formé par le tunnel du chemin de fer du Nord, permettait aux insurgés de décimer nos soldats à mesure qu'ils les voyaient apparaître du sommet.

Les fortifications naturelles du clos Saint-Lazare, telles que mamelons, murailles, accumulation de pierres, expliquent suffisamment l'absence de barricades. Après celle de la place Lafayette, la seule qui ait été construite dans la rue du Delta, vis-à-vis la rue de Rocroy, est due au général Lebreton, qui fit abattre un pan de mur pour frayer un passage aux balles des légions. A deux cents pas de cette barricade, un insurgé, complètement ivre, est plusieurs fois venu offrir sa poitrine, en criant : *Fainéants, tirez donc!* Mais toujours la garde nationale a détourné ses fusils et dédaigné d'atteindre ce malheureux.

La Grande rue de La Chapelle-Saint-Denis était entièrement fortifiée : aussi n'est-ce que le dimanche soir que la force publique a pu y faire irruption à l'aide d'un détour, par les rues de Chartres et Jessaint, sur le boulevart extérieur. — La barrière de La Villette regorgeait de barricades ; ç'a été, avec la Chopinette, un des points les plus difficiles à emporter.

Le faubourg du Temple gardera longtemps au front de ses boutiques les marques cruelles de sa rébellion. Profondément labouré par le canon dans toute sa longueur, il semble aujourd'hui prêt à s'affaisser sur lui-même. Ses barricades étaient peu nombreuses, mais mieux que par des barricades, il était surtout protégé par le canal Saint-Martin ; de ce côté, les dégâts sont immenses, incalculables. Au coin de la rue Folie-Méricourt, une maison frappe les regards, demi-brûlée, demi-renversée et criblée d'un millier de balles.

La rue Saint-Sébastien, la rue Saint-Maur, les quartiers Popincourt et Ménilmontant ont eu leurs retranchements courageusement attaqués, désespérément défendus; les insurgés ne les ont abandonnés qu'au dernier moment, pour aller se rallier, par les barrières, aux combattants du faubourg Saint-Antoine.

Entre la Bastille et le Temple, le quartier du Marais, principalement dans les rues Charlot, Saint-Louis, du Pas-de-la-Mule, avait de nombreuses barricades, mais isolées et ne faisant point partie de la grande combinaison stratégique du plan principal.

Cependant les barricades se faisaient plus fréquentes à mesure qu'elles se rapprochaient de l'Hôtel-de-Ville : à l'extrémité de la rue Saint-Antoine, et dans les rues tortueuses qui l'avoisinent, elles se pressaient, s'amoncelaient, s'élevaient d'une manière effrayante; c'étaient des pyramides de pavés à défier le canon, des murailles de planches à défier les balles. Quel furieux tintamarre dans cette rue Saint-Antoine! Pendant les décharges de feux de peloton, sinistres et drues, une cloche pendue au balcon du premier étage d'un marchand de vin, dominant la barricade, au coin de la rue de l'Égout, ne cessait de faire entendre ses sons de ralliement. Pas une devanture de magasin qui ne soit défoncée par le boulet, pas une vitre debout; les espagnolettes pendent aux fenêtres, décrochées et brisées; il n'y a plus de place sur les murs pour une seule balle. Un café, le plus abîmé de tous, le café Louis, étale avec une sorte d'ostentation ces stigmates d'épouvante; et tous les soirs, au milieu des glaces fracassées, des panneaux rompus, des débris de toute sorte inondés d'un vif éclat, se réunissent les gardes nationaux pour parler barricades et combats des rues.

N'oublions pas les barricades de la rue des Nonaindières, de la rue de la Tixeranderie, de la rue de la Verrerie, remarquables par leur nombre et leur solidité. Au cœur de Paris, elles se multiplient et encombrent notre souvenir. La voûte Aumaire, la rue Frépillon et les aboutissants étaient fortifiés comme des places de guerre; la rue Vieille-du-Temple est presque toute dépavée; au bas de la rue Rambuteau, il y a des barricades faites en parties avec les malles de quelques voyageurs retenus dans la matinée du samedi. C'est sur l'imposante barricade de la rue Culture-Sainte-Catherine que le citoyen Clément Thomas a été atteint d'un fragment de balle.

Les premières barricades élevées sur les quais ont été celles du coin de la rue Planche-Mibray et du pont Saint-Michel. Les barricades de la Cité, construites à la hâte et mal défendues, ont tenu peu de temps. On remarque à peine quelques commencements de dépavage sur quelques points de l'île Saint-Louis.

En revanche, les trois formidables faubourgs Saint-Jacques, Saint-Marcel et Saint-Victor, fortifiés jusque dans leurs impasses, et armés du fond de leurs souterrains jusqu'au faîte de leurs maisons, étincelaient de barricades sous le soleil. Aux alentours de la place Maubert, c'était un enchevêtrement indescriptible : on eût dit que le quartier tout entier s'était mis en état de démolition pour soutenir le siége. Les toiles d'araignée n'ont pas de ramifications plus fantasques et plus diverses que le réseau enveloppant les rues Galande, Saint-Julien-le-Pauvre, des Rats, du Fouarre, des Anglais, et tout ce carrefour oublié du moyen âge.

Une barricade monstrueuse, dressée dans le chantier du cardinal Lemoine, entre le quai de la Tournelle et la rue Saint-Victor, n'a été enlevée que très-difficilement;

on n'a pas eu moins de peine pour la barricade du pont Saint-Michel, savante construction en planches de plus de douze pieds de haut, et qui figurait la porte principale de ce centre d'insurrection.

Le cordon des barricades enveloppait la Sorbonne et se repliait autour du Panthéon; mais à cette hauteur elles se faisaient beaucoup plus rares, et ne se poursuivaient plus que de loin en loin dans la rue du faubourg Saint-Jacques jusqu'à la barrière d'Arcueil.

Entre la barrière d'Italie et la barrière de Lourcine, au bout du faubourg Saint-Marcel, se retrouvent les traces encore fraîches d'un combat terrible. Désertes aujourd'hui, les rues du Champ-de-l'Alouette et des Anglais, étaient remplies, les 24 et 25 juin, d'une multitude d'insurgés. C'est là seulement, dans ce coin isolé de Paris, retranché comme le clos Saint-Lazare, que les révoltés en sont venus quelquefois au combat corps à corps. Refoulés jusqu'à la barricade Mouffetard, leur fuite est écrite en rouge le long de la rue Pascal et de la rue de Lourcine.

En outre des barricades, les insurgés avaient improvisé des forteresses sur divers points; les principales étaient: les maisons situées au bas du pont Saint-Michel, l'église Saint-Séverin, le Panthéon et l'école de Droit; l'église Saint-Gervais, derrière l'Hôtel-de-Ville, les maisons de la place Saint-Gervais et de la place Baudoyer; une partie de la rue du Temple et du faubourg; les constructions nouvelles du clos Saint-Lazare; les angles des grandes rues qui débouchent sur la place de la Bastille; et enfin, tout le faubourg Saint-Antoine, qui n'a été occupé que le dernier, et où il restait encore vingt mille combattants le lundi 26 juin.

(VOYEZ LA PAGE 219 DU PRÉSENT VOLUME.)

LISTE DES VILLES ET COMMUNES QUI ÉTAIENT REPRÉSENTÉES PAR LEURS GARDES NATIONAUX A LA REVUE PASSÉE PAR L'ASSEMBLÉE NATIONALE APRÈS LES JOURNÉES DE JUIN.

Avallon, Autun, Andelon, Auxonne, Amiens, Arc, Arras, Avesnes, Avranches, Alençon, Andelys, Abbeville, Albert, Auberive, Attichy, Argentan, Beaugency, Blois, Bourges, Beauvais, Béthune, Berlaincourt, Bouchain, Boulogne, Breteuil, Bar-sur-Aube, Bar-sur-Seine, Bar-le-Duc, Besançon, Bourbonne, Bernay, Brest, Bordeaux, Bayonne, Braisne, Bayeux, Bourmont, Caen, Carentan, Chartres, Cherbourg, Chevreuse, Coutances, Chailly, Châlons-sur-Marne, Château-Thierry, Châtillon-sur-Seine, Chaumont, Coulommiers, Crécy, Clamecy, Château-Chinon, Calais, Cambray, Chauny.

Clermont, Compiègne, Corbie, Creil, Crépy, Châteauvillain, Coucy-le-Château, La Chapelle-sur-Crécy, Choisy-sur-Marne, Dieppe, Dijon, Dourdan, Douai, Dunkerque, Ducoy, Dôle, Doulaincourt, Doullens, Elbeuf, Évreux, Épinal, Célaron, Forges, Frey-Billot, La Ferté-sous-Jouarre, La Ferté-Gaucher, La Fère, Fontainelles, Grillon, Granville, Gien, Gournay, Govray, Gers, le Havre, Hazebrouck, Hervey, Joinville, Joigny, Jussennecourt, Jouy-sur-mer, Jouy-le-Grand, Louviers, Lagny, Langres, Laon, Landrecies, Le Cateau, Lille, Lens, Longins, Lorient, La Rochelle, Ligny, Magny, Mantes, Meulan, Montfort-Lamaury, Mortain, Meaux, Méry-sur-Seine, Mirecourt, Moulins, Maignelay, Marville, Maubeuge, Montdidier, Montmorency, Morcy, Montierander, Morlaix, Montebourg, Napoléon-Vendée, Neufchâtel, Nancy, Nanteuil, Nevers, Noyon, Nantes, Nogent, Orgeval, Orléans, Pont-Lévêque, Poissy, Pithiviers, Péronne, Pont-Sainte-Maxence, Pauchard, Pontorson, Pontivy, Pranthoy, Pontarlier, Quincy, Quesnoy, Rouen, Rozoy, Ribecourt, Roye, Roubaix, Remilly, Rennes, Rochefort, Saint-Lô, Strasbourg, Semur, Sens, Saint-Just, Saint-Omer, Senlis, Soissons, Saint-Pol-de-Léon, Saint-Jean-de-Losnes, Saint-James, Saint-Hilaire-du-Harcouet, Turcoing, Tours, Troyes, Tréport, Torigny, Valenciennes, Vendôme, Versailles, Verberie, Verdun, Vierzon, Villeneuve, Vitry, Vassy, Valogne, Vernon, Villevieux, Yvetot.

(VOYEZ LA PAGE 251 DU PRÉSENT VOLUME.)

Voici les détails qu'un correspondant de Prague nous a fournis sur l'installation du congrès slave dans cette ville. Il ne faut pas oublier que c'est un Allemand qui les écrivait dans une langue étrangère pour lui.

Prague, 5 juin 1848.

« Je vous écris, cher ami, sous l'impression du spectacle inouï d'un congrès slave.

« Certes, la race slave en a aussi bien le droit que la race allemande.

« Il s'agit, vous le savez, avant tout de revivifier, ou mieux dit, *d'introduire dans le mouvement civilisateur de l'Europe occidentale et centrale* les vingt millions de Slaves non encore assujettis à l'empereur de Russie. Certes, lui-même, *le père si grand et si vénérable de ses peuples* (comme disent les Slaves russophiles), fait travailler les Slaves non russes par de l'or, des sermons, des promesses; les griffes de l'*aigle à deux têtes*, embrasseraient un jour, comme un immense domaine, la surface du globe, depuis le détroit entre l'Amérique et l'Asie jusqu'à Prague, jusqu'à Stettin, eh quoi ! jusqu'à Leipzig, car les savants slavemanes, les pédants panslavistes à la manière des fameuses *chambres de réunion* sous Louis XV, prouvent déjà aux braves Saxons que Leipzig vient de *lipsk*, et que *lipa* signifie en slave le *tilleul*.

Le fait est qu'il y a neuf siècles, les Slaves labouraient la terre à la rive droite de la rivière de l'Elbe, en Mecklembourg, Brandebourg, Poméranie, Silésie, Saxe royale et ducale ; ils avaient pris possession de tous ces pays, lorsque les tribus allemandes de ces parages s'étaient ébranlées pour émigrer vers l'empire romain. Plus tard tous les Allemands, refluant vers ces pays, les ont regermanisés tout à fait. Mais en Bohême, en Moravie, dans quelques districts de la Prusse orientale, l'élément slave prévaut encore à l'heure qu'il est.

« Qu'y faire ? Je vous dirai ce que le congrès slave proposera : la conquête à main armée et des mesures *un peu moyen âge* envers les Allemands du pays.

« Pardonnez, cher ami, à nos frères slaves cette surexcitation de leur patriotisme ; ils ont souffert si longtemps, si cruellement, surtout les nobles et braves Tschèques (ou Bohêmes), ces fiers Hussites, ces précurseurs de Luther et de Robespierre ; ce peuple que les jésuites de la maison de Habsbourg, par une guerre d'extermination de trente ans, réduisirent en effet du nombre de quatre millions à quatre cent mille, et des hauteurs du républicanisme fougueux et évangélique à la fange d'une superstition infâme et lâche ; ce peuple se souvient aujourd'hui qu'avant sa dernière lutte contre les Habsbourg il avait triomphé vingt ans sur la maison impériale de Luxembourg, en portant la gloire et l'Évangile par toute l'Allemagne très-abrutie alors.

« La Moravie, entre la Gallicie et la Bohême, avait toujours partagé le sort de celle-ci. Jadis ces pays avaient eu des princes communs, tant païens que baptisés.

« Les voilà les délégués des Slaves, depuis les Carpathes aux bouches du Danube turc, depuis les Alpes à la Vistule prussienne ; ils se rendent à l'église de Feyn, en costumes bizarres, quelquefois magnifiques, de velours et d'hermine, en couleurs de tribus unies, à *la tricolore panslave*, qui est la même que celle de France. La brigade des étudiants de Prague et des corps francs, même des amazones armées et à cheval, se promènent, sous le son des cloches, dans les rues toujours mornes et sombres de l'ancienne cité de Prague.

« Les Slaves de la Dalmatie, de la Hongrie, de la Croatie et de la Gallicie, se donnent le bras ; ils avancent à pas lents, sous silence, comme s'ils réfléchissaient sur leur triste passé. Parfois ils entonnent un hymne national assez mélancolique.

« Dans la vaste salle de l'île Sophie, je compte parmi leurs notabilités le poëte national des Serbes, le vieillard Wouk Karadjitz ; le prêtre Hourban, exilé de la Hongrie par les violences du parti exclusivement hongrois ; le professeur Cybulski, de Berlin ; le grand anatomiste Purkinji, de Breslau ; le prince Lubomirski, de la Gallicie ; en outre, le grand historien de la race slave, Schaftargik, et le docteur Libelt, un des insurgés de Posen. Les idiomes de toutes les tribus slaves sont assez différents, et il n'y a que très-peu de membres qui les comprennent tous à le fois.

« Les propositions adoptées ont été jusqu'à présent entièrement hostiles à l'Allemagne, et malheureusement aussi et surtout à cette héroïque ville de Vienne qui, depuis trois mois, ne fait que combattre le monstre de la tyrannie à mille têtes, ville profondément et jusqu'à la moelle des os allemande. Le congrès slave a commis la triste imprudence de demander que Vienne, avec sa province allemande du Danube, se subordonne désormais à l'ensemble de la confédération slave de l'empire *autrichien*, qui changerait ce nom en celui d'*empire slaviste*. Les Viennois ont certainement peu d'intérêt à museler de nouveau les Galliciens, les Dalmates, les Milanais ; mais il serait plus que ridicule de vouloir incorporer Vienne à un empire *slave !*

« Voilà, mon cher ami, le commencement grandiose et plein d'avenir du réveil de ces peuplades. Veillons cependant à notre tour afin qu'elles ne soient trompées par les aristocrates et par les prêtres, par leurs savants et leurs poëtes. Vive la démocratie ! Les prolétaires, les *démocrates* allemands, slaves, français, ne peuvent jamais avoir de querelles : si leurs oppresseurs se livrent une guerre, que ce soit alors le signal, pour la démocratie, de sonner le *tocsin sacré* dans chacun de ces pays, pour paralyser efficacement toute haine internationale et pour enflammer de plus en plus celle contre les oppresseurs si éloquents et splendides qui habitent chacun de ces pays. La France, l'Allemagne, la Slavie, voilà la confédération du continent telle que le dix-neuvième siècle la verra avant sa fin. (Le correspondant oubliait l'Italie.)

TABLE DES MATIÈRES

CONTENUES DANS LE TROISIÈME VOLUME

DE L'HISTOIRE DE LA RÉVOLUTION DE 1848.

CHAPITRE Ier.

(De la page 1 à la page 42.)

Reproches adressés aux partisans de l'état de siége et de la dictature. — Examen de ces reproches. — Les impitoyables changent de système. — Adresse du président Sénard à la garde nationale. — Mauvais effet de cette adresse. — Nouvelle adresse du pouvoir exécutif à l'armée et aux insurgés. — L'homme du sabre donne une leçon d'humanité aux impitoyables. — Cette leçon porte ses fruits. — Nouvelle et tardive exhortation aux insurgés par le président de l'assemblée. — Seconde journée militante. — On retrouve partout les insurgés maîtres de leurs positions de la veille. — Animation que présentent les quartiers occupés par les insurgés. — Ce sont les chefs qui manquent. — Aspect de la partie de la ville soumise à l'état de siége. — Grandes mesures prises par le général en chef. — Renforts qui lui arrivent de toutes parts. — Le combat recommence du côté de la Cité. — Attaque et prise de la barricade du Petit-Pont. — Barricades de la place Saint-Michel et de la rue des Mathurins. — Droit barbare que s'arrogent les vainqueurs. — Manœuvres du général Damesme autour du Panthéon. — Prises de plusieurs barricades. — Affaire du Panthéon. — Insuccès de la première attaque. — Arrivée des missionnaires de l'assemblée nationale. — Nouvelle attaque du Panthéon. — Effets du canon. — Les insurgés évacuent ce temple. — La lutte continue derrière le Panthéon. — Blessure reçue par le général Damesme. — Plan que l'on a attribué aux insurgés. — Prise de la place des Vosges. — Attaque sur les derrières de l'Hôtel-de-Ville. — Combat long et sanglant de l'église Saint-Gervais. — Le général Duvivier mortellement blessé. — Situation morale des 5e, 6e et 7e arrondissements. — Mauvais effet des barbaries exercées sur les prisonniers. — Résolutions désespérées des insurgés. — Provocations faites par les journalistes réactionnaires. — Faux récits des atrocités commises par les insurgés. — Déplorables bulletins qu'ils publient dans le but de déshonorer les démocrates. — Eternels ennemis du peuple, vous l'avez une fois de plus lâchement calomnié !

CHAPITRE II.

(De la page 43 à la page 77.)

Impossibilité de décrire tous les combats partiels de juin. — Barricades du Marais. — Combat de la rue Boucherat. — Autres barricades du 6° arrondissement. — Abords du canal Saint-Martin. — Les troupes de Lamoricière sérieusement engagées dans le haut des faubourgs du nord. — Position que les insurgés y occupent. — Combat de la barrière Rochechouart. — Attaque de la barrière Poissonnière. — Le clos Saint-Lazare pendant la journée du 24. — La garde nationale de Rouen au chemin de fer du Nord. — Combats de la rue Lafayette et autres. — Le faubourg Saint-Denis et la barricade Cavé. — Résistance que les troupes y éprouvent. — Elle est enlevée après de grandes pertes. — L'attaque de la barrière de La Chapelle est remise au lendemain. — Les faubourgs Saint-Martin, du Temple et Saint-Antoine pendant cette seconde journée. — Le général Bréa succède au général Damesme. — Barricades qu'il enlève. — Combat de la place Maubert. — Retraite des insurgés sur divers points. — Fautes qu'ils commettent de ce côté. — Coup d'œil sur les allégations calomnieuses des journaux réactionnaires. — Démentis tardifs enregistrés par quelques-unes de ces feuilles. — Comment ces odieuses calomnies se sont propagées et accréditées. — Journaux et écrits qui y ont contribué. — Faits incontestés qui témoignent en faveur des insurgés. — Les représentants faits prisonniers. — Réflexions au sujets de ces récits atroces. — Les réactionnaires ont voulu déshonorer les chefs de la démocratie et le peuple.

CHAPITRE III.

(De la page 78 à la page 104.)

Nuit du 25 juin. — Aspect de la capitale devant et derrière les barricades. — Suppression d'un grand nombre de journaux. — Droits que le pouvoir exécutif puise dans l'état de siége. — Paris transformé en un vaste camp. — Conséquence de l'état de siége. — Les dénonciations commencent leur effroyable cours. — Tristes chapitres des prisons. — Reprise de la séance permanente. — Nouvelles lues par le président des différents points de l'insurrection. — Votes de trois millions destinés à donner du pain aux citoyens qui en manquaient. — Prorogation des effets de commerce. — Traits caractéristiques de la majorité. — Proposition de Larochejaquelin pour que l'assemblée fasse connaître ses sentiments à l'égard des prisonniers. — La majorité repousse cette proposition. — Lettre du maire de Paris. — Elle prouve l'acharnement du combat. — Le président reprend la proposition du citoyen Larochejaquelin. — Bonne proclamation adressée aux insurgés. — L'assemblée devait faire plus encore. — Réflexions à ce sujet. — Coup d'œil sur la rive gauche. — Préparatifs du général Bréa pour attaquer la barricade Fontainebleau. — Etat de la lutte sur la rive droite. — Nouveaux combats aux barrières Rochechouart et Poissonnière. — Prise de ces deux barrières. — Nouvelle attaque du clos Saint-Lazare. — Il est occupé par la troupe. — Prise de la barrière de La Villette. — Le théâtre de la guerre se porte vers l'Est.

CHAPITRE IV.

(De la page 105 à la page 139).

La colonne de l'Hôtel-de-Ville prend l'offensive. Elle place le 9e arrondissement entre deux feux. — Position des insurgés dans ce quartier. — La lutte s'engage dans la rue Saint-Antoine. — Elle est impossible à décrire. — Spectacle qu'offre ce quartier.

TABLE DES MATIÈRES.

— Efforts du général Perrot pour franchir la rue Saint-Antoine. — Il ne débouche sur la place de la Bastille qu'à la nuit. — Marche du général Négrier par les quais. — Résistance qu'il éprouve à la caserne des Célestins. — Il atteint le boulevart Bourdon. — Moment critique. — Lamoricière s'avance sur le faubourg Saint-Antoine par les boulevarts. — Lutte dans le Marais et à la place des Vosges. — Situation des insurgés qui occupent le faubourg Saint-Antoine. — Attaques partielles de ce faubourg. — Proclamations diverses des insurgés de ce quartier. — Drapeaux et devises du faubourg. — Calomnies des journaux royalistes. — Le combat devient général sur la place. — Mort du général Négrier. — Le combat continue ; la place est en feu. — L'arrivée de l'archevêque de Paris produit un moment de trève. — But de sa détermination. — L'archevêque pénètre au milieu des insurgés. — Ses prescriptions ne sont pas observées par la troupe. — Altercations et coups de fusils. — L'archevêque est blessé mortellement. — Trois insurgés tombent à ses côtés. — Indignation des insurgés. — Soins respectueux qu'ils rendent au blessé. — Le combat recommence sur la place et ne cesse qu'à la nuit. — Retour du général Lamoricière au boulevart du Temple. — Sa réponse à un parlementaire. — Confusion et fausse interprétation des actes officiels. — Anarchie qui règne au-dessous du pouvoir. — Vues diverses des chefs militaires. — C'est une victoire complète que veut la réaction et non une pacification. — Le général Bréa au faubourg Saint-Marceau. — Il y porte des paroles de conciliation. — Barricades de la barrière Fontainebleau. — Le générale Bréa parlemente avec les insurgés. — Il traverse la barricade. — Exigences des insurgés. — Le général est retenu en ôtage, ainsi que les officiers qui l'accompagnent. — On croit que c'est Cavaignac. — Cris de mort contre lui. — On essaie de le sauver par le jardin. — La population l'arrête. — Mauvais traitement qu'on lui fait subir. — Ordres que l'on exige de lui. — Il est conduit au poste de la garde nationale. — Triste situation des prisonniers. — Le général Cavaignac en est informé. — Sa réponse. — Dernière tentative pour sauver le général. — Approche des troupes. — Le général et son aide de camp sont immolés. — Attaque et prise de la barricade. — Terribles représailles.

CHAPITRE V.

(De la page 140 à la page 173.)

Projet de décret présenté par M. Sénard pour déporter les insurgés. — Considérations dont il l'appuie. — Les vainqueurs de juin veulent déporter les vainqueurs de février. — Intrigues à ce sujet. — Calomnies dont on se sert pour appuyer ces mesures extrêmes. — Stupeur de la montagne. — Moyens d'action préparés pendant la nuit par les généraux. — Positions qu'occupent les insurgés. — Les représentants Galy-Cazalat, Druet-Desvaux et Larabit. — Leurs efforts pour amener une capitulation. — Soumission que les parlementaires du faubourg apportent au président de l'assemblée. — Espérances du citoyen Larabit. — Son apostille. — Le président rend compte de cette démarche. — Il annonce avoir exigé une soumission pure et simple. — Le langage des proclamations mis en regard de ce refus. — Motifs de ces nouvelles exigences. — Les royalistes veulent frapper la démocratie. — Pendant les dénonciations, Lamoricière attaque le canal. — Résistance qu'il éprouve encore de ce côté. — Versions diverses sur les négociations du faubourg Saint-Antoine. — Intervention de citoyens Recurt, Beslay et Guinard. — Allocution de ce dernier. — Les insurgés se croient trahis. — Convention acceptée et signée. — Le général Lamoricière ne veut pas faire cesser le feu. — Heure de rigueur fixée pour la soumission absolue du faubourg. — Les négociateurs ne reparaissent plus. — L'horloge sonne dix heures et l'attaque commence. — Effets de l'artillerie. — Marche de la colonne de droite. — Le général Perrot fait une dernière sommation. — La réponse se trouve dans l'inaction des insurgés. — Reprise des hostilités. — Incendie d'une maison à l'entrée du faubourg. — Les insurgés rentrent chez eux ou fuient. — La troupe franchit les barricades sans obstacles. — Délivrance des représentants Galy et Druet. — Le général Perrot arrive à la barrière du Trône. — Démolition des barricades du faubourg. — Dernière lutte du général Lamoricière dans les quartiers Ménilmontant et Popincourt. — Prise des barrières Ménilmontant et de Belleville. — Le général Lebreton chargé d'enlever aux insurgés La Villette. — Négocations sans résultat. — Attaque et prise de la première barricade. — Fuite des insurgés. — Fin de la guerre civile. — Proclamation du chef du pouvoir exécutif. — Dans Paris je *vois des vainqueurs et des vaincus; que mon nom soit maudit si je consentais à y voir des victimes.*

CHAPITRE VI.

(*De la page* 174 *à la page* 203.)

Aspect que présente la ville de Paris le lendemain du combat. — Nombreux gardes nationaux arrivés de provinces. — Vaste camp militaire. — Sinistres traces du combat laissées sur tous les points de la lutte. — On croit voir une ville prise d'assaut. — Pèlerinage de la haute société vers ces lieux de désolation. — Essaim de délateurs et de sbires apparus après la bataille. — Recrudescence de dénonciations et d'arrestations. — Nouvelles séries de faits odieux inventés par les réactionnaires. — Bruits d'empoisonnement et de tentatives d'empoisonnement. — Faits cités par les feuilles contre-révolutionnaires. — Démentis formels et officiels opposés à ces calomnies. — Protestation de la *Réforme*. — Ces bruits odieux n'en circulent pas moins partout et principalement dans les provinces. — Efforts nécessités pour faire surnager la vérité. — Causes réelles de ces bruits. — Le rapport sur le projet de déportation est présenté sous la funeste influence de ces calomnies. — Le projet de la commission est plus rigoureux que celui du gouvernement. — Déclaration du général Cavaignac à ce sujet. — Il a soutenu les propositions atténuantes. — Nécessité de faire plusieurs catégories. — Le projet de loi est fait en vue de *venger la patrie*. — Les réactionnaires veulent voter sans discussion et sans désemparer. — Pierre Leroux repousse le projet comme inhumain. — Lectures des articles rédigés par la commission. — Ils ne veulent pas qu'un seul démocrate échappe. — Discours du citoyen Caussidière pour ramener la majorité à l'indulgence. — Vote du projet tel que l'a aggravé la commission. — Horrible événement de la place du Carrousel. — Cent vingt-cinq hommes tués ou blessés.

CHAPITRE VII.

(*De la page* 204 *à la page* 223.)

Le général Cavaignac se démet de ses fonctions de dictateur. — Intrigues pour pourvoir au gouvernement. — La nuance du *National* fait de nouveau confier le pouvoir exécutif à ce général. — Conditions qu'y mettent les réactionnaires. — Démission en masse du ministère nommé par la commission exécutive. — On jette le linceul sur les restes du gouvernement provisoire et de la commission. — Le général Cavaignac, la garde nationale, l'armée, la mobile et les autres généraux ont bien mérité de la patrie. — Le chef du pouvoir exécutif désigne son ministère. — Il est formé d'hommes du *National*. — Les réactionnaires veulent repousser le fils de Carnot. — Remaniement. — Le citoyen Marie élu président de l'assemblée en remplacement du citoyen Sénard. — Proclamation au peuple français. — Qualifications que l'on y donne aux insurgés. — La terrible réalité. — Causes diverses de cette formidable insurrection. Millions votés facilement le lendemain de la victoire. — La démocratie, saignée aux quatre membres, se montre encore vivace. — On se dispose à renvoyer chez eux les gardes nationaux accourus à Paris. — Revues du 28 juin et du 2 juillet. — Réflexions sur la présence de ces gardes nationales à Paris. — Vues qui dirigeaient le parti réactionnaire en les appelant. Langage des feuilles royalistes des provinces. — Haines que ces feuilles portent à la ville de Paris. — Article furibond du *Courrier de la Gironde* contre cette ville. Les royalistes travaillent à détacher les départements de la métropole. — Ils comptent sur les conseils généraux des départements. — Le gouvernement fait avorter ce complot.

CHAPITRE VIII.

(De la page 224 à la page 245.)

Suites déplorables de la guerre civile. — Prisonniers passés par les armes derrière l'Hôtel-de-Ville. — Tribunal composé pour les juger. — Caveaux de l'Hôtel-de-Ville. — Détails affreux acquis aux débats. — Exécutions de la place Saint-Jean, de la rue du Roi-de-Sicile, de la rue de Jouy, de la rue Cloche-Perche. — Fusillades de l'Ave-Maria, de la rue Saint-Paul, de la rue Saint-Antoine et de l'Arsenal. — Prisonniers immolés dans le quartier Popincourt et dans les casernes Saint-Martin et Poissonnière. — Quels sont les vrais coupables de ces actes d'inhumanité. — Mots affreux. — Le mal était préconçu. — Traits d'humanité recueillis çà et là. — Le capitaine Guindorff. — La barrière Ménilmontant et celle des Trois-Couronnes. — Impuissance de quelques hommes à s'opposer au torrent furieux. — Débordement sans exemple des mauvaises passions. — Nouvelle série de calomnies inventées par la presse réactionnaire. — Le Jardin des Plantes. — Contes stupides. — La postérité ne pourra jamais croire à tous les moyens employés par les réactionnaires pour semer l'irritation, la défiance, la peur et la haine. — Signaux télégraphiques de nuit. — Croix rouges et vertes aperçues sur les portes des maisons. — Incendie, pillage. — Boulettes incendiaires et poudre inflammable. — La *Réforme* attaque la conspiration et la calomnie. — Rappel à la fraternité.

CHAPITRE IX.

(De la page 246 à la page 282.)

Effets produits par les événements de Paris sur les départements. — Attitude de Lyon. — L'autorité militaire reprend les canons de la Croix-Rousse. — Lyon et les communes suburbaines occupés militairement. — Adieu de Martin-Bernard aux Lyonnais. — Les partis antirépublicains s'agitent. — Arrivée d'une division de l'armée des Alpes. — L'autorité joue aux soldats. — Evénements de Marseille. — Leurs causes. — Barricades dans les rues. — Elles sont prises. — Vœux du préfet. — Réserve des démocrates des autres villes. — Les calomnies de la presse réactionnaire aboutissent à la *conspiration de la terreur*. — Bruit de l'apparition des insurgés sur divers points. — On redoute l'arrivée des *brigands* à Rouen, à Elbeuf, dans toute la vallée de la Seine. — Panique de Soulaines, de Louviers, d'Evreux, etc., etc. — Deux mille insurgés envolés de Paris pour s'abattre à Saint-Quentin. — But des propagateurs de ces fausses nouvelles. — Explications de ces faux bruits. — La république en danger dans les campagnes. — Le pouvoir ne s'occupe qu'à comprimer Paris. — Gouvernement du sabre. — Les militaires sont tout dans l'Etat. — Réflexions à ce sujet. — Désappointement de ceux qui avaient voulu fonder le gouvernement du droit. — Armée de cinquante mille hommes dans Paris. — Argent nécessaire pour la payer. — Dissolution des ateliers nationaux par le pouvoir exécutif. — Emprunt de cent cinquante millions à la Banque. — Sous-comptoir national pour le bâtiment. — Associations des ouvriers encouragées par un crédit de trois millions. — Mesures financières proposées par le ministre Goudchaux. — Influence avouée de l'ancien parti dit *conservateur* sur le gouvernement. — Le pouvoir exécutif se trouve lié avec la faction contre-révolutionnaire. — Explications données par le général Cavaignac sur l'état de siége. — Il doit être longuement prolongé. — Grand désappointement des journalistes. — Rétablissement du cautionnement des journaux. — Pétition de la société des gens de lettres à ce sujet. — Attaque contre les libertés publiques. — Mesures impopulaires. — Projet de loi sur l'instruction publique et sur l'organisation judiciaire. — Ils vont mourir dans les cartons. — Aspect de Paris sous l'état de siége. — Caveaux et prisons. — Hôpitaux pleins de blessés. — La Morgue et ses cadavres. Détails sur les commissions militaires. — Les trois catégories. — La rage de la délation. — Réflexions sur le dévergondage des dénonciations.

CHAPITRE X.

(De la page 283 à la page 307.)

Coup d'œil sur la situation de l'Europe au printemps de 1848. — Suite des événements dont l'Italie fut le théâtre. — Conduite ambiguë de Charles-Albert. — Il accourt à Milan dans des vues d'intérêt personnel. — C'est lui qui fait considérer l'appui de la France comme un déshonneur. — Projets que forment sur l'Italie les écrivains soldés par Charles-Albert. — Les républicains unitaires ridiculisés. — Guerre royale substituée à la guerre des peuples. — Les intrigues et la trahison aux prises avec la sainte insurrection. — Influence funeste que Charles-Albert exerce sur le gouvernement provisoire de Milan. — Fausses manœuvres de l'armée piémontaise. Plan de retraite du général autrichien. — Il s'établit à Mantoue et à Vérone. — Les villes du Frioul se révoltent. — Volontaires Italiens dans le Frioul. — Conditions que Charles-Albert met à sa coopération. — Il veut être roi de l'Italie septentrionale. — Ses négociations personnelles perdent la cause de l'Italie. — Murmures des patriotes italiens. — Revers qu'ils éprouvent dans le Frioul. — Le parlement sicilien déclare les Bourbons de Naples déchus. — Constitution napolitaine. — Conduite de Léopold en Toscane. — Intrigues de Rome. — Changement complet de politique à Rome. — Protestations des patriotes Milanais. — Arrivée des renforts autrichiens. — Trahison de Charles-Albert.

CHAPITRE XI.

(De la page 308 à la page 336.)

Politique du pape. — Sanglants événements de la ville de Naples. — Les troupes napolitaines devenues suspectes. — Combats soutenus par Zucchi, Durando, Zambeccari, etc. — Abandon des villes de terre ferme. — Renforts envoyés aux Autrichiens par le Tyrol. — Alarmes du gouvernement provisoire de Milan. — Grands événements de Vienne. — Charles-Albert ne sait pas en profiter. — Mazzini à Gênes et à Milan. — Il y crée l'*Italia del popolo*. — Il rallie tous les républicains. — Les Italiens commencent à tourner leurs regards vers la France. — La république Française tombée entre les mains des réactionnaires. — Reproches que la postérité adressera à Charles-Albert. — Mouvements de l'escadre sarde. — Défection de l'escadre napolitaine. — Charles-Albert se dispose enfin à passer l'Adige. — La reddition de Vicence change ses projets. — Désastres de cette capitulation. — Les circonstances deviennent critiques. — Inaction de l'armée piémontaise. — Les Vénitiens sollicitent les secours de la France. — Détermination des Romains pour continuer la guerre. — Les chambres piémontaises se prononcent dans le même sens. — L'Autriche annonce aussi la résolution de continuer la guerre. — Les journaux poussent les gouvernements aux derniers efforts. — Invasion de Ferrare par les Autrichiens. — Effet produit par cette nouvelle à Paris et à Rome. — On parle de Rossi pour premier ministre du pape. — Radetzki attaque les lignes piémontaises. — Combats des 23, 24,

25 et 26 juillet. — Les Piémontais sont repoussés de toutes leurs lignes. — Charles-Albert traître ou incapable. — Effets produits dans toute l'Italie par la déroute de l'armée piémontaise. — Milan, Turin, Gênes, Florence, Livourne, Modène, Rome. — Ce désastre exalte toutes les têtes. — Radetzki poursuit Charles-Albert sans relâche. — L'armée piémontaise à Milan. — Combat de la porte Romaine. — Trahison de Charles-Albert. — Désolation et émigration des Lombards. Situation de la France. — Interpellations sur les affaires d'Italie. — Honteuse réponse du ministre. — Plaidoyer du représentant Baune en faveur des Italiens. — Les réactionnaires demandent l'ordre du jour. — Le gouvernement français abandonne l'Italie à l'Autriche. — Armistice obtenu par Charles-Albert.

CHAPITRE XII.

(De la page 337 à la page 363.)

Dernier coup d'œil sur l'insurrection polonaise. — Marche tracée au gouvernement français par l'assemblée nationale à l'égard de l'Allemagne, de la Pologne et de l'Italie. — Effet produit en Pologne par la journée du 15 mai. — Capitulation de Mierolawski. — Conduite du gouvernement prussien envers les Polonais. — Guerre d'extermination que les Prussiens font aux patriotes. — Sort misérable réservé à Cracovie par les Autrichiens. — Protestation des habitants de Tarnow. — Manifeste des démocrates allemands. — Marche tortueuse du gouvernement autrichien. — Il travaille activement à renforcer ses armées. — Il augmente la garnison de Vienne. — La Hongrie et la Bohême proclament leur séparation de l'Autriche. — L'empereur veut tenter la contre-révolution par l'armée. — Manifestation du peuple viennois contre le ministre Fiquelmont. — Fuite de l'empereur à Inspruck. — Plan des réactionnaires. — Décret qui abolit l'université de Vienne. — Il produit un soulèvement général. — Barricades. — Irritation causée par l'approche de Windisgraetz. — Nomination d'un *comité de salut public*. — Les troupes sont forcées de quitter la ville. — La cour et les diplomates d'Inspruck. — Congrès slave ouvert à Prague. — Ses premières résolutions. — Protestation de la ville de Prague contre le général Windisgraetz. — Lutte entre le peuple et la troupe. — Première et seconde journées de la lutte. — Arrivée du général Mentzdorff. — Les troupes sont obligées de sortir de la ville. — Bombardement de Prague par Windisgraetz. — Renforts arrivés aux assiégeants. — Les habitants sommés de mettre bas les armes. — Continuation du bombardement. — Les insurgés capitulent pour éviter la ruine de la ville. — Dissolution du congrès slave. — La cour d'Inspruck se croit sauvée. — Elle envoie à Vienne l'archiduc Jean. — Rôle de conciliateur adopté par le prince. — Il caresse la garde nationale. — Actes du comité de sûreté générale. — Renvoi du ministère Pillersdorff. — Réunion de la constituante à Vienne. — Les réactionnaires demandent la dissolution du comité de sûreté. — Tentatives contre-révolutionnaires. — Le comité déclare qu'il continuera de fonctionner. — Nouveau cabinet autrichien. — Il expose sa marche. — Mésintelligence entre les ministres et les clubs. — Dissolution de l'association démocratique. — Retour de l'empereur à Vienne. — Rôle qu'il confie à l'armée. — La garde nationale se sépare du peuple. — Insurrection des ouvriers. — Parti que la réaction tire de ces déplorables événements. — La journée du 16 avril se reproduit en Autriche le 23 août.

CHAPITRE XIII.

(De la page 364 à la page 396.)

Evénements de la Prusse. — Candidature de Frédéric à l'empire d'Allemagne. — Réponse de l'empereur d'Autriche. — Le roi de Prusse prépare la contre-révolution. —

Ouverture de la diète prussienne. — Frédéric renforce son armée et envoie des troupes sur le Rhin. — Il rappelle le prince héréditaire à Berlin. — Projet de constitution aristocratique. — Le roi crée la garde nationale. — Elle se sépare du peuple. — Les réactionnaires demandent la fermeture des clubs. — Trahison des constitutionnels. — Le peuple brise le projet de constitution. — Intervention de la garde nationale. — Effet des injures adressées aux Berlinois par les réactionnaires. — Le peuple s'oppose à la sortie des fusils de l'Arsenal. — Le prince de Prusse à la diète. — Mesures proposées par les modérés. — Les clubs résistent. — Réception faite par les démocrates de Berlin au chargé d'affaires de France. — Bruits relatifs à l'intervention de la Russie en Prusse. — Iusurrection et prise de l'arsenal par le peuple de Berlin. — Armement général. — Affiches démocratiques. — Affaire du vicariat général de l'empire. — La liberté de la presse menacée. — Entrée de nouvelles troupes à Berlin. — Emeute à ce sujet. — Le roi se rend à Postdam. — Projets de contre-révolution appuyés sur l'armée. — Lutte entre la réaction et la révolution. — Projets de reconstitution de l'unité allemande. — Obstacles qu'y mettent les princes. — Ils effraient l'Allemagne de l'invasion française. — Calomnies contre la république. — Action des sociétés populaires sur l'Allemagne. — La nation allemande refuse de reconnaître la diète germanique. — Ses motifs. — La commission populaire des *cinquante* appelle une assemblée nationale représentant toute l'Allemagne. — Haine de la diète et du gouvernement contre la France. — Situation du grand-duché de Bade. — Les démocrates appellent le peuple aux armes. — La république est proclamée à Fribourg. — Troubles à Aix-la-Chapelle, à Cassel et dans le Hanovre. — L'Allemagne à la veille d'une grande révolution. — Déroute des démocrates badois. — Vengeances des réactionnaires. Explication de la levée de boucliers des républicains badois. — Lutte entre la commission des cinquante et la diète germanique. — Réunion de l'assemblée nationale allemande. — Grave conflit engagé à Mayence entre les habitants et les troupes prussiennes. — L'Assemblée nationale de Francfort crée un *vicaire général de l'empire*. — Elle élève l'archiduc Jean à ces fonctions.

CHAPITRE XIV.

(De la page 397 à la page 431.)

Affaire des duchés de Schleswig et de Holstein. — Motifs de cette guerre. — Mouvement révolutionnaire de Kiel. — Forces envoyées par la confédération germanique. — Les hostilités s'engagent. — Entrée des troupes danoises dans le Schleswig. — Contingent prussien. — Retraite des Danois à Flensbourg. — Blocus établi par la marine danoise. — Alarmes des marchands de la Tamise. — Le cabinet de Londres proteste contre le blocus. — L'Angleterre et la Russie médiatrices. — La Suède se joint au Danemarck. — Combat de Duppel. — Appréciation de cette guerre. — Rôle de la Russie. — Langage qu'aurait dû tenir la France. — L'esprit démocratique se développe dans les duchés. — Négociations rompues. — Conditions nouvelles débattues à l'île de Malmoë. — Prétentions de l'assemblée nationale allemande. — Forces respectives. — Annonce officielle de l'armistice. — La question devient interminable. — Motifs de la rupture de l'armistice. — L'assemblée nationale allemande ne veut pas d'un traité prussien. — Ce rejet entraîne la dissolution du cabinet du vicaire général. — Il est également repoussé par les habitants des duchés. — Coup d'œil sur l'Angleterre. — Moyens mis en usage par les Chartistes. — Ils sont frappés par la police. — M. Hume propose la réforme électorale comme moyen de rétablir la tranquillité. — Sa motion est rejetée par les aristocrates. — L'Irlande déclare qu'elle résistera pied à pied à l'oppression. — Langage des journaux irlandais. — Discours des chefs. — L'autorité redouble d'efforts pour faire avorter l'insurrection. — Procès de Mittchell. — Sa condamnation. — Traitements indignes qu'on lui fait subir. — Cris de joie de l'aristocratie. — Adresse de la confédération au peuple

TABLE DES MATIÈRES.

irlandais. — Projet de réunion de la Vieille et de la Jeune Irlande. — Obstacles qu'y met O'Connel. — Approche de la crise. — Panique de Londres relative aux affaires de l'Irlande. — Les journaux anglais veulent qu'on *écrase l'hydre*. — Renforts envoyés en Irlande. — Détails sur l'insurrection irlandaise. — Elle est comprimée par le défaut d'entente. — L'Irlande voit ses fers rivés et ses libertés détruites par l'Angleterre. — Règne de Narvaez en Espagne. — Régime du sabre et de la bastonnade. — Insurrection du 7 mai à Madrid. — Elle est étouffée. — Horribles détails de la décimation des prisonniers. — Départ de Madrid de l'envoyé anglais.

CHAPITRE XV.

De la page 432 à la page 461.

Coup d'œil général sur la situation de l'Europe. — Les rois se relèvent et se raffermissent. — Circonstance qui les empêche de faire une campagne contre les idées françaises. — La ligue royaliste continue à fonctionner en France. — Elle s'empare de l'administration de la république. —Alarmes répandues par la réaction.—Proclamation du préfet de police à ce sujet. —Système de dénigrement contre les républicains. — Les réactionnaires repoussent le projet de loi sur l'instruction publique élaboré par le ministre Carnot. — Question de la gratuité de l'enseignement dans les écoles polytechnique et militaire. — Grands débats à ce sujet. — Le projet est vivement combattu par la ligue de la rue de Poitiers. — Le ministre de la guerre modifie son projet. — Il n'admet la gratuité qu'à partir du 1er octobre 1850. — La loi est votée avec ces modifications. — Remaniement ministériel. — M. Marrast président de l'assemblée nationale. — Echec éprouvé par la réunion de la rue de Poitiers. — Le *Constitutionnel* se plaint de ce que le gouvernement laisse de côté les républicains du lendemain. — Projet de loi contre les clubs présenté par le ministère. — Il est changé complétement par la commission. — Grands débats sur ce projet de loi. — Les clubs sont *réglementés*. — Protestation contre cette loi. — Lettre du citoyen Louis Bonaparte. — Il donne sa démission de représentant du peuple. — Croix de Juin. — Rapport de M. Thiers sur les finances. Réponse du citoyen Proudhon. — Ordre du jour motivé sur les réformes qu'il propose.

FIN DE LA TABLE DU TOM TROISIÈME.

SOUS PRESSE

POUR PARAITRE PROCHAINEMENT :

CONTINUATION

DE

L'HISTOIRE DE LA RÉVOLUTION DE 1848

PAR M. LÉONARD GALLOIS,

Un nouveau Volume de 380 pages et 10 Portraits.

L'Éditeur engage les personnes qui ont reçu les quatre premiers volumes et qui désirent le volume de la continuation, qui sera le 5ᵉ de l'ouvrage, à se faire inscrire de suite si elles ne veulent point éprouver de retard dans l'envoi de ce nouveau volume.

Le tome Vᵉ sera divisé en 50 livraisons ou 10 séries. — Les Souscripteurs à l'Édition avec primes en recevront une nouvelle d'une valeur proportionnée à l'importance de la nouvelle souscription.

www.ingramcontent.com/pod-product-compliance
Lightning Source LLC
Chambersburg PA
CBHW050556230426
43670CB00009B/1143